U0717488

Xiandaixing de Puxi

思想与人文丛书

现代性的谱系

张凤阳　著

江苏人民出版社

图书在版编目(CIP)数据

现代性的谱系/张凤阳著.--南京:江苏人民出
版社,2022.1
　ISBN 978-7-214-26474-9

　Ⅰ.①现…　Ⅱ.①张…　Ⅲ.①政治哲学-西方国家-
现代　Ⅳ.①D095

中国版本图书馆CIP数据核字(2021)第164148号

书　　　　名	现代性的谱系	
著　　　　者	张凤阳	
责 任 编 辑	戴亦梁　魏　冉	
特 约 编 辑	陈俊阳	
装 帧 设 计	许文菲	
出 版 发 行	江苏人民出版社	
地　　　　址	南京市湖南路1号A楼,邮编:210009	
照　　　　排	江苏凤凰制版有限公司	
印　　　　刷	江苏凤凰通达印刷有限公司	
开　　　　本	652 mm×960mm　1/16	
印　　　　张	29.25　插页2	
字　　　　数	386千字	
版　　　　次	2022年1月第2版	
印　　　　次	2022年1月第1次印刷	
标 准 书 号	ISBN 978-7-214-26474-9	
定　　　　价	88.00元	

(江苏人民出版社图书凡印装错误可向承印厂调换)

目　录

作者的话

一

泛泛说来,我对今天通常被称为"现代性"的问题发生兴趣,始于硕士研究生阶段。1983年,我进入南京大学哲学系,在李华钰教授指导下学习社会历史理论。那时候,中国的现代化改革才启动不久,大学校园的思想气氛异常活跃。南大学子,尤其是文科学子,喜欢背着绿色军用书包下图书馆,到学术报告场所占座位,还常常三五个人聚在一起,高谈中西之争、传统—现代之争一类的宏大议题。我是其中的一位。当然,思想的青涩和幼稚是免不了的。

1985年,我着手撰写硕士学位论文。导师十分宽宏,许我以很大的自由选题空间,但她的期望也给了我无形的压力。在整理和分析文献资料的过程中,我的目光逐步聚焦于异化和人道主义问题大讨论,并且尝试着自我退出思想争鸣的场域,而作为中立的观察者对这一大讨论进行某种"局外"的理性审视。在当时的背景下,"左"和"右"、"保守派"和"改革派"之类的意识形态标签,还或隐或显地主导着人们的思维取向,发生在异化和人道主义问题大讨论中的观念纷争尤其如此。只不过,随着思考的渐次深入,我的最大困惑却从这场大讨论内部移到了两场大讨论之间。另一场大讨论由经济学界发起,主题是中国的市场化改革。据我当时的观察,哲学界持人道主义立场的知识分子,绝大多数都是改革开放路线的积极拥护者,可是,他们经常援引的青年马克思的异化理论,却逻辑地蕴含着对商品经济或市场经济的实质性批判。这种落差该作何解释?表面看来,那些用异化理论表达人道主义关怀而又支持中国市场化改革的人文知识分子,似乎存在着思想与行动的不一致,而那些为市场化改革作直接理论论证的经济学家,则更强地显现了思想与行动的前后连贯。但是,往深里想,也许还有进一步的问题:如果把认同改革的行动立场作为观察基点,那么,在理论上,哲学家人本诉求与经济学家市场化诉求的双峰对峙究竟有何意味?它们作为一体之两面,是不是反映了内在于现代化进程中的某种矛盾紧张?

带着这样的疑惑,我转过头去,试图从西方近现代社会—思想变迁中寻求启示。用现在的标准来衡量,我当时的文献阅读还很不充分,但是,仅只看过收在中文资料汇编中的蒙田、帕斯卡等人的思想片断,先前在大学教育时期形成的若干印象就大大改变了。在相对系统地读完卢梭的作品之后,这种改变得到了进一步强化和深化。原来,文艺复兴运动不仅有抗拒中世纪宗教禁欲伦理的世俗幸福主义呐喊,还有随物欲高涨而来的生存意义的迷惘;启蒙运动对个性解放的辩护,也不只是在世俗幸福主义的基础上再添加高傲的理性主义和通达的乐观主义,还有质疑文明进步,并表现出强烈反功利、反理性倾向的卢梭式的浪漫主义。我当时认定,在西方现代文明的成长过程中,世俗幸福主义和科学理性主义是主流,而以反功利、反理性方式表现出来的人本主义则是支流。据此推断,中国学人在改革开放早期阶段发起的那两场大讨论,是不是也折射了类似的逻辑呢?20世纪80年代初叶的情形是,市场经济大讨论不仅在理论界达成基本共识,更在政策实践层面取得了决定性胜利;对比之下,在异化和人道主义大讨论中,观念分歧却难以弥合,而且,那种借异化理论表达出来的人本诉求,在政治合法性的获取上也显得命途多舛。个中意味,很值得咀嚼。

我的硕士专业是马克思主义哲学,学位论文写作不好太过偏题。令我终生受益的是,在哲学系读书期间,我和学友从恩师孙伯鍨教授那里接受了严格的马克思主义基本理论训练。先生给硕士生开设的专业核心课程之一是"马克思恩格斯早期著作选读",内容涉及《马克思博士论文》《1844年经济学哲学手稿》《神圣家族》《黑格尔法哲学批判》《德意志意识形态》等等。在课堂上,先生从不拿讲稿,手里只捧着一部经典文本,读一段讲一段。他那鞭辟入里的分析,深度的思辨式幽默,以及进入演讲状态后的陶醉神情,都给我们留下了无法磨灭的印象。以现今的标准,先生公开发表的论著不算太多,但在我们学生眼里,仅是他那五册油印的《马克思主义哲学史讲义》,就堪当国内学界马克思主义哲学史研究的一座高峰。受先生启发,再结合自己研究西方近现代思想史的心得体会,我的硕士学位论文选题确定为"两种历史观之比较"。这篇论文写了十余万字,形式上是探讨马克思主义唯物史观与近代西方社会历史理论在"问题式"方面的结构性差异,深层的用意则是要思考,蕴含于近代西方社会理论中的两个彼此摩擦的取向——功利主义与浪漫主义、科学主义与人本主义,在马克思主义唯物史观的总体理论框架中是否有所体现,以及通过什么方式得到了平抑或化解。对这篇论文,孙伯鍨教授和李华钰教授两位恩师都评价颇高,但我心里明白,他们的称赞是激励晚辈,只有在学问上不断进取,才不负他们的厚爱和期望。

二

1986年,我硕士毕业后留哲学系任教。按照起先拟定的计划,深入发掘硕士论文中的隐含议题,是我彼时的研究重心。我曾跟几位师兄合作,写过几篇研究马克思主义的专题文章,其中一篇的论题是"马克思主义的'一'与'多'"。依我个人的想法,这篇文章的主旨,借用拉卡托斯的概念,是要探讨实践中发展着的马克思主义由一以贯之的"硬核"与多样化的"保护带"共同织造出来的张力结构。在我偏私的意识里,这篇文章,连同探讨马克思主义哲学批判功能等等的其他一些文章,大略可以算作自己硕士论文研究工作的某种延续。但是,为了在既有学科布局中找到更适合自己的位置,我后来的研究重心发生了转移——不是回到马克思的经典文本,而是考察国外马克思主义的当代进展。因为这种转移,留校任教后暂定的研究计划不仅被修改,事实上还最终搁浅了。

在 20 世纪的西方思想界,对马克思主义究竟为何的解读,有所谓科学主义和人道主义之争,前者以阿尔都塞等人为代表,后者以卢卡奇和马尔库塞等人为代表。到了 21 世纪,尽管阿尔都塞的"症候阅读法"和意识形态国家机器理论重放异彩,但依据 20 世纪 70—80 年代的主流认识,其价值取向却有浓烈的"原教旨"保守意味。撰写硕士学位论文时,我曾研读过阿尔都塞的几部代表作,并深受其"问题式"概念的启发。只是,出于一种不太好的研究习惯,在自以为弄清了一位思想人物的理论逻辑之后,我会把他放到一边。就这样,阿尔都塞在我的研究视野中暂时消失了,取而代之的是西方马克思主义的另一个脉络,先是卢卡奇、葛兰西,接着就是霍克海默、阿多诺、马尔库塞等人所代表的法兰克福学派。

从 80 年代末开始,我一度将主要精力用于法兰克福学派研究。在后来公开发表的几份研究成果中,一篇讨论法兰克福学派价值预设的文章,自觉还算满意。法兰克福学派的主导取向号称社会批判,因而,其拒斥现实的否定性外观是可以直接把握的。但是,按照一种通顺的理论逻辑,对发达工业社会的激愤指控,必以某种肯定性的价值理想作参照。只是在法兰克福学派那里，这种价值理想并不外显为明确的理论表达，而需"依据症候"——又用了阿尔都塞的概念——从字里行间去探寻。我的探寻结论是：法兰克福学派的价值预设整合了三种主要的思想资源，即，浪漫主义、弗洛伊德主义以及人道版本的马克思主义。这一结论，以及研究法兰克福学派的其他一些心得，对我在更为开阔的视域内思考现代性问题产生了重要影响。

我慢慢认识到，法兰克福学派尽管有一种激进的思想气质，但它在多大程度上可以被归入马克思主义阵营，是大有疑问的。反过来说，如果法兰克福学派的社会批判理论及其对 20 世纪 60 年代西方激进主义运动的影响是一个值得认真省察的思想和行动事件，那么，仅仅用回到经典马克思的方式对这个事件进行分析与评估，就显得有些削足适履。于是，我就放弃硕士毕业后拟定的研究计划，而将自己的关切要点转向了另外三个问题。1. 法兰克福学派有一个浪漫主义的思想源头，又创新性地建构了一套批判发达工业社会的理论体系，因此，在研究中疏通一条贯穿现代文明成长全过程的自反性理路，便是必要的和可能的。不过，要完成这项研究工作，只抓住法兰克福学派还很不够。2. 法兰克福学派在批判发达工业社会的时候，常常使用"工具理性""技术理性"等概念。霍克海默、阿多诺将"知识即权力"的启蒙纲领从根子上挖出来，向世人抖露了它的浊气臭水；马尔库塞、哈贝马斯反复提示说，科学技术在社会功能意义上已经意识形态化，实为极权操控的工具。但是，若逆向思维，那就得追问：作为法兰克福学派批判对象的"工具理性""技术理性"究竟是什么？它以何种方式嵌入并支撑起了现代文明的框架结构？对这类问题的解答本质上是"描述性"的而不是"批判性"的。这是一项新的研究工作。3. 法兰克福学派的社会批判虽然犀利，其代表人物乐见并点拨过的青年造反也一度火爆，但退回来想一想，破坏有余而建设不足，是它的特点也是它的毛病。随着年龄的增长,我开始反思自己的生活遭遇和生命经验,越来越强烈地意识到,一个运转良好的社会,应该在变革与稳健之间达成某种均衡。这样,保守主义和自由主义就自然而然地进入了我的研究视野。

大约自90年代初起,我同时展开了以上三个方面的研究工作。在三个不同的领域来回游走,颇有贪多嚼不烂之嫌,但我采取这样的研究方式,也有自己的特殊考虑。从攻读硕士学位到留校任教,我的专业训练、知识结构和研究取向都相对单一,长此以往,难免会固化自己的思维,而我认定,这即便不是死路,也是一条羊肠小道。所以,必须作出自我调整。可是,我又不愿使这三项研究工作彼此分立,而希望用一个中心议题来统领它们。基于自己多年的研究兴趣,这个中心议题当然就是现代性的成长。说到底,改单一观察维度为多元分析路径,无非是要在开放的比较视域中丰富自己对现代性的认识。因此,研究领域可以交错,却不好画地为牢。但令人痛苦的是,在尝试"三元归一"的整合性研究过程中,我深切体会了论域及问题的复杂。

差不多就在这个时候,我读到了贝尔的《资本主义文化矛盾》。这位社会思想大家将自己的立场表述为三个"主义"——政治上的自由主义、经济上的社会主义、文化上的保守主义,进而分析说,资本主义作为一种社会制度,在兴起之初曾有某种精微的一致性,但随着历史的变迁,这种一致性却逐步蜕变成了三大领域的交错运转和摩擦冲撞:经济领域是所谓效益原则,政治领域是所谓平等观念,文化领域则是所谓自我表现。接触这些智慧的论点,我一下子豁然开朗了。联系自己前已开展的研究,我醒悟到,现代性问题只有在一种复合性的理论框架中才能给出相对贴切的解释。在反复思考后,我也总结了四句话:世俗趣味的高涨;工具理性的蔓延;个性表现的放纵;大众文化的胜利。至此,我研究现代性问题的总体思路就基本成形了。

　　总体思路的成形固然重要，但紧接着又来了新问题。因为，学术研究可以参考借鉴别人的相关成果，却不好模仿和照搬。现代性的多元取向和矛盾图景既有人指认，那就得进一步考虑，在这个问题上，体现学术创新的可能空间究竟在哪里？当然可以对现代性的矛盾特征作出新概括，但掂量再三，我还是将研究重点确定为：以发生学的方法对现代性矛盾图景的历史建构进行深入考察，并在"知其然"的基础上揭示其"所以然"的根由和机理。对我来说，之所以确定这样的研究重点，除了知识学意义的所谓求新，根本上还是源于自己挥之不去的本土情结。中国的现代化建设正如火如荼地进行。以先发国家为参照，对现代性的成长历程作描述性分析，在某种意义上可以帮助我们理解当代中国发展所无法回避的一些关节性问题。这是我的认识，也是我的信念。只不过，基于学术研究的方法要求，要考察现代性多元取向的历史生成，仅仅诉诸形而上的哲学思辨就不够了，此外还必须分析"主义"话语到底以什么方式被大众接受，并转换成了实际的社会行动。这样，我的学术兴趣就有了越来越浓的形而下意味。

三

　　1993年，我从哲学系调到了政治学系。就内心期待来说，自己很想讲授"西方政治思想史""当代西方政治思潮"一类的课程，因为那样的话，关于"主义"的比较研究最方便开展。但当时这个教学岗位尚未空缺，所以，我服从组织安排，暂且继续自己的老本行，承担"马克思主义哲学"的教学任务，不过，课程的性质由"专业"变成了"公共"——那时候政治学系与马列教研室还是"一套人马两块牌子"。由于公共课教学工作量过大，自己研究现代性问题的学术爱好，只能在业余时间玩味，所以进展比较缓慢。但我生性有点懒惰，心里并不怎么着急。我常常想,收敛匆匆的研究脚步,无论在文献研读方面还是在思路的精细化方面,都能多几分淡定和从容,这未尝不是件好事。

20世纪90年代中期,国内知识界发起了一场人文精神大讨论。其背景是,随着中国市场化改革的加速推进,经济领域的创造活力得到更充分的激发,但与此同时,市场化的触角也无遮拦地向公共领域延伸,"下海"成为席卷全社会的强劲风潮,人文意义的价值关怀被淡忘或遗忘了。对照自己前已展开的研究,我猛然觉得,这岂不就是西方现代化先发问题的中国式复现吗?以参与人文精神大讨论为契机,我开始重点推进现代性研究计划的第一部分。但研究工作一展开,我立即体验到了思路调整的痛苦——当直面"世俗趣味的高涨"这一现代性主流的时候,发生学方法的要点不在于指控它如何败坏了人文精神,导致了价值失落,而在于理性分析并解答以下问题:一种俗化的生活形态如何滋长并占了上风?市民德行与契约伦理有什么勾连?为个人追求感性幸福的权利作辩护是否必要及如何可能?逐利和竞争的市场博弈需要怎样的游戏规则?兼容并保障自由的政治秩序是一种什么样的构造?其应对社会衍生性问题的弹性空间有多大?如此等等。在研究过程中,思路调整虽说难,可一旦转过弯来,眼前就现出了一片新天地。公共课教学多少掣肘了开垦这片天地的速率,不过,点滴收获带来的激动,现在回想起来依然十分美好。

教学岗位调整以后,我的研究心得有机会在课堂上拿出来跟政治学系的本科生和硕士生分享。我把这种机会当作激励,于是现代性研究计划的推进开始提速。考虑到政治学系的学生多属行政管理专业,他们的特殊求知期待必须在最低限度上照应,而量化分析又实在是自己的短板,所以,我的目光就投向韦伯,把解析官僚制的型构和运作逻辑当成了一个重要突破口。韦伯有"现代化"即"理性化"一说,对他而言,官僚制无疑是理性化进程在行政管理领域结出的一个坚硬果实。因此,借考察官僚制前世今生的机会,我将既定计划中的

"工具理性"问题拎了出来,集中精力实施攻关。待打通的关节点有三个:1."工具理性"的原型是什么;2."自然"怎样被"数学化";3."工具理性"在何种作用机制下蔓延到了社会生活领域。以韦伯等人的论点为参照,自己再悉心揣摩,我对"工具理性"的品格特征作了16字概括,即,抽象还原、定量计算、准确预测、有效控制。对我来讲,最艰苦的工作是在发生学意义上描述从"自然的数学化"到"生活的合理化"的演进过程。《现代性的谱系》成书后,我对这部分内容特别偏爱——并非因为其学术质量真的高,而在于数理化一直是令自己苦恼的软肋。

在现代性研究计划实施过程中,我对那股绵延不断的反功利和反理性潮流关注得最早,但这方面的研究工作却结束得最晚。前面提及,我早年写作硕士学位论文时即对浪漫主义有所涉猎,后来发表的几篇研讨法兰克福学派的文章也可以归入这个论域。只不过,这些研究在风格上是哲学化的,并未考虑形而下的社会化维度。可是,在发生学意义上,这个维度又特别重要。90年代中期,借助贝尔的"自我表现"概念和贝拉的"表现型个人主义"概念,我大致确定了浪漫主义的现代性方位。由此继进,90年代后期,通过对尼采和福柯等人的研究,又领会到生命意义的形而上关怀可能在形而下层面发生变异。这个关节一旦打通,被冠名为"后现代"的各种论述,包括哲学的、文学的、语言学的、社会学的及伦理学的等等,就进入了我的观察和研究范围。再加上一些关于文化事件和社会行动的案例分析,到2001年,我总算按低度的精致化标准厘清了"审美现代性"一脉的演进或蜕变逻辑。在《现代性的谱系》一书中,这部分内容被表述为"性灵的漂泊和放纵的肉身"。

我的人生履历是从校门到校门,自以为,在大学教书是最理想的职业选择。略感遗憾的是,在硕士毕业后,我多次错失了攻读博士学位的机会。到了20世纪90年代后期,中国高校与国际接轨的步伐明显加快，一位大学教师如学历层次偏低，起码在形式上被认为有欠缺。在这种背景下，有朋友向我建议，赶紧把手头的研究计划完成，并将其用作申请博士学位论文。我接受了朋友的建议，而童星教授接受了我。那时候，童星教授是社会学系的博士生导师。他在认真审阅我的写作提纲和部分文稿后，指点我按照社会学专业的规范要求，将论文题目定为"现代性生成过程的文化社会学分析"。对童老师的独到眼光，我发自内心地叹服。有了名师的指导和督促，我的研究工作进展得很顺利。经过补充、调整及反复修改，到2002年秋，全文的写作终于画上了一个句号。

四

2004年，南京大学出版社将我的这项研究成果列入出版计划。编辑认为，"现代性生成过程的文化社会学分析"适合作博士学位论文题目，但是，书名宜简洁明快，建议再推敲一下。思忖再三，我改成了《现代性的谱系》。姑且不说尼采的"谱系学"在后现代学术风潮中多么受宠，即以传统习俗论，我觉得，用"谱系"一词来描述现代性生成过程的多彩图景，大体上也是贴切的。现代性是一个成分复杂的"大宗族"，要将其中的角色关系理清楚，必须寻查关键性的支脉。我辨析出三个，依次命名为"世俗趣味""工具理性""个性表现"。这三个支脉都力争自己的合法身份，并出示了各自的辩护理由。从思想取向上判断，我以为分别是"自由主义""理性主义""浪漫主义"。本书上、中、下三篇的总体框架，通俗地讲，就是对这三个支脉的查考取证。

我体会，在逻辑意义上，对现代性谱系的支脉作指认，尽管需要深度的思辨和准确的概括，其实并不怎么困难。比较起来，更困难的是历史考察。现代性成为人类文明史上的望族，经历了一个复杂的过程。在这个过程中，传统固然是对立的"他者"，但颠覆这个"他者"

的策略,现代性大宗族内部并无一致意见。如果再打另一个比方,我感觉,"世俗趣味""工具理性""个性表现"像是三个门派。这三个门派在实力上有强有弱,在关系上有亲有疏,在行为上有和有斗,可它们又缠绕在一起,难解难分。考察现代性生成过程的时候,我还发现,每个门派尽管都以某种"主义"作为旗帜,但在不同的历史情境下,旗帜的色调会有变化,而且,精英人物用旗帜发出的号令,在大众接受者那里往往被给出误差性的理解,于是就发生了社会化行动的变异甚至错乱。将诸如此类的情况综合在一起,我的看法是,现代性的生成过程不是单向度的而是非线性的。

从动笔那一刻算起,我这本书大约写了十年。时间拖这么久,除了自己的懒散,主要有两个原因。第一个原因是叙事风格的选择。现代性既是一幅多彩图景,其生成过程又具有非线性特征,那么,要将它相对贴切地描摹出来,就得采取一种复调式的叙事。但我同时认为,现代性已然是一个迷宫了,不好自己眩晕也让读者眩晕,而必须尽可能出具一幅清晰的线路图。按照我心目中的理想标准,这幅线路图应兼顾宏观和微观,远看敞亮近看精致。不消说,要画好它,得费很大功夫,更何况,由于工作上另有主业,我还只能利用业余时间。第二个原因是论题驾驭的艰难。现代性研究不仅要清理错综复杂的思想线索,还涉及哲学、文学、史学、社会学、政治学等多个学科。因此,理解和驾驭这个复杂的论题,需要一点一滴地进行知识储备和学术积累,不能指望一蹴而就。在研究计划的推进过程中,我常有力所不逮之感,也曾闪过放弃的念头。最终能坚持下来,过后回想,在很大程度上归因于一个动力,也得益于一个窍门。

就现代性的国别呈现论,辩证法要求作两面思考。一面是,一般寓于个别之中;另一面是,个别与一般相联系而存在。本土流行的政治修辞是"中国特色",但不要忘了,中国的现代化道路再特殊,也总不能完全脱离现代性的一般。因此,考察西方国家的现代化历程,对理解当今中国发展已经遭遇和即将遭遇的诸多问题,至少在他山之石的意义上能够提供有益的启发。这是我的研究动力。反过来说,正因为中国的现代化列车在快速飞奔,所以,立足本土的亲身观察和切肤体验,作为情境模拟,又可以帮助我们揣度和领会西方现代性生成过程的某些重要关节与隐蔽机理。这是我的研究窍门。《现代性的谱系》初版时,师兄张一兵教授曾作过一个序。溢美之辞愧不敢当,但他从这部西学研究作品中看出了一个不在场的中国的影子并使之现身,我却特别喜欢。本书上中下三篇的标题分别是:"世俗趣味的高涨和自由秩序的扩展""自然的数学化和行动的合理化""漂泊的性灵和放纵的肉身"。师兄对这三篇理路的中国化解读,表达得比我本人还要到位,真不愧是名家。照录如下:

分开来看,本书所展布的现代性的多重面相,我们在国内外学者的描述中都曾见识过。事实上,对于身处现代化进程之中的我们,这些面相应该说是具有可触摸的质感的。在幽闭的大门被打开之后,盈利欲喷涌而出的景象,仿佛是火山爆发,其强大的震撼力,已经使我们无法在生存处境中找到一所安宁的世外桃源。"世俗趣味的高涨和自由秩序的扩展",将我们卷入了一个湍急的漩涡,在它的裹挟下,我们已不能悠闲地漫步,而只能拼命狂奔。我们的创造力被激活了,我们的选择越来越自主了,我们的私人活动空间越来越大了,但那个由货币符号抽象地编织出来的象征着"成功人士"的远景,却使任何雄心勃勃的个人发展规划暴露出本质性的欠缺;在用种种现代手法编码的无尽流动的景观世界面前,消费民主的诱惑也给我们带来了不断加大强度的眩晕。这就是我们所感受到的现代性。

记得在二十多年以前,高校大门的敞开曾给中国一代有为青年带来无比的激动。那些幸运的天之骄子将"知识就是力量"

奉为座右铭,用"学好数理化"展示了走遍天下的凌云壮志。但他们也许不曾想到,他们那套严谨的科学方法,现在已经浓缩成了衡量他们工作绩效并给他们带来巨大压力的百分点。今天,我们已不再满足于用数学方法去解析自然的结构和机理,尽管在这方面我们还有无穷的工作要做。事实上,将社会生活全盘数学化的目标,已经在"效率优先"、"管理革命"之类的口号中无意识地透露出来了。标准尺码、标准制式、标准程序、标准规则等等,无处不在地包围着我们,也使我们真切地感受到了"科学精神的高昂和工具理性的蔓延"所施加给我们的非人格化的无形力量。那句挂在我们嘴边的"数字化生存"的口头禅,象征性地表达了我们身处的现代性境遇。

或许还应该提一提二十多年来发生在中国的代际变换。这种代际变换的速率之快,实在是令人惊讶。现今的青年人可能压根就不曾听说过北岛那一代作家的名字。那种背负理想的沉重,早在上个世纪九十年代初,就被"一无所有"的大叫和"跟着感觉走"的轻松所解构了。在我们生活的城市,摩天大楼的建筑速度已经快得不行,但比起前卫风尚的翻新速度来,好像还差得很远。我们超前地见识了并且仍将永续地见识着不断变换花样的"酷"和"另类"。除了"摇头丸"之类的玩意儿让父母们忧心,现在,老一辈似乎也已不再为先锋青年之行为艺术的生活化展呈而觉得大惊小怪了。从"漂泊的性灵"到"放纵的肉身"的文化旋风,不仅使我们感受现代性,还使我们跟世界时尚潮流同步地领略着后现代风格。

《现代性的谱系》初版至今,已几年过去,现在,它的踪影仿佛从市面上消失了。感谢凤凰出版集团垂青,给了这部旧作一个重生的机会。我于上世纪90年代初动笔写作这部书,2002年完稿。以现今的眼光审视,新的文献资料应该补充,一些命题需要进一步推敲,细节上有待雕琢的地方就更多。此次再版,我对自以为有明显问题的个别章节作了较大幅度的改动,其他修改主要是文字性的。两个不充分的理由可以暂作辩护:一来,我现在已游走到了另一个学术领域,精力有限,难以彻底回身;二来,既然是一部"历史性"作品,那就修旧如旧,尽量让它保持原始的面貌吧。批评权掌握在读者手里。

张凤阳
2011 年 8 月 2 日于南京大学

绪　论　文化视域中的现代性

一

　　塞涅卡有言:顺从命运的人,命运领着走;不顺从命运的人,命运拖着走。在某种意义上,经历从传统到现代的变迁,乃是世界上所有国家和民族都必须承当的一个历史命运。这个命运谁也无法逃避,但是,究竟忤逆、顺从还是自觉驾驭它,却往往取决于人们的能动选择。正因如此,现代学术自孕育和发端的那个时候起,便与现代性、现代化问题发生了实质性的关联。近百年来,西方知识界为辨析现代现象所进行的学术动员,显得尤其充分,差不多涉及了人文社会科学的所有分支。随着后发国家现代化进程的渐次启动,考察和分析由前现代社会向现代社会的转型以及由此衍生的种种后果,成为更复杂也更富吸引力的焦点话题之一。20 世纪 80 年代以降,后现代主义思潮逐步蔓延,影响日增。但是,由于"后现代"的种种设问和辩答无法摆脱现代性的纠缠,因此,它所引发的争论非但没有使现代性问题淡化,反倒使重新理解现代性问题显得更加迫切了。

　　正如有学者指出的那样,现代性研究是一个具有跨学科特征的"共识性"话题。国内外学术界围绕这个话题所展开的讨论,不仅覆盖了广泛的学科领域,而且提出和阐发了复杂多样的观点与见解。很多学者注意到,现代性并不是一种性质单纯的现象,而是一幅包含着多元取向的矛盾图景。此乃全面观察和准确理解现代性的一个基本立足点。但是,不管中外学者怎样以各自的方式对现代性的矛盾张力作出指认,他们在切入路径与核心论点方面的差异却表明,现代性问题的研究还远远没有终结。在我看来,至少就迄今为止的国内研究状况而言,以发生学的方法对现代性矛盾图景的历史建构进行深入考察,并在"知其然"的基础上揭示其"所以然"的根由和机理,仍旧存在着相当大的探索空间。如果这个空间不被填补,我们对现代性问题的认识就难免有某种程度的形式化欠缺。本书的基本立意,即在于借鉴相关学术成果,以文化社会学分析为总体思路,系统考察现代性多元取向的历史生成及其相互间的缠绕互补与矛盾张力,并力图从中得出一些富有启示意义的结论。

从历史和现实两方面看,现代性最早生成于西方,而且在西方发展得最为典型。因此,把西方国家当作研究现代性问题的样本,应该说是十分自然的。如果从文化社会学的角度作观察,我们可以在西方现代性的复杂图谱中梳理出三个主要取向,那就是:世俗趣味的高涨、工具理性的蔓延和个性表现的放纵。在逻辑和历史的双重意义上,这三个取向之间既存在着难解难分的交错与缠绕,也发生着程度不同的摩擦与冲撞。但它们又都坚持各自存在的正当理由,而且还往往把这种理由片面地加以夸大。因此,理解现代性的品格构造,需要细致地解剖以自由主义、功利主义、理性主义、科学主义、浪漫主义、人本主义等等为代表的各种形式的"主义"话语。这些"主义"话语的一个重要功能,即在于为世俗趣味、工具理性、个性表现等价值取向提供合法性辩护。但问题是,这种合法性辩护究竟以什么方式被大众接受,并转换为实际的社会行动逻辑,常常是超出文化精英的本然预期的。在"主义"话语本身同它们的大众化接受之间,通常存在着一定的距离,而查考这一距离及其成因,恰恰是准确把握现代性问题的一个关键所在。① 因此,综合上述因素,本书将围绕四个方面展开讨论:一是对世俗趣味、工具理性、个性表现三个取向的各自谱系进行发生学的梳理;二是检省三个取向各自的合法性证明;三是考察三个取向的社会化方式与效应;四是在三个取向的张力关系中理论地再现现代性的矛盾图式。我们可以把这样一种研究思路简约地概括为"文化视域中的现代性"。

二

诚如刘小枫先生所说:"讨论现代现象,首先遇到术语上的困难"②。什么是"现代"(modern)? 何谓"现代性"(modernity)? "现代化"(modernization)又有何所指? 澄清这些概念,并不是一个简单的语义分析问题,更重要的是,它关涉论题及研究取向的实质性设定。

在西方文献中,"现代"(modern)一词出现得较早,大略在公元 5 世纪就有人使用了。据考证,这个词源于拉丁语单词"modernus",其本意是"目前"(the present)、"现在"(right now)、"当今"(today)等等。相传最早使用"modernus"一词的,是一个叫卡西奥多尔的拉丁作家,他用这个词来指称已经基督教化了的"现今",以区别于古罗马异教的"往古"。可见,"modernus"最初是一个用来表示时间状态的概念。紧随"modernus"之后,像"modernitas"(现时代)、"moderni"(现代人)等拉丁语汇也很快流行起来。③

如果作语义分析,则"现代"总是与"往古"相对,两者构成了一种生

---

① 列弗伏尔指出,作为现代世界的自我意识,具有"现代"取向的种种主义话语可以被看作某种社会化的意识形态要素。这类要素以什么方式嵌入现代结构,事实上是有待认真思考的。从某种意义来说,对这个问题的探索和解答,构成了"现代性"研究的一个重要论域。因此,脱离"现代性"概念,"现代主义的历史就无法写就"。(参见 Henri Lefebvre, *Introduction to Modernity*, London: Verso, 1995, pp. 1 - 3)
② 刘小枫:《现代性社会理论绪论》,上海三联书店 1998 年版,第 62 页。
③ 参见谢立中《"现代性"及其相关概念词义辨析》,载《北京大学学报》(哲学社会科学版)2001 年第 5 期。

存性的张力。但是,仅从历史时间或年代学的意义来把握这种张力是不得要领的。按照这样的思路来给"现代"定位,"找到的只是随时间而推移的生存样式的服装更换。追踪每一时代都可能出现的这种'现代'现象,有如夸父追日①。因为,人类历史上的任何一个时间区域都曾经属于"现代",而任何一个曾经被称为"现代"的时间区域都将成为"往古"或"过去"。显然,要解析"现代"现象的结构与机理,就必须超越单纯的时间规定。于是"现代性"这一概念便显得至关重要了。

一般认为,在西方文化史上最早使用"现代性"一词的是法国文学家波德莱尔。1863 年,波德莱尔在《费加罗报》上发表题为《现代生活的画家》的系列评论,其中第四篇的小标题就是"现代性"。在这篇短文的开头,波德莱尔称,现代生活中的画家驰骋想象,不断地追索一个比纯粹漫游更高级和更普遍的目标,寻觅一种"我们可以称为现代性的东西"②。据说,这是"现代性"一词的最早出处。在这里,"现代性"用于表达人或事物所具有的某种品格、性质或状态。

从形式上看,"现代性"一词是以"现代"一词为词根加上表示"性质""状态""程度"等意义的后缀"-ity"构成的。因此,如果说"现代"一词本是一个时间分段概念,那么,"现代性"则更多的是一个表达现代时期的社会生活所具有的品质或状态之类涵义的概念。这是两者的原初区分。但是,随着"现代性"被当作说明"现代"社会总体特征的术语在人文社科诸领域得到推广,"现代"与"现代性"之间的区分就日渐模糊,以致变成了两个意义相近且可以互换使用的语汇。它们的本质意涵通常在与"古

---

① 刘小枫:《现代性社会理论绪论》,上海三联书店 1998 年版,第 63 页。刘小枫先生认为,现代现象是人类有史以来社会的政治—经济制度、知识—理念体系、个体—群体心性结构及其相应的文化制度方面发生的全方位秩序重排,它体现为一个极富偶在性的历史过程,迄今还不能说已经中止。因此,从现代现象的结构层面来看,现代事件发生于下面三个相互关联又有所区别的结构性位置,并形成了三个不同的题域:现代化题域——政治经济制度的转型;现代主义题域——知识和感受之理念体系的变调与重构;现代性题域——个体—群体心性结构及其文化制度之质态和形态变化。在当代中国学者有关现代性问题的论著中,刘小枫先生的《现代性社会理论绪论》,就其述论的广度和达到的深度来说,都堪称力作。

② 波德莱尔:《波德莱尔美学论文选》,人民文学出版社 1987 年版,第 484 页。

代""传统"的张力关系中得到确定。

相对于"现代"和"现代性","现代化"(modernization)是一个晚近的学术概念。这个概念直到 20 世纪中叶才被提出,但它旋即在风行一时的"现代化理论"中得到了广泛运用。[①] 按照一般的看法,"现代化"一词有某种"动态"意涵,它通常被用来描述从前现代社会向现代社会的历史变迁。在一定意义上,可以把"现代性"看作"现代化"所要达成的目标,而把"现代化"看作"现代性"目标的实现或展示过程。两者既有联系,也有区别。如果说,现代性目标具有超越民族界限的某种普适性,那么,追求并实现这一目标的方式、途径却富有民族特色,因而是相异的和多样的。

三

本书要在一种文化视域中考察现代性问题。但是,就像"现代""现代性""现代化"等概念一样,"文化"概念也十分复杂。据说,国内外学者给"文化"所下的定义不下百余种。如果再考虑到"文化"一词已成为高度大众化的语汇,要准确把握这一概念就更有难度了。[②] 为讨论的方便,我想从两个简单的设问入手:"文化"的原本意涵是什么?将"文化"概念当作一个描述性的工具来使用应该考虑哪些层面的问题?

在西语中,"文化"(culture)一词的原初涵义是"耕耘"。朴素地讲,人的心灵是一块沃土,必须得精耕细作,要不然,就会生出杂草来,长出歪枝来,结出恶果来。所以要经常修理。伊格尔顿指出:"人的本性与一片甜菜根不尽相同,可它也像农田一样需要耕耘——当我们从自然转向精神去考察'文化'概念的时候,就会发现两者之间的密切联系。"[③]在这

---

① 参见亨廷顿编《比较现代化》,上海译文出版社 1993 年版;亨廷顿《现代化:理论与历史经验的再探讨》,上海译文出版社 1993 年版。

② 伊格尔顿称:"'文化'是英语中两三个最为复杂的单词之一。"(Terry Eagleton, *The Idea of Culture*, Oxford: Blackwell Publishers, 2000, p. 1)

③ Terry Eagleton, *The Idea of Culture*, Oxford: Blackwell Publishers, 2000, p. 6.

个意义上，文化乃是教化。一个不经教化的人，就是一个蛮人和野人。也正是从这个角度着眼，贝尔把文化领域看作一个"意义的领域"。照他的说法，"文化本身是为人类生命过程提供解释系统，帮助他们对付生存困境的一种努力"①。

贝尔的界说极富启发性，但问题是，若考虑到文化传播给人的情感、思想和行为等等所打上的实际烙印，以及文化类型随社会演进所发生的复杂的历史变迁，似乎还应进一步拓展一下观察问题的视野。一些人类学家和社会学家从精神信仰、物质创造、制度安排、生活方式等多个层面来阐释文化，我以为是很值得借鉴的。如果把"文化"概念当作一个描述性的工具来使用，照我的看法，需要连带地考虑三个层面的问题。

第一个层面的问题是"意义阐释"。文化既是一种教化，首先就得确立一个教化成人的价值标准。这种标准在不同的时间和空间条件下可能有很大的区别，但它的轴心地位是无法替代的。各种文化类型都必须以它的方式对是非善恶作出判断，否则就无法给人提供生活指引。第二个层面的问题是"教化培养"。价值标准既确定下来，当然就希望得到人们的信奉与遵循。而要做到这一点，除了对人们进行实际的引导和教育，别无良方。用社会学的术语来表述，这是一个价值理念的传播过程或社会化与再社会化过程。这个过程怎样发生、以什么形式发生，会因时因地而异，但它作为教化人、培养人的一个环节，意义十分重大。第三个层面的问题是"行为取向"。一般来讲，价值理念的传播过程或社会化过程，不是一蹴而就的，它天天进行、月月进行、年年进行，甚至代复一代地进行。长此下去，某种价值理念就会被一定范围内的族群所接受，不但印入他们的脑海，而且融入他们的意识和潜意识，以致当他们按照这种价值理念去行动的时候，就像是出自他们的本能一样。结果，文化就从意义阐释入手，经社会化与再社会化，最后展现为一种品格、趣味、风尚、思维方式、体验方式、行为方式和生存方式。

---

① 贝尔：《资本主义文化矛盾》，生活·读书·新知三联书店1989年版，第24页。

将意义阐释、教化培养和行为取向贯通起来,以三位一体的方式理解文化,是本书的一个基本立足点。在本书中,关于文化的这样一种理解并不仅仅是关键词的澄清,更为重要的是一种方法论上的考虑。它意味着,文化研究应该在多个层面展开,既要分析各种形式的"主义"论说,也要考察"主义"话语的社会化传播与接受。在多数情况下,一种"主义"论说可能在学理上十分严谨,但经过广泛的传播之后,人们却往往将它接受成一个很简单,甚至是很片面的东西。本书所涉及的自由主义、个人主义、功利主义、理性主义、浪漫主义、虚无主义、现代主义、后现代主义等等,差不多都是这样。因此,将"主义"话语的思辨性剖析同"主义"传播的生活化考察相结合,构成了本论题的一个基本研究取向。这也是我把相关讨论确定为文化社会学分析的一个重要原因。

四

在西方,现代性的实现或展示过程对应着一个特定的历史阶段。通常把这个阶段确定为中世纪结束和文艺复兴以来的现代时期。但很多学者更喜欢把广义启蒙运动看作标识现代性的界碑。鲍曼说:"我把'现代性'视为一个历史时期,它始于西欧 17 世纪一系列深刻的社会结构和知识转型,后来达到了成熟。"[1]吉登斯认为,"现代性谓指大约从 17 世纪的欧洲起源,而后程度不同地在世界范围内产生影响的一种社会生活或组织的模式"[2]。这些定义表明,现代性在西方社会的呈现,虽含有历史向度,但某种类型的结构模式则是其实质性的方面。

在古典社会学理论中,这个实质性的方面是通过与传统的张力关系而得到勘定的。共同体与社会(滕尼斯)、有机团契与机械联结(涂尔干)、自然经济与货币经济(齐美尔)、休戚与共与自由竞争(舍勒)、巫魅

---

① Zygmunt Bauman, *Modernity and Ambivalence*, Cambridge: Polity Press, 1991, p. 4.
② Anthony Giddens, *The Consequences of Modernity*, California: Stanford University Press, 1991, p. 1.

与理性(韦伯)、身份与契约(梅因)等等,即是对传统与现代张力关系的几种经典解读。通常称之为二元分析模式。[①] 应该说,从这类模式引出的关于现代性内涵的看法不尽相同,但是,它们作为解释性的理论范型,不仅确认了一个共同的"现代"研究对象,而且为一系列相关问题的提出和解决预留了广阔的空间。事实上,现代性问题本身至为复杂,因此,切入角度的错位肯定会带来观点和结论的差异。当一代又一代西方学者沿着经济、政治、法律、社会、文化以及日常生活等各个维度突入现代性论域,并用各自的棱镜作观察的时候,现代图景的理论描绘更显多元,因而也更加丰富多彩了。参照西方社会学理论的相关分析,有人将现代性的总体特征扼要地概括为以下几个主要方面,即:经济上的工业化、政治上的民主化、社会上的城市化、文化上的世俗化、组织上的科层化以及观念上的理性化等等。

从这些方面来看,现代性所展示的西方社会结构转型,就其与传统的关系来说,似乎有某种断裂的性质。[②] 由此带出了现代性的评价问题。在古典社会学大师那里,现代性的负面效应虽被指认,但总体而言,一种关于历史进步的乐观信念占据着主导地位。随着时间的推移,现代性建构过程中所付出的代价和所造成的痛苦与不幸,愈益充分地暴露出来。其中有些问题和矛盾在传统时代是闻所未闻的。20 世纪两次世界大战的空前灾难、极权主义体制的产生、工业化所造成的环境破坏等等,使人们更加强烈意识到,现代性是一种具有双重特性的社会现象。于是,在现代化早期阶段就已萌生并一直呼号的批判声音,终于在 20 世纪获得了总爆发。其典型体现是法兰克福学派的社会批判理论。[③]

[①] 参见特纳《社会学理论的结构》,浙江人民出版社 1987 年版;约翰逊《社会学理论》,国际文化出版公司 1988 年版;科瑟《社会学思想名家》,中国社会科学出版社 1990 年版;刘小枫《现代性社会理论绪论》,上海三联书店 1998 年版,第 6—25 页。

[②] 参见 Anthony Giddens, *The Consequences of Modernity*, California: Stanford University Press, 1991, p. 4.

[③] 参见霍克海默、阿多尔诺《启蒙辩证法》,重庆出版社 1990 年版;马尔库塞《单向度的人》,上海译文出版社 1989 年版。

　　晚近西方现代性论争的一个重要动向,是关于现代性内在冲突的辨识。卡利奈斯库在《现代性的五个面相》一书中指出,现代性在西方文明基地的成长衍生了难以弥合的分裂。一种现代性是资本主义工业革命、经济发展、科技进步和社会变革的产物,可称"资产阶级的现代性";另一种现代性在现代主义文化艺术中得到集中体现,可称"审美的现代性"。后一种现代性是对前一种现代性的批判与拒绝,因此是一种强烈的否定情绪。① 德国哲学家魏尔默提出"启蒙的现代性"和"浪漫的现代性"的区分,大致上也是遵循了这样的思路。② 但在一种典型社会学语境中对现代性内在冲突予以全面分析的力作,当推贝尔的《资本主义文化矛盾》。在该书中,贝尔提出经济、政治、文化三领域对立说,据此深入考察和刻画了资本主义精神由统一走向分裂与冲撞的态势。而鲍曼所作的结论性意见则是:"现代性的历史就是社会存在与其文化的紧张的历史。现代存在迫使它的文化反对自身。这种不和谐正是现代性所需要的和谐。"③因此,基于现代性的内在张力,后现代主义在相当程度上可以看作现代主义的延伸和发展,而不纯然是现代主义精神的终结和衰落。

五

　　照我的看法,世俗化和理性化是现代文明的两股主导潮流。无论在品格上还是在历史上,这两股潮流都存在着一种积极的共生关系。一方面,功利谋划从一开始就离不开,而且其完备形式更在根本上依托于一种精明的理性谋算;另一方面,工具理性可被用来,而且很早就被用来充当功利谋划的有效手段。随着资本主义商品经济的发展,工具理性与功利谋划愈益紧密地锁合,并呈现出了加速度的互动态势。新技术的应

---

① 参见 Matei Calinescu, *Five Faces of Modernity*, Durham: Duke University, 1987, pp. 41 - 42。

② 参见 Albrecht Wellmer, *The Persistence of Modernity*, Cambridge: MIT Press, 1991, pp. 86 - 88。

③ Zygmunt Bauman, *Modernity and Ambivalence*, Cambridge: Polity Press, 1991, p. 10。

用,成本—收益的精确计量,使企业经营不断提高着规范化和标准化水平;反过来,市场逻辑的强力驱使又给工具理性的蔓延以巨大刺激,从而帮助它成功地启动了社会生活全盘数字化的进程。这个进程所可能达到的广度与深度,是谁也无法完全预料的。

但是可以肯定,一个按功利主义和工具理性主义模式组织起来的世界,根本说来是一个无灵性的世界。所以,从这个世界初露端倪的那一天起,就有一些人本思想家深感惶惑,而嗣后的浪漫主义者及其现代传人,则更对它表示了深深的焦虑、忧心乃至满腔的愤怒。他们站在现代工商—技术文明的对立面,指控物质崇拜卑污庸俗、制度规范枯燥乏味、科学理性冷漠无情,其义无反顾的叛逆姿态,在某种意义上构成了现代图景的实质性分裂要素。借用卡利奈斯库的说法,这是一条审美现代性路线。

就文化质态来说,在西方社会长期发生作用的基督教传统,严格设定了一条区分神圣与邪恶的道德边界。可是,随着现代性的成长,这条边界被一步步地蚕食了。其典型标志就是"上帝死了"的纲领性口号的提出。上帝既死,就再无神圣的道德法庭,人因而可以超于善恶之外,一无所负地寻求感性幸福和肉体快乐。随着从现代到后现代的文化变迁,高雅与通俗、精英与大众之间的壕沟进一步被填平。从此,无所顾忌地张扬个性,已不是少数文化精英的贵族式特权,而成了大众的某种普遍追求。每个人都要做自己的艺术家兼英雄的强烈渴望,促成了"天才的民主化",结果便是游戏式人生心态和娱乐道德观的决定性胜利。

基于上述考虑,本书的整体架构分为上、中、下三篇,依次讨论世俗趣味的高涨、工具理性的蔓延、个性表现的放纵这三个现代性生成过程的典型取向。叙述方式是历史与逻辑的统一。笔者所持的一个基本立场是,一个组织良好的社会,需要在世俗趣味、工具理性、个性表现三者之间寻求一种恰当的动态均衡。如果某种取向成为组织社会生活的惟一的或压倒一切的方法与准则,那就会导致文化生态或道德生态的严重破坏。因此,应该设法厘定每种取向的适度范围与合理边界。但是,作为"原生"的现代化模式,西方现代性图景的渐次呈现,事实上是一个自然历史过程。在这一过程中,世俗趣味、工具理性、个性表现三种典型取向,不仅在骨子里有一种强烈的越界冲动,而且以各自的方式使这种越界冲动在不同的历史时期现实地彰显了出来。正因如此,西方社会的现代性图景是一个包含着矛盾要素、衍生着剧烈逆向摩擦的分裂性图景。通常把这幅图景的阴暗的一面看作西方社会在现代化进程中所付出的代价。从一定的意义来说,付出代价是必然的。先发国家如此,后发国家亦如此。问题在于,历史的必然虽无法规避,但人类应该学会,并且也有足够的主体能力去设法减轻现代化所带来的社会阵痛的强度。如果后发国家分毫不差地将西方发达国家曾经走过的所有弯路都重走一回,那便是发展战略的失误或失败。就此而言,考察和分析西方现代化进程的得与失,对理解和把握当代中国现代化建设所面临的问题,至少不能说是纯粹的隔靴搔痒。

上 篇

世俗趣味的高涨和自由秩序的扩展

引　言

　　在现代西方文化范式中,恐怕没有别的什么字眼比"自由"一词更加引人注目了。几个世纪以来,经过反复的理论论证和思想熏陶,它不仅成为一种具有文化霸权意味的"主义"话语,而且还好像一种获得性社会遗传一样,融入普通男女的精神血脉,成了他们近乎本能的生活追求。不妨说,对自由的极度推崇,最为典型地体现了西方文化的现代品格。

　　这种品格的实质内涵是什么? 哈耶克曾以否定性的方式作答。他认为,自由指的是这样一种状态,"在此状态中,一些人对另一些人所施以的强制,在社会中被减至最小可能之限度"①。换句话说,自由意味着一个人摆脱他人的无理干涉,按照自己的意志来决断、选择和行动。它既是一种价值取向,又联系着一种制度安排。而这种价值取向和制度安排,在自由主义者看来,尽管可以从古代文明,譬如从古希腊文明那里找到它的源头,但就本质而言,却只是随着资本主义的发生和发展才获得了作为"普照之光"的主导地位和典型意义。② 因此,现代自由精神应该

---

① 哈耶克:《自由秩序原理》(上),生活·读书·新知三联书店 1997 年版,第 3 页。
② 格雷说:"作为一种政治思潮与知识传统,作为思想和实践中独具一格的流派,自由主义的出现只是 17 世纪以后的事。"(John Gray, *Liberalism*, Buckingham: Open University Press, 1986, p. ix)

通过与传统文化的比较来把握。其基本特征可概括为以下几个方面：

1. 个人本位的坚定持守

西方思想史上的自由主义者虽然提出过各不相同的论点，但他们在一个根本问题上却有着高度的一致性，那就是把个人推举为至高无上的价值中心。① 在自由主义者那里，以个人为本位的思想原则具有双重意涵。一是坚持关于社会的"唯名论"立场，即把个人视为生活中惟一真实的存在，而把社会看作没有自身独立意义的"虚构的团体"。② 二是推崇个人对于社会的价值优先性，即把个人权利奉为圭臬，而把社会的制度安排仅仅看作保障或实现个人权利的工具与手段。哈耶克说："由基督教与古典哲学提供基本原则的个人主义，在文艺复兴时代第一次得到充分的发展，此后成长为我们所了解的西方文明。这种个人主义的基本特点，就是把个人当作人来尊重，也就是承认在他自己的范围内，纵然这个范围可能被限制得很狭，他的观点和爱好是至高无上的，也就是相信人应能发展自己个人的天赋和爱好。"③多数自由主义思想家特别强调，尊重个人的最高价值，首先意味着摆脱来自社会的种种不合理压束。因此，在思想取向方面，他们是各种形式的国家主义、集体主义和权威主义的近乎本能的反对者。④

2. 世俗幸福的积极确认

如果说，个人作为价值主体具有不受外来干预的自我支配权，那么，当他在现实生活中按照自己的方式追求其利益和目标的时候，便应给予充分的认可。此乃个性自由的实质内容。作为中世纪禁欲伦理的对立面，这种个性自由所确认的幸福追求，不是超验的和彼岸的，而是现世的和感性的。彼特拉克的那句名言——"我自己是凡人，我只要求凡人的

---

① 参见雅赛《重申自由主义》，中国社会科学出版社 1997 年版，第 11 页。
② 参见边沁《道德与立法的原理绪论》，载周辅成编《西方伦理学名著选辑》下卷，商务印书馆 1996 年版，第 212 页。
③ 哈耶克：《通向奴役的道路》，商务印书馆 1962 年版，第 19 页。
④ 在自由主义者看来，个人和国家相比处于劣势，因此，个人的优先性可理解为劣势者的优先性。

幸福",即是自由主义和个人主义价值观的素朴表达。① 在后来的历史演化中,对现世感性幸福的追求有两个主要走向:一是追逐财富、积聚资本的功利谋划;一是寻觅新奇、张扬自我的个性表现。贝拉称前一个走向为"功利型个人主义",称后一个走向为"表现型个人主义"。② 它们构成了现代自由生活的两种基本样态。

3. 多元追求的自觉倡导

自由主义者认为,个人既然有至高无上的内在价值,那么,摆脱外部力量的左右,通过独立的思考去自主行使判断,并在此基础上自我导向、自我设计、自我塑造,便应视为一项正当、合理的生活准则。在近代西方,这一准则发端于文艺复兴,确立于启蒙运动,而它在现世舞台上的广泛实践,即是个人生活方式的多样化或多元化。密尔称:"人类在快乐的来源上,在痛苦的感受性上,以及在不同物质的和道德的动作对于他们的作用上有如此多般的不同,所以人类除非在其生活方式方面也相应地有如此多般的歧异,他们就既不能获得其公平的一份愉快,也不能在精神方面、道德方面和审美方面成长到他们本性能够达到的体量。"③因此,个性自由决不是千篇一律。它承认差别,允许多样化的实验,推崇超拔于平庸之上的首创精神。如果这种首创精神在特定情况下表现为某种类型的怪僻,那么自由主义者决不把这种怪僻看作应予谴责和整肃的对象。④ 理由很简单:"凡性格力量丰足的时候和地方,怪僻性也就越丰足;一个社会中怪僻性的数量总是和那个社会中所含天才异禀、精神力量和道德勇气的数量成正比的。"⑤

---

① 参见彼特拉克《秘密》,载北京大学西语系编《从文艺复兴到十九世纪资产阶级文学家艺术家有关人道主义人性论言论选辑》,商务印书馆1971年版,第11页。
② 参见贝拉《心灵的习性》,生活·读书·新知三联书店1991年版,第46—55,214—216页。
③ 密尔:《论自由》,商务印书馆1982年版,第73页。
④ 伯林认为,多元论之所以重要,就在于它为个人的自由选择预设了广阔的空间;反过来,一元论则是与自由主义的价值取向不相容的。(参见 Isaiah Berlin, *Four Essays on Liberty*, London: Oxford University Press, 1969, pp. 167－172)
⑤ 密尔:《论自由》,商务印书馆1982年版,第72页。

在一般意义上,传统道德规范和行为模式具有守成性特征。中世纪的禁欲伦理和教会专权把这个特征发展成了对个体生命的强制性压抑。因此,当新时代的个性自由浪潮冲开禁欲和专制大门的时候,它在现代文明进程中所起的作用,是可以用翻天覆地来形容的。但是,纵令充分认可个性解放的历史进步意义,也仍然有理由就这一原则的正当性的合理限度提出追问。因此,关于自由主义的文化社会学分析,可以循着以下几个依次递进的层次来展开。其一,自由主义如何获得了挣脱传统束缚的成长条件? 其二,在颠覆传统价值之后,自由主义怎样向社会生活诸领域渗透与扩张,并博得了文化霸权地位? 其三,自由主义对社会生活的指导与组织,在社会实践中滋生了何种类型的矛盾冲突? 最后,怎样为自由主义的合理性划界,并寻求抑制其负面效应的文化资源?

第一章　价值标尺的重构

　　现代性图景的建构是一个复杂的历史过程。如果与传统社会作比较，我们可以把现代社会的出现看作一场总体性结构转变的产物。这场转变不仅影响到外部的制度安排，而且也给人的主体心态和精神气质打上了深刻的烙印。在前一重意义上，现代性的典型特征，表现为自主独立的个人挣脱传统纽带的束缚，从群体本位的社会结构中获得解放。在后一重意义上，现代精神的生成，则展现为价值秩序的位移和生存标尺的重构。由于这种位移和重构，现代人置换了传统的评价标准，动摇了传统的人生信念，进而在历史变迁过程中营造了一种全新的价值偏爱系统。按照舍勒的看法，从传统到现代的总体性转变乃是一场"价值的颠覆"。①

一、传统伦理范式

　　倘若采纳舍勒的观点，用"价值的颠覆"来概括西方文化从传统到现代的历史巨变，那么，文艺复兴无疑是标志这一巨变的重大事件之一。

---

① 参见舍勒《价值的颠覆》，生活·读书·新知三联书店 1997 年版。

由于文艺复兴运动的思想旗手喜欢强调与古希腊的亲和关系，所以也就容易造成一种印象，似乎现代性的起源是向古希腊文化传统的某种复归。这当然是一种错觉。在舍勒的视域中，现代性对传统的颠覆，不仅意味着摧毁中世纪的禁欲条规，而且也意味着翻转古希腊的伦理范式。因此，问题的一个关节点，倒是要厘定文艺复兴开启的现代价值取向同古希腊德性传统的实质性差别。在这方面，麦金泰尔以他的卓越研究，给我们提供了两个富有启发意义的结论。

一个结论涉及伦理精神所依托的特定社会结构。按照布克哈特提出的代表性看法，追求"个人的完美化"是文艺复兴从古希腊那里汲取的一个重要精神营养。[①] 这种看法似乎有充分的根据。因为对古希腊人来说，"优秀"原是"德性"的基本意涵。在生命历程中，要活得优秀、出众、高贵，而不是庸俗、平凡、卑下，是镌刻于古希腊人心灵深处的内在目的。但是麦金泰尔强调，倘若由此进一步引申，说古希腊的"自由英雄"等值于现代的"原子式个人"，那就会产生一种实质性的混淆。问题的关键在于，古希腊的社会结构不是个体本位的，而是群体本位的。那是一个人的依赖关系尚未被商品、货币所肢解的时代。在那个时代，家庭、宗族、村社和城邦等群体形式耸立于个人之上，并先在地为个人赋予了确定的社会身份。这种社会身份不是偶然属于人们的特性，不是为了发现所谓"真实的自我"而必须剥除的东西，恰恰相反，它作为生命的价值依归，构成自我的实质，从而部分地，有时甚至是完全地限定了自我的责任和义务。[②] 因此，古希腊社会根本说来乃是一个具有共享图式的群体系统。个人只有归属于这个系统，才能透过其承担的角色和既定的位置识别自己，进而明白自己应该做什么以及应该怎么做。如果他在既定的位置上充分发挥自己的角色功能，便会成为优秀的父亲、优秀的战士、优秀的公民，概言之，成为"优秀的人"。从这个角度来看，古希腊以追求卓越为基

---

① 参见布克哈特《意大利文艺复兴时期的文化》，商务印书馆 1986 年版，第 130 页。
② 参见麦金泰尔《德性之后》，中国社会科学出版社 1995 年版，第 44 页。

本取向的道德成就,无非是各种特定角色功能的最佳实现。它不是纯属个人的自主抉择,而是在做自己被要求去做的事情上比常人更加出色。① 因此,"个性解放""个人权利"之类的现代观念在古希腊根本就缺乏赖以生存的社会基础。由于个人的价值只有通过其社会功能的良好发挥才能在群体的共享图式中得到肯定——享有像生命一样珍贵,甚至比生命更加珍贵的"荣誉"——在古希腊,"一个人若是试图脱离他既定的社会位置,那就是试图使自己从这个社会中消失"②。

麦金泰尔的第二个结论涉及道德生活的论证方式和践行方式。按照他的看法,由亚里士多德作出系统论证的传统道德体系,本质上是一种目的论体系。在这个体系中,存在着一种"偶然成为的人"与"一旦认识到自身真正目的后可能成为的人"之间的重要对照。伦理学的全部意义,就在于对人之为人所应该追求的价值目标进行阐释,并以伦理戒规来约束人的行为,用道德教化来塑造人的品格,从而使人由"偶然成为"的现存状态向"本该如何"的真实目的转化。③ 实际促成并实现这种转化,就是努力将人的角色功能发挥到完善境界,即"优秀"地活。因此,道德践行乃是朝向一种崇高目的的运动。在古希腊,由于积极入世的文化精神根深蒂固,朝向崇高目的的道德实践从未完全按照脱离现世生活的思路来设想,但是不论生命价值如何重要,原始的感性欲望和自然的生活样态本身并没有被赋予"应然"的道德意义。根据目的论逻辑,道德价值是通过对人的自然生存形式的某种驾驭和提升展现出来的。④ 这意味着,那些源自道德应当且为群体成员的和谐相处所必需的公共规则,而不是出于原始本能并为私人利益的自由追逐提供支持的个体权利,在古

---

① 参见麦金泰尔《谁之正义? 何种合理性?》,当代中国出版社 1996 年版,第 33 页。
② 麦金泰尔:《德性之后》,中国社会科学出版社 1995 年版,第 159 页。
③ 参见麦金泰尔《德性之后》,中国社会科学出版社 1995 年版,第 67—68 页。
④ 譬如,"拯救"生命,"保护"自由,"公平"分配财富,与朋友交往而"守信",权力竞争中的"合游戏规则"等等。道德主体只是由于把这些行为视为"善"才去做,而这样做了也会被公众赞誉为"善"。

希腊伦理秩序中占据了价值上的优先地位。① 但是，随着现代文明的兴起，在世俗化浪潮的冲击下，自古希腊延续下来的目的论道德体系逐步丧失了赖以扎根的生活土壤。文艺复兴时期人文主义者以"我是凡人"为论据进行的抗辩，表明人性问题上的目的论悬设已被勾销，而新的伦理建构将直面受本能欲望支配的"自然人"，并把它设定为不可撼易的价值中心。

如果说，文艺复兴开创的现代文化最终指向传统价值的颠覆，那么，我们就该认真考虑一下古希腊与中世纪的某种实质性联结。根据麦金泰尔提示的思路，这种联结首先表现在道德体系的论证和建构方面。麦金泰尔指出，确立于古希腊的目的论道德体系在中世纪不仅被保留着，而且还以新的形式得到了加强。"偶然成为的人"被视为秉有原罪的肉体；人应该追求的真实目的和至善境界从尘世移到彼岸；而使人由偶然成为的现存状态向应该如何的神圣目的转化的伦理准则与道德教化，则采取了宗教禁令和禁欲苦修的方式。但问题在于，伦理精神不是抽象的存在物。它总是依托于某种特定的社会结构。就此而论，中世纪之所以承继古希腊确立的目的论道德体系，根本说来是因为它的社会结构与古希腊同属一大类型，亦即是一个群体本位的身份社会。麦金泰尔这样分析道：

> 在大多数古代和中世纪的社会中，像在许多其他前现代社会中一样，个人是通过他或她们的角色来识别，而且是由这种角色构成的。这些角色把个人束缚在各种社会共同体中，并且只有在这种共同体中和通过这种共同体，那种人所特有的善才可以实现；我是作为这个家庭、这个家族、这个氏族、这个部落、这个城邦、这个民族、

---

① 阿伦特在论及古希腊雅典城邦的价值准则时指出："城邦之所以没有侵害公民的私人生活，并且还把围绕着每一份财产而确立起来的界限视为神圣的，这并不是由于它尊重我们所理解的那种私人财产，而是由于这样一事实：一个人假如不能拥有一所房屋，他就不可能参与世界事务，因为他在这个世界上没有一个属于自己的位置。"（参见阿伦特《公共领域和私人领域》，载汪晖、陈燕谷主编《文化与公共性》，生活・读书・新知三联书店1998年版，第63页）

这个王国的一个成员而面对这个世界的。把我与这一切分离开来，就没有"我"。①

由于在道德论证和社会结构方面存在着相当程度的一致性，因此，将古希腊和中世纪的文化类型当作某种连续的整体，来辨识其区别于现代精神的传统品格，不仅是合理的，而且是必要的。麦金泰尔强调，中世纪文化虽然是基督教神学占支配地位，但当基督徒面对将《圣经》的启示转化为日常生活中的分辨与选择的时候，并没有把古希腊德性传统当作纯粹的异端来摒弃，毋宁说，它反复提出并着力解决的一个重要问题，是要把古希腊推崇的四主德——"正义""智慧""勇敢""节制"同基督教的德性——"信仰""希望""慈爱"整合起来。② 尽管随着时代的推移，中世纪文化较之古希腊精神在内容上和风格上发生了一系列重大变化，但是，如果把文艺复兴开启，尔后被启蒙运动扩展，并随资本主义的成长而在日常生活中逐步定型的现代价值取向概括为个人本位的自由精神，那么，与之相对，古希腊和中世纪的德目表则作为一个前现代的文化范式，从总体上显现了另一种品位的价值偏爱系统。透过这个系统所推崇的主要美德，我们可以揣度传统伦理秩序与现代精神气质的原则性差别。

——正义

现代自由主义者在论及正义时，多以尊重并捍卫个人权利为基本立足点。但对传统伦理来说，这个立足点不仅虚弱，而且压根就站不住脚。在古希腊语境中，"正义"的原初含义是"秩序"。追求正义就是要"按照这一秩序来规导自己的行动"。③ 倘若联系群体本位的社会结构，则正义的实质，即在于根据自己的特定地位去做角色要求自己做的事情。这种本分观念构成了古典的正义传统。从荷马到柏拉图和亚里士多德，都持守这样的信条："存在着一个宇宙的秩序，这一秩序规定着人类生活的总

① 麦金泰尔：《德性之后》，中国社会科学出版社 1995 年版，第 216—217 页。
② 参见麦金泰尔《德性之后》，中国社会科学出版社 1995 年版，第 211 页。
③ 参见麦金泰尔《谁之正义？何种合理性？》，当代中国出版社 1996 年版，第 19—20 页。

的和谐秩序中的每一个德性的位置。道德领域的真理就在于道德判断与这个系统秩序的一致。"①很显然,这样的正义观虽不排斥个人充分发挥其角色功能的卓越追求,但它却以秩序框架为这种追求规设了正当的方式和界域。"所有的选择都发生在这个框架内,而框架本身是不可选择的。"②如果贪图自我利益而破坏这个框架,那就是非正义的僭越。因此,作为"让人得其所应得"的公正,无论关乎名誉的功过评价,还是涉及财富的物质分配,在传统伦理秩序那里都深深地依赖于一种社会普遍认同的正当本分观念的规导。③ 中世纪宗教信仰和等级制度,给这种规导涂上了更为强烈的限制性约束的色彩。在它所推崇的道德和社会秩序中,"每一个人都有他或她的指定位置和指定义务。安分守己,善行义务,即是公正。而不安分守己或推卸义务或反抗规定这一名分的秩序,则是非正义"④。但随着现代社会的兴起,传统的正义论一来由于认可高低有别的地位差等,二来因为给个人施予了限制性约束,而被追求个性解放、捍卫个人权利的进步思想家"正当"地颠覆了。

——智慧

对一个执著于自我利益的现代人来说,智慧的典型表现形式是以最小投入获取最大产出的实用性或工具性合理计算。但传统伦理对这种计算不仅不屑一顾,而且十分鄙夷。在古希腊,智慧的要旨在于"明哲",而"明哲"则是追究万物根本的形而上的"运思"。当这种运思落实于道德层面的时候,便是省察和彻悟生命意义的"终极关切"。就本质而言,这种关切只有与正义秩序相符才能获得价值正当性。因此,一个富有智慧美德的人,就是一个在特定的位置与场合知道应该怎样下判断的人。实际作出具体判断当然离不开个人的深思熟虑,但合理评价的标准却超

---

① 麦金泰尔:《德性之后》,中国社会科学出版社 1995 年版,第 179—180 页。
② 麦金泰尔:《德性之后》,中国社会科学出版社 1995 年版,第 159 页。
③ 古希腊主流伦理学认为,侵占不应有之"域"的举动,往往源于贪心、傲慢和恃强。因此,必须用理性约束情欲,用文化驯服本能,用公共准则克制个人私利。
④ 麦金泰尔:《谁之正义? 何种合理性?》,当代中国出版社 1996 年版,第 221 页。

乎个人而根植于共同体的生活场景,因为这种场景所提供的共享图式,已经先于个人对"什么是人类最好、最善的生活样态"作出了集体性的回答。① 在这个意义上,一个脱离了共同体的原子式自我,便意味着丧失了合理评价与合理选择的可能性,或者说,他被剥夺了正义能力。因此,在古希腊语境中,智慧作为一种美德,就像正义一样并且同正义内在关联,实质上是道德判断与道德实践的恰当得体和规范有度。它既要求三思而后行,也要求行而后三思。两个方面互为表里,构成德性的教化与人格的修养。② 在中世纪,德性教化与人格修养被整合进神学框架,从而加重了关注精神陶冶的唯灵论意味。由于人的本质和价值只能通过与上帝的关系来确证,因此,就肯定的意义说,"诚信即智慧",惟有皈依上帝,领受天启,才能睁开慧眼,看见神性本源的永定之光;就否定的意义论,"忏悔即慎思",如果为邪恶引诱,致使灵魂堕落,则必须通过自我贬斥来祛除内心的阴霾,重新找回生命的真正归属。这便是基督徒的精神化生存。由于这种生存样式具有浓烈的禁欲色彩,因而就被现代世俗化浪潮彻底击垮了。但是现代人于摒弃唯灵论的同时,也一步步消解了超验的价值关切。智慧成为追求实惠的精明,深思熟虑仅仅充当功利算计的科学手段。正是从这一角度,舍勒断言,现代社会所导致的文化转型,简而言之就是工商精神战胜神学—形而上学精神,生命价值和实用价值发生了根本性的位移。③

——忠诚

在讲求物质利益、崇尚个人本位的现代人那里,忠诚作为一种德性,即便没有完全消失的话,也往往被归结为"信用",主要充当互惠合作的契约要件。但对传统伦理来说,这样的定位既不可想象,也无法接受。

① 参见麦金泰尔《谁之正义? 何种合理性?》,当代中国出版社 1996 年版,第 188 页。
② 苏格拉底有言,未曾省察的人生没有价值。这可视为古希腊主流伦理学的纲领性口号。它的基本主张是"知即德","欲即恶",因此必须确立理性的至尊地位,用理性统驭激情。其极端表现是追求"沉思"型生活。
③ 参见舍勒《价值的颠覆》,生活·读书·新知三联书店 1997 年版,第 141—142 页。

问题的关键在于,坚持个人自主性的现代社会合乎逻辑地孕育了价值相对主义,从而使道德判断变得不可通约;而群体本位的传统社会,则为人们提供生命的价值依归,从而使整个共同体对是非善恶形成了确定的和广泛一致的看法。① 从某种意义来讲,传统伦理秩序是由共同准则、共同理念、共同信仰、共同爱慕、共同希望交融起来的"团契"秩序。这种秩序与其说是某种互惠体系,不如说是一个带情感地寓居的生命母体。它滋育并统帅着群体成员在思想交流与情感体验上的亲密契合。在团契中,一个人对他人的内在生命"甚至可有切肤之感,他的言行只要不令人感到特别的失望,便会全都得到从共同熟知的思想出发的直接理解"②。相互依赖、彼此认同,形成了人们在道德承担上的休戚与共。所以,友谊和忠诚在传统德目表中占据一个重要的位置。就本质而言,"忠诚是爱与信任伦理的自然延伸;其承担者视一切约束性的'诺言'和需要接受的'契约'的要求为一种侮辱,因为那无非是对忠诚的怀疑,要求提出人为的保证"③。但恰恰是这种"人为的保证"在现代社会流行了开来。现代化进程斩断将人们聚合在一起的传统纽带,使之成为在市场竞争中自谋生存的原子式个体;可是,当这种个体挣脱传统束缚的时候,他们相互间也产生了疏离感、陌生感和不信任感。契约伦理即是这种不信任感的体现和补偿。在这个意义上,舍勒认为,现代全部道德的根基,在于"人对人的原则上的不信任态度"④。

——勇敢

按照舍勒的看法,"人对人的原则上的不信任态度"乃是一种惧怕被竞争对手欺骗的商人禀性。这种禀性虽然由来已久,并非现代社会才具备,但在传统社会中,它却始终未能领受文化的正当性阳光的照耀:既因为其平庸,更因为其卑琐。古希腊英雄时代开创的德性传统,是以追求

---

① 参见麦金泰尔《德性之后》,中国社会科学出版社 1995 年版,第 196 页。
② 舍勒:《资本主义的未来》,生活·读书·新知三联书店 1997 年版,第 12 页。
③ 舍勒:《价值的颠覆》,生活·读书·新知三联书店 1997 年版,第 144 页。
④ 舍勒:《价值的颠覆》,生活·读书·新知三联书店 1997 年版,第 126 页。

格。这品格既在群体本位和秩序至上的正义观中有所体现,也在解读人生命运的悲剧神话中有所反映。不过,古希腊精神的虔敬品格并没有导向谦卑。想一想那些在竞技场上奋力拼搏的运动员以及在命运重压下不甘屈服、顶天立地的悲剧英雄,就不难体会古希腊的德性论为人们追求出类拔萃的人格成就保留了多大的空间。将谦卑纳入德目表的是基督教神学。对基督教神学来说,如果没有谦卑,"一个人就不可能有对上帝的爱,因而也不可能拥有其他任何美德"①。与此相联系,人的基本恶是骄傲。在神学框架中,骄傲是一种将人的自我价值凌驾于一切之上的愚妄自大。它使人背离神性的本源世界,从而会导致魔鬼般的堕落。基督教反复强调,要使有病的心灵得到救治,人必须有一种羞愧感。所谓羞愧感,也就是对自己的存在的破碎处的直接领悟。当人意识到个体生命在本质上的有限性的时候,羞愧感便会引导出对超验神圣的敬畏。但这种敬畏并不是单纯的畏惧,而是一种虔诚的皈依举止。在这种举止中,人可以感知和体验到愚妄自大者所无法感知和体验的"事物之秘密,事物存在之价值深度"。这种价值深度反衬着自我的渺小,从而使人生发出一种谦卑姿态,一种皈依神圣天父的恭顺。按照舍勒的看法,恭顺作为基督徒的一个重要德行,不是玩味自我、张扬自我,而是走出自我、舍弃自我。但也正因为敢于摒弃自以为至高无上的本己性要求,它又使人的灵魂长出眼睛,看到被人的愚妄自大遮蔽住的神性的本源世界,并在与这个世界的沟通中,自我复得,重新找回自己生存的价值意义。② 但是,基督教所推崇的这样一种虔敬品格,由于在中世纪的制度化层面转化为对人的自然生命的强制性压抑,而被近代追求个性解放的思想家当作怯懦、驯服、愚民的同义语,从根本上予以摒弃了。对文艺复兴时期那些崇尚自我价值的人文主义者来说,古希腊精神所孕育的以追求卓越和优秀为目标的文化英雄,具有蓬勃的朝气和健全的生命,因而更值得效

① 麦金泰尔:《谁之正义? 何种合理性?》,当代中国出版社 1996 年版,第 217 页。
② 参见舍勒《论德行的复苏》,载刘小枫编《20 世纪西方宗教哲学文选》下卷,上海三联书店 1991 年版,第 1395 页。

法。只是这种效法有些忘形。它一步一步地消解了在古希腊那里借以评价和支撑优秀品格的共同体权威标准和目的论道德图式,从而给个性解放赋予了自由放纵的意味。这种意味后来越发浓烈,并最终成了生活的基本格调。在这个意义上,现代道德对传统伦理的关系,就是自然欲望和生命本能的一系列冲动造反。

现在要问:这种造反是怎样获得成功的呢?

二、市民德行的滥觞

按照文化学界的一种代表性看法,盈利欲是资本主义经济行为的基本动机,也是资本主义精神的最原始的表现形式。尽管这种看法显得过于简单,许多问题还有待深入辨析和探究,但至少从发生学的意义来说,它的确抓住了一个十分关键的方面。[①] 在资本主义的孕育和成长过程中,挣脱禁欲伦理的束缚,确认人的自然欲望和幸福渴求的正当性与合理性,并使之在最少限制的自由环境里畅快淋漓地排释,无论在逻辑上还是在历史上,都是驱动近代观念变革和文化转型的主导潮流。

但是,倘若追根溯源,则可以肯定,排释人的自然欲望,甚至使这种欲望的排释"越出与身份相符的生活水平的观念界限",即以贪婪的形式表现出来,并不是到资本主义才发生,也不是为资本主义社会所独有的特殊现象。夸张一点说,它遍及尘世生活的所有社会形态。问题在于,在前资本主义时代,占主导地位的正统道德规范并没有给自然欲望的公开排释赋予正当的价值意义。那些沉醉于无限制获取的人被认为抛弃了"神圣的义务",他们只有"坏良心"。[②] 因此,"无商不奸"就成为一种普遍的公众意见。直到工商业在封建社会母体内已发育到相当规模的时

① 桑巴特认为,在资本主义的早期发展史上,对金钱的贪婪追求渗入了投机和暴力因素,从而也多少展现了某种冒险进取的"英雄"气质。(参见 Werner Sombart, *The Quintessence of Capitalism*, London: T. Fisher Unwin, Ltd., 1915, pp. 214-215)
② 参见舍勒《资本主义的未来》,生活·读书·新知三联书店 1997 年版,第 11 页。

民阶层在获得合法身份地位以后滋生的自主意识和平等观念,则将这种盈利欲公开暴露在文化正当性阳光之下,并使之转化成了以竞争性生存比较为特征的奋求欲。这种奋求欲与传统的身份制评价体系是根本不相容的。据舍勒分析,在传统社会中,等级制度严格限定了生存比较的界限,以致农夫不敢有同封建主攀比的奢望,手工业者也不会拿骑士作为自己的参照坐标。"在这样的历史时期里,上帝或天命给予的'位置'使每个人都觉得自己的位置是'安置好'的,他必须在给自己安定的位置上履行自己的特别义务,这种观念处处支配着所有的生活关系。他的自我价值感和他的要求都只是在这一位置的价值的内部打转。"① 但是,随着城市文明的崛起,人身依附关系被解除,身份等级观念遭冲击,一种超越传统范围的普遍性的生存比较也就在全社会活跃起来。既然不是先赋的血统,而是后致的成就作为个体的社会身份认定的基础,每一个"位置"便统统变成了普遍性竞争追逐中的一个临时支点。而作为交换价值符号化身的货币,则为这种奋求欲的无限扩张提供了恰当形式。

在这样的社会格局下,以商人为代表的市民德行获得自由生长的广阔空间是不言而喻的。当然,这要经历一个相当长的演变过程。在传统道德占主导地位的历史时期,商人德行被挤到阴暗的角落;商品经济的发展和城市文明的兴起,使实力日渐增长的商人在心中不断积聚起对贵族派头的不满和怨恨;而一旦工商业成为城市经济和日常生活的基本支柱,以致行会的能量足以在一个广泛存在的市民群体内"定调子",商人式的感受方式得到公开赞赏,行会精神转化成普遍的社会精神,就势在必然了。② 在西方历史上,这个过程最早发生并初步完成于意大利。与传统价值取向作比较,意大利文艺复兴时期的文化为我们揣度和辨识一种新型的价值偏爱系统提供了具有示范意义的样板,其基本品格可概括如下:

---

① 舍勒:《价值的颠覆》,生活·读书·新知三联书店 1997 年版,第 21 页。
② 参见舍勒《价值的颠覆》,生活·读书·新知三联书店 1997 年版,第 119 页。

1. 世俗情趣

布克哈特说,在中世纪,人类意识的两个方面——外界观察和内心体验,都被信仰的面纱所遮蔽,处于睡眠或半醒状态。[①] 基督教神学将灵与肉的对立极度夸张,从而在伦理实践中倡导并促成了以出世和禁欲为特征的唯灵式生存。但是,随着商品经济和城市文明的发展,这样一种价值取向被一步步改变了。注重现世的生活情趣在市民阶层中慢慢滋生,而宗教信仰的约束力则日渐衰微。一方面,外部自然"洗刷掉罪恶的污染,摆脱了一切恶魔势力的羁绊"[②],成为人类观察、认知和改造的客观对象;另一方面,肉体生命也从禁欲主义的压抑下解放出来,获得独立自足的价值。于是,珍爱自我,美化生活,追求纯感性的陶醉和愉悦,成了一种新的时尚潮流。

2. 功利追求

按照桑巴特的分析,享受感官快乐助长了城市生活的奢侈之风;而奢侈之风则促进较大规模的生产和贸易,并因而给资本主义经济形态的诞生以强有力的推动。[③] 从历史变迁的复杂性来看,究竟应该在多大程度上把奢侈估价为资本主义制度建构的动力因素,尚是一个有争议的问题;[④]但是尽管这样,桑巴特的推论依然有其值得认真考虑的合理理由。问题的关键在于,在商品经济成为城市文明"普照之光"的背景下,由于货币充当万能的流通手段,对使用价值的占有和享受,必然要同对交换价值的渴望和追逐发生联结,从而诱导和激发人们把金钱提升为经济动机程序上的首要体验单位。所以就产生了这样的名言:"谁有了黄金,谁

[①] 参见布克哈特《意大利文艺复兴时期的文化》,商务印书馆1986年版,第125页。
[②] 布克哈特:《意大利文艺复兴时期的文化》,商务印书馆1986年版,第293页。
[③] 参见桑巴特《奢侈与资本主义》,上海人民出版社2000年版,第155页。
[④] 布罗代尔认为:"千姿万态的奢侈风尚与其说是一种增长因素,不如说表明发动机经常空转,因为当时的经济不能有效地使用积累的资金……奢侈曾经是并且只能是旧制度的一种病症,是一种社会在其增长过程中——这在工业革命前是如此,至今有时依然如此——对其'过剩'产品不正当的、不健康的、华而不实的、违背经济规律的使用方式。"(布罗代尔:《15至18世纪的物质文明、经济和资本主义》第一卷,生活·读书·新知三联书店1992年版,第215页)

就可以在这个世界上为所欲为;有了黄金,甚至可以使灵魂升入天堂。"①
这是一种相当典型的看法。它表明,基督教所倡导的禁欲式灵魂拯救已
丧失其感召力,而功利追求则开始作为基本的行为动机释放出越来越大
的能量。更有甚者,由于宗教信仰衰落,摆脱束缚的自由人在追求利润
的过程中合乎逻辑地表现出了不计手段和不顾后果的无限野心。资本
的贪婪品格由此显形。

3. 个性精神

哈伊指出:"商业的繁荣为城市增强了财富,也给人们带来了从旧的
束缚中解脱出来的希望。"②这种希望不仅在于城市自治权的获得,更重
要的是,资本主义商品经济的发展使市民成员斩断传统的依附和归属纽
带,成了自主独立的原子式个体。这为崇尚自我价值的个性精神提供了
适宜的生长土壤。在 14、15 世纪的意大利城市社会,自我标榜、蔑视权
威是一种流行风气。人们视清规戒律为草芥,把塑造一个与众不同的
"我"奉为至上目标。"如果不能出人头地,为人又有什么意思呢?"③这个
实已给出答案的设问,表明个人价值已在愈益公开的形式上转变成了生
活追求所环绕的轴心。正因为如此,房龙称,城市文明激活了一个张扬
个性的"表现时代"。在这个时代,"人们不再满足于一动不动地坐在那
里只是当听众,而由皇帝和教皇告诉他们该做什么,该想什么。他们要
在生活的舞台上当演员。他们坚持表达他们个人的思想"④。人是自身
的主宰者和创造者,日益成为一种得到普遍认同的生活信条。

4. 平等观念

传统社会是贵贱有别的等级社会。在这个社会,价值评判的核心原
则植根于先天的身份归属,所谓生为贵族恒为贵族,身为贱民永为贱民。
但是,在商品经济浪潮的驱动下,不断高涨的世俗情趣、功利追求和个性

---

① 博德:《资本主义史》,东方出版社 1986 年版,第 7 页。
② 哈伊:《意大利文艺复兴的历史背景》,生活·读书·新知三联书店 1992 年版,第 47 页。
③ 科恩:《自我论》,生活·读书·新知三联书店 1986 年版,第 156 页。
④ 房龙:《人类的故事》,生活·读书·新知三联书店 1988 年版,第 236 页。

精神,逐渐把价值评判的天平从先赋转向后致,主观努力和事业成就被一步步提升为普遍的和最高的衡量标尺。"人由于自己本身的努力而成为某种人"①,不仅在观念上被人们广泛认可,而且在实践上为人们极力奉行。结果就是世风的彻底翻转。"我们似乎已看到:平等的时代已经到来,而对于贵族的信仰永远消失了。"②平等观念的滋长表明,新兴市民阶层不仅背叛着封建伦理传统,而且按照自己的品格改造和同化着整个社会。它手执功利主义的强心针,悄悄地在贵族的高傲血统中注入了平凡的世俗血液,并告诉他们:优胜劣汰,适者生存。③

5. 开拓型性格

传统的等级制度给每个人所扮演的社会角色预先设定行为脚本,并极力压缩自由发挥的空间,加上宗教信仰和禁欲伦理的强制性约束,遂使社会成员养成了一种安分守己、谦卑顺从的惰性品格。但是在城市文化的强力冲击下,这种品格被慢慢地,然而也是彻底地改塑了。平等意识打破了固定不可移的尊卑分界,使一种竞争性生存比较在全社会被普遍激活;世俗化潮流在可以无限生殖的货币财富形式上为人们的奋求欲开辟出宽阔通道;而日渐高涨的个性精神则使积极追求自我价值不仅变得正当,而且成为标志人格成就的崇高荣誉。"一个极端重视荣誉的人,在他所从事的一切事情上都能成功,因为他既不怕困难、危险,也不怕损失……空虚而没有生气是那些没有荣誉感作为他们动力的人们的事。"④因此,在城市文化的新辞典里,"谦卑"与"怯懦"同义,"本分"与"无能"等价,惟积极进取才值得大书特书。按照这样的心理定势,人们总是

---

① 科恩:《自我论》,生活·读书·新知三联书店 1986 年版,第 158 页。
② 布克哈特:《意大利文艺复兴时期的文化》,商务印书馆 1986 年版,第 354 页。
③ 布克哈特引述过这样一段评论:"几年前,每一个人都看到:所有劳动人民直至面包师傅,所有梳羊毛工人、高利贷者、银钱兑换商和各种各样的恶棍怎样变成了骑士。当一个官员去管理一个地方的小市镇时,他为什么需要一个骑士身份呢? 这个头衔和一般混饭吃的职业有什么关系呢? 不幸的尊严你何其衰颓啊! ……骑士身份已经死了。如果竟至于把荣誉赠给死人,那么为什么不赠给木石,不赠给一条牛呢?"(布克哈特:《意大利文艺复兴时期的文化》,商务印书馆 1986 年版,第 358 页)
④ 布克哈特:《意大利文艺复兴时期的文化》,商务印书馆 1986 年版,第 424—425 页。

不满现状,因而,一种活力充沛、干劲十足的乐观气质和开拓型性格就在全社会扎根并蔓延开来。这种气质和性格的实质意义在于,"不是特定的事物目的在指导追求和行动,而是对某阶段的单纯超越——即'破纪录'——成为推动一切的基本动机"①。当这种动机在历史过程中同资本生殖发生紧密契合的时候,资本主义精神的一个基本构成要件就组装起来了。

三、为个性解放声辩

从总体上看,城市文明所驱动的观念变革和文化转型,涉及相互关联的两个方面。一方面,在商品经济逐步成为主导社会结构的背景下,宗教信仰和传统伦理同人们的世俗生活发生脱节,其羁约人心的感召力日益衰退。市民德行的滥觞即是传统溃败的一个明显征兆。我们可以把这个征兆看作日常生活层面大众心理的自发调适问题。但是另一方面,将自发的大众心理提高到自觉水平,使之在一种新的文化范型中定格,还需要在价值上对世俗化和个性化潮流给出理由充足的合法性证明。我们可以把这种证明看作意义诠释层面文化精英的责任担负问题。对这个问题进行考察,需要关注市民群体的一部分特殊成员——人文知识分子。

按照熊彼特的定义,知识分子是一群有能力并且擅长驾驭"说出来和写出来的语言力量的人"②。这个定义虽然简单,但却特别适合意大利文艺复兴时期的历史状况。那个时候的知识分子就是从辩论和修辞起家的,尽管他们操纵语言力量的本事很快转到了宗教、哲学和政治诸领域。就社会基础来说,知识分子之所以能够以其独有方式在如此广泛的社会领域一展身手,根本上是因为城市文明给他们提供了良好的活动舞

---

① 舍勒:《价值的颠覆》,生活·读书·新知三联书店 1997 年版,第 23 页。
② 熊彼特:《资本主义、社会主义和民主主义》,商务印书馆 1979 年版,第 184 页。

台。城市经济的繁荣抚养了"一个受过教育的非教士阶级"①;城市分工体系的发展使教书和写作成为一种可以立身的专门职业;城市的技术发明将印刷术送到知识分子手中;城市的市民阶层构成知识和文化传播的一个庞大受众群体;除此之外,特别重要的一点是,城市生活的自由空气、世俗趣味、成就取向和个性化追求,为人文知识分子提供了至为宽松的生长环境。倘没有这个环境,就不可能需要并且产生那样众多的文化巨人。在这个意义上,现代知识分子"只能在城市里出现"②。"没有城市,就没有文艺复兴。"③

　　单从形式方面来考虑,文艺复兴时代的知识分子似乎只是城市分工体系中的一类普通职业者。他们与手工工匠的惟一区别,在于拥有舞文弄墨的专长。有的时候,以这样的专长在社会立足,也会让知识分子感到些许无奈。一位陷入困境的离职教授,当发觉自己既没有能力种地,也羞于去行乞时,不得不重新操起教鞭。"因为我缺乏用手工劳作的能力,只剩下一条出路,那就是运用我的三寸不烂之舌。"④但是,能够运用三寸不烂之舌去驾驭和支配"语言的力量",并不是随便一个人就做得到的,因为它需要知识,需要思想,需要"完美的理性技能"。所谓语言的力量,不过是知识力量、思想力量和理性力量的载体罢了。这才是知识分子社会功能的实质性方面。也正因为如此,那些凭一张"兽嘴"摇唇鼓舌、用一支"酸笔"舞文弄墨的世俗文人,令道貌岸然的传统卫道士感到特别头痛。在教士和僧侣的眼里,"无信仰"的世俗文人是一些十足的异端分子。"他们不在尘世这个临时处所搭个帐篷过夜,却在那里安家落户,还替别人建造房屋。"⑤

　　但是,从另一个角度来说,拆毁传统的伦理拱架,在尘世为人们开出

① 布洛克:《西方人文主义传统》,生活·读书·新知三联书店 1997 年版,第 15 页。
② 勒戈夫:《中世纪的知识分子》,商务印书馆 1999 年版,第 4 页。
③ 布洛克:《西方人文主义传统》,生活·读书·新知三联书店 1997 年版,第 16 页。
④ 勒戈夫:《中世纪的知识分子》,商务印书馆 1999 年版,第 56 页。
⑤ 勒戈夫:《中世纪的知识分子》,商务印书馆 1999 年版,第 55 页。

一块自由安乐的生活基地,正是新一代城市知识分子自觉的责任担当。布洛克指出,在文艺复兴时代,自由狂放的人文主义者具有各不相同的个人性格。然而不论他们在别的问题上分歧有多大,却几乎毫无例外地全都强调教育的重要性。"人文主义的中心主题是人的潜在能力和创造能力。但是这种能力,包括塑造自己的能力,是潜伏的,需要唤醒,需要让它们表现出来,加以发展,而要达到这个目的手段就是教育。"①鉴于中世纪的宗教信仰和禁欲伦理扼制了人的天性与潜能,因此,旨在唤醒和激发人的创造能力的教育必须走一条世俗人文训练的道路。从更为深刻的社会影响来看,这种教育所涉及的,显然不单单是知识传授意义的"教书"问题,而毋宁是思想启蒙意义的"育人"问题。可以说,正是通过人文主义者的系统理论整合与鲜明思想表达,新兴市民阶层才真正获得了独立、清醒的"自我意识"。

我们知道,这种"自我意识"的获得带有某种文化寻根的意味。回到古希腊和古罗马是文艺复兴的一个基本口号。但是正如布克哈特指出的那样,古希腊罗马文化之所以被近代人文主义者奉为理想典范,是因为它的精神气质同新时代的个性解放要求发生了积极的共鸣。正是从古希腊充满欢笑、朝气蓬勃的文化英雄身上,近代人文主义者看到了一种与中世纪禁欲品格截然不同的生命样态。丹纳这样描绘说:

> 这种气质使人把人生看作行乐。最严肃的理想与制度,在希腊人手中也变成愉快的东西;他们的神明是"快乐而长生的神明"。他们住在奥林泼斯的山顶上,"狂风不到,雨水不淋,霜雪不降,云雾不至,只有一片光明在那里轻快地流动"。他们在辉煌的宫殿中,坐在黄金的宝座上,喝着琼浆玉液,吃着龙肝凤脯,听一群缪司女神"用优美的声音歌唱"。希腊人心中的天国,便是阳光普照之下的永远不散的筵席;最优美的生活就是和神的生活最接近的生活。②

---

① 布洛克:《西方人文主义传统》,生活·读书·新知三联书店1997年版,第45页。
② 丹纳:《艺术哲学》,人民文学出版社1963年版,第266页。

　　不论这种描绘注入多少诗意的想象,甚或具有善意曲解的成分,但有一点可以肯定:与中世纪的人生态度相对照,古希腊精神所培养的人生态度,是一种自由、乐观的态度。倘说古希腊人并未忽视生命的有限,则他们也主张以英雄主义的刚健无畏和乐观主义的豪迈豁达,去对抗注定一死的人生命运。正是这样一种积极入世的乐观气质,在新兴城市文明中,随着生活节奏的加快、生活空间的放大以及个人自主独立性的增强,而获得了发育成长的新的社会历史基础。所以不难理解,珍爱现世人生的幸福主义伦理为什么会那样备受近代人文主义者推崇。对于这些古典主义的复兴者来说,崇高的死落脚于充实的生。它通过积极入世的幸福理想追求得以解决。因此,即使"善终"之类的说法对人还有影响力,那它也被纳入世俗轨道,从而体现了一种新的时间感和生命价值感。一方面,时不我待、时不再来的观念把对死的思考引至入世的积极方面;另一方面,也正由于意识到死的不可避免性,人因而更加关注只有一次的现世生存的实在价值。[①] 这样,"死的意义问题就变成了生的意义问题"[②]。

　　生的意义问题一旦凸显,接下来就该对"怎样生"作出纲领性的回答了。人文主义者的一个共识性看法是:必须对灵与肉的关系重新调整,以自我为价值中轴,顺乎自然,尊重肉身,在最少限制的宽松环境里自由追求世俗的荣耀、幸福和欢乐。不消说,这样一种回答必然要同传统道德发生激烈碰撞。在彼特拉克所著《秘密》一书中,作为基督教代言人的奥古斯丁对世俗幸福主义者大加训斥:蒙住了眼睛的人,你看不出这是多么愚蠢!你使你的灵魂屈从于尘世的诱惑和欲望的勾引,而离开了对神圣天父的虔敬和挚爱,这是一条多么错误的人生道路!彼特拉克的辩解一步到位:"我不想变成上帝,或者居住在永恒中,或者把天地抱在怀

---

① 一首无名诗这样写道:"青春多么美丽啊,/但是,留不住这逝水年华!/得欢乐时且欢乐吧,/谁知明天有没有这闲暇。"(转引自布克哈特《意大利文艺复兴时期的文化》,商务印书馆 1986 年版,第 420 页)

② 科恩:《自我论》,生活・读书・新知三联书店 1986 年版,第 155 页。

里。属于人的那种光荣对我就够了。这是我所祈求的一切。我自己是凡人,我只要求凡人的幸福。"①

以"凡人"为论据,对人的世俗幸福作合法性证明,构成了近代个人主义和自由主义价值观的基本逻辑。若引申开去,关于凡人幸福的积极理解,必然要进一步指向主体创造潜能的自由开发。因此,与中世纪安分守己、听天由命的"本分"观念相悖,一种自我选择、自我设计、自我成就的新观念进入了近代人文主义者的思想视野。斯金纳评论说,以一种新的方式强调意志自由,推崇人的主体能动性和创造性,断言人可以通过发扬自己的优秀品质来战胜命运的力量,构成了"典型的文艺复兴的宗旨"。② 人文主义者皮科宣称,人由于自身的努力而成为某种人,乃是其区别于动物的实质所在。他借上帝之口确证了人的这一自由尊严:

> 我把你放在世界的中间,为的是使你很方便地注视和看到那里的一切。我把你造成一个既不是天上的也不是地上的、既不是与草木同腐的也不是永远不朽的生物,为的是使你能够自由地发展你自己和战胜你自己。你可以堕落为野兽,也可以再生如神明。哦,天父无上的豪爽,和人的无上的惊人的幸运呀! 人被赋予了他所希望得到的东西,他所愿意取得的为人。③

皮科这段演讲题为《论人的尊严》。它被布克哈特誉为"那个时代最高贵的遗产之一"④。在这里,人的尊严虽然借上帝之口宣布出来,但由于上帝没有给人预设一个固定不变的模式,因而可以认为,只有自我成就的主体自由才能表征人之为人的天性。深究下去,这条人本主义思路毋宁说隐含着拒斥上帝的强烈意向。爱拉斯谟明确指出,上帝既然不再也不能对人施以压束,人就有理由公开释放其自然欲望。甚至,人的疯

---

① 彼特拉克:《秘密》,载北京大学西语系编《从文艺复兴到十九世纪资产阶级文学家艺术家有关人道主义人性论言论选辑》,商务印书馆1971年版,第11页。
② 参见斯金纳《现代政治思想的基础》,求实出版社1989年版,第101页。
③ 转引自布克哈特《意大利文艺复兴时期的文化》,商务印书馆1986年版,第351页。
④ 布克哈特:《意大利文艺复兴时期的文化》,商务印书馆1986年版,第351页。

狂也成为展示人性的伟大品格。泛滥的热情,无拘无束的行动,无忧无虑的狂肆,都是人的本性使然的快乐追求。它天经地义,正当合法。爱拉斯谟向上帝质问:"神明在上,请他们告诉我,如果没有快乐,也就是没有疯狂来调剂,生活哪时哪刻不是悲哀的,烦闷的,不愉快的,无聊的,不可忍受的?"①如果把生活中的欢乐去掉,那生活也就不配称作生活了。爱拉斯谟特别强调,肉体生命是人的自然本质。世界上所有的幸福快乐都从"我"而来,因此,听任情欲摆布的疯狂,不是生活错误,而是人之大幸。"那样才算是人。"②这或可说是坚持个人本位、推崇现世感性幸福的自由主义价值观的最粗放的理论表达。

　　同中世纪禁欲伦理相对照,这样一种个性自由追求的解放意义是很显然的。但是,如果说过度的禁欲会造成人性的扭曲,那么,极端的放纵会不会冲决羁约人心的道德堤坝,从而使人生变得糜烂荒唐呢? 面对这一顺理成章的质疑,在文艺复兴时期,那些为个性解放潮流推波助澜的思想家曾对自己的立场作过两个典型辩护。第一个辩护很简单,它被马基雅弗利表述为:我们之所以突破道德和宗教的限制,是因为"教会和它的代表们给我们树立了最坏的榜样"③。薄伽丘在《十日谈》中对封建卫道士嬉笑怒骂,大体上也是遵循了这样的思路。但是这个思路并不通顺,尽管它在揭露假道学的伪善方面十分令人畅快。问题的关键在于,不论行为主体是谁,坏事有人干过都不能成为可以干坏事或应该干坏事的正当理由。充其量,这样的辩护只是否定性的自慰,而不是肯定性的自信。相比之下,人文主义者给出的第二个辩护更富有建设意识,它在文艺复兴运动中被广泛地理解为:古希腊罗马的文化英雄为我们树立了可以效法的积极样板。他们是凡人,有着凡人皆备的血肉、欢乐、痛苦乃

---

① 爱拉斯谟:《疯狂颂》,载北京大学西语系编《从文艺复兴到十九世纪资产阶级文学家艺术家有关人道主义人性论言论选辑》,商务印书馆 1971 年版,第 29 页。
② 爱拉斯谟:《疯狂颂》,载北京大学西语系编《从文艺复兴到十九世纪资产阶级文学家艺术家有关人道主义人性论言论选辑》,商务印书馆 1971 年版,第 30 页。
③ 转引自布克哈特《意大利文艺复兴时期的文化》,商务印书馆 1986 年版,第 423 页。

至过失,但这并不妨碍他们功业的伟大与德行的崇高。以尊重生活价值为基础,积极追求卓越品格和完美人生的古希腊美德伦理与文化精神,自由奔放,乐观豁达,充满着沛然不息的生机与活力。正是从它那里,文艺复兴时代的人文主义者获得了同中世纪文化对手抗争的勇气与决心。

但是,文艺复兴并不是简单的文化复古。它具有崭新的现代特征。这种特征既表现为基于原子化社会结构的个人主义取向,也表现为消解超验价值信仰的自然主义偏爱。前一个方面与古希腊的群体归属系统有别,后一个方面同古希腊的目的论道德体系相悖。如果在文艺复兴众多思想流派中梳理出一种道德论证的典型逻辑,那么,它的两个关键词是"凡人"和"幸福"。单就形式来说,这两个字眼都曾被古希腊主流伦理学在肯定的意义上使用过。可是问题在于,不论生命价值如何重要,古希腊主流伦理学并没有给人的原始欲望和自然生活样态本身赋予"应当"的道德意义,相反,只有基于崇高目的而对人的自然生存形式的某种操作、驾驭、转化和升华,才能彰显出真正的道德价值。但是,随着商品经济和城市文明的发展,日益高涨的世俗化和个性化潮流逐步冲溃了自古希腊延续下来的目的论道德体系。彼特拉克的论证格式——"我是凡人,所以只祈求凡人的幸福",爱拉斯谟的论证格式——"所有幸福都从我而来,只要使我获得快乐,就可以听任情欲摆布,由疯狂来调剂生活",在一定意义上可以看作现代伦理建构的两个基本范型。它们不仅同中世纪禁欲伦理针锋相对,而且也翻转了以追求"卓越"为特征的古希腊美德伦理。结果就是,作为目的悬设的"应该成为的人"的概念被冲淡或取消,而受本能欲望支配的自然人,则作为惟一可靠的经验事实构成了现代伦理建构的基本立足点。文艺复兴时期那些为个性解放呐喊的人文思想家,先是论证说,自然欲望乃人之天性,它不仅是一种客观存在的生存状态,而且蕴含着无法遏制的冲动能量;接着批判道,压抑这种冲动能量既像同夏天的暴雨和冬天的严寒作战,违背自然规律,更是做存天理灭人欲的勾当,违背人类道德;最后得出结论:敬重生命,顺乎自然,让人的本能欲望和幸福渴求在最少限制的宽松环境里自由排释,不仅是事实层面的必然选择,而且是价值层面的应然诉求。于是,经验事实就逐步转换成了天赋权利。可以说,当现世感性幸福追求不独被看作人之本真,更被看作人之至善的时候,它便堂堂正正地步入历史前台,就像脱缰的野马,无可阻拦、自由自在地满世界奔跑撒欢去了。

四、宗教精神的世俗转型

按照贝尔的分析,资本主义精神在品格构造上由两种因素锁合而成。盈利欲以及由此派生出来的贪婪攫取性是其中的一个方面;而另一方面则是工作欲以及为此提供支撑的禁欲苦行态度。"无论早期资本主义的准确地理位置能否确定,有一点很明显,即从一开始,禁欲苦行和贪婪攫取这一对冲动力就锁合在一起。前者代表了资产阶级精打细算的谨慎持家精神;后者是体现在经济和技术领域的那种浮士德式骚动激情。"[①]在贝尔看来,盈利欲与工作欲、贪婪攫取与禁欲苦行的交织混合,构成了资本主义精神之历史起源的主导机制。

现在的问题是,这种机制如何在发生学意义上得到说明? 更明确地讲,在盈利欲与工作欲、贪婪攫取与禁欲苦行之间,能否辨析出一种历史的或逻辑的先后次序? 由于这个问题十分复杂,为了便于讨论,或许可以增加一个简单的辅助性设问:在直观形式上,资本主义最容易把握的典型特征是什么?

布罗代尔认为,"资本"和"资本家"是"资本主义"的基本支架。如果选取历史的考察视角,那么,只有将"资本"和"资本家"两个词联结起来,才能为"资本主义"作出概念上明晰的界定。"资本"是可触知的现实,是一套容易鉴别的资源,处于无休止的运作过程中;"资本家"是行为主体,是将资本纳入连续不断的运作过程中的筹划者和组织者,旨在以最小的投入获得最大的产出。大体来说,"资本主义"就是"通常很少出于利他

[①] 贝尔:《资本主义文化矛盾》,生活·读书·新知三联书店 1989 年版,第 29 页。

目标的这种营营不息的行事方式"①。

在考察现代资本主义历史起源的时候,桑巴特对"奢侈"给予了特别的关注。按照他的看法,所有个体的奢侈都源于享受纯感性的陶醉和愉悦,因而,它在日常生活中以愈益精致的方式对象化,必将促成世俗化社会潮流的不断高涨。其直接表现就是,占有和享用奢侈品,会诱使人们在经济动机的系统程序上将货币符号置于头等重要的地位,从而极大地刺激人们对金钱的渴望与追逐。② 这为理解资本主义类型的人的欲望结构提供了基本的社会文化背景。

桑巴特曾作过一个比较。在他看来,前资本主义时代的人,双足牢牢地站在大地上,把世界看作生活的家园,显得较为纯洁,因而保持了出自造物主之手时的正常的本然形态。但资本主义时代的人却发生了严重变异。他头足倒立,把世界看作榨取的对象,所有的精力都用于获取财物,其投机钻营、谋划设计,就像是在用手奔跑。这便是所谓的贪婪攫取。按照桑巴特的看法,对金钱的贪婪攫取最初在那些喜好冒险的强健的人中扎下根来,嗣后影响和推动的人的数量越来越多。当强烈的谋利冲动被导向企业的创设,并同勤劳节俭的工作态度与精打细算的经营风范逐步融合的时候,一种新的经济生活和新的经济组织便产生了。③

需要指出的是,桑巴特在考察资本主义起源的时候,把意大利文艺复兴时代的城市文明当作首要的参照样板,从而在史实证据方面强化了其分析推论的可信度。④ 因为,如果把意大利文艺复兴时代的城市文明视为资本主义精神的最初发源地,那么,它非但与禁欲苦行无涉,反倒是对禁欲主义价值观的公开拒绝。因此,倘对桑巴特的理论逻辑加以归纳,则资本主义精神历史发生的先后次序就是:"1. 新的尘世欢乐和新的

---

① 布罗代尔:《资本主义的动力》,生活·读书·新知三联书店1997年版,第32页。

② 参见桑巴特《奢侈与资本主义》,上海人民出版社2000年版,第150—212页。

③ 参见 Werner Sombart, *The Quintessence of Capitalism*, London: T. Fisher Unwin, Ltd., 1915, pp. 25 - 33。

④ 黄仁宇指出:"资本主义首先出现于威尼斯时并无新教渗入。"仅此一点,就足以证明韦伯的理论存在着罅隙。(黄仁宇:《资本主义与21世纪》,生活·读书·新知三联书店1997年版,第8页)

无限的享受欲；2. 新的无限的盈利欲；3. 新的和无限的工作欲。"①

一旦这样的次序被接受，对文艺复兴在建构资本主义精神品格方面所起的作用，理当给予高度的评价。这也是学术界的一种颇有代表性的观点。布洛克曾讲，没有城市，就没有文艺复兴。如果再加上一句，没有城市和文艺复兴，就没有宗教改革，大概也是成立的。文艺复兴对世俗幸福正当性的确认，对感性快乐的极力开脱，对个人自由的高度赞美，以及对教会腐败的揭露批判等等，无论就历史过程还是就思想内涵来说，都为宗教改革提供了重要的文化铺垫。在某种意义上，只有同文艺复兴联系起来，才能理解宗教改革的现代特质。

但是，这并非问题的全部。在中世纪的禁欲大门被打开之后，城市社会的确刮起过奢侈之风，文艺复兴对人的感官享乐的合法性证明也相当到位，然而问题就像布罗代尔分析的那样，过度的奢侈会不会是宫廷糜费和贵族奢华的世俗蔓延，从而只是旧制度的一种病症呢？② 生产在一定程度上可以由消费来刺激，但是，当消费蜕变为对过剩产品的不正当、不健康的使用的时候，岂不是使经济发动机经常空转，而且，能够指望那些沉醉于感觉快乐的酒色之徒去勤快地进行资本积累吗？③ 退一步，即使在追求世俗幸福的意义上，无限的享受欲和无限的盈利欲发生了内在关联，则这种关联会不会使对金钱的渴望采取贪婪的形式，从而逾越道德边界，变得无所顾忌、不择手段呢？④ 韦伯以这样的设问在桑巴

① 舍勒：《资本主义的未来》，生活·读书·新知三联书店1997年版，第52页。
② 参见布罗代尔《15至18世纪的物质文明、经济和资本主义》第一卷，生活·读书·新知三联书店1992年版，第212—215页。
③ 中世纪禁欲主义的衰落一度在近代西方城市社会带来享乐主义的高涨。一首讴歌玩乐、美酒、爱情三驾马车的诗歌这样写道："我是个轻浮的东西，/像片叶子，听凭狂风玩弄……/像没有桨手的小舟，/像顶风乱飞的小鸟，锚和绳索都拴不住我。/……/少女的美貌打动了我的心，/要是我无法触动她，就把她装在心里，/……/我情愿死在小酒馆里，/那里美酒就在垂死者的嘴边，/然后天使歌队从天而降并且放歌："上帝赐福给这个善良的酒鬼！'"（转引自勒戈夫《中世纪的知识分子》，商务印书馆1999年版，第23页）
④ 布克哈特指出："如果说广义的和狭义的利己主义都同样是恶的根源，那么高度发展了的意大利人由于这个理由比起那个时代的其他民族的成员来是更趋向于不道德的。"（布克哈特：《意大利文艺复兴时期的文化》，商务印书馆1986年版，第445页）

特式的推论中打入了一个楔子。

照韦伯的看法,谋利冲动与人类文明史一样古老,它几乎存在于尘世中所有时代、所有国家的所有个人身上,与资本主义并无独特干系。"对财富的贪欲,根本就不等于资本主义,更不是资本主义精神。倒不如说,资本主义更多地是对这种非理性欲望的一种抑制或至少是一种理性的缓解。"①韦伯强调,不是盈利欲本身,而是靠勤奋劳作"挣"钱、靠公平交易"赚"钱等合理获利方式,才是资本主义精神的独特品质。因此,要对这一精神品质作准确的把握,必须将桑巴特所确定的先后次序——无限的享受欲、无限的盈利欲、无限的工作欲——从根本上颠倒过来。对以合理谋利为特征的资本主义精神来说,无限的工作意愿与对财富以及对快乐和享受的追求相比,更有历史发生和品格型构方面的优先性。

这样,在对资本主义精神的理解问题上,韦伯和桑巴特就建构了两种不同的分析模式。这两种模式究竟谁是谁非,很难断定。舍勒认为最终是韦伯有理,恐怕也只能是一家之言。② 问题的关键在于,不论因果关系按照什么顺序排列,任何单向度的抽象概括都不能穷尽历史变迁的复杂。如果说,在资本主义精神的品格构造中,确实像贝尔指出的那样,存在着一种"贪婪攫取"与"禁欲苦行"的锁合机制,那么,桑巴特和韦伯只不过分别抓住了这一锁合机制的两个不同环节。前者强调的是"经济冲动力";后者突出的是"宗教冲动力"。

从近代西方社会文化变迁的实际过程来看,"经济冲动力"源于一种世俗化潮流。文艺复兴为它提供了合法性证明。这种证明以反禁欲为口号,但它在推动个性解放的同时,也以追求世俗幸福的正当名义打开了一道贪欲和纵欲的大门。不可否认的是,仅仅依靠这种纯世俗的功利

---

① 韦伯:《新教伦理与资本主义精神》,生活·读书·新知三联书店 1987 年版,第 8 页。
② 参见舍勒《资本主义的未来》,生活·读书·新知三联书店 1997 年版,第 32—33 页。在前资本主义时代,虽然有对财富的贪婪,但当时的正统道德规范并没有给这种贪婪赋予价值正当性。只是随着资本主义的到来,在资本生殖的无限运动中,对财富的贪婪攫取才达到了它可能达到的最纯粹和最完备的表现形式。韦伯斩断资本主义与贪欲的实质性的勾连,多少带有为资本主义洁身的意识形态色彩。

主义和享乐主义,工作伦理的培育是相当困难的,甚至是不可能的。这意味着,个人自利原则要发挥积极的建设作用,必须借助于另一套伦理规范的制衡与配合。由此凸显了宗教改革的特殊文化价值。经过传统基督教伦理的现代转换,在新教徒,特别是加尔文教徒那里,渴望财富被导向渴望"赢—取"财富、"挣—得"财富,从而"有劳—而获"本身成为一种"合义务"的持久的意志情态,这对资本主义精神的品格合成来说,无疑是一个不可或缺的和至关重要的方面。①

　　这个方面之所以由宗教改革最终锁定,在很大程度上是因为新教依然信守基督教伦理所推崇的虔敬德行以及由此派生的严肃人生态度。如果说,个性解放乃是文艺复兴的基本诉求,那么,宗教改革则始终坚持并捍卫宗教信仰约束和督导个人行为的至上尊严。这不仅表现在,灵魂拯救仍旧是新教教义的核心,更重要的是,在笃信"绝对命定论"的加尔文教那里,灵魂拯救与一套克己赎罪的极其严格的行为规范相融合,产生并强化了一种巨大的社会控制力量。韦伯指出:"宗教改革并不意味着解除教会对日常生活的控制,相反却只是以一种新型的控制取代先前的控制。这意味着要废止一种松弛、在当时已几乎不见实施、近乎流于形式的控制,而倡导一种对于私人生活和公共生活各个领域的一切行为都加以管理的控制方式。这种控制方式是极其难以忍受的,但却又得严格地加以执行。"②

　　但是,与中世纪克己赎罪的禁欲苦修不同,新教伦理所倡导的禁欲主义不是"出世"的而是"入世"的。换言之,它主张驯服纵情享乐这一魔鬼,却充分认可勤劳致富的价值正当性。"上帝应许的惟一生存方式,不是要人们以苦修的禁欲主义超越世俗道德,而是要人完成个人在现世里所处地位赋予他的责任和义务。这是他的天职。"③按照新教伦理,仅当财富引诱人们游手好闲、贪图享乐的时候,它才是一种不良之物。但从

① 参见舍勒《资本主义的未来》,生活·读书·新知三联书店1997年版,第57—58页。
② 韦伯:《新教伦理与资本主义精神》,生活·读书·新知三联书店1987年版,第24页。
③ 韦伯:《新教伦理与资本主义精神》,生活·读书·新知三联书店1987年版,第59页。

履行职业义务的角度看,它不仅在道德上是正当的,而且在实践上是必须的。贫穷非但不能为善行增光,反而是对上帝荣耀的贬损。特别是一个有工作能力却偏要行乞化缘的人,那就不仅是犯了懒惰之罪,而且简直是在违背神圣的天职。这样,新教伦理便消除了财富与罪恶之间的等号,它世俗化了。①

但是,有别于赤裸裸的世俗功利主义,新教伦理的功利取向又具有宗教化特质。表现在两个方面。一个方面,获取经济利益不是为了满足人的肉体需要,相反,它本质上是取悦上帝的道德实践。因有伦理的责任感贯穿其中,职业工作就被寄寓一种道德自律意识,尘世的生活行为获得了通往神圣境界的宗教意义。② 另一方面,谋财致富虽有正当理由,但在履行天职的意义上,它只能通过自己的刻苦勤劳,而不能膨胀为恶劣的贪欲,靠投机取巧来满足。因此,功利主义必须由禁欲主义作必要的校正。这种禁欲主义要求:

——紧迫的时间观念。浪费光阴"原则上乃是不可饶恕的罪孽"③。人应该把自己短暂的一生用来确证自己是不是上帝的选民,不可虚掷时光。在社交、闲谈、欢饮、嬉戏等方面浪费时间,就是为上帝荣耀而效劳的宝贵时辰的损耗,因而必须予以道德的谴责。

——诚实的信用观念。信用就是金钱。倘以谨慎、诚实而为人所知,那就会有助于一个人的成功。而且,作为本质上是正当、得体的行为规范,信用观念可以培养公平交易、精打细算、连贯一致、合理严谨的经

---

① 对清教徒来说,上帝既然赐予我们世间的事物,我们就该享用,"吸吮它们的甘甜"。在这个意义上,"出世"的禁欲主义是对上帝计划的背离。当然,"入世"不应表现为纵欲,而应按照上帝的圣训保持合理的节制。以"出世"的方式禁欲和在尘世生活中放纵都是不可取的。(参见 Perry Miller, *The New England Mind*:*The Seventeenth Century*, Cambridge:Harvard University Press, 1954, p. 41)

② 这意味着,一个清教徒"要在职业岗位上勤奋工作,但他的心却不能沉醉在这些事物上"。他必须一心一意、尽职尽责地为上帝服务。由此形成了十分严肃的清教职业观。(参见 Perry Miller, *The New England Mind*:*The Seventeenth Century*, Cambridge:Harvard University Press, 1954,pp. 42 - 43)

③ 韦伯:《新教伦理与资本主义精神》,生活·读书·新知三联书店 1987 年版,第 123 页。

营作风。

——严格的节俭观念。必须节制过分的贪欲和无度的浪费。娱乐仅当作为强体的必要手段才可以容许。假如它采取一种纯粹享乐的形式,以致唤醒一种毫无约束的自然情欲和原始本能,则应给予严厉声讨。"任何无节制的人生享乐,无论它表现为贵族的体育活动还是平民百姓在舞场或酒店里的纵情狂欢,都会驱使人舍弃职守,背离宗教,因而理应成为理性禁欲主义的仇敌。"[1]

——普遍有效的职业劳动观念。劳动不仅是医治堕落的良方,而且是上帝给人规定的世俗生活目的。所以,必须恪尽职守,努力工作。"富人也不可不劳而食,因为,即使他们无需靠劳动挣得生活必需品,他们却必须同穷人一样服从上帝的圣训。"[2]上帝要求履行职业劳动义务的命令是绝对的,它无条件地适用于每一个信徒。谁逃避劳动,谁就等于放弃了恩典。

如是,经过路德,特别是加尔文的改造,原本与资本主义经济发展相冲突的基督教文化传统便被创造性地转换成了一种积极的资本主义精神。它一方面摆脱出世的亦即完全排斥现实的传统禁欲主义的束缚,以积极入世的开放姿态迎合了正在发展的资本主义的经济要求;另一方面又赋予世俗生活以宗教意义,在某种程度上平抑了人文主义浪潮冲决信仰堤坝后所造成的道德震荡。它试图在"义"与"利"之间寻求平衡,不仅为资本主义经济发展提供了"精神支柱",而且以旨在增加上帝荣耀的严谨有序、勤奋刻苦、系统连贯的世俗功业追求,取代灵魂拯救的各种巫术办法,从而为资本主义经济运行的秩序化与合理化创造了积极的文化环境。

但是,一如文艺复兴以回归希腊的委婉方式告别古希腊,宗教改革最终也通过秉承传统基督教伦理的迂回道路颠覆了传统基督教伦理。

① 韦伯:《新教伦理与资本主义精神》,生活·读书·新知三联书店 1987 年版,第 131 页。
② 韦伯:《新教伦理与资本主义精神》,生活·读书·新知三联书店 1987 年版,第 125 页。

就实质而言,它不过是把基督教德行转化为"功利道德",将带有这些德行的激情灌注到新的"商贩准则"上去罢了。[①] 在勤勉、诚实、信用、公平竞争、合理计算、节欲积累等市民处世哲学中,信仰、仁爱、希望、虔敬恭顺、温良谦卑、禁欲苦修等传统基督教美德已变得徒有其表,差不多完全丧失了其原本具有的实质性意义。过去是人追求德行,现在是德行化身为生意,"变成了经营业机器的润滑油"[②]。

历史的辩证法是不以人的主观意志为转移的。目的一经蜕化为手段,那么,只要有别的更佳选择,它就可以成为甚至必然成为被替代的东西,就像脱掉一件旧外套一样。在赞扬新教伦理与资本主义精神的亲和性的同一本书的末尾,韦伯借他人之口发出感叹:凡财富增加的地方,宗教的精髓就以相同的比例减少,因而任何真正的宗教复兴都难以持久。他不无困惑地指出,禁欲主义从修道院的密室里偷跑出来,试图驯服和支配世俗生活,但世俗生活的染缸反而很快使它变色了。"自禁欲主义着手重新塑造尘世并树立它在尘世的理想起,物质产品对人类生存就开始获得了一种前所未有的控制力量,这种力量不断增长,且不屈不挠。"[③]于是,宗教根系慢慢枯萎,笛福笔下为财富驱使的经济人,取代了班扬笔下匆匆穿过名利场赶往天国的精神孤独的朝圣者。

事实上,资本主义经济骨子里本来就有一种独立自足的扩张倾向。这种倾向于宗教改革及其追随者的背后已然作为原动力在发生作用。因此,新教伦理作为一种强化纪律和约束的控制手段,在协助资本主义将最大限度地获取利润同精细严格的合理组织与规范经营结合起来之后,它的道德监护权转而被它给予过精神支持的经济冲动力彻底剥夺,是合乎逻辑、不可避免的。[④] 资本主义最终发展成了一个消化力无比强

---

① 参见舍勒《资本主义的未来》,生活·读书·新知三联书店1997年版,第26页。
② 舍勒:《资本主义的未来》,生活·读书·新知三联书店1997年版,第29页。
③ 韦伯:《新教伦理与资本主义精神》,生活·读书·新知三联书店1987年版,第142页。
④ 随着对财富的追求失去其宗教和伦理意义,它便趋向于和纯世俗的享乐相关联。在20世纪,干涉冲动的"行善道德观",被放浪形骸的"娱乐道德观"所代替,桑巴特所说的那种靡费奢华、感性欢愉,在性解放大潮中获得了彻底完成。

盛的自律体系。它有自己的一套独立准则。这套准则不仅与中世纪的意识形态和生活风尚迥乎不类，而且是对自古希腊以来的整套传统规范的根本颠倒。舍勒将这种颠倒表述为：

> 商人和企业家的职业价值、这一类人赖以成功并搞事业的禀性价值，被抬高为普遍有效的道德价值，甚至被抬高为这些价值中的"最高价值"。机敏、快速适应能力、计算型智力、对保障生命"稳妥"和八面玲珑的意识——确切地说，能够创造这些条件的特有能力，对各种情况的"可预测性"、对连续工作的勤奋、对签订和遵守合约的详略计较等意识，现在都成为基本品德；勇气、英勇、牺牲精神、冒险乐趣、高贵意识、生命力、征服意识、对经济财富的等闲视之态度、家乡恋情、对家庭与家族的忠心、对领主的忠诚、统治力、恭顺等都隶属于上述基本品德了。①

---

① 舍勒：《价值的颠覆》，生活・读书・新知三联书店 1997 年版，第 142—143 页。

第二章　现代生活形态的合法性论证

在西方,资本主义是现代文明的实际承载形式。这种承载形式不仅表现为一种财产分配的经济制度,而且可以看作一套广泛意义的生活和文化制度。它在精神气质和体验结构方面展示了一种与传统时代迥乎不类的价值偏爱系统。如果对这个系统的现代性特征加以概括,那就是:拆除宗教架构,立足此岸场景,对世界给出理性解释;高扬个人权利,强调主体自决,寻求自然欲望的公开排释和物质利益的正当追逐;以世俗生活为路轨,使政治—法权的自主与经济—市场的自由衔接补充,最终将所有生活领域都变成自然运作的此岸体系。历史地看,这样一种生活形态最先由文艺复兴予以价值确认,但其公开而全面的合法性论证,则是由启蒙运动及其追随者给出的。同文艺复兴相比,启蒙运动由于采取彻底决裂旧传统的革命性立场,而给一切可称之为现代性的思想观念和生活风格树立了一座界碑。①

---

① 此处所说的启蒙运动,取其广义,并不限于18世纪的法国。事实上,整个启蒙时代是一个相当长的历史过程,它在17世纪奠基,18世纪达到高潮,而在19世纪依然有它的思想回响。按照卡西尔的看法,启蒙运动并不具有无差别的绝对同一形式。像文艺复兴时期的思想先辈一样,活跃于启蒙时代欧洲社会舞台的自由知识分子,个性鲜明,狂傲自恃,相互之间进行着无尽无休的论辩。但是,不论他们观点的歧异有多大,其形形色色的论说都汇聚到了一个共同的力量中心。在这个意义上,启蒙思想形式的差别和多样性,"只是一种同质(转下页)

一、感性个体的本原地位

在某种意义上,自主独立的个体从传统纽带的包裹下挣脱出来,可以看作现代性生成过程中的头等大事。①这件大事的发生首先同资本主义商品经济发展所主导的社会结构转型有关。在商品经济的驱动下,声势浩荡的世俗化潮流,不仅突破禁欲伦理的疆界,把功利谋划提升为人的现世生活的至上目标,而且摧毁传统宗法关系,将人变成了独立自主的商品生产者和商品经营者。于是就出现了此岸感和个人感的超常高涨。这是理解启蒙话语及其功利主义、个人主义和自由主义价值取向的基本背景。

舍勒曾作过一个比较。照他的说法,传统社会一方面具有群体本位的归属结构,借此严格地设定个人的身份角色和行为界域;另一方面又通过情感纽带的联结,形成了一种浑然一体的团契秩序。道德承当的休戚与共是这一秩序的基本原则。在这一原则的支配下,"每个人都感到并懂得自己处于群体这一整体内部,都感到自己的血液循环于这一群体的血液之中,自己的价值是群体精神的价值的组成部分"②。但是,现代文明的发展,却将共同体机械分解,使之转化为人际交往的外在串联形式,结果就营造了一个简单的原子式集合的"细胞王国"。在舍勒看来,这样的"社会"没有共同爱慕和共同希望,没有情感热血和生命目的,因而表征了一种与"共同体"截然相反的实存样态。"一切'社会'多半只是各群体内在的分解过程之后的残余和遗迹。若群体生命统一体再无足够的活力,也无法为其肢体构成各个有生命的器官,'社会'就出现了。"③

(接上页)的形成力量的充分展现"(卡西尔:《启蒙哲学》,山东人民出版社 1988 年版,第 3 页)。因此,透过其纷纭复杂的外表,恰好可以引导我们从不同的角度揣摩现代自由原则的丰富底蕴以及现代生活体系的品格构成。

① 参见滕尼斯《共同体与社会》,商务印书馆 1999 年版,第 52—53 页。

② 舍勒:《价值的颠覆》,生活·读书·新知三联书店 1997 年版,第 153 页。

③ 舍勒:《价值的颠覆》,生活·读书·新知三联书店 1997 年版,第 154 页。舍勒认定,现代价值观是以无生命的肢体的基本感觉来决定人及其结合样式的典范。这一否定性的判断,就价值偏好来说,具有明显的贵族气派和保守意味。

如果说，作为传统"群体"替代物的现代"社会"已不再是给人提供情感归属的生命母体，而不过是一系列孤立原子的机械联结，那么，不论对这一历史进程作出怎样的评价，至少从方法上讲，把社会还原为基本的构成要素，然后再探讨这些要素的组装搭配，就不仅是可行的，而且是可取的。由此产生了所谓方法论的个人主义。[①] 特别值得注意的是，近代西方那些积极涉身世俗化和个性化潮流并为之呐喊鼓吹的思想家，在努力为现代自由原则争取社会法权的时候，不仅在研究方法上坚持个人主义立场，而且为个人主义追加了一个更为重要的本体论证明。按他们的看法，个人的存在和利益乃至高无上的价值本原，任何形式的社会安排若脱离这个本原都会变得本末倒置。如此，与个人本位相对应，关于社会的解释框架就合乎逻辑地呈现出了一种工具主义图像。边沁干脆将社会看作抽象的名词符号。"社会是一种虚构的团体，由被认作其成员的个人所组成。"[②]至于社会利益，则不过是组成社会之所有单个成员的利益的总和罢了。

个人的本原地位一旦凸显，为个人权益寻求合法性证明的伦理建构也就必然要在价值秩序上发生位移。在传统时代，群体本位的社会结构不仅严格限定个人的身份角色，还通过规范各类角色的应尽义务而对什么是理想的道德人格给出了权威性的集体回答。这种回答作为共享的文化图式，构成群体成员的普遍信仰，并指导和支配着他们的行动。因此，传统伦理对人生意义的解说，往往指向一个超个人、超世俗的神圣价值之域。但是，随着社会结构的转型朝越来越深的层次推展，这个价值之域的真实性与可靠性遭到了强烈的质疑乃至彻底的否决。质疑和否决的理据是在自然科学的启迪下由伦理学家具体申明的。从哥白尼、伽

---

① 在近代，个人主义哲学是由霍布斯首次作出系统阐述的。萨拜因说："正是这种直截了当的个人主义使霍布斯的哲学成为那个时代最富于革命性的理论。"（萨拜因：《政治学说史》下册，商务印书馆 1986 年版，第 526 页）

② 边沁：《道德与立法的原理绪论》，载周辅成编《西方伦理学名著选辑》下卷，商务印书馆 1996 年版，第 212 页。

利略到牛顿,由实证科学的成长所带动的理性化过程,首先摒弃了关于宇宙的目的论神秘解释,不断为自然"解除魔咒";而它在认知和征服自然方面所取得的巨大成功,又鼓励其信奉者朝伦理方向引申,进一步拆毁了人性问题上的目的论道德构架。结果,将自然与神性秩序脱钩的现代宇宙学,给主张把凡人与超验目的分离的现代伦理学以强有力的支撑,生活追求的价值中轴转入了作为经验之域的现世轨道。

霍布斯明确地讲:"旧道德哲学家所说的那种终极目的和最高的善根本不存在。"[1]既然不存在,用它来衡量和规范人们的言行就是虚伪。根据物理学提供的启示,霍布斯主张把人看作自然的感性实体。这个感性实体受利己欲望驱动,得一望二,永不满足:"幸福就是欲望从一个目标到另一个目标不断地发展,达到前一个目标不过是为后一个目标铺平道路"[2]。洛克也强调,一切含灵之物,本性都有追求幸福的倾向。人既是含灵之物,当然也有幸福欲求。至于"极度的幸福",在洛克看来,实际上也就是人们所能享受的"最大的快乐"。[3] 按照同样的思维逻辑,爱尔维修进一步推论说,除了对快乐的趋赴,还应再加上对痛苦的规避,两者合在一起,构成了人的自然本性。"快乐和痛苦永远是支配人的行动的惟一原则。"[4]霍尔巴赫把这一原则概括为"自保",并乐观地相信,就像物理学家提示出天体运行的引力定律一样,他所代表的新一代道德学家在趋乐避苦的自保倾向中揭穿了人类生活的最终秘密:

> 自保乃是事物的一切能力、力量、机能似乎不断地趋赴的共同目标。物理学家们曾把这种趋势或倾向命名为自身引力;牛顿称之为惯性力;道德学家们则把人身上的这种趋势称为自爱,这无非就是对于自保的倾向,对于幸福的欲求,对于安逸和快乐的爱慕,对于

---

① 霍布斯:《利维坦》,商务印书馆 1996 年版,第 72 页。
② 霍布斯:《利维坦》,商务印书馆 1996 年版,第 72 页。
③ 参见洛克《人类理解论》上册,商务印书馆 1983 年版,第 228 页。
④ 爱尔维修:《论教育》,载北京大学哲学系编译《十八世纪法国哲学》,商务印书馆 1965 年版,第 497 页。

一切显得有利于自己的东西的急于攫取,以及对一切使自己烦恼或恐惧的东西所表示的厌恶:这些为人类每一分子所共有的原始情感,就是他的一切机能竭力去满足的东西,就是他的一切欲望、意志、行动继续不断地以之为目标、为鹄的的东西。①

按照这样的自然法则,传统伦理,特别是基督教伦理所推崇的那种与超验秩序相勾连的最高的善,就再无资格充当终极目的,更无权对人生施以限制性约束了。生活追求的正当空间完全转移到了实在可靠的此岸领域。爱尔维修郑重提出:"应当像研究其他各种科学一样来研究道德学,应当像建立一种实验物理学一样来建立一种道德学。"②这一得到启蒙思想家广泛认同的论点,看起来似乎是一种纯粹的学理兴趣,但就实质而言,它更其是一种用科学化形式给人的自然权利提供合法性证明的价值关切。所以,卡西尔主张到伦理学中探寻启蒙运动的精神核心,可谓抓住了问题的要害。③ 现在要问:伦理学走一条物理学的道路行得通吗? 一定要沿着这条道路走下去,会引发什么样的社会文化后果呢?

18世纪法国唯物主义哲学家的一个基本论点是:人—物—理,因为人本身就是物。"人是一部机器,为肉体的感受性所发动,必须做肉体的感受性执行的一切事情。"④从这个角度来看,传统伦理所悬设的超验目的根本就是一个虚构,只有"为肉体感受性所发动"的自然人,才能充当科学伦理学赖以立足的可靠的经验基础。但问题在于,"是"能不能直接导出"应该"? 经验基础的可靠是否构成道德权利的正当的充足理由?⑤ 如果

---

① 霍尔巴赫:《自然体系》,载北京大学哲学系编译《十八世纪法国哲学》,商务印书馆1965年版,第594页。

② 爱尔维修:《论精神》,载北京大学哲学系编译《十八世纪法国哲学》,商务印书馆1965年版,第430页。

③ 参见卡西尔《启蒙哲学》,山东人民出版社1988年版,第66页。

④ 爱尔维修:《论教育》,载北京大学哲学系编译《十八世纪法国哲学》,商务印书馆1965年版,第499页。

⑤ 麦金泰尔认为,启蒙哲学不仅武断地从"是"推论"应当",而且基于人的自然本性,彻底勾销旨在教化成人的目的论悬设,因此,其重建道德合理性的努力从一开始就注定要失败。(参见麦金泰尔《德性之后》,中国社会科学出版社1995年版,第5章)

这样的设问被提及,启蒙思想家更倾向于反过来回答:压抑和扼杀人的本性肯定是不道德的。于是,启蒙思想家就由对自然人性的理性审视引出了对宗教禁欲主义和蒙昧主义的激情批判。霍尔巴赫斥责说,上帝是一个"独夫""民贼"和什么都干得出来的"暴君";①受宗教淫威整肃的基督徒犹如"驴子"的原型,除背驮十字架忍受鞭打外没有属己的欲望和独立的人格;整个基督教伦理实乃人类历史上的最大骗局,不仅与道德崇高无涉,而且压根就是一个孕育罪恶的"潘多拉盒子"。② 这便是战斗无神论所发出的强力指控。

深入追究下去,我们可以在启蒙思想的演进中发现一个新的逻辑翻转:如果压抑和扼杀人的自然本性是一种不道德的行为,那么,首肯和尊重人的自然本性就是一种合乎人道的正义选择。而自然本性既应当首肯,值得尊重,则它就具有价值意涵,属于人与生俱来、不可剥夺的天赋权利。康德以其对启蒙精神的独到体会得出了这样的结论:"人,一般说来,每个有理性的东西,都自在地作为目的而实存着,他不单纯是这个或那个意志所随意使用的工具。在他的一切行为中,不论对于自己还是对于其他有理性的东西,任何时候都必须被当作目的。"③既然如此,当个人运用自己的理智,自主行使道德判断,按照属己的方式追求自我利益、实现自我价值的时候,其正当性便应给予充分的认可。这是个人主义哲学所倡导的一条根本的伦理原则。

在启蒙时代,这条原则的确立是同宗教信仰的衰落联系在一起的。对人的自然本性和天赋权利的张扬,曾把 18 世纪法国唯物主义者引到战斗无神论的方向。他们以彻底决裂旧传统的革命姿态,在剥夺宗教信仰的道德监护权方面表现出了斗士般的勇猛与果敢。经由他们的推动,一种公开渎神的局面逐步形成,而且,人们不再为这种渎神行为承

---

① 参见霍尔巴赫《揭穿了的基督教》,载北京大学哲学系编译《十八世纪法国哲学》,商务印书馆 1965 年版,第 556 页。
② 参见霍尔巴赫《健全的思想》,商务印书馆 1966 年版,第 217 页。
③ 康德:《道德形而上学原理》,上海人民出版社 1986 年版,第 80 页。

受心理重负,反倒表现得无所谓、泰然自若,乃至有一种从中获取快感的轻松自在和欣喜若狂。假如采纳舍勒的看法,把现代伦理对传统价值的颠覆冲动归结为某种怨恨情结,那么,随着战斗无神论者狂呼大叫以及公众渎神行为的广泛流行,人们也就通过情绪宣泄而从长期遭受压抑的心理折磨中求得了彻底的解脱。在价值秩序的位移最终完成之后,已被剥夺"主人"地位的宗教伦理及其人格化身,就不再值得仇恨和报复,倒是有几分值得同情和怜恤了。① 边沁颇为平静地说,基督教禁欲主义其实也是有幸福关切的,只不过它过于害怕来世的痛苦,所以才在灵魂拯救的驱动下走上了一条反对现世快乐的道路。但是,这恰好也反过来证明,苦乐计算的功利逻辑源出于人的自然本性,它适用于任何时代和任何条件:

> 自然把人类置于两个至上的主人——"苦"与"乐"——的统治之下。只有它们两个才能够指出我们应该做什么,以及决定我们将要怎样做。在它们的宝座上紧紧系着的,一边是是非的标准,一边是因果的链环。凡我们的所行、所言和所思,都受它们支配;凡是我们所作一切设法摆脱它们统治的努力,都适足以证明和证实它的权威之存在而已。一个人在口头上尽可自命弃绝它们的统治,但事实上他却始终屈从于它。②

在某种意义上,边沁的宣示是一个象征性界标,至此,滥觞于早期城市文明,并先后被文艺复兴和启蒙运动给予思想确认的"市民德行",终于以功利主义的完备理论形式获得了文化霸权。马克思评论说:"我们第一次在边沁的学说里看到,一切现存关系都完全从属于功利关系,而这种关系被无条件地推崇为其他一切关系的惟一内容。"③观念反映现

---

① 舍勒认为,一旦现代伦理占据主导地位,市民德行与贵族德行的关系就变成"奴隶"在感染"主人"。(参见舍勒《价值的颠覆》,生活・读书・新知三联书店1997年版,第49页)
② 边沁:《道德与立法的原理绪论》,载周辅成编《西方伦理学名著选辑》下卷,商务印书馆1996年版,第210—211页。
③《马克思恩格斯全集》第3卷,人民出版社1965年版,第483页。

实。就此而论,功利主义内容的充溢和弥漫昭示了社会结构的一个根本性变化,那就是,作为世俗化潮流之集中体现的商品经济,不仅从旧体制的束缚下冒出头来,获得迅速成长,而且已占据主导性的支配地位,并开始按照自己的面目塑造全社会。在这一历史进程中,挣脱宗法关系而自立于生活舞台的原子化个人,自然而然地被商品经济的"普照之光"改变颜色,于是,此岸感与个人感的高涨,功利主义与个人主义的融合,就构成了现代世俗文化的基本样态。接下来要考察:这种文化样态将认可并支持什么形式的人际交往或何种类型的社会联结呢?

二、契约伦理的型构

　　回答现代人际交往究竟采取什么模式的问题,总的来看,存在着两个相互缠绕的约束条件。一个条件可称作关于个人的原子化设定。马克思分析说,越往前追溯历史,个人就越不独立,越是被各类血缘宗法关系所包裹。"只有到十八世纪,在'市民社会'中,社会联系的各种形式,对个人说来,才只是表现为达到他私人目的的手段,才表现为外在的必然性。"[1]这决定了,以个人为本位和视社会为工具,作为一体之两面,必将构成资本主义主流伦理的基本价值取向。据此,社会不再被看作生命共同体意义的"社群",而只是人们为达到个人目的的一种互利合作体系。在这一体系中,人际交往愈益剔除亲密契合的情感成分,而在越来越大的程度上表现为一系列独立单元之间外在性的利益关涉。

　　但是,从另一个角度看,恰恰是这种外在性的利益关涉,使现代人际交往从根本上超越了传统共同体所限定的狭小范围。就此而论,产生孤立个人观点的时代,正是具有最发达的社会关系的时代。在这个时代,出现了细密的社会分工、普遍的商品交换以及全方位的需求体系。特别需要强调的是,由于货币媒介的万能作用,人们彼此间的互认模式变得

---

[1]《马克思恩格斯全集》第 46 卷(上),人民出版社 1979 年版,第 21 页。

越来越抽象化。以此为基础,现代制度将社会成员的关系从谋面交往的具体场景中"挖出来",并实现了在无限时空地带的"再联结"。① 这种联结方式意味着,生活于现代条件之下的个人,比以往任何时候都更不可能单独满足自己的全部欲望。他必须从别人那里直接或间接地寻求实现自我利益的工具与手段。由此造成了个人对社会和社会对个人的双向关系的全面敞开。这是讨论现代人际交往模式的第二个约束条件。在资产阶级功利主义哲学中,这个条件通常表现为对互利合作的必要性的积极确认。

如果对以上两个条件作综合考虑,我们会发现一个切入问题的基本路径。它首先宣示,利他主义行不通。即使互利包含利他的成分,也仅仅属于客观效果,而不是出自主观意愿。所谓趋乐避苦的本性表明,每一个人骨子里都是利己动物。别人以至整个社会对他来说只有工具性价值。但是另一方面,赤裸裸的唯我主义也不可取。因为无论如何,个人利益只有通过一种与他人合作的社会性方式才能得到满足。这是一种现实情态意义上的互赖。可工商社会的人际关系状况是,互赖虽势所必然,互信的基础却变得异常脆弱了。随着传统团契秩序被摧毁,"现代人很难理解道德上的休戚与共"②。他们在挣脱传统束缚后不仅获得独立与自主,而且也丧失群体归属纽带所维系的情感交融与精神契合,相互之间产生了疏离感、陌生感和不信任感。激烈的利益竞争更强化了他们的风险意识。在这种情况下,要使合作变得可能并有效,惟一的选择是用约束性协议的方式明确规定合作双方或各方的权利与义务。这便是契约。在资本主义逐步趋于成熟的时期,契约观念不仅被思想家们提升为一种系统的理论,而且构成了一种主导日常生活的实践伦理。③

---

① 参见吉登斯《现代性与自我认同》,生活·读书·新知三联书店 1998 年版,第 19 页。
② 舍勒:《价值的颠覆》,生活·读书·新知三联书店 1997 年版,第 125 页。
③ 在这里,我们着重就契约伦理的特征和构成要素进行讨论,落脚点放在个人主义、功利主义和自由主义思潮如何为契约伦理提供文化资源上。那种作为国家政治学说的社会契约理论,留待下节分析。

表面看来,这种伦理具有一种社会性视界。因为契约总是意味着当事人的复数。它并不仅仅关乎自身,而是一种牵涉他人的人际交往。特别重要的是,在这种人际交往中,当事双方或各方必须设法找到利益结合点,不但要达成共识,还要作出承诺,相互间形成一种权利和义务得到明确界定的锁链式约束。在这个意义上,"没有社会创造的共同需求和爱好,契约是不可想象的;在完全孤立、追求功利最大化的个人之间产生的不是契约,而是战争"①。几乎所有的契约论者都强调,正是为了抵御暴力冲突的风险,或克服无序利益追逐所导致的负面影响,人们才在求和平、求互惠的愿望驱使下,收敛自己的任性妄为,缔结了契约。因此,就表现形式论,契约乃是一种超出个人范围的社会性合作。②

但是,这种社会性合作又是以个人的独立与自主为前提的。梅因曾以"从身份到契约"来概括社会进步的法律特征,这为探究现代契约伦理提供了一个指示方向的路标。③ 它提醒我们,仅当宗法关系瓦解,个人摆脱依附地位而成为独立主体和社会基本单元的时候,才可以谈论契约行为在日常生活中的普遍化。在这个意义上,契约伦理所彰显的不是社群的有机融合性质,而是社会的某种机械结合性质。它与工具主义的社会观相互发明。据此,我们可以把契约伦理的基本特征概括如下:

——功利目的

契约关系骨子里是一种利益关系。它原则上排斥行为方式的情感

---

① 麦克尼尔:《新社会契约论》,中国政法大学出版社 1994 年版,第 1 页。
② 由于强调以协议方式达成社会性合作,社会契约理论对近代西方民族国家的形成和发展,对公民意识及公民义务观念的培养与巩固,起过重大的推动作用。
③ 参见梅因《古代法》,商务印书馆 1995 年版,第 97 页。虽然契约行为的原始发生可以追溯到古代,但在传统社会,扮演主导性角色的是宗法关系而不是契约关系。只是随着资本主义的发展和成熟,契约行为才普遍化并愈益强烈地塑造着人们的观念意识。因此,从本质上讲,契约伦理是一种现代市民德行。

取向。① 当一个人与别人打交道的时候,从契约行为的利益本质来看,可以不必知晓对方的人生观、宗教信仰、艺术品位等人格要素,而完全以对方是否对自己有利、能不能满足自己的特定需要为根本性取舍。问题只是,契约意味着利益交换,所以,只有当事各方均感到有利可图,自利才能在互惠合作中找到恰当的实现形式。斯密对此作了形象的注解:"不论是谁,如果他要与旁人做买卖,他首先就要这样提议。请给我以我要的东西吧,同时,你也可以获得你所要的东西:这句话是交易的通义。"② 或许交易的实际结果有违当事一方或各方的初衷,但至少就他们的理性预期而言,共同获利是契约发生的原初动因和基本前提。

——理性权衡

契约关系不仅涉及具体利益,而且"充满了度量性和精确性"③。因此,它需要缔约者对自己的付出和所得作理性权衡。霍布斯、洛克等契约理论的著名代表,都把人的理性行为能力看作达成并履行契约的一个先决条件。④ 这意味着,契约精神是一种讲究互惠合作与精细筹划的合理谋利精神。功利主义哲学家边沁曾试图为这种精神建构一个严格的科学基础。他的一个著名论点是,由于趋乐避苦乃人之本性,因此,对形形色色的人类行为在质上作高下区分没有意义,关键在于对苦乐的大小或多少进行精确的定量计算。"强度""纯度""持久""继生""范围"等等,就是这种计算所要考虑的基本指标。但是,边沁的苦乐计算模式于表达

---

① 这一特征同商品经济对人类生活方式的彻底改塑有关。马克思和恩格斯在《共产党宣言》中对此作过精彩的评论:"资产阶级在它已取得了统治的地方把一切封建的、宗法的和田园诗般的关系都破坏了。它无情地斩断了把人们束缚于天然情感的形形色色的封建羁绊,它使人和人之间除了赤裸裸的利害关系,除了冷酷无情的'现金交易',就再也没有别的联系了。它把宗教的虔诚、骑士的热忱、小市民的伤感这些情感的神圣激发,淹没在利己主义打算的冰水之中。它把人的尊严变成了交换价值,用一种没有良心的贸易自由代替了无数特许的和自力挣得的自由。"(《马克思恩格斯选集》第1卷,人民出版社1995年版,第253页)
② 斯密:《国民财富的性质和原因的研究》上卷,商务印书馆1997年版,第13页。
③ 麦克尼尔:《新社会契约论》,中国政法大学出版社1994年版,第20页。
④ 参见霍布斯《利维坦》,商务印书馆1996年版,第97、99页;洛克《政府论》下篇,商务印书馆1986年版,第6页。

科学化追求的同时,也昭示出现代契约伦理的一个典型价值取向,即把理性定位于充当功利谋划的实用性和工具性手段。如此一来,理性就与穷究宇宙根本和彻悟生命意义的智慧无涉,而转型为讲求实惠的商人式精明了。

——主体平等

作为一种自愿协议,契约内在地蕴含着平等要求。按照自由主义哲学家的看法,这种平等要求既与身份等级制针锋相对,也不好简单地理解为体能、智商等自然素质方面的大体一致。[①] 它的实质意义在于,参与契约的当事者在价值本性上具有不分贵贱的平等人格。他们都对自己的人身和财产拥有权利,而且应该相互承认和尊重对方也拥有同样的当然权利。[②] 在契约行为中,由权利对等引申出义务对等和地位对等。如果没有这种对等,契约就会与其本来意涵相悖,而变成一种命令—顺从、胁迫—屈服的强制性关系。这也就是社会契约论往往和天赋权利说紧密关联的重要原因。

——自由合意

在表现形式上,契约行为具有选择性特征,它反映了当事人之间的一种自由合意的意志关系。这种关系包含两个基本方面。其中一个方面可界定为"无支配原则"[③]。只要不是法律明文禁止,当事人就有订立契约的自由、选择缔约方的自由、决定契约内容的自由以及选择契约方式的自由,而不应受到无理的干预和胁迫。很显然,这样一种意志自由是自然权利说的合乎逻辑的引申。洛克将其表述为:一切具有自然权利的人,都可在正当范围内,"按照他们认为合适的办法,决定他们的行动和处理他们的财产与人身,而毋需得到任何人的许可或听命于任何人的

---

① 霍布斯意识到,契约的发生必须以主体平等的假设为逻辑前提。但他从体能和智力的大体相当方面去设定这个前提,显然走错了方向。(参见霍布斯《利维坦》,商务印书馆 1996 年版,第 92—93 页)

② 参见洛克《政府论》下篇,商务印书馆 1986 年版,第 19 页。法国启蒙思想家以更激进的方式捍卫了权利平等原则。

③ 参见雅赛《重申自由主义》,中国社会科学出版社 1997 年版,第 80—83 页。

意志"①。与此相对应,自由合意的另一方面,可界定为"协商一致原则"。从某种意义来讲,缔约过程是一个谈判过程。要给这个过程画上圆满的句号,不仅有赖于当事各方的意志都得到充分表达,而且还必须形成某种共识,取得足够和谐的意见一致。在契约理论的逻辑框架中,协商一致原则根植于对人的理性行为能力的推崇与确信。它为开展自愿的和广泛的社会协作奠定了重要基础。

——信守承诺

任何契约都意味着某种程度的约束。它要求缔约方都作出或明或隐的承诺,并庄重地恪守这种承诺。不然的话,契约就是一纸空文。由此可以理解,为什么差不多所有的社会契约论者都提出过守信的规条。但问题在于,除了诉诸法律惩治,现代世俗文化能够提供自觉守信的道德资源吗?或者,如果可能的话,它将以什么方式提供呢?在契约理论中,典型的回答有两个。一个回答具有功利主义色彩:契约能以互利的方式达到自利,因此,当事人通过理性的利害权衡,即会作出守信的选择。另一个回答立足于个人主义立场:既然缔约出于当事人的自由意志,那他就理当为此承担责任,就像是他在自愿施加约束一样。

斯密对全社会的诚信之风抱有乐观的信心。他论证道:"一个人如果常和别人做生意上的往来,他就不能指望从一件契约来图非分的利得,而宁可在各次交易中诚实守约。一个懂得自己真正利益所在的商人,宁愿牺牲一点应得权利,而不愿启人疑窦……在大部分人民都是商人的时候,他们总会使诚实和守时成为时尚。"②但是,斯密所提供的这种功利主义辩护非但不充分,而且蕴含着一个深刻的矛盾。这个矛盾可以表述为下面的设问:如果守信这类规则仅仅因为有利于人的长远利益而被遵从,那么,当它不能使人得利且违反它没有什么不利后果时,能否从道德上证明不守信也是正当的呢?事实上,在市场机制的作用下,追求

① 洛克:《政府论》下篇,商务印书馆 1986 年版,第 5 页。
② 斯密:《亚当·斯密关于法律、警察、岁入及军备的演讲》,商务印书馆 1977 年版,第 13—14 页。

利益最大化的经济人骨子里有一种逃避责任和义务的倾向。只要他从不诚信的行为中得到的好处大于他为此付出的成本或代价，他就会毫不犹豫地把诚信抛到一边。① 所以，即使认为市场机制能够产生某些诚信的资源供给，也不好将它的意义过分高估。根本说来，现代市场秩序和社会秩序的良性构建，是法治而非德治的结果。正是通过对法治的不懈追求，才最终营造出了一种广泛意义的现代契约文明。当然，这种文明是以市场运作为经济基础的。

三、私域和公域的衡平

同传统时代相比，现代社会的一个重大变化，在于以崭新的形式和前所未有的规模形成了一个相对自主的私人领域。② 它有两个典型特征。第一个特征是"私"。随着个性化潮流的高涨，个人挣脱传统的束缚而成为具有强烈自我意识的"私人"；在世俗功利追求的冲击下，超验价值关切日渐式微，生活的主旋律一步步翻转为在公开形式上喷涌而出的"私欲"；而自利的主观动机和互惠的利益实现方式，则将投资、生产、经营、交换诸经济环节统统纳入私人范围，从而以愈益加深的程度转化成了"私人事务"。在资本主义商品经济时代，私人事务是"外在于政治"的，因此，其第二个特征是"自主"。这种"自主"一方面表现在，以私人为主体并由私欲所推动的市场体系有着"自己的内在动力和自主性规律"，它按照自身的均衡机制进行调节，就像是"自我组织"一样；③另一方面也表现在，个体成员之间的互利合作必须在主体平等与自由合意的前提下

---

① 如果说，诚信一类的道德约束为市场经济的良性运作所必需，则提供这种约束的文化资源至少应该部分地到功利主义和个人主义思想脉系之外去寻找。（参见韦伯《新教伦理与资本主义精神》，生活·读书·新知三联书店 1987 年版，第五章）
② 私人领域的具体内容涉及个人权利、个人信仰、个人隐私等等，但商品经济或市场经济的发展构成了私人领域的轴心与基础。
③ 参见泰勒《市民社会的模式》，载邓正来编《国家与市民社会》，中央编译出版社 1999 年版，第 18 页。

达成,它只认可当事各方自愿接受的契约规则的约束,而从骨子里排斥任何外部力量的强制性干预和胁迫。依西方学者建构的分析框架,通常把这个与国家所表征的政治领域相区分的私人自治领域,称作"市民社会"。①

如果接受国家与市民社会的区分,并将其视为现代政治分析的一个基本立足点,那么,由此衍生的一个重要问题就是:国家所代表的公共领域和市民社会所代表的私人领域应按照什么样的关系模式来协调? 在近代西方,对这个问题的探讨与回答,形成了影响深远的社会契约理论。这一理论在形式上吸纳,至少是有选择地接受了功利谋划、理性权衡、主体平等、自由合意与信守承诺等一般契约要素,但作为一种"主义"论说,它的基本兴趣,却并不指向日常生活层面的交易行为,而对政治统治的正当性及其合理边界表现出了更为强烈的关注。从思想内涵来看,社会契约理论的各家代表切入问题的角度不同,阐释问题的水平各异,解答问题所持的立场和观点也存在着很大的差别。但是,假如把这一理论置于资本主义历史发展的宏观背景之下,那么,其诸多模式之间的论辩和限制性校正,事实上恰好从不同的侧面勾勒了一个自由政治秩序的综合框架。这个框架的主导原则,可以通过以下几个设问来辨识。

1. 公共权力的存在是否必要?

在社会契约论的逻辑构设中,对这个问题的回答通常采取一个反向的切入路径:如果没有政府,人类生活将会是什么样子? 这一思考方式使有关自然状态的描述构成了印证国家必要性的逻辑前提。② 一个显而

① 参见哈贝马斯《公共领域的结构转型》,学林出版社 1999 年版,第 84 页。
② 社会契约理论形式上探讨的是国家的起源,但实质上是在抽象地设计国家的建构原则。因为这个缘故,现代自由主义思想家诺齐克强调,关于自由状态的描述本质上服务于一种解释性目的。纵令没有任何现实国家确实以这种方式产生,这种描述在逻辑上依旧有效。(参见诺齐克《无政府、国家与乌托邦》,中国社会科学出版社 1991 年版,第 14—16 页)

易见的推论是,若自然状态足够可怕,则国家就会成为一个较好的选择对象。这是霍布斯的思路。按照霍布斯的分析,在没有一种公共权威令大家慑服的情况下,每一本性利己的个人便会无节制地放纵自己的贪婪欲望。但物品的匮乏又不可能使每个人的需求都得到充分满足。因此,"任何两个人想取得同一东西而又不能同时享用时,彼此就会成为仇敌"①。加上体能和智力方面的天然平等又使每个人树立了敢于挑战的信心,结果就形成了"人对人像狼一样"的战争状态。② 在这一状态中,产业无法保存,公正遥不可及,所有的人都时刻面对暴力与死亡的危险,"人的生活孤独、贫困、卑污、残忍而短寿"③。不待言,同这一人人自危的生存境况相比,诉诸强大国家权力以保障人们的生命和财产安全,当是一种可欲的更佳选择。

对这种选择的过分推崇,将霍布斯引入集权主义方向,并使他招致了颇为尖锐的批评。但如果联系特定的时代背景来考虑,霍布斯于高度抽象化的契约理论模式背后,实际上暗含着一种强烈的现实关切。从一定的意义来讲,其自然状态的原型出自利己个人组成的市民社会;而他的集权主义结论则以夸张形式表达了市民社会成长所不可或缺的一个初始政治条件。这个条件就是稳定与秩序。④ 问题只是,资本主义的经济发展和社会发展,不仅需要一个稳定有序的政治体系,而且需要一个

① 霍布斯:《利维坦》,商务印书馆 1996 年版,第 93 页。
② 霍布斯对自然平等的界定有一种经验主义取向。他论证说,即使那些弱小者也可以运用密谋或联合来征服那些体能和智力上的强大者。(参见霍布斯《利维坦》,商务印书馆 1996 年版,第 92 页)这一论证方式无法为人的平等权利提供充分支持,因而被后来的自由主义者扬弃了。
③ 霍布斯:《利维坦》,商务印书馆 1996 年版,第 95 页。
④ 霍布斯对政治秩序重要性的强调,同他的亲身经验有关。英国从 1640 年内战开始到 1688 年光荣革命,经历了将近 50 年的动荡。霍布斯的整个后半生就一直生活在这样的年代里。这是理解霍布斯集权主义倾向的一个基本背景。但是,霍布斯所突出的政治秩序问题并不仅仅具有特殊意义。它在一定程度上涉及了现代化进程(尤其是早期阶段)所必备的某种一般性政治条件。关于这一点,当代政治学家亨廷顿作了相当深入的分析。(参见亨廷顿《变化社会中的政治秩序》,生活·读书·新知三联书店 1989 年版,第 91—96 页)

活力充沛的政治体系。① 随着现代化进程朝越来越高的水平提升,后一方面的要求也就益发强烈。但是,在巨兽一般的国家可以凭借其至高无上的权能对私人领域大肆侵吞和任意支配的情况下,秩序既被僵化,而活力更是无从谈起了。这也就是霍布斯的《利维坦》难以为自由主义脉系所认可的主要原因。

按照当代自由主义思想家诺齐克的看法,从描述最坏的自然状态开始无法对国家存在的合理性给予充分的逻辑支持。因为,由此推出的集权政治模式视个人权利为草芥,非但不比人人自危的自然状态更可取,甚至还要糟糕。② 但自由主义者并不认同取消国家的无政府主张。因此,关于公共权力的正当性论证必须寻找一种新的理路。依据诺齐克设计的评判标准,倘若某种类型的国家可以从较好的自然状态中导出,而且既不侵犯个人权利又可显示胜过这种自然状态的优越性,则国家存在的必要与合理就得到了有力的证明。③ 在西方政治思想史上,这种证明是由洛克最先提出的。④

同霍布斯模式相比,洛克描述的自然状态显示了某种更富理想色彩的自由、平等、温和特质。在洛克看来,生活于自然状态之下的每一个人,都可按照合适的方式,自由决定自己的行动和处理自己的人身与财产;他们具有平等的人格,相互间不存在从属或受制关系;而理性的指导又促成人们的视界融合,孕育出彼此尊重、互不侵犯的集体良知,且这种自然法规本质上可以为每一个有理性的个体成员所体认和信奉。⑤ 但是洛克指出,即使这样一种相当好的自然状态也存在着诸多麻烦和不便。

---

① 政治体系的秩序和活力对于现代化进程来说都是必要的。但由于两者之间存在矛盾,因此,它们在总体上难以同时获得,而往往展现为一个历史过程。从这个角度来分析,可以将秩序称作初始条件,将活力称作较高条件。

② 参见诺齐克《无政府、国家与乌托邦》,中国社会科学出版社 1991 年版,第 12 页。

③ 参见诺齐克《无政府、国家与乌托邦》,中国社会科学出版社 1991 年版,第 13 页。

④ 鲍尔格曼评论说,作为自由主义的奠基人,洛克所作的制度设计,表达了"现代规划"的社会—政治意涵。(参见 Albert Borgmann, *Crossing the Postmodern Divide*, Chicago: the University of Chicago Press, 1992, p. 24)

⑤ 参见洛克《政府论》下篇,商务印书馆 1986 年版,第 5—7 页。

其基本表现就是:由于具体的个人在道德上并非十全十美,他们在追求自我利益的时候,难免会对别人造成伤害;伤害别人应受惩罚,可是在缺乏文明评判标准和公共仲裁机关的情况下,由每个人在涉己纠纷中充当法官,亲手处罚犯罪行为,很可能因为思维盲点或情绪冲动发生判断失误,从而惩错对象或处罚过分。如此翻来覆去,便容易导致宿怨世仇,带来广泛的惶恐不安。洛克认定,鉴于个人强行正义会产生严重的负面效应,这样的事情必须交由公共权力机关去做。当这一机关作为公平的仲裁者和有实力的执行者通过惩罚犯罪来维持正义秩序的时候,它实际上也是在为人的生命、自由和财产诸项自然权利提供有效保护。在洛克看来,这既是国家存在的正当理由,也是它的合理边界。

2. 政治统治的合法性如何确证?

自由主义者十分珍重个人在涉己范围内的绝对主权,可是,一当念及人与人之间的相互关涉,他们又对漫无节制的放纵深表忧虑。这样,一种关于自由限度的约束性观念便进入了自由主义的理论视野。它通常被表述为:自由并非某个人的单独自由,而是每个人的相互自由。因此,任何个人的自主行动必须以不伤害他人的自然权利为前提,而且在涉及他人的情况下理应有一种不可推诿的责任担当。雅赛甚至把这看作自由主义思想之链的一个关键环节:"一个不考虑为他人作选择之可能性的自由主义理论,将是一个去掉了本质的理论。"①从这个角度来看,自由主义与无政府主义的分界,可描述为在个人自由与公共秩序两个对极之间寻求某种张力平衡。作为这种平衡的一个方面,它承认并坚持,国家的存在、法律的存在、秩序的存在,是社会经济得以发展的必要条件,是健康生活得以维持的必要条件,归根到底也是个人自由权利得以保障的必要条件。

但是,即使把所有这些都当作基本原则加以接受,从理论的完备性来说,也仍需进一步质询:一个国家将人们聚合在制度化的社会中生活

---

① 雅赛:《重申自由主义》,中国社会科学出版社 1997 年版,第 80 页。

并拥有在所辖范围内使用强力的独占权,其正当根据是什么? 每一个生活于制度化社会的公民均需承担某种形式的守法义务且往往表现出哪怕是最低限度的自愿服从成分,他出于什么理由这样做? 这便是政治统治的合法性问题。在传统时代,对这个问题的解答是在神学—形而上学的框架内进行的。按照这种逻辑,国家权威乃神意的世俗代表,因而,统治权力的合法性渊源最终来自某种独立并高于社会的超验秩序。对普通臣民而言,其政治服从义务的确证,实质上即是对这种超验秩序的信仰与尊奉的自然引申。① 但是,随着世俗化潮流的高涨,超验秩序被消解,政治统治的正当性根据也就只能到社会自身内部去寻找了。② 由此导致了合法性基础的世俗位移。

倘若摒弃超验的神性根据而用纯世俗的眼光来看待国家,则国家所拥有的强制力量便很容易在直观意义上被解释为政治服从的客观理由。霍布斯曾讲,离开带剑的强大政府权威,就不足以羁束人们的贪婪和野心,因此,只有依赖强力威慑,才能迫使人们规矩守法。但是问题在于,民众因害怕制裁而不得不对既定政治权威表示服从,并不是政治统治合法性的实质要义。按照一般的见解,"如果某一社会中的公民都愿意遵守当权者制订和实施的法规,而且还不仅仅因为若不遵守就会受到惩罚,而是因为他们确信遵守是应该的,那么,这个政治权威就是合法的"③。如此看来,无论政治统治的合法根据还是政治服从的正当义务,都不能简单地用武力和强制来解释。关键在于具有价值意涵的"应该"。

在超验秩序遭到质疑和否决的文化背景下,这样一种具有价值意涵

---

① 卡西尔分析说,在"君权神授"成为最高原则的时代背景下,中世纪政治哲学不承认任何公然反对统治者的权利。"若说君主的权威直接来源于上帝,那么,一切反对君主的举动便成了对上帝意志的公然反叛,因而便是死有余辜的罪恶。"从这个角度来看,国王的权力乃是一种"合乎福音的权力",它有着自身的"精神价值"。(参见卡西尔《国家的神话》,浙江人民出版社 1988 年版,第 115—116 页)
② 参见塞利格曼《近代市民社会概念的缘起》,载邓正来编《国家与市民社会》,中央编译出版社 1999 年版,第 51—52 页。
③ 阿尔蒙德:《比较政治学》,上海译文出版社 1987 年版,第 35—36 页。

的"应该"如何按照世俗化的逻辑来建构？霍布斯的强权政治主张虽不为自由主义者所认同,但他把国家看作社会契约的产物,却为政治统治合法性问题的现代解决指示了一条通路。哈贝马斯评论说,既然超验的终极根据不再成立,从世俗的眼光来看,"理性协议本身的程序和假设前提就变成了原则"①。如果确证并接受这一原则,即把国家看作人们出于对切身利害的理性权衡,在主体平等与自由合意的前提下通过自然权利的某种转让而以契约方式所作出的公共选择,那么,由此形成的制度安排,从起源和实质方面来考量,便立基于人们的自愿同意而非外在强制。洛克强调,正是这种自愿同意为统治权力赋予合法性,并使个体成员的政治服从成为一种正当义务。"当每个人和其他人同意建立一个由政府统辖的国家的时候,他使自己对这个社会的每一成员负有服从大多数的决定和取决于大多数的义务;否则他和其他人为结成一个社会而订立的那个原始契约便毫无意义,而如果他仍然像以前在自然状态中那样的自由和除了受以前在自然状态中的限制以外不受其他拘束,这契约就不成其为契约了。"②

在自由主义的理论框架中,根据社会成员的自愿同意来确证政治统治的合法性基础,涉及既有区别又相关联的两个方面。一方面,按照契约论的一般逻辑,同意是一种庄重的承诺。这种承诺既然出于当事人的自由意志,则他就理当为此承担责任,接受由此而来的必要约束。在这个意义上,守信的道德准则构成服从的正当根据,而无端毁约将被判作不正义和不合法的行为。另一方面,国家既然是社会契约的产物,从法理上讲,统治者所拥有的权力便出自民众的自愿委托。而民众之所以愿意委托他进行统治,根本来说是为了更好地维持正义秩序,保障自己的基本权利。如果统治者背离这一至上目标,他作为缔约的一方便破坏了契约赖以生效的信任关系。据此,民众采取相应的抵抗行动便正当合

---

① 哈贝马斯:《交往与社会进化》,重庆出版社1989年版,第190页。
② 洛克:《政府论》下篇,商务印书馆1986年版,第60页。

法。在这个意义上,以自由合意为基本要件的社会契约论,不仅是对服从义务的思考与证明,而且表现了对限制国家权力的密切关注。在洛克奠基的自由主义政治哲学中,限制国家权力事实上是一个至为关键的问题。

3. 国家权能的合理边界怎样限定?

回答这个问题,需要探讨"权利"与"权力"的相互关系。在西语中,"权利"(rights)原指一种正当的资格。按照西方古典文化传统,一种资格是否正当,是根据"自然法"来判定的。如果对"自然"(nature)一词作"本性"或"本质"的朴素理解,那么,所谓"自然法",简单说来也就是源于人的本性的、合乎人道的价值诉求。它作为一种终极关怀,发布着按人的内在价值看待人、用属人的方式对待人的道德律令,因而确证和信护了一种本然意义的人权。[①] 就实质意涵来说,这种人权乃是人之为人按其本性所应该享有的基本的人格权利。它之所以普适于每一个男女,与任何形式的外在权威无涉,而仅仅因为他们是"人"。谓之"自然"或"天赋"。依照洛克的理论规定,人的基本的自然权利有三项,即所谓"生命""自由"和"财产"。[②]

与"权利"相对的另一个概念是"权力"。在西语中,"权力"(power)原指一种能够发生作用并造成某种结果的力量。当它被用来说明社会政治关系模式的时候,指的是某一组织或个人凭借其地位、运用其意志,去命令他人、指挥他人、影响他人、左右他人、支配他人的力量或能力。它有两个典型特征。一个特征是规约被管理对象的强制性;另一个特征是服务于特定目的的工具性。在文明条件下,由于人类的政治生活是一种充满利益矛盾的社会性生活,因此,"权力"的存在及其施用,对于维持

[①] 马里旦指出:"人权的哲学基础是自然法。"(马里旦:《人和国家》,商务印书馆 1964 年版,第 76 页)

[②] 在自然法的框架内对生命权、自由权和财产权予以证明,目的在于强调,这些权利不是国家给个人的恩赐,而是优先于国家的东西。这个论点在今天已成为常识,但在西方现代化的早期阶段,却蕴含着颠覆性的革命能量。(参见 William Ebenstein, *Today's Isms*, New Jersey: Prentice-Hall, Inc., 1954, p. 147)

秩序、协调行动来说是必不可少的。就此而言,"权力"是政治统治得以维系的权威基础。[①]

现在的问题是,"权利"和"权力"的关系应如何把握并将其诉诸一种实际的制度安排? 在这个问题上,自由主义哲学的代言人几乎毫无例外地都强调"权利"的原生意义或优先地位。按照他们的看法,作为一种正当资格,"权利"被宣布为"自然"或"天赋",表明它在价值上是自足完善的。而"权力"相对于"权利"来说则只是一种派生的或次生的东西。这种定位意味着,在政治体系的构建和运作过程中,"权力"的获得与行使必须以保障和维护人的基本"权利"为前提,否则,就不具有合法性。[②]

由此凸显了自由主义政治哲学的双重逻辑。这种逻辑的一个方面,可称之为关于国家存在的肯定性证明。洛克指出,生命、自由和财产虽关乎人的根本,但它们的保障和维护却不能仰赖个人的自发行为。在自发意义上,即使个人的动机无可厚非,任由他们强行正义,亲手惩罚那些侵犯自己权益的犯罪分子,从实际后果来看,也容易导致宿怨世仇,产生严重的负面效应。鉴此,个人应把自己在自然状态中拥有的部分权利,主要是自己确定是非标准的权利、按照自己的是非标准采取行动的权利以及做自己认为合适做的任何事情的权利等等,让渡出去,转交给国家。正是基于个人权利的自愿转让,形成了国家的合法权力。在洛克看来,当国家通过这种权力的正当运用来制定和颁布普遍承认的法律标准,并依据这种标准对人们的行为作出公正评判和权威性裁决的时候,整个社会生活即被纳入了规范有序的法治轨道。就此而言,国家是社会安定、公共秩序和个人权利的必不可少的保护者。

但是,自由主义思想家强调,这个保护者只能在最弱意义上定位于"守夜人"式的角色。此乃关于国家权能的否定性证明。从洛克开始,古

[①] 参见韦伯《经济与社会》上卷,商务印书馆 1997 年版,第 238 页。

[②] 在这个意义上,作为公共权力的国家机器,仅仅是一种"工具",而不是什么"目的"。这是自由主义政治哲学的一个基本立场。(参见 William Ebenstein, *Today's Isms*, New Jersey: Prentice-Hall, Inc., 1954,pp. 145 - 146)

典自由主义传统的一个基本价值取向,在于把个人权利看作国家行为的一种根本性道德约束。照他们的看法,社会充其量不过是众多个人的集合,并非富有独立意义的生命存在。惟个人才有自己的独特生命,且这种生命只有一次,不可能再造或重生。考虑到这一点,必须把生命权摆在压倒一切的优先地位。"一个人既然没有创造自己生命的能力,就不能用契约或通过同意把自己交由任何人奴役,或置身于别人的绝对的、任意的权力之下,任其夺去生命。"[①]在自由主义者看来,个人既享有至高无上的生命权,则他就可以在涉及范围内,按照他认为合适的办法来支配自己的身和心,自由选择、自由行动,而不受他人或别的外在权威的无理干涉。若个人不能自我作主,就意味着他的生命已沦为无人格的动物形式。因此,像生命权一样并且同生命权内在关联,免于无理干涉的自由权也应得到优先的尊重和保护。需要强调指出的是,除了生命权和自由权,洛克开创的自由主义传统还对财产权表现出了特别的关爱。依照他们的见解,一方面,财产权是生命权和自由权的合乎逻辑的延伸。因为,如果认定个人可以自由支配自己的人身和心智,那么,当他运用自己的体能与智能进行劳作的时候,便有正当根据对自己的劳动收获实施独立的和排他性的占有。另一方面,财产权又是生命权和自由权的不可或缺的物质保障。设若个人不能正当占有和支配自己的劳动所得,则他就无力维持自己的生存,而其自由亦将变得空洞贫乏。[②]因此,财产权同生命权和自由权一道,构成了人的三项最基本的自然权利。

问题的症结在于,上述自然权利不仅在价值上具有不容侵犯的神圣性,而且在生活中常常表现出易遭伤害的脆弱性。这一矛盾特征使自由主义者对国家抱持一种十分复杂的心态。他们承认国家存在的必要,因为神圣而脆弱的个人权利有赖保护;但他们又对国家充满恐惧,因为具

---

① 洛克:《政府论》下篇,商务印书馆1986年版,第7页。

② 在现代自由主义的理论框架中,私有财产神圣不可侵犯是一项实质性内容。洛克把保护财产看作缔结社会契约的根本动因:"人们联合成为国家和置身于政府之下的重大的和主要的目的,是保护他们的财产。"(洛克:《政府论》下篇,商务印书馆1986年版,第77页)

有强制性的国家权力若不当运用将对个人权利构成致命威胁。缘此,自由主义者倾向于把国家看作人们为了过一种共同的和有秩序的生活所不得不付出的代价。为使这种必要的代价降至较小的程度,他们提出了三点基本主张:一是将保障和维护人的自然权利视为国家的根本宗旨,并在维持安定秩序的前提下,尽力压缩国家权力的活动空间,拓展个人与市民社会的自治领域;二是通过分权方式造成国家权力机构之间的内部制衡,以防止专断权力的出现;三是动员外部社会力量,尤其是公共舆论的力量,对国家权力的运行施以必要的和有效的监督。这便是所谓的宪政民主原则。

4. 私人活动的自由空间将扩展到什么范围?

从某种意义来说,对国家权力的怀疑和不信任是自由主义政治哲学的根本精神。[1] 这一精神内含着两个相互关联的思想取向。在价值层面,自由主义奉个人自然权利为圭臬,并将其不容侵犯性和不可剥夺性设定为国家权能的基本限度。逾越这个限度的任何举动都不正当、不合法。在事实层面,自由主义视个人创造潜能为历史进步的活力之源,并将其充分的激励与释放归结为一套市民社会的自我调节和自然均衡机制。破坏这一机制的一切干预行为都不合理、不可取。以上两个方面的交互融合形成了关于自由的否定性理解。按照这种理解,自由乃是一种免于强制的状态,它寓示着,个人在生活选择中有一系列情势是其他外在权威所不能无理干涉的。此即所谓"确获保障的私域"[2]。

如果说,捍卫私人领域的诉求同拓展自由空间相叠合,那么,由此衍生的问题就是,一种组织良好的社会政治秩序怎样把施于个人的强制降至最低程度,从而使不受干涉的自由领域得到最大可能的开放?在这个问题上,自由主义者首先对市场法则表现出了特别的偏爱。按照他们的看法,市场法则的重要意义,不仅在于它同人的自然权利,尤其是财产权

---

[1] 参见《布莱克维尔政治学百科全书》"自由主义"条目,中国政法大学出版社1992年版,第415页。

[2] 哈耶克:《自由秩序原理》(上),生活·读书·新知三联书店1997年版,第6页。

的具体实现密切相关,而且还因为,它对经济活动的自发调节,会按照自身的内在动力和均衡机制扩展为一种资源配置的最优方式。斯密将其中蕴含的机理称为"看不见的手"。依斯密的见解,每一本性利己的个人一方面为追求自我利益的最大化而竭尽全能,同他人展开激烈竞争;另一方面又因多样化的实际需求而融入社会,与他人进行积极合作。如此,只要具备足够宽松的环境条件,自利的主观动机和互惠的利益实现形式就会在市场机制的作用下促成个人利益与社会利益的自然和谐。斯密强调,对"经济人"诉诸公共幸福之类的利他行为准则是一种空洞贫乏的道德说教,但是,当卷入市场体系的"经济人"基于利己考虑而投资和交易的时候,从实际行为效果来看,必然会引导他选定最有利于社会的用途。这是一种非人为设计的自然扩展秩序。"在这场合,像在许多其他场合一样,他受一只看不见的手的指导,去尽力达到一个并非他本意想要达到的目的。也并不因为事非出于本意,就对社会有害。他追求自己的利益,往往使他能比在真正出于本意的情况下更有效地促进社会的利益。"①

　道理很明显:既然个人的功利追逐经过市场机制的自发作用可以成为增进社会利益的最佳方式,那么,在实践中,就应采取一种允许、保护和鼓励自由竞争的放任主义经济政策。② 按照斯密的看法,任何制度安排,不论其新旧与否,只要将政治权力的触角伸入私人领域,并对市场经济体系的自然运作形成强制性的人为干涉,它就是阻挠社会发展和历史进步的一道障碍。而清除这道障碍,当然也就成了自由主义的一个基本要求。"一切特惠或限制的制度,一经完全废除,最明白最单纯的自然自由制度就会树立起来。每一个人,在他不违反正义的法律时,都应听其

---

① 斯密:《国民财富的性质和原因的研究》下卷,商务印书馆1988年版,第27页。
② 斯密反对以社会公益的名义干涉私人经济事务的做法,因为这种做法违背经济运行的自然法则。"我从未见过那些假借为公谋利益之名的人们做出了多大贡献。"(参见罗尔《经济思想史》,商务印书馆1981年版,第146页)

完全自由,让他采用自己的方法,追求自己的利益"①。以此推论,理想意义的政府不是全能政府,而是"守夜人"式的有限政府。

从职能行使的角度来说,政府的有限不等于无力。相反,政府在维护公共秩序、管理公共事务、提供公共产品诸方面应该是十分有效的。但自由主义者强调,有效的政府仅限于行使服务性的保护和保障职能,而不可对合法追求自我利益的私人经济行为进行越界的干预或干涉。事实上,只要不是法律明文禁止,也不违反"公序良俗",自由主义者不仅赞成经济"放任",而且赞成思想、言论及生活选择的"放任"。密尔将这视为个人的当然权利。"任何人的行为,只有涉及他人的那部分才须对社会负责。在仅只涉及本人的那部分,他的独立性在权利上则是绝对的。对于本人自己,对于他自己的身和心,个人乃是最高主权者。"②据此,密尔不仅积极确认经济自由的正当价值,而且从更为广泛的意义上详细论证了"人类自由的适当领域"。

在这一领域中,思想和言论自由是至关重要的一个方面。密尔对这一方面的强调到了近乎偏执的地步。在他看来,无论官方政府抑或民间大众,都没有压制不同意见的正当资格。假设一个社会的成员除一人外都持相同的观点,绝大多数人迫使那一个人沉默,也并不比那一个人要使绝大多数人沉默更为正当。密尔的逻辑是:"迫使一个意见不能发表的特殊罪恶乃在它是对整个人类的掠夺,对后代和对现存的人都一样,对不同于那个意见的人比对抱持那个意见的人甚至更甚。假如那意见是对的,那么他们是被剥夺了以错误换真理的机会;假如那意见是错的,那么他们是失掉了一个差不多同样大的利益,那就是从真理与错误冲突中产生出来的对于真理的更加清楚的认识和更加生动的印象。"③

按照密尔的逻辑,个人不仅可以自由表达自己的思想和言论,而且有正当权利顺应自己的性格,表露自己的趣味,发展自己的爱好,选择自

---

① 斯密:《国民财富的性质和原因的研究》下卷,商务印书馆 1988 年版,第 252 页。
② 密尔:《论自由》,商务印书馆 1982 年版,第 10 页。
③ 密尔:《论自由》,商务印书馆 1982 年版,第 17 页。

己的生活方式,依循自己的意志去做自己喜欢的事情。如果这样的自由行动无害于他人,那就不应遭到无理禁绝,而不管此类行为在别的社会成员眼里是否愚蠢、悖谬或错误。密尔主张,"生活应当有多种不同的试验;对于各式各样的性格只要对他人没有损害应当给以自由发展的余地"①。不然的话,人的个性就会被泯灭,驱动历史进步的创造活力就会被窒息,而生活世界亦将失去其丰富色彩,变得单调乏味。

必须弄清的一点是,对于一个人的福祉,他自己关切最深。与之比较,别的社会成员或群体组织对他所怀有的关切都是部分的、间接的、微薄的和肤浅的。在密尔看来,善意的告诫和帮助可以允许,只要被告诫、被帮助者愿意采纳和接受。但是,任何别的社会成员或群体组织,不论其动机怎样,也不管其身份如何,都不好替某一个人越俎代庖,更不可进行无端干预。因此,在不触犯法律和不危害他人的条件下,每个人都有正当的权利去选择自己的生活道路,自由从事社会活动、经济活动、政治活动以及其他各类活动。这是他的免于外在强迫的私人领域和自由空间。一种组织良好的社会政治秩序应当对这一领域和空间提供合法保护。② 在这个意义上,个人自由权利构成了现代宪政民主制度的基石。

四、法治、宪政与民主

自由主义政治哲学,就其典型特征来说,乃是一套"基于权利"的理论。③ 根据雅赛的评点,每一项权利好比一个碉堡,保护其持有者的正当利益不受他人或群体组织的侵犯。因此,随着权利清单的扩充,个人免遭无理干涉的自由空间也就会不断得到放大。这是自由主义理论的基

---

① 密尔:《论自由》,商务印书馆 1982 年版,第 60 页。
② 德沃金评论说,虽然我们未必赞成,但却必须理解自由主义的这样一个核心观点:"自由有着基本的、形而上的重要意义,所以,不管它给人们带来什么后果,都应加以维护"。(Ronald Dworkin, *Sovereign Virtue*: *The Theory and Practice of Equality*, Cambridge: Harvard University Press, 2000, p. 121)
③ 参见雅赛《重申自由主义》,中国社会科学出版社 1997 年版,第 50 页。

本逻辑。但是问题在于,不论自由的价值被抬举得何等重要,都不好将其归结为"自然状态"之下的那种不加任何收敛的我行我素。如果立基于文明背景,那就必须联系既定的社会政治条件来申明自由的合理实现方式。正如孟德斯鸠指出的那样:"政治自由并不是愿意做什么就做什么。在一个国家里,也就是说,在一个有法律的社会里,自由仅仅是:一个人能够做出他应该做的事情,而不被迫去做他不应该做的事情。"①因此,要把自由纳入健康的有序轨道,必须确立一套正当的限制性规则。雅赛根据自由主义精神,将这套规则概括为相互缠绕的三个方面:

1. 自由行为应该且只可以接受合理的约束与强制;

2. 当着只有对某人施加约束与强制才足以防止他对别人造成危害时,约束与强制的合理性质方能被认可;

3. 如果超越道德和舆论范围而诉诸强力制裁,则这种制裁必须在授权下依法执行。②

以上限制性规则,从一个侧面反映了自由主义试图摆脱无政府梦魇的努力。几乎所有的自由主义者都在义理上承认,个人权利固然神圣,但对它的尊重与捍卫并不能转换为替狂纵不法的"唯我主义"作辩解的正当理由。康德指出,将人视为目的的道德诉求,"包含着固有的,对每个有理性的东西的普遍有效性"③。因此,一个人的行为是否正义,取决于他的自由能否与别人的自由和睦共存。从这个角度来说,道德权利必然联系着相关的道德义务,即尊重每个人的个人自主权的普遍义务。

这项义务对个人权利构成了限制。而这种限制,当落实为法律规范的时候,甚至带有某种强制的意味。无论如何,"在一个有组织的社会的环境中,一个人不能自由得想干什么就干什么。(当然,我不能自由得做我想做的任何事,而你也不能随心所欲。)有组织的社会按其本质是强制

---

① 孟德斯鸠:《论法的精神》上册,商务印书馆1987年版,第154页。
② 参见雅赛《重申自由主义》,中国社会科学出版社1997年版,第37页。
③ 康德:《道德形而上学原理》,上海人民出版社1986年版,第86页。

性的"①。尽管这种强制同样有一个正当性与合法性问题，但是假如它不存在，则人类社会就将陷入一种可怕的混乱和无序状态。因此，每一个自主行为者都应该明白："人并不是孤立地活着，也不仅仅是为自己活着。这样，一个复杂社会的组织工作就有了意义。"②

要紧的是，不论何时何地，人类生活都是在社会化场景中进行的。如果脱离这一场景，个人不仅显得软弱和渺小，而且无法维持最起码的生存。这就要求，社会的每个成员，都应该确立清醒的互赖意识。他不仅要为自己负责，而且应为自己的伙伴成员负责。他不能仅仅为了自己生活得好，就不顾甚或危害其伙伴成员赖以生存的社会条件。假如一个人的行为对这种条件构成了实际破坏，那他就必须为此承担责任，并应接受由此而来的舆论或法律的惩罚。密尔把这看作干涉个人行为的正当根据：

> 每人既然受着社会的保护，每人对于社会也就该有一种报答；每人既然事实上都生活在社会中，每人对于其余的人也就必须遵守某种行为准绳，这是必不可少的。这种行为，首先是彼此互不损害利益，彼此互不损害或在法律明文中或在默喻中应当认作权利的某些相当确定的利益；第二是每人都要在为了保卫社会或其成员免于遭受损害和妨碍而付出的劳动和牺牲中担负他自己的一份（要在一种公正原则下规定出来）。这些条件，若有人力图规避不肯做到，社会是有理由以一切代价去实行强制的。③

依照密尔的见解，当一个人的行为有害地影响到他人利益的时候，社会就对它拥有了裁决权和干预权。这种裁决权和干预权之所以必要，是因为没有它，某个人的自由就很可能逾越合法限度，恶化为伤害他人自由的狂肆与专横。孟德斯鸠强调，自由只能被恰当地理解为"做法律

---

① 戈尔丁：《法律哲学》，生活·读书·新知三联书店1987年版，第104页。
② 博登海默：《法理学——法哲学及其方法》，华夏出版社1987年版，第277页。
③ 密尔：《论自由》，商务印书馆1982年版，第81页。

所许可的一切事情的权利"①。而这种权利,绝非某个人所独享,它在本质上普适于每一个男女。因此,为防止某个人因不加收敛地滥施自由而对他人正当权利造成伤害,必须通过一系列公开的和强制性的法律规则来限定人们行动的合理范围。在这个意义上,法治是自由的必要条件。

洛克指出,自由的实质在于独立于他人的专断意志。从这个角度来看,如果一个社会弥漫着狂肆不法之风,以至于一个人只要一时高兴就可以对其他社会成员的生命财产任意伤害和侵夺,那么,自由对谁来说都会变得可望而不可即。因此,在政治社会中,国家有权制止其属民你烧我的干草堆,我烧你的干草堆。"哪里没有法律,哪里就没有自由。"②但是问题在于,有法律的地方就肯定有自由吗? 国家有权制止一个人乱烧别人的干草堆,是否意味着它也有权制止一个人去烧自己的干草堆呢? 自由主义思想家反对做这样的推论。在他们看来,只有对别人造成伤害才是对某人施行强制的正当根据,而且是惟一的根据。密尔说:"对于文明群体中的任一成员,所以能够施用一种权力以反其意志而不失为正当,惟一的目的只是要防止对他人的危害。若说为了那人自己的好处,不论是物质上的或者是精神上的好处,都不成为充足的理由。"③密尔把那种打着为某人谋幸福的旗号而对某人的涉己行为施以强制干预的做法,称为专断的"家长主义"作风。

只要稍加引申就会明白,当这种"家长主义"作风发生在当权者身上并形成扩散和蔓延之势的时候,后果会有多么可怕。这也就是自由主义思想家特别推崇个人权利的根本原因。在他们看来,为使所有社会成员的正当权利得到平等的保护,国家当然要对诸如欺诈、偷盗、抢劫、谋杀之类的犯罪行为依法予以惩处;可是问题的复杂性在于,理应肩负公民权利保护之责的国家权力机关,如果采取越界的强制行动又会对公民权利构成致命威胁。考虑到国家机器的实际运作总是与人格化的权威角

---

① 孟德斯鸠:《论法的精神》上册,商务印书馆 1987 年版,第 154 页。
② 洛克:《政府论》下篇,商务印书馆 1986 年版,第 36 页。
③ 密尔:《论自由》,商务印书馆 1982 年版,第 10 页。

色分不开,这个问题就更加严重了。因此,要防范国家权能的恶性膨胀和当权者的专横跋扈,必须将公共权力体系的构建和运作置于法律的严格控制之下。这便是所谓的宪政。

自由主义政治哲学的一个核心论点是,只有同宪政联系起来,才能准确把握法治的精髓。就此而言,法治(the rule of law)并不是简单的依法而治(the rule by law)。倘若一个国家既有法可依,也有法必依,但最高统治者的意志可以凌驾于法律之上,那么,如此实行的依法而治充其量不过是披着合法外衣的专制或人治罢了。与之相反,法治的实质在于"法律主治"。它意味着,在一个政治社会中,法律具有至高无上的权威。任何人,不论普通民众还是政府官员抑或最高统治者,都必须在正义法律所提供的框架内活动。从这个意义来说,法治不仅要求公民守法,更要求政府守法。鉴于依法治"民"是一切有法制的社会的共同特征,自由主义思想家特别强调,是否要求并做到依法治"政"、依法治"权",才真正构成了衡量一个法治社会的试金石。

在政制层面,通过成文的或不成文的基本法,即宪法,来限制公共权力机关的职权范围和活动方式,是法治原则的典型体现。但是,就像法治并不简单地等于依法而治一样,宪政也不好仅仅从字面上理解为依据宪法进行统治。问题的一个关节点在于,不是宪法当然享有权威,而是宪法必须建立在道义基础上才能享有权威。因此,据以进行统治的宪法必须合乎正义原则。按照考文的评论,源于古希腊而成熟于古罗马的"自然法"传统,作为一种超验正义追求,为现代宪政民主制度的构建提供了一种"高级法"背景。①

前面指出,如果在"本性"或"本质"的意义上理解"自然"(nature)一词,所谓自然法,实质上是一种按人的内在价值看待人、用属人的方式对待人的道德律令。它作为终极关怀,确证并信护了一种人之为人就其本性或本质来说应该享有的基本的人格权利。正因如此,当洛克为代表的

---

① 参见考文《美国宪法的"高级法"背景》,生活・读书・新知三联书店 1996 年版,第 4—5 页。

自由主义哲学家从自然法传统中汲取宪政思想资源的时候,自然法概念经过他们的现代处理,便同关于个人自由权利的正当性论证完全融合了。① 按照这种论证方式,人权被宣布为"自然"或"天赋",表明它在价值上是自足完善的。它并不需要经验实例作证据。即使它从没在任何一种具体情境中实现过,其价值正当性也永远有效。反过来说,也正是这种永远有效的价值正当性,使人权作为终极依归,向实存的法律体系和政治体系发出了"应当如何"的道德诉求。在这个意义上,宪法不是人权的渊源,而是其产物。如果一部宪法对人的基本权利作了明确的和广泛的指认与罗列,那么,问题的恰当提法应该是,这些权利并非因为被宪法所指认和罗列才是基本权利,相反,仅仅因为这些权利是基本权利,所以才被写进宪法之中。

由此不难理解美国《独立宣言》的这样一种表达方式:"我们认为这些真理是不言而喻的:人人生而平等,他们都从他们的'造物主'那边被赋予了某些不可转让的权利,其中包括生命权、自由权和追求幸福的权利。为了保障这些权利,所以才在人们中间成立政府。"②在这段著名的文字中,所谓"不言而喻"的真理认定,完全是一种自然法的口气。但是另一方面,当自然法在新的时代条件下被用来证明天赋人权的价值优先性,并进而构成宪法的道义基础的时候,一些富有鲜明时代特色的世俗内容被塞进自然法的抽象框架,就成为历史的必然了。随着现代法治文明的日趋完善,生命权不仅被一般地理解为不得任意剥夺人的性命,而且在不受恫吓、威胁、凌辱、欺诈、蒙骗及骚扰的尊严权那里得到了合理的延伸;不受无理干涉的自由权进一步具体而广泛地落实为思想自由、信仰自由、言论自由、出版自由、集会与结社自由、流动和迁徙自由、择业自由以及选择个人生活方式的自由等;而追求幸福的权利则不但集中表现为神圣不可侵犯的私有财产权,还通过平等的劳动权、受教育权、福利

① 参见考文《美国宪法的"高级法"背景》,生活·读书·新知三联书店 1996 年版,第 62 页。
②《人权宣言》,求实出版社 1989 年版,第 9 页。

权、休息权、健康权以及私生活权等而得到了更全面的补充。当然还有以选举权和被选举权为主要内容的各项政治权利。凡此种种,皆属公民个人的天赋应得,必须在宪政制度下给予可靠的保障。

从总体上看,保障公民权利是宪政的一个关键方面。与此相对的另一个方面,则是限制政府权力。经典的宪政理论认为,政府乃是一种"必要的恶",它既可能对增进人的福祉、维护人的自由作出实质性的贡献,也会给专权和滥权提供许多可乘之机。正因如此,限政便合乎逻辑地成为宪政的一个本质要求。在宪政理论的发展过程中,人民主权说作为君权神授说的替代物,曾经被用来充当限政要求的合法性论据。这个论据的精要在于,政府在本质上不是自足的权力主体,而是一个受委托者。因此,它既要依民意产生,也要对民益负责。如果进一步从凸显政府权力之公共性质的角度来理解人民主权的意涵,那么,在自由主义思想家看来,所谓"一切权力属于人民",便可以否定性地表达为"一切权力不属于任何私人"。

按照普通的说法,"一切权力属于人民"是民主政治的本然诉求。通常称为"人民的统治"。但是,在现代民族—国家的基本框架内,地域的辽阔和人口的众多,使人民对公共事务的直接管理缺乏技术上的可操作性,因此,"主人"与"主事"的分离就势所必然。换言之,人民归根到底是"主人",但他们必须选择能干的"仆人"。在这个意义上,某种形式的精英治国似乎是无法规避的。所以严格讲来,民主政体与专制政体的根本区别,不在于是否由精英人物掌权或用权,而在于择定掌权或用权的精英人物的程序和方式。萨托利问:我们在什么时候能发现担当统治角色的"民"呢?答曰:在选举的时候。"民主过程集中体现在选举和选举行为中。"①熊彼特干脆把民主看作以非暴力方式选择领导人的一套制度化的法理程序:"民主方法是为了达到政治决定的一种制度上的安排,在这

———————

① 萨托利:《民主新论》,东方出版社 1993 年版,第 89 页。

种安排中,某些人通过竞取人民选票而得到作出决定的权力。"①

但萨托利强调,选举的形式并不一定具有民主的内容。要获得这种内容,至少还得附加一个先决条件,那就是舆论自由。民主既是人民的统治,则它在某种意义上就是民意的统治,进而也可以理解为"舆论的统治"②。对民主政治来说,舆论自由涉及两个相互关联的方面。其一是思想的宽容。它给各种观点和声音以平等的表达机会,除非违宪,不能武断地施压。其二是理性的说服。它倡导对谈和论证,让人们充分表达个人意见,然后根据理性的力量来决定取舍。所谓民主选举,不过是政治精英在舆论自由的情境中申明自己的政策主张,然后靠博取选票上台施政罢了。熊彼特认为,这样一种选择领导人的程序与方法,虽不一定筛出最优,但它一如自由竞争的市场逻辑,"在阻碍白痴和牛皮家的进展方面并不是完全起不了作用的"③。

不过,一个人即使在竞选中获胜,他也决不是公共权力的垄断者。在宪政架构中,公共权力只授予职位,而这些职位原则上是向全体公民平等开放的。因此,公共权力"不属于任何私人"。从某种意义来说,自由民主理论家对人性持一种不信任态度。汉密尔顿讲:"如果人人都是天使,那就不需要政府了。如果是天使统治人,就不需要对政府有任何外来的或内在的控制了。"④这话反过来理解就是:之所以要对公共权力实行限制和约束,正因为人性中存在缺陷。一当念及这种缺陷同权力施用的隐秘关联,自由民主理论家就更是倍感恐惧。所以,他们对当权者持"无赖"假定。孟德斯鸠强调:"一切有权力的人都容易滥用权力,这是万古不易的一条经验。有权力的人们使用权力一直到遇有界限的地方才休止。"⑤因此,对公共权力实行内部制衡和外部监督,就成为民主政治

① 熊彼特:《资本主义、社会主义和民主主义》,商务印书馆1979年版,第337页。
② 萨托利:《民主新论》,东方出版社1993年版,第40页。
③ 熊彼特:《资本主义、社会主义和民主主义》,商务印书馆1979年版,第361页。
④ 汉密尔顿:《联邦党人文集》,商务印书馆1989年版,第264页。
⑤ 孟德斯鸠:《论法的精神》上册,商务印书馆1987年版,第154页。

的必然要求。

达尔将这一要求的隐秘逻辑概括为十个公设和四个定义。其中最重要的是这样一个三段式推论：所有的权力聚集到同一些人手中，意味着外部制约的消除；外部制约的消除导致暴政；因此，所有的权力聚集到同一些人手中意味着暴政。[①] 按照达尔的界说，"'暴政'是对自然权利的严重剥夺"[②]。因此，保障"自然权利"便构成了法治、宪政与民主的精髓。自由主义思想家把这一精髓看作对个人自由的坚定信护。虽然他们也提及个人自由的限度问题，但是，其批判矛头的主要指向，从来不是针对个人的过分自由，而始终是针对个人的过分不自由。因此，他们是各种形式的国家主义和权威主义的近乎本能的反对者。贡斯当的声明颇具代表性：

> 自由是只受法律制约、而不因某一个人或若干个人的专断意志而受到某种方式的逮捕、拘禁、处死或虐待的权利，它是每个人表达意见、选择并从事某一职业、支配甚至滥用财产的权利，是不必经过许可、不必说明动机或事由而迁徙的权利。它是每个人与其他个人结社的权利，结社的目的或许是讨论他们的利益，或许是信奉他们以及结社者偏爱的宗教，甚至或许仅仅是以一种最适合他们本性或幻想的方式消磨几天或几小时。最后，它是每个人通过选举全部或部分官员，或者通过当权者或多或少不得不留意的代议制、申诉、要求等方式，对政府的行政行使某些影响的权利。[③]

同政府相比，个人处于劣势。因此，推崇个人权利的价值优先性，并提出限制政府权力的诉求，可视为一种保护弱者的主张。因为这个缘

---

① 参见达尔《民主理论的前言》，生活·读书·新知三联书店1991年版，第5页。达尔还强调了另外两个假设：如果不受外部制约的限制，少数人将对多数人施加暴政；如果不受外部制约的限制，多数人将对少数人施加暴政。（参见达尔《民主理论的前言》，生活·读书·新知三联书店1991年版，第6页）
② 达尔：《民主理论的前言》，生活·读书·新知三联书店1991年版，第4页。
③ 贡斯当：《古代人的自由与现代人的自由》，商务印书馆1999年版，第26页。

故,自由主义被一些人誉为"慷慨大方的最高形式"。它在自己所统治的国家中留出余地,声明"有决心同一个弱小的敌人共同生存",其姿态之优雅,似乎是令人难以置信的。[①] 但是,理想和现实总有一定的距离。在自由主义取得社会法权地位之后,它所主导的政策实践一度在经济领域引发了严重的两极分化,于是就有人将它斥责为强者的逻辑。自由主义面临挑战,而且,从它自身的发展要求来看,也必须实现历史的转型。

---

① 在西方文化史上,自由主义是在与专制主义的激烈冲突中形成和发展起来的,因此,它从一开始就表现出对个人权利、个人自由、个人价值的偏爱。但随着历史条件的变化,在晚近的自由主义者那里,这种偏爱的意识形态味道越来越浓了。

第三章　在自由与平等之间

对现代社会—政治规划来说,自由和平等是两个关键要素。资产阶级革命时期的几大政治宣言都把自由和平等并列,视之为人生而俱有的天赋权利。但是,在实际的社会演化过程中,这对孪生同胞却岔入两个方向,即便不是彼此敌对的话,也变得相互提防起来。人们自觉或不自觉地以自由"对"平等而不是自由"与"平等的方式来看待和处理两者的关系,似乎鱼与熊掌不可兼得,若偏向自由就偏离平等,若偏向平等就必然偏离自由。① 两者的分治不仅区分出思想史上旨趣和风格迥异的不同流派,而且其主导原则深深地影响到政治与经济实践,在历史上形成了某种周期性的两极震荡。从一定的意义来说,这种震荡是一个基本的观测平台,只有透过它,才能了解自由主义范式的历史转型,进而把握自由主义传统的自我调节所可能达到的水平与限度。

---

① 按照德沃金的评论,这一关系模式中的一端是"绝对自由主义",另一端则是"绝对平等主义"。由此形成的历史性误会是:"如果自由与平等确有冲突,那就必须在这两种德性之间作出痛苦的选择"。(Ronald Dworkin, *Sovereign Virtue*: *The Theory and Practice of Equality*, Cambridge: Harvard University Press, 2000, p. 128)

一、从功利谋划到物竞天择

自文艺复兴起，人们就习惯于把"自由"和"解放"贯通起来，用作两个可以相互阐释的语汇。这种使用方法不仅生动直观，而且有着颇为充分的历史根据。至少从发生学的角度来看，"自由"似乎可以合乎逻辑地释义为"解放"：既在传统宗法纽带的束缚下解放个人，使其在市场竞争体系中自主独立地发挥创造潜能；也在传统禁欲伦理的压抑下解放私欲，使之在最少限制的宽松环境里畅快淋漓地得以排释。因为这个缘故，现代自由价值观可以在生活习性层面解读为一种以个人感和此岸感的高涨为特征的俗化心态。

商品经济的发展使这种心态逐步演化成了一种普遍的社会风尚。在此一背景下，关于"自由"的理论论证被注入个人主义和功利主义的内容是合乎逻辑的。它有依次递进的三个层次。第一个层次是经验事实的指认。用彼特拉克的话来说，人非圣贤，而乃俗物，追求感性幸福是其不可移易的自然本性。第二个层次是价值标准的建构。18 世纪法国唯物主义者将其表述为：压抑人的自然本性不仅像遏制冬天的严寒一样违反客观规律，而且如营造人间地狱一般悖逆人类道德，惟顺应和尊重人的自然本性才是合乎人道的正义之举。第三个层次是公益实现机制的辨析。斯密将其归结为"看不见的手"。只要这只"看不见的手"自然发挥作用，则私欲非但无害，反倒构成公益的必要实现形式。"我们每天所需要的食物和饮料，不是出自屠户、酿酒家或烙面师的恩惠，而是出于他们自利的打算。"①

道理很清楚：既然私欲乃人之天性，合理谋利是人的正当权益，个人功利追逐的自然扩展可以无意识地促进公共幸福，那么，保护和鼓励自由竞争的放任主义便成为可行的甚至是惟一可取的政策选择。基于这

---

① 斯密：《国富论》上卷，商务印书馆 1988 年版，第 14 页。

样一种逻辑,古典自由主义传统倾向于对平等作形式意义的理解,即将其规定为权利的平等和机会的平等。这种平等之所以能被接受,是因为它与等级制度和贵族特权相对,反映了尊重所有个体生命及其人格尊严的普适价值。在经济运行过程中,形式平等的基本功能,在于确立一套适用于一切选手的比赛规则,以保证他们的自由竞争有一个不偏不倚的公平条件。只要不破坏这些条件,或在这些条件所限定的合理范围之内,每个人都可以自由交易、自由选择、自由行动,不得任意加以干涉。

但是,古典自由主义传统及其信奉者强调,平等的诉求是一种价值应当,并不意味着人人在事实上拥有同样的才能和禀赋。如果对人的天赋资质作横向比较,实际情况毋宁是:"人生来就极为不同,或者说,人人生而不同。"①用不着深究就可以明白:由于在法律面前,特别是在市场游戏规则面前平等出发的个人在才能和禀赋上存在着高低差异,因而他们的自由竞争将不可避免地造成不平等的结果。但古典自由主义者辩称,个人的天赋才能乃一自然的既定前提,必须加以接受;同时,结果不均体现的是"成就原则"而非"特权等级原则",所以也应坦然面对。在他们看来,假如试图在结果上使人平等,那就必然要在条件上不平等地待人。若情况果真如此,能者将不愿多劳,驱动社会进步的创造活力势必受到极大的抑制。从这个角度来说,"一般性法律规则和一般性行为规则的平等,乃是有助于自由的惟一一种平等"②。坚持这种平等观的古典自由传统及其信奉者,特别厌恶政府对经济行为的强制性干预。对他们而言,自由就是在平等条件下放手让人们以各自的方式追求自己的幸福。

如果着眼于市场体系的实际运作,这种放任式的自由竞争的确能够带来高效率。斯密曾乐观地相信,效率追求会在"看不见的手"的作用下实现一种自然均衡,因而没有必要将结果不均的贫富分化问题单列出来,刻意加以解决。只需保证大家有一个自由竞争的公平起点,并对自

---

① 哈耶克:《自由秩序原理》(上),生活・读书・新知三联书店1997年版,第104页。
② 哈耶克:《自由秩序原理》(上),生活・读书・新知三联书店1997年版,第102页。

然均衡机制的时效给予足够的耐心就可以了。但是,问题终究有它的合理限度。没有充分意识到自由竞争所导致的不平等后果的复杂性和严重性是一回事;在财富再分配方面完全拒绝平等诉求,进而公开赞美拒绝平等诉求的残酷无情则是另一回事。从前者到后者是一种实质性的蜕变。我们在马尔萨斯的理论中看到了这样一种蜕变的迹象。这位人口学家在谈到济贫问题时说:

> 一个生在已被占有的世界上的人,如果不能从他享有正当要求的双亲那里获得生活资料,如果社会不需要他的劳动,他就没有要求获得最小份食物的权利,事实上他是多余的人。大自然的盛大宴席上没有他的席位。她命令他离开,如果他不能引起他的某些客人的怜悯,她将迅速执行自己的命令。①

马尔萨斯对底层贫民的鄙弃和对社会苦难的冷漠,在斯宾塞等人那里得到了更为强烈的回应。斯宾塞将马尔萨斯的论点同达尔文学说糅合起来,认为"优胜劣汰,适者生存"是一条社会进化铁律,不可动摇。他强调,即使这条铁律对包括孤儿寡女、老弱病残在内的"无能之辈"是一场灾难,也不赞成由政府出面,对弱者施以所谓的人道帮助。在他看来,扶弱济贫等于惩优保劣,其慈善的外表背后实际上隐藏着抗拒进化的退化逻辑。只有"优胜劣汰,适者生存"的充分竞争,才能使强者自由地成长,并通过出类拔萃的强者来改良种族和社会有机体。至于生存竞争中的"不适者",则已被进化铁律剥夺了生存权,他们不值得怜悯,也不应当对他们表示怜悯:"如果他们有足够的能力生存,他们便会生存下去,那是件好事;如果他们没有足够的能力维生,就会死,那他们最好还是死吧。"②

在自由主义的理论架构中,原本就存在着一个或隐或显的矛盾紧

---

① 转引自博德《资本主义史》,东方出版社1986年版,第94页。
② 转引自 Richard Hofstadter, *Social Darwinism in American Thought*, Boston: Beacon Press, 1992, p. 41。

张。密尔可视为一个典型。当这位自由主义思想大师反复强调个人在涉己范围内的绝对主权的时候，他把自由视为神圣的目的。但是，受功利主义的思想熏陶，密尔又格外关注自由的社会效果，似乎它作为创造之母和活力之源的根本意义，盖在于提供了一个淘汰庸众、培育天才的最完善的机制和最有效的手段。① 到了社会达尔文主义者那里，手段与目的已完全脱钩。他们对自由的崇拜，最终落脚为对自由竞争中获胜的强者的崇拜。也正因如此，社会达尔文主义不仅在资本主义体制业已奠立并获得高度发展的英国，而且在暴发式崛起的美国，像点燃干柴的火苗一样产生了一场思想和心理的轰动效应。康马杰评论说，斯宾塞所推崇的物竞天择的法则，"同美国人的传统个人主义和贪得无厌的本性是一拍即合的"②。由于其快速的扩张，放任式的竞争以及对失败者的专横的抗拒，美国本身就像是"优胜劣汰、适者生存"的生物进化原理的写照。超级富豪洛克菲勒在一篇演讲中公开声称："一项伟大事业的成长只不过是适者生存的表现……美国这朵美丽的玫瑰花，只有通过牺牲它周遭的花蕾，才能芳香四溢、娇艳动人。这不是商业上的一种不良趋势，而不过是自然铁律和上帝的法则的作用结果罢了。"③

按照这套说教，惟一可以接受的崇拜形式就是发财致富的成功，而特别不能饶恕的罪过就是没有才能，丧失了发财致富的机会。在此意义上，那些具备才能且抓住机会的百万富翁便可称之为竞争性文明的最优

---

① 密尔指出："有天才的人乃是而且大概永远是很小的少数；但是为了要有他们，却必须保持能让他们生长的土壤。天才只能在自由的空气里自由地呼吸。有天才的人，在字义的命定下就是比任何人有较多的个性，惟其如此，也就比任何他人都更不能适应社会为了省去其成员形成个人性格之麻烦而准备下的那些少数模子而不感到有伤害的压束。"虽然密尔一再声明，他绝非鼓吹"英雄崇拜"，但对"平凡性"势力在人间占上风的忧虑，却使他无法掩藏对所谓平庸之辈的轻蔑与鄙视。在他眼里，庸众没有性格，缺乏朝气，不会创造，只有精英人物才能卓有成效地统领社会进步的潮流。（参见密尔《论自由》，商务印书馆 1982 年版，第 69—71 页）
② 康马杰：《美国精神》，光明日报出版社 1988 年版，第 132 页。
③ 转引自 Richard Hofstadter, *Social Darwinism in American Thought*, Boston：Beacon Press, 1992, p. 45。

秀成果。斯宾塞的理论信徒萨姆纳十分明确地说："百万富翁是物竞天择的产物,是从整个人类中精选出的能够胜任某些工作的人。"①既然自由竞争的要义仅仅在于使勇敢、进取、富有才智和毅力的强者主导社会,那么,无论在理论上还是在实践上,自由和平等都是不相容的。自由竞争、优胜劣汰势必意味着人与人之间实质性的不平等。但萨姆纳认为,此乃社会进化的必由之途,并不可怕。他以平静得近乎冷酷的口吻说:

> 许多人似乎被那些存留于世间的不幸和苦难所吓倒了,然而,只要人的劣根性存在,它们就不会消失。许多人害怕自由,尤其是以竞争形式表现出来的自由,将其臆想成一种妖魔,认为它残酷地压在弱者身上。他们没有意识到,这里的"强者"、"弱者"是不需要其他定义的名词,它们就是"勤奋"和"怠惰"、"节俭"和"浪费"的同义字。更重要的是,他们不曾意识到,如果我们不喜欢"适者生存",我们就只有一个选择了,那便是"不适者生存"。前者是文明的法则,后者是反文明的法则。②

不待言,萨姆纳的这套说教很有一些强权即公理的意味。其实质含义在于,强者不但由于其杰出才能而在生存竞争中获得成功,更重要的,正因为他们获得成功,所以有资格作为社会进步的弄潮儿充当优秀的人格样板。这种强者逻辑不仅把个人先天自然差别及后天成就差别的合理性膨胀为绝对,而且从社会生活的公正组织来说,也把自由竞争和效率追求在一个现实制度框架内合理运行的约束条件完全抛开了。当社会达尔文主义者对底层贫民的生活苦难表现得冷若冰霜的时候,他们不是无意识地忽略平等,而是公开地弃绝平等;不是掩饰自由放任的负面或论证这种负面的在所难免,而是公开赞扬生存竞争的残酷无情并把任

---

① 转引自 Richard Hofstadter, *Social Darwinism in American Thought*, Boston: Beacon Press, 1992, p. 58。
② 转引自 Richard Hofstadter, *Social Darwinism in American Thought*, Boston: Beacon Press, 1992, p. 57。

何实质性的平等诉求都当成了自由与进步的大敌。这也就是许多理想主义者指责社会达尔文主义缺乏道德良知的基本缘由。

当然，以形式而论，社会达尔文主义者并没有完全否认持守道德理想的必要。在他们那里，伦理至善不仅作为终极目标悬设于未来，而且由于社会进化的可靠保证，这个终极目标的最后实现似乎还确定不移。但是，这并非问题的关键。实质性的方面在于，当他们借进化论来给道德赋予"科学"基础的时候，他们事实上是把道德从属于不能改变的进化铁律的统治之下，从而"使道德失却了为长期徘徊于迷途的人类提供慰藉和庇护的权威"①。直言之，"优胜劣汰、适者生存"的生物进化法则的非批判的社会推广，与其说为道德找到了坚实的支点，不如说为逾越道德边界提供了"科学"的辩护借口。用这套标准来衡量，借以区别卡内基②和卡彭③的，既不是他们追求的生活目标，甚至也不是他们采用的手段。在这两方面，他们都惊人的相似。区别在于，成功之神赐福前者的企业，而命运之神则诅咒了后者。这里已无所谓是非、善恶的界限可言了。深受社会达尔文主义影响的著名作家德莱塞，在他的《欲望三部曲》中用小说形象捅破了这层窗户纸：世上原无善行，有的只是虚伪，因此，人可以不受任何道德约束，而仅凭自己的意志力行事。强者的力量能摆平一切。这就是大亨的逻辑。

二、被冷落的"博爱"

社会达尔文主义是自由主义信条的极端引申或扭曲。它在价值取向上促成了一步危险的跳跃。由于这步跳跃，竞争变得无法驾驭，甚而洗刷一切人性色彩，沿着动物化的轨道变成了血淋淋的生存战斗。它驱使人们投身于一场互相搏斗的无情竞赛，其结果是一百个搏斗者有九十

---

① 康马杰：《美国精神》，光明日报出版社1988年版，第124页。
② 卡内基(1835—1919)，美国钢铁企业家，斯宾塞的弟子和密友。
③ 卡彭(1899—1947)，美国著名歹徒。

九个要陈尸于争利之场。① 在这里，诉求道义和平等显得十分幼稚，惟强权和力量才值得大书特书。萨姆纳明确地说，被人们当作不言而喻的真理的"天赋平等"，其实并非不言而喻。从进化的角度看，平等是荒谬的。一大群在平等条件下起步的人，不过是些低下而无能的野蛮人。因此，那种认为人在自然状态中一律平等并把这种平等提升为文明价值规范的形而上学观念，乃十足的乌托邦。即使这种乌托邦在 18 世纪曾给人以莫大的鼓舞，它也不适用于 20 世纪的现实。因为社会在进化，没有也不可能存在所谓超验的绝对标准。萨姆纳强调，每套标准都打着特定的时代印记，所以只是"此时""此地"正在进行的社会竞争的规则。如果说崇尚平等和天赋权利的 18 世纪观念是注重人道主义的，那么现在，这个观念正在消退："20 世纪的'规范'决不会再像一百年前那样沾染人道主义的色彩。"②

"决不沾染人道主义的色彩"，说明萨姆纳所表达的，并非是对平等理想失落的一种无奈，莫若讲，它更其是对这种失落的积极认可和公开赞美。萨姆纳对此并不隐晦："应该明白，我们别无其他选择：要么自由、不平等、适者生存，要么不自由、平等、不适者生存。前者使社会进步，有利于最优秀的成员；后者使社会退步，有利于最差的成员。"③显然，如此肆无忌惮的社会达尔文主义，已与卢梭、杰佛逊、潘恩等资产阶级革命的思想先驱曾信奉和维护过的人道主义博爱理想失之千里了。它骨子里有一种褒强贬弱乃至恃强凌弱的强盗气味。表现在价值取向上，社会达尔文主义者不仅对底层民众的贫穷和苦难麻木不仁，甚而以近乎虐待狂式的阴暗心态对那些被进化铁律剥夺了生存权的"最差分子"的悲惨境遇鼓掌叫好；而这种极不人道的冷漠与残酷，竟被冠冕堂皇地赋予了一

---

① 参见霍夫斯塔特《改革时代：美国的新崛起》，河北人民出版社 1989 年版，第 113—117 页。

② 转引自 Richard Hofstadter，*Social Darwinism in American Thought*，Boston：Beacon Press，1992，p. 59。

③ 转引自 Richard Hofstadter，*Social Darwinism in American Thought*，Boston：Beacon Press，1992，p. 51。

种所谓的"科学"根据。按照社会达尔文主义者的看法,"自由"必须在"放任"的意义上去理解。政府旨在干预经济运行和财富分配的任何积极举措,都会破坏"优胜劣汰、适者生存"的自然机制。因此,从顺应进化规律的角度来说,最好的政府是"莫管闲事"的无为政府。① 但问题的实质在于,恰恰是政府的无为保证了强者在竞争中的无所不为。这种无所不为,就像罗斯在《罪恶与社会》一书中所指出的那样:"开启的是怎样的贪婪之门啊!"②

通过这扇"贪婪之门",一些投机家和冒险家转瞬之间就跳上了国王也不曾指涉的位置。他们不仅在大鱼吃小鱼的残酷竞争中杀出一条血路,而且因为自己的成功而获得了一种狂傲自恃的优越感。"这些人没有文化、经验和自尊心的束缚,甚至没有由于阶级地位所形成的小心谨慎的作风;他们在陶醉中认为,他们是波浪而不是随波逐流之物。对他们来说,科学不过是大自然为辛迪加储藏起来的投资库,政府不过是特许权的源泉,国家不过是成群结队的顾客,一百万是他们笔下的新财富的计算单位。他们要求无限的权力,通过各种形式秘密地加以运用,同时使这一权力藏而不露,万世流传。一旦他们开始行动,他们的欲望便再也不能满足。"③结果,看似悖谬然而却合乎逻辑的是,当自由放任给"最适者"提供垄断经济命脉奖赏的时候,极少数财阀和大亨竟自由到足以操纵大多数"不适者"生死大权的地步了。

从历史上看,无论是工业革命时期的英国还是镀金时代的美国,自由放任的市场竞争都导致了严重的两极分化。雇佣妇女和童工的血汗工厂、超生理极限的工作时间、缺乏安全保障的工作条件、经常存在的失

---

① 康马杰曾引述过萨姆纳的这样一段话:"社会首先必须摆脱那些爱管闲事的人——就是说要听其自然。在此我们又要老调——放任自由——重谈了。让咱们还是把这个词直截了当地改成莫管闲事吧。这只不过是自由主义的信条。"康马杰批评说,由于顽固地强调政府的消极无为和软弱无能,社会达尔文主义者的所谓自由,毋宁说是一种宿命。(参见康马杰《美国精神》,光明日报出版社1988年版,第301页)
② 转引自莫里森等《美利坚共和国的成长》,天津人民出版社1991年版,第348页。
③ 霍夫斯塔特:《改革时代:美国的新崛起》,河北人民出版社1989年版,第117页。

业大军和失业威胁等等,编织出一幅色调灰暗的经济起飞背景图。在这幅图画中,无产者的贫困和卑微同有产者的富有与权势适成鲜明对照。1826 年的一家都柏林报纸说:"这里,人们中流行病猖獗,送到医院的病人一吃东西就好转。"①英国竟出现了这样的少年犯:两个男孩子被带到法庭上,罪状是他们饿得受不住了,偷了一家小店里的一只半生不熟的小牛蹄,并且立刻把它啃光了。一位验尸官的报告,读来更是让人欲哭无泪:

> 她和丈夫及十九岁的儿子住在伦敦蒙得锡街白狮子大院 3 号的一间小屋子里:里面没有灯,没有铺盖,也没有任何家具。死者和他们的儿子并排躺在一堆羽毛上,因为他们既没有被子,也没有床单。羽毛牢牢粘满了整个尸体。不净尸就不能检验。在净尸的时候,医生发现尸体极其消瘦而且被跳蚤、虱子咬得遍体鳞伤。屋里的地板被挖掉一块,全家就用这个窟窿做茅坑。②

要知道,这样一种悲惨场景出现于资本主义经济高速增长的时期,该是一个多么巨大的反差!事实上,问题的复杂性还不止如此。除了挣扎于死亡线的绝对贫困,一种新形式的相对贫困也在"优胜劣汰、适者生存"的竞争机制的作用下日益严重地凸显出来。19 世纪末,有人估计,美国八分之一的人拥有全国八分之七的财产。嗣后的调查表明,这一估计过于保守。讽刺作家欧·亨利在他的小说中曾将纽约的"四百人"同该市的"四百万人"相对照,但这一财富比例太接近现实,以致作品所要表达的幽默感很有些苦涩、悲凉的意味。随着两极分化状况的日趋严重,即使那些不为生计犯愁的殷实之家,也在财阀和大亨的反衬下感到了人格的相对萎缩。有人抱怨说:"我们慢腾腾的马车被他们高能的小汽车超过了,我们不得不吃他们的灰尘。"③由于社会成员的富裕程度被分成

① 博德:《资本主义史》,东方出版社 1986 年版,第 109 页。
② 恩格斯:《英国工人阶级状况》,载《马克思恩格斯全集》第 2 卷,人民出版社 1965 年版,第 310 页。
③ 霍夫斯塔特:《改革时代:美国的新崛起》,河北人民出版社 1989 年版,第 122 页。

高下有别的若干等级,那些没有汽车,没有游艇,没有别墅的人,成了新型的穷苦人。①

严重的两极分化会不可避免地引发社会紧张。这种社会紧张在 19 世纪末、20 世纪初的西方资本主义世界发展到了相当尖锐的地步。其所以如此,根本说来是因为,那些面对贫困和失业威胁的底层民众,时刻为挫折感和不安全感所困扰,他们几乎看不到什么生活的希望,因而对社会财富的分配不公怀有强烈的愤怒。与此同时,原本生活得比较从容的中产阶级,也越来越不堪垄断组织的重压,他们的发展道路既狭窄又坎坷,因而在相对剥夺感的激使下也滋生了难以抑制的不满与怨恨。② 除开以上这些,导致社会紧张的另一个重要原因还在于,受放任主义政策的纵容,垄断财阀对金钱的贪欲以及为博取成功而不择手段的卑劣行径,使他们的富有透出一股弱肉强食的血腥气,以致让人觉得世间已没有什么公理和道义可言了。作家豪厄尔斯按捺不住内心的激愤之情,写了一首题为《社会》的诗:

> 我放眼望去但见光彩夺目成群结队的
> 漂亮女人和高贵男人,
> 寻欢作乐来到鲜花盛开平原,
> 遍地罂粟和粉红的银莲,
> 还有许多花瓣儿绛红娇艳,
> 都在他们脚边闪熠灿烂……
>
> 我再望一眼却看见,那布满鲜花的地面,

---

① 马克思形象地说:"一座小房子不管怎样小,在周围的房屋都是同样小的时候,它是能满足社会对住房的一切要求的。但是,一旦在这座小房子近旁耸立起一座宫殿,这座小房子就缩成了可怜的茅舍模样了。"(《马克思恩格斯全集》第 6 卷,人民出版社 1965 年版,第 492 页)
② 美国总统威尔逊应着中产阶层的不满情绪,对放任主义政策作了这样的批评:"美国的工业已不像从前那样自由了……仅拥有一点小资产的人发觉要介入角逐更形困难,与大亨们较量愈来愈不易。为什么? 因为这国家的法律未能阻止强者摧毁弱者。"(转引自 Richard Hofstadter, *Social Darwinism in American Thought*, Boston: Beacon Press, 1992, p. 120)

似乎有生命被践踏得栗栗震颤，

那些脚步一时踩在一个老人的头上，

一时又踏着了一个婴儿痉挛喘息的脸，

若不是站在了一个母亲的胸脯上，

就是胡乱地将一个少女柔美的喉颈踹残，

那花的红竟是血，是欢乐的步履下，

许多破碎的心鲜血淌流涌溅；

不时地从那可怕的地面下，

有一只手臂伸出或一个额头出现，

仿佛是要遭到愤怒的打击，

或是乞求矜怜……①

　　社会达尔文主义提供了一种极端的理论形式，它从反面告诉人们，如果置公平和正义诉求于不顾，听任"优胜劣汰、适者生存"的所谓进化法则自然发挥作用，那么，无节制的自由竞争将导致十分严酷的社会后果。倘若再把这种后果的合理性无条件地吹胀为绝对，甚至给予公开的颂扬，则社会达尔文主义便名副其实地将人类贬到动物或禽兽的水平上去了。这是任何持守道德正义的理想主义者所不能忍受的。白勒美尖锐地批评说："人道的博爱原则乃是支配世界让它朝着一个使人类有别于禽兽的方向前进的永恒真理之一。竞争原则仅仅是最强者与最狡诈者生存的兽性律法的运用。"②此言虽有些情绪色彩，其准确含义或许并不是说强者一定比弱者更坏，而仅仅强调，当生存竞争变得狂肆不法的时候，它肯定会助长社会中最坏者的气焰；但就凭这一点也足以印证，对"优胜劣汰、适者生存"的所谓进化铁律的膜拜，会造成对弱者的生存权怎样的漠视与拒绝。赫胥黎斥责道："下面这种情况令我震惊：有人对于

---

① 转引自莫里森等《美利坚共和国的成长》，天津人民出版社1991年版，第234—235页。
② 转引自 Richard Hofstadter, *Social Darwinism in American Thought*, Boston：Beacon Press，1992，p. 113。

将弱者、不幸者、多余者主动或被动地赶尽杀绝已经熟视无睹,习以为常。他们辩解说:这是天意,而且是保证种族进步的惟一方式。如果他们言行一致的话,他们也一定认为医学是巫术的一种,医生是不适于生存者的恶意保护人。"①

至少就理论特征而言,社会达尔文主义有一种弃绝道义的强权倾向。这可以部分地解释,它在19、20世纪之交为什么会那样深受垄断财阀的欢迎。一位工业家宣称:工人的命运并不坏,得到一星半点利润的工厂主才是值得可怜的人。可是假如反过来问:那些在恶劣条件下从事超生理极限工作的工人有没有采取行动,譬如罢工行动来谋求社会平等和生活保障的正当权利呢?奉行"不干预"政策的法院裁决说:雇主不必再雇佣罢工工人。"既然罢工工人愿意使束缚他和雇主的劳动契约不能再继续下去,那么,这种罢工运动即使没有违背刑法,也构成了工人这一方对契约的背叛,不管他的动机如何。"②

毋庸置疑,对雇主行为的如此放任和不干预,从劳工阶级的立场看,只能是不加约束地释放罪恶。于是,极端的社会不公正就不可避免地导致了剧烈的阶级冲突。那些被贫困和饥饿困扰的"多余的人",在活下去的欲望的驱使下,甘愿冒监禁和生命危险去和不公正、不合理的社会拼死一搏。从19世纪中叶到20世纪的头30年,欧美各主要资本主义国家的群众抗议运动此伏彼起,几乎没有间断。特别需要指出的是,大工业的发展和城市化的进程孕育出一个集中、强大的产业工人阶级。他们在斗争中逐步组织起来,又以组织的形式进行着愈益成熟的斗争。其要求更广泛的民主权利、更公平的财富分配、更安全的工作条件、更可靠的生活保障的正义呼声,以及在斗争中爆发出来的排山倒海般的力量,深深地触动了资本主义传统体制的生存基础。尽管放任主义的顽固坚持者

① 转引自 Richard Hofstadter, *Social Darwinism in American Thought*, Boston: Beacon Press, 1992, p. 95。

② 博德:《资本主义史》,东方出版社 1986 年版,第 168 页。

声称,在自由竞争的市场机制下,"人民供养政府,政府却不供养人民"①,但是,当群众抗议运动日渐高涨和激烈的时候,即使那些保守的"原教旨"自由主义分子,也实实在在地感受到了资本主义制度所面临的安全危机。更有一些开明的资产阶级有识之士,他们较为清醒地意识到,面对剧烈的社会动荡,如果不对底层民众的正当利益要求作出回应,在最起码的限度内解决贫困救济、就业和生活保障、工厂立法、公共卫生及国民教育等问题,整个社会的基本拱架就有可能在冲突中被炸毁。于是,从19世纪末到20世纪初,一股变革古典自由主义传统的理论和实践潮流,在欧美各主要资本主义国家滋生并逐步蔓延开来。价值关切的天平开始慢慢地向"平等"一端倾斜。

三、变"消极"为"积极"

由洛克奠基的古典自由主义传统,在政治理念上持守一种"消极"的自由观。它把自由理解为个人不受他人或群体组织的阻挠,而径自行动的自主范围,因此,维护自由实质上也就是要将施于个人的种种强制降到最低限度。② 按照这种主张,理想意义的政府不是积极干预经济运行和社会生活的强大政府,而是除维持基本的公共秩序之外莫管闲事的"守夜人"式的政府。鉴于自由主义所倡导的放任主义政策,在社会达尔文主义的裹挟下滑到了恃强凌弱的非人道边缘,因此,旨在化解社会危机的自由主义内部变革,就必须沿着两个方向来展开:一是重新理解个人自由,二是重新理解政府职能。这种新形式的理解不是"消极"的而是"积极"的。

应该说,在西方现代化进程中,放任主义的政策实践对激发人的创造潜能,促进全社会物质财富的总量积累,曾起过积极作用。西方社会

---

① 美国总统克利夫兰语。转引自莫里森等《美利坚共和国的成长》,天津人民出版社1991年版,第203页。

② "消极"自由是伯林提出并着力论证的一个核心概念。其基本要点在于,自由本质上是防御性的,即对外在的干涉性力量说"不"。(参见 Isaiah Berlin,*Four Essays on Liberty*,London:Oxford University Press,1969,pp. 121 - 122)

之能够完成由传统到现代的结构转型,在相当程度上同自由主义主导的观念变革和政策实践分不开。但是,真理总有它的限度。按照杜威的评论,放任主义信奉者的最大问题,就是在成功经验的激励下作极端引申,最终膨胀出了一个不受限制的自我。他们"把个人看成既定的,完全自足的东西,并把自由看成为个人的现成财富,它只要除去外部约束,即可充分表现出来"①。霍布豪斯指出,这样一种不受限制的自我,将不可避免地弱化社会责任:

> 在现代条件下,一个人极容易把国家为他做的事情看作理所当然,并把国家给予他的人身安全和言论自由当作有利地位,从那个地位他可以无所顾忌地责骂国家的所作所为,否认国家的权威。他认为自己有权愿意加入社会制度就加入,不愿意加入就不加入。他依靠给予他保护的普通法律,而踢开他认为压迫他的特殊法律。他忘记或不肯费神想一想,如果人人都像他那样做,社会这台机器就会停止运转。②

自由主义的改革者认识到,因膜拜"优胜劣汰"的竞争法则,放任主义对国家干预的极力抗拒,在经济领域内事实上与"最高程度的无限制的个人主义活动等同起来了"③。由于这种"消极"自由已经造成并仍在造成恶劣的影响,自由主义改革的思想先驱格林特别强调,正确理解的自由并不仅仅是不受强制的自由,也不等于喜欢干什么就干什么的自由,更不意味着一个人或一些人享有以牺牲他人利益为代价的自由。照格林的看法,在本质意义上,自由乃是一种"积极的力量或能力"。借助这种力量或能力,可以去做值得做的事情,而这些事情不仅可以一个人独做或独享,还需要与他人共做或共享。这就是"新"自由主义的自由观。④

如果说,"消极"自由观的典型特征在于尽力减少外部限制,对个人在涉己范围内的自由选择持放任态度,那么,"新"自由主义则主张修正

---

① 杜威:《人的问题》,上海人民出版社1987年版,第108—109页。
② 霍布豪斯:《自由主义》,商务印书馆1996年版,第76页。
③ 杜威:《人的问题》,上海人民出版社1987年版,第93页。
④ 参见萨拜因《政治学说史》下册,商务印书馆1986年版,第799页。

无为而治的消极立场,用责任担当的严肃和认真来对个人的自由选择作正当的限制性规定。这种限制性规定包括相互关联的三个方面。其一,自由的行为应该遵循正义原则。只有那些合乎道德要求的事,才"值得"去做或"值得"享受。如果摒弃道德约束,听任个人愿意干什么就干什么,势必会培育出不健康的自私与贪婪。其二,自由的目标应该有助于公共利益。因为,自我乃社会的自我,所以,"个人的权利不能同公共利益相冲突"①。仅当个人的自由选择和创造活动能够与他人的自由共存,并且为同样具有自由权利的他人所共享的时候,自由的价值才能真正展示出来。其三,自由的实现应该关乎民众的福祉。这意味着,自由并不仅仅是形式上的正当资格和公平机遇,更重要的是要求一种实质性的"力量"或"能力"。② 若没有这种"力量"或"能力",则任何人都无法追求值得追求的目标,自由也就成了空谈。

按照新自由主义思想家的看法,以上限制性规定体现了一种严肃认真地对待自由的积极态度。他们认为,滑入社会达尔文主义泥潭的自由分子,不仅在事实上全盘接受生存竞争所表现出来的残酷性质,还以保障社会进化为口实在价值上对这种残酷性质给予了公开赞美。可是,一旦道义原则被拒绝,那些赚钱有方、钻营有门、投机有道的"强者"必定会将自由发展到无所顾忌、狂野不法的地步。这样的自由既无法与弱者的自由共存,其活动结果也不能为底层民众共享,毋宁说,它骨子里具有分裂性,已转而蜕变为"在社会上压制大多数人的东西了"③。一些新自由主义者指出,"不要国家干预"在特定的时代情境下曾是一种合理的主张,但放任主义的狂热信徒无视社会条件的变化,将这种主张扭曲成了一种适者生存的丛林法则。在这种法则的势能作用下,"我们的工业是一场各为己谋的战斗。我们给予最适者的奖赏是对生活必需品的垄断,

---

① 霍布豪斯:《自由主义》,商务印书馆 1996 年版,第 64 页。
② 照伯林的说法,这是关于自由的"积极"的理解,或曰"积极"的自由观。(参见 Isaiah Berlin, *Four Essays on Liberty*,London:Oxford University Press,1969,pp. 131 - 132)
③ 杜威:《人的问题》,上海人民出版社 1987 年版,第 100 页。

让他们掌握我们的生死大权,然后我们就得听任这些胜利者们以同样的'自我利益'为口实控制我们"①。

出于对社会问题的强烈关注,新自由主义者痛感自由主义道德感召力的衰退,并对此深表忧心。因为,在贫富分化的两极格局下,底层民众虽然在形式上享有自由选择的权利,但艰难的生活处境却使他们从根本上丧失了自由追求幸福的能力。他们在"优胜劣汰、适者生存"的激烈竞争中所感受到的,不是选择的自由和成功的喜悦,而是为生计犯愁的无所适从。杜威分析说,在 20 世纪初的西方资本主义世界,成百万渴望工作的人们经常处于失业的境地。这支失业大军的数字也许难以精确地掌握,但广大民众所遭受的心理打击和精神挫折,却是不争的事实,用不着进行问卷调查和定量测算。现实生活最明显的特征就是不安全。而且,"安全较之单纯的失业有更深刻、更广泛的影响。担心失去工作、害怕老年的到来,这便产生焦虑并以损害个人尊严的方式吞噬自尊"②。在这种情况下,无助的个人听任严酷生存竞争的摆布,找不到作为共同体成员既支持社会又被社会支持的那种心理的慰藉与精神的满足。对他们来说,自由的廉价馈赠最终变成了对匮乏的恐惧。

放任主义的理论鼓吹者和政策倡导者特别迷恋市场法则,似乎只要听任"看不见的手"自然发挥作用,就能将个人私欲的释放纳入促进公共幸福的均衡轨道。但实际情况却非如此。从 19 世纪末到 20 世纪初,资本主义条件下个别企业生产和经营的有组织始终与全社会经济生活的无政府状态结伴而行,周期性的经济危机成了套在西方世界脖子上的一条致命的绳索。生活在这样的社会能让人感觉到前景的光明吗?霍夫斯塔特在论及"大萧条"的时候指出:"整个社会受到震动,不是因为经济的崩溃,而是因为道德和社会的堕落以及民主风气的退化。"③确实,当对财富的疯狂追逐使全社会变成弱肉强食的搏杀战场的时候,那些耳闻目

---

① Richard Hofstadter, *Social Darwinism in American Thought*, Boston: Beacon Press, 1992, p. 120.
② 杜威:《新旧个人主义》,上海社会科学院出版社 1997 年版,第 73 页。
③ 霍夫斯塔特:《改革时代:美国的新崛起》,河北人民出版社 1989 年版,第 7 页。

睹或亲身体验着生存竞争的残酷而又无力抵御这残酷的普通大众,不可能对一个放任得丧失灵魂的社会抱有信心。哪怕是在繁荣时期,民众的内心深处也潜伏着一种惶恐不定的心理挫折感和道德失落感。虽然我们不好过分拔高这种挫折感与失落感的能量,但是,一遇经济危机,它马上会作出强烈反应,则是没有什么疑问的。

1929年10月,美国纽约股票市场崩溃,随后,危机的螺旋加速旋转,迅猛扩展到整个西方资本主义世界。工厂关门,银行倒闭,农民破产,工人失业,中产阶层的生活状况急剧恶化。千百万无家可归的流民像破船烂木,随处漂泊。更令人愤慨的是,当大众陷入苦难深渊的时候,另一面却是果园佳果压枝,粮库仓满屯漫,工厂的衣料服装存货如山。但被物竞天择的进化铁律剥夺了生存权的穷人无法享用它们,据说为了保障投资者的利益,它们只能被烧掉、烂掉或扔掉。这一景象及其引发的社会心理效应表明,放任主义的理论宣传和政策实践,已不能为资本主义的制度构架确立合法性基础。它既无法公正、有效地处理越来越复杂的经济与社会问题,更不能展示崇高的道德理想,给生活赋予健康、光明的价值意义。利己贪婪、为富不仁、道德沦丧已成为放任主义在生活实践中的衍生物。"新政"领导人罗斯福斥责说:"使我们遭受打击的是十年的放荡无羁,十年的集团的利己主义——所追求的惟一目标表现在这种思想上——'人不为己,天诛地灭'。其结果是,百分之九十八的美国人口遭到天诛地灭。"①因此,要将资本主义从这场严重的经济危机与合法性危机中解救出来,就必须摒弃偏执的放任主义信条,对贪婪的利己行为予以严格的道德约束和法律约束。应该牢牢地确立这样一种观念:"在任何时候存在的自由系统总是在那个时候存在的限制或控制系统。"②

如果要问:这种"限制或控制系统"是否表明自由的不充分?形式上似乎如此。因为与无拘束的自由放任相比较,受控制的自由是一种相对

---

① 罗斯福:《罗斯福选集》,商务印书馆1982年版,第115—116页。
② 杜威:《人的问题》,上海人民出版社1987年版,第90页。

的而不是绝对的自由。但杜威一再提醒说,切不可脱离具体的历史条件去抽象地看问题。当"自由放任"在资本主义成长的早期阶段被人们用作反抗封建禁锢的措施时,它有一种意义;而随着垄断组织的出现及其势力的急剧加强,"当一个集团已经获得了权力并运用从前作为解放武器的观念以维持其既得权力和财富时,这些字眼又有另一种意义"。从19世纪末到20世纪初,这样一种时代转型可以说越发明显了。它寓示着,历史的变迁已使无限制的自由竞争"走过了它在社会上正当而可贵的进程"。① 在这种背景下,依然固守放任主义信条,甚至用"优胜劣汰、适者生存"的进化铁律来强化这种信条,那就必然要使自由主义在实践中走向自由的反面:靠牺牲大多数人的自由来维护有力量获得金钱的少数人的自由的"假自由主义"。②

这种自由主义之为"假",照罗斯福的看法,不仅因为它给强者以特权,使垄断组织控制整个经济生活,在根本上破坏了自由竞争得以进行的公平条件;同时还因为它给弱者以绞索,使实质性的经济不平等日益加剧,从而剥夺了底层民众自由追求幸福的现实能力。自由固然可贵,但是问题在于,"贫穷的人不是自由的人"。在这个意义上,脱离基本的物质保障,自由将变得毫无价值。大萧条和大危机充分印证了这一点。罗斯福指出:"由于经济上的不平等,一度赢得的政治上的平等已经失去意义。少数人的手里已经几乎全面掌握着别人的财产,别人的金钱,别人的劳动——别人的生命。对我们许多人来说,生活已不再是自由的;自由已不再是现实的;人们已不再能够追求幸福。"③ 按照罗斯福的"新政"主张,如果把自由理解为从某种束缚下获得解放,那么现在,它首先就

---

① 参见杜威《人的问题》,上海人民出版社 1987 年版,第 81—109 页。
② 杜威说:"个人主义运动曾经试图把实行自由和不要任何有组织的控制等同起来,因此,它事实上把自由和仅仅在实际上占有经济权力等同起来了。结果,没有替那些缺乏物质财富的人们带来自由,反而进一步强迫他们服从那些占有物质生产与分配行动的人们。"(杜威:《人的问题》,上海人民出版社 1987 年版,第 82 页)在这个意义上,自由放任"成为不平等与压迫的源泉与辩护"。(杜威:《新旧个人主义》,上海社会科学院出版社 1997 年版,第 62—63 页)
③ 罗斯福:《罗斯福选集》,商务印书馆 1982 年版,第 126 页。

是从垄断组织的束缚下获得解放。解放的目标是真正实现机会平等,确保基本生存条件,使民众从非人道的悲惨境遇中解脱出来。于是,罗斯福在阐述自由这个老问题的时候,在传统的言论自由和信仰自由之外,又庄严地增加了"不虞匮乏的自由"和"不虞恐惧的自由"两项。这两项自由的提出,堪称自由主义发展史上的一个重要界碑。以此为基础,罗斯福进一步丰富平等诉求的实质内容,开列了一个更广泛和更具体的公民权利清单:

> 从事有关的工作和获得报酬的权利;
>
> 挣得足以提供充足衣食和娱乐的收入的权利;
>
> 一切农场主生产和销售产品以保障自己和家庭生活上过得去的权利;
>
> 一切企业主,不分大小,在自由的环境中从事贸易,不受国内外垄断集团不公道竞争和控制的权利;
>
> 一切家庭拥有体面家宅的权利;
>
> 享受充分医疗照顾和有机会获得并保持健康身体的权利;
>
> 享受充分保障,不必在经济上担心老、病、事故和失业的权利;
>
> 获得良好教育的权利。[①]

如果说,权利在其基本意义上体现的是一种为公民所普遍享有的正当资格,那么,以上这些权利的确认表明,新自由主义对平等问题的理解,已经超越纯粹的形式意义而赋予了其某些实质性的内涵。这是自由主义发展史上的一个重大转折。同古典自由主义传统相比,这一转折最终导致了两个显著变化。一个变化是,在政治理念上,不能仅仅把自由看作个人不受强制的活动范围,而应同时理解为个人积极追求并获致幸福的现实能力。新自由主义反复强调,倘离开这种能力看待自由,则不论个人免于强制的活动空间有多大,到头来终究是空洞无物。因此,自由主义要赢得民众的广泛认同,在更高的水平上重建自己的合法性基

---

① 罗斯福:《罗斯福选集》,商务印书馆 1982 年版,第 467 页。

础,那就必须把公众幸福摆在重要位置,尤其要对贫困救济、就业机会、工作条件、福利保障、公共卫生、国民教育等涉及民生和安定的一系列经济与社会问题予以切实解决。仅当民众不再有匮乏和恐惧之虞的时候,他们不受强制的自主活动空间才能获得实在的意义。与此相联系,另一变化是,在政策实践上,不能仅仅把政府职能消极地规定为自由放任,而应进一步积极地扩展为对经济运行和财富分配的合理干预。这种干预之所以必要,在新自由主义者看来,既因为市场本身的缺陷需要弥补,也因为公共幸福有赖可靠的保障。事实表明,放任市场体系自发运作,很可能导致全社会经济生活的无序状态;而政府在民众的基本生存条件方面采取无为而治的态度,则合法性危机将在所难免。大萧条的严酷现实使罗斯福得出了这样的结论:"自由得以存在的惟一确实的屏障,就是一个坚强得足以保卫人民利益的政府,以及坚强而又充分了解情况足以对政府保持至高无上统治的人民。"[1]

从"新政"的实施看,罗斯福面对解救危机的紧急情势,更多地考虑了政府干预的实用效果,其灵活运用政策的统治技巧甚至带有某种"机会主义"的意味。[2] 但即使这位讲究实际的美国总统,也不忘给政府权能的积极扩展披上一件追求博爱的神圣外衣:"一个政府具有博爱但是偶有过失,总比一个冷冰冰,漠不关心,一贯无所作为的政府要好。"[3]因此,不论有多么曲折的道路要走,政府干预终因肩负崇高的道德使命而获得了正当的合法基础。这个基础,按照新自由主义理论家的阐释,就是追求和捍卫平等、正义、安全、幸福,因而也是在更广泛的意义上实现个人自由。概括讲来,"社会和国家的最终目的和个人的最终目的一样,是实现最美好的生活"[4]。在现代条件下,自由主义的生命延续,必须紧紧依托这一基本的立足点。

---

① 罗斯福:《罗斯福选集》,商务印书馆 1982 年版,第 181 页。
② 参见霍夫斯塔特《改革时代:美国的新崛起》,河北人民出版社 1989 年版,第 256 页。
③ 罗斯福:《罗斯福选集》,商务印书馆 1982 年版,第 128 页。
④ 鲍桑葵:《关于国家的哲学理论》,商务印书馆 1995 年版,第 188 页。

四、"致命的自负"

为化解社会危机,新自由主义者与时俱进,沿着"积极"方向转变自由观念,并推行了相应的"新政"改革。客观评估,这场改革受到了社会主义理论与实践的直接或间接影响。于是就有这样一个问题:按照"新政"套路,自由主义会不会真的投入社会主义怀抱,从而实质性地改变颜色呢?这是哈耶克、伯林、波普等人反复申述的隐忧。激进主义社会运动的不断高涨,使这种隐忧大大强化了。

从 19 世纪末到 20 世纪初,西方世界渐次兴起了一股以倡扬道德关怀、追求正义理想为特征的社会风潮。不论在经验意义上还是在本质意义上,这股风潮都可以看作对诸种现实社会弊端的否定性反应。当社会变成弱肉强食的搏杀战场,残酷的生存竞争撕掉一切遮羞的面纱,贫困和失业的威胁以及周期性经济危机的不断打击使广大民众看不到生活的希望和光明的时候,人们对这个不人道的社会予以挞伐乃至同它实行决裂,是完全可以理解的。在具有理想主义和浪漫主义气质的人文知识分子中间,对社会现实的不满甚至发展为强烈的义愤,逐渐形成了一种为社会主义的价值理念所吸引的左翼激进倾向。[①]

[①] 特别需要指出的是,东方的苏维埃为这种激进倾向提供了一个现实的参照样板。从 1917 年起,美国的许多报纸杂志就派出一批又一批的观察员去对社会主义建设进行新闻采访。随着大萧条的来临,对俄国的兴趣更是急剧增加。而且,关于苏维埃生活的诗意描绘日益形成一个明确的目的,那就是同美国的社会现实相比照,苏联制定了几个辉煌的五年计划,正稳步有序地加速推动其社会发展进程,这同处于混乱状态的美国适成天壤之别。不仅如此,对那些到莫斯科朝圣的激进文人来说,苏维埃生活更有一种美国社会无法抗衡的道义上和心理上的优势。在那个新世界,人们为崇高理想所鼓舞,干劲冲天,激情迸发;而反观美国,人们却被经济危机的阴影所笼罩,到处弥漫着一种沮丧和愤懑情绪。在一些激进文人看来,苏联的道义上的和心理上的优势同它的整个制度安排密切相关:"如果有朝一日它能建立至少和我们一样高的生活水准,而消灭了我们那种不安定的情况,如果它能证明有可能对一个复杂的工业体系制定计划和实施控制,并大量提供精神方面的满足,那么它将在历史上产生和中世纪末发现美洲同样巨大的影响。我们将不仅懂得我们所经历过的资本主义是不可取的,而且知道有可能建立一个不同的更好的秩序。"(皮尔斯:《激进理想与美国之梦》,上海译文出版社 1992 年版,第 74 页)

　　坚持"消极"自由观的哈耶克、伯林、波普等人,从日渐高涨的左翼激进倾向中看出了一种可怕危险。他们认为,这种危险不独表现为行动上的社会抗争,还在于思想上的致命诱惑。波普形象地说,激进主义者心目中的理想天国,"不是一条百衲被、一件胡乱拼制的旧衣服,而是一件崭新的外衣,一个真正美丽的新世界"①。但问题的症结,正如哈耶克援引荷尔德林诗句所说的一样——"常常使一个国家变成地狱的,正好是人们试图把国家变成天堂的东西"②。这并不是说天堂不好,相反,它太好了,好得尽善尽美。可是,恰恰因为天堂好得尽善尽美,它也就无法在人间变成现实;而倘若排除千难万险,一定要将它变成现实,则建天堂的努力便很可能打开一道通向奴役的地狱之门。其原因主要有两个方面:

　　一方面,在价值诉求上,激进主义者坚持独断的一元论,似乎所有美好的东西都能够,也必须统一在一个至为神圣的理想目标中。可是若目标只有一个,多样化的个人自由选择也就不可能,或完全成为多余的了。"如果能够确信,人们在世界上能够找到一个使其所追求的一切目标都得以和谐相处的完美状态,那么,选择的必要和痛苦就会消失,而自由选择的极端重要性也将不复存在。"③伯林强调,人们对于平等、正义、公共幸福之类价值的过分迷恋,就思想和心理效应来说,特别容易助长对所谓完美状态的"独断式的确定感";而这种"独断式的确定感"一旦上升为社会的主流导向,结果将不可避免地造成对多样化个人自由选择的漠视、压抑和否决。

　　另一方面,在行动逻辑上,激进主义饱含道德义愤,往往培育出一种对理想蓝图的"危险的教条主义忠诚"。④ 他们喜欢用泾渭分明的两分法将复杂的社会政治问题简化为正义与邪恶、光明与黑暗的对垒,并深信,正义与邪恶不能共存,光明与黑暗无法相容。这样,一种不惜代价乃至

---

① 波普:《开放社会及其敌人》第一卷,中国社会科学出版社 1999 年版,第 309 页。

② 哈耶克:《通向奴役的道路》,商务印书馆 1962 年版,第 27 页。

③ Isaiah Berlin, *Four Essays on Liberty*, London: Oxford University Press, 1969, p. 168.

④ 参见波普《开放社会及其敌人》第一卷,中国社会科学出版社 1999 年版,第 307 页。

不择手段的非理性狂热,就会在清除社会弊端、追求崇高理想的名义下激发和释放出来。波普强调,这种非理性狂热既容易滥施,也容易被善于欺世盗名的独裁者利用。若情况果真如此,暴力、恐怖和极权主义便会将人类拖入地狱一般的苦难深渊。这岂不是原本要建天堂的努力所造成的最大悲哀吗?

在完美理想的比照和道德热忱的驱使下,一些激进主义分子确实表现出了清算资本主义罪恶的某种颠覆性冲动。[①] 但是应该指出,这并非"新政"的本然追求。"新政"领导人罗斯福毫不隐瞒,他之所以推动自由主义改革,根本目的是为了拯救和振兴资本主义自由民主制度,使它既不致堕入法西斯主义深渊,也不致为社会主义运动所瓦解。他在相当程度上达到了目的。至少就实际效果看,正由于"新政"使资本主义渡过经济危机并迎来经济繁荣,才逐步消除了激进主义的生存根基。但是,在应付紧急事态的特定背景下,注重实效的罗斯福确实"窃取"过不少激进派的思想主张,而"新政"的一些重大举措,如实施政府干预、推行福利政策等,也因背离古典自由主义的传统信条而显示出打破陈规的激进变革意味。由于这个缘故,那些坚持自由主义"原教旨"的思想家,从"新政"中觉察出了某种"爬行的社会主义"倾向。在他们看来,自由固然不应逾越合法边界,可问题是,难道追求道德正义或公共幸福就能被看作干涉个人在涉己范围内自主行动的充足理由吗? 也许国家负有为那些需要帮助的人排忧解难的某种责任,但这就意味着国家具备替那些人越俎代庖并将所谓至善和幸福强加于他们的正当资格吗? 伯林对此深表怀疑。他强调,自由本身的自足价值必须得到认可,否则就会误入歧途。在《自由四论》中,他写下了这样一段著名文字:

> 一种牺牲不会增长被牺牲的东西,牺牲自由并不会增长自由,

[①] 皮尔斯指出,激进主义者的最终目标是来一场总体性的社会变革。"他们不仅希望建立美国式的社会主义,而且希望在合作企业内部扩大自我表现的机会;不仅改变国家的制度,而且改变人的个性。实质上他们希望建立一个新社会,作为创造新人的第一步。"(皮尔斯:《激进理想与美国之梦》,上海译文出版社 1992 年版,第 433—434 页)

无论这种牺牲的道德需要有多大或得到多少补偿。一件东西仅只是其本身:自由就是自由,不是平等、公平、正义,不是文化,也不是人类的幸福或平静的良心。如果我自己或我的阶级或我的国家的自由立基于其他一些人的不幸之上,那么造成这种状况的体制就是不公正、不道德的。但是,如果我为了减轻不平等的羞愧而去削弱或放弃我的自由,却并不实质性地增益别人的个人自由,那就发生了自由的绝对丧失。这虽然可以由正义或幸福或和平的收获而得到补偿,但是,丧失的却毕竟是丧失了。如果硬要说:我虽然失去了我个人的"自由主义式"的自由,但是其他形式的自由——"社会"或"经济"的自由却增加了,则这样的说法,实乃价值的混乱。①

在伯林看来,这种混乱可能导致的最大后患,即在于过于看轻个人自由的分量,以致把它视作某种为了所谓更高目的而可以放弃或牺牲的东西。自由本身的局限进一步强化了这种担忧。哈耶克指出,不论自由的价值多么值得信护,它毕竟不能代表生活中美好的一切。"自由并不意味着一切善物,甚或亦不意味着一切弊端或恶行之不存在。"②我们可能是自由的,同时也可能是悲苦的。而一旦自由与悲苦的并存成为生活的实况,消除悲苦的善良愿望和允诺,就会对人产生诱惑,甚而被人看作放弃或牺牲自由的正当根据。可是哈耶克质问说:流浪汉虽身无分文却可以在起码意义上自主行动,但为了求得荣华富贵,难道就应该把惟君主之命是从的封建朝臣看作更好的生命归宿吗?

对"积极"自由观的倡导者来讲,这样的质问显得过于强烈。因为他们并不希望把社会成员变成享有生活保障但丧失选择自由的封建朝臣或应征士兵。其理论代言人,如霍布豪斯,始终坚持的一个核心论点是:

---

① Isaiah Berlin, *Four Essays on Liberty*, London: Oxford University Press, 1969, pp. 125 - 126.
② 哈耶克:《自由秩序原理》(上),生活·读书·新知三联书店 1997 年版,第 13 页。

良好的社会组织应建立在个性的"自我指引力"之上,即使是代表公共意志的国家权威,若企图用强迫手段来形成个性也无异于把它扼杀在摇篮里。[①] 但新自由主义思想家同时强调,个性的成长毕竟需要扶持。倘使个人的自主抉择外显为"做值得做的事情"的道德行动,从而与其他社会成员的自由得以安全地共存和有益地共享,则尤其需要对它给予正确的价值导引和积极的外部支援。这便是强化国家功能的基本理由。在这个意义上,"国家虽然不能使人们具有道德,但它能做许多事去创造社会条件,人们据此可以为自己造就有责任心的道德品质"[②]。如果国家职能的积极行使总是意味着某种程度的约束和干预,那么,只要这种约束和干预实质上有助于个性成长和公共幸福,在新自由主义思想家看来就应给予充分的确认。"自由和控制之间没有真正的对立,因为每一种自由都依赖一种相应的控制。真正的对立是在妨害个人生活和精神秩序的控制以及旨在创造使个人生活和精神秩序自由发展的外部物质条件的控制之间。"[③]但是,哈耶克认为,主张加强国家控制却又指望不妨碍个人自由,事实上是不可能的。亦此亦彼的中间道路终究是一种理论虚构,一旦落实为实际的制度选择,它只能成为非此即彼的一种。在这个意义上,霍布豪斯那部题为《自由主义》的著作,其实应称为《社会主义》才更加确切。[④] 从"原教旨"自由主义立场出发,再加上投身"意识形态"论战的固执,哈耶克等人对这种向社会主义献媚的自由主义给予了尖锐的批评。在他们看来,不论"新"自由主义者怎样以追求社会公正或共同幸福之类的美好言辞给国家干预作辩护,问题的要害在于,一旦国家被赋予道德属性并为人们广泛接受,实际情况就会背离原初的善良意愿而变得异常糟糕。如果"积极"自由主义的鼓吹者不是径直效法激进主义,对所谓改天换地的主体意志狂热崇拜的话,那它至少也是受激进主义的诱

---

① 参见霍布豪斯《自由主义》,商务印书馆 1996 年版,第 72 页。
② 萨拜因:《政治学说史》下册,商务印书馆 1986 年版,第 803 页。
③ 霍布豪斯:《自由主义》,商务印书馆 1996 年版,第 75 页。
④ 参见哈耶克《不幸的观念》,东方出版社 1991 年版,第 156 页。

惑,对人类认识和改造世界的理性能力作了过度吹捧。在哈耶克看来,这同样是一种"致命的自负"。① 其理论信奉者的错误在于:

> 总是过高估计理性的力量,总认为我们的文明所提供的一切优点、一切机会全得益于有意的设计,而不是对传统规则的遵奉。类似地,他们还假定,在理性的引导下,通过更多的理智反思,通过更恰当的设计,再借助于人类行为的"理性协作",就可以清除余下的其他一切不合人意的特点。②

哈耶克将这种信念称为"建构的理性主义"。在他看来,"建构的理性主义"之所以是"自负"的,是因为它缺乏起码的限度意识,对理性盲目崇拜,似乎借助其全知全能,即可以从总体上设计一种崭新的法律体系、崭新的制度构架、崭新的道德秩序,概言之,设计某种完美无缺的人类文明。③ 而这种自负之所以"致命",是因为它把发现真理的权利和垄断知识的资格最后交给"全知"的天才或中央当局,从而为实施高度集权的计划控制并据此干涉个人的自主选择,提供了重要的合法性基础。"如果存在着无所不知的人,如果我们不仅能知道所有影响实现我们当下的希望的因素,而且还能知道所有影响实现我们未来需求和欲望的因素,那么主张自由亦就无甚意义了。"④按照哈耶克、伯林、波普等人的看法,"建构的理性主义"同"道德唯美主义"一起,构成了"积极"自由观的隐蔽的思想内核。由此,国家借合理规划与担当道义之名不断地膨胀,最终必然会威胁和伤害到个人自由。基于这样的判断,哈耶克、伯林、波普等人秉承洛克和斯密开创的传统,重申并在更高水平上阐发了古典自由主义的基本价值信条。

---

① 哈耶克的重要著作 *The Fatal Conceit* 本意即"致命的自负"。其核心论点是,人类理性根本没有从整体上设计文明的能力。若作这样的设计并付诸实行,必将带来可怕的灾难。中译本将此书译为《不幸的观念》,理解上有偏差。
② 哈耶克:《不幸的观念》,东方出版社 1991 年版,第 71 页。
③ 哈耶克:《不幸的观念》,东方出版社 1991 年版,第 63 页。
④ 哈耶克:《自由秩序原理》(上),生活·读书·新知三联书店 1997 年版,第 28 页。

——个人本位

在自由主义的发生和发展史上,倡扬自由始终同捍卫个人权利相关联,因此,"这种或那种形式的个人主义通常被自由主义者认为是任何价值准则理论的公理"①。波普将这一公理表述为:一切政治组织都应当以人类个体为"终极关怀"。② 但是,"积极"自由观的倡导者却特别偏好社会控制和国家干预,从而在原则立场上对社会主义的理论与实践表示了某种形式的妥协。鉴于这种妥协已伤及自由主义的核心精神,哈耶克认为必须重申个人权利的至高无上性。他强调,在涉己范围内,应当让个人遵循他们自己的价值和偏爱,并始终坚持,"个人的目标应当高于一切,不受他人任何命令的约束"③。如果说,自由在本质上意味着一个独立于诸种专断意志而径自行动的私人空间,那么,要保障自由就必须坚决抵御侵犯这一私人空间的各类无理干涉和专横强制。"强制之所以是一种恶,完全是因为它据此把人视作一无力思想和不能评估之人,实际上是把人彻底沦为了实现他人目标的工具。"④按照哈耶克的看法,来自不法个人的强制固然可怕,而来自公共权力组织的强制则更为危险,特别是当这种强制在追求社会正义和公共幸福的旗号下进行的时候。因此,必须对国家权力的运用设置一道合法边界,即将其严格限定在"它被要求制止私人采取强制行为的场合"⑤。

——价值多元

个人的价值主体地位既被确认,则多元主义就成了自由主义原则的合理引申。依照哈耶克的见解,自由之所以能带来进步,一个原因即在于"它是对各种生活方式所作的一次实验"⑥。如果个人是自由的,他们就可以追求不同的目标,而且也可以采取不同的方法来实现同一个目

---

① 萨拜因:《政治学说史》下册,商务印书馆 1986 年版,第 814 页。
② 参见波普《开放社会及其敌人》第一卷,中国社会科学出版社 1999 年版,第 302 页。
③ 哈耶克:《通向奴役的道路》,商务印书馆 1962 年版,第 60 页。
④ 哈耶克:《自由秩序原理》(上),生活·读书·新知三联书店 1997 年版,第 17 页。
⑤ 哈耶克:《自由秩序原理》(上),生活·读书·新知三联书店 1997 年版,第 17 页。
⑥ 霍伊:《自由主义政治哲学》,生活·读书·新知三联书店 1992 年版,第 37 页。

标。通过这样一种实验，那些不太成功的方法就会被那些较为成功的方法所淘汰。但是，由于这种淘汰机制常常造成结果的不均，因此，饱尝失败之苦或生存境遇相对恶劣的人们，就会祭起平等、正义的旗帜，奢望一个克服所有社会弊病、集一切美好价值于一身的理想方案。在伯林看来，这样的理想方案虽容易满足人类内心深处的形而上冲动，但是一旦将它制度化，其价值一元论诉求就必然要对个人自由构成致命威胁。关键在于，价值一元论特别害怕差异和分歧，似乎这样就必定造成社会离心与分裂倾向，因此总是要求统一意志、统一步伐。它的行事原则是"不容异说"。只要有违最美好的理想价值，就必欲痛斥，彻底清除。在这个意义上，价值一元论易于导致权威主义和专制主义。与此相反，价值多元论最害怕齐一性和标准化，因为它深信，齐一性必然导致社会无活力，标准化必然造成个人无个性。它的原则是"宽容谅解"。既然每个人是自足的价值主体，那就应该让他们自行其是，各负其责。各种各样的目标应有同等的权利去发展、同等的机会去竞争。惟其如此，互不相同乃至彼此冲突的价值才形成相互补充、相互制约的良性格局，从而保证人类生活的沛然生机和丰富多彩。在这个意义上，价值多元论是自由民主制度的基础。伯林的结论是："多元主义及其蕴含的'消极'自由，要比那些在大规模的、受控制的权威结构中寻求阶级、民族或全人类'积极'地自我做主的理想目标，更具真理性，也更合乎人道。"①

　　——有限理性

　　与迷恋直觉、灵感和想象的浪漫主义不同，自由主义在知识论问题上取一种理性主义立场。但哈耶克强调，要准确地把握这一立场，必须克服盲目的愚妄自大，应对理性能力的限度有一个清醒的认识。哈耶克称之为"进化的理性主义"。同"建构的理性主义"相比对，这种"进化的理性主义"持以下几个基本假定：（1）作为自我导向的独立主体，个人依其理性判断而选择和行动，但任何个人的理性能力都存在水平和范围的

----

① Isaiah Berlin, *Four Essays on Liberty*, London: Oxford University Press, 1969, p. 171.

局限,或者说,他们在了解事实和掌握信息方面一概表现出不可避免的
无知;(2) 知识可以交流,可以扩展,但不可能形成一个固定不变的总和,
更不可能为个别人或个别机构所完全掌握;(3) 要有效利用分散在千百
万人手中的知识,只能依赖一种自然扩展的适应性和累进性社会机制,
借此,个人既与他人竞争亦同他人合作,并能"从其所未认识到的其他人
的知识中获益"。① 但哈耶克强调,文明在世代演进中获致的成就,实乃
人的行动的非意图的结果,而不是什么自觉设计的产物。那种认为经由
人的深思熟虑可以建构起一整套文明秩序的观念,乃是一种"荒谬的唯
智主义"。② 波普分析说,社会生活如此复杂,而人的理性能力又如此有
限,所以根本就不可能从总体上设计出一套理想社会的蓝图,进而评判
它是否可行、带来何种后果以及采取什么手段保证其顺利实施。③ 倘若
有所谓"全知"的个人或机构能洞察过去、现在与未来,那么,社会的绝大
多数成员便只能走少数精英或中央当局发现的"惟一正确"的道路,因而
也就没有什么自由选择可言了。事实上,自由得以成立的重要根据,即
在于理性能力的有限为人们探索未知领域、尝试各种实验留下了广阔空
间。哈耶克由此得出结论:"大凡认为一切有效用的制度都产生于深思
熟虑的设计的人,大凡认为任何不是出自于有意识设计的东西都无助于
人的目的的人,几乎必然是自由之敌。"④

　——合理避害

　由于主张价值一元论的唯美主义和声称设计文明秩序的唯智主义
都是一种"致命的自负",因此,自由民主制度的成就应当从否定性的方
面而不是肯定性的方面去体会。用波普的话来讲,它的合理之处,与其
说在于趋利,不如说在于避害。它并不奢望完美,因为根本就不存在使
人人幸福的完美的理想秩序;但它认为免于地狱之灾,努力做到使人不

① 参见哈耶克《自由秩序原理》(上),生活·读书·新知三联书店 1997 年版,第 19 页。
② 参见哈耶克《自由秩序原理》(上),生活·读书·新知三联书店 1997 年版,第 21 页。
③ 参见波普《开放社会及其敌人》第一卷,中国社会科学出版社 1999 年版,第 294 页。
④ 哈耶克:《自由秩序原理》(上),生活·读书·新知三联书店 1997 年版,第 70 页。

要陷入可以避免的不幸,不仅是应该的而且是可能的。波普由此提出了健康政治的两大原则。第一个原则是:"我们不可能在地上建立天堂。我们成不了自由精灵或天使,至少是在未来几个世纪成不了。"①鉴于现实世界存在着多样化的利益和至为复杂的矛盾争端,波普认为,我们只应期望也应尽力在每一次消除罪恶的时候设法减少附带产生的负面效应,令其危害范围和紧迫性程度降到轻微的水平。因此,第二个重要原则是:"一切政治在于选择较小的罪恶。"②事实上,在波普看来,国家机器本身即是一种罪恶。不论这种罪恶的存在多么难免甚或怎样必要,一种合理避害的政治架构为把由此产生的祸患降到最低程度,就必须对国家权力的运用施以严格的限定和约束。波普把这一要求称为"自由主义剃刀"③。依波普之见,借担当道义之名或以合理实施中央计划为借口来加强政府对社会经济生活的干预和监控,不仅在理论上荒谬,而且会在实践中滋生集权主义恶果。倘说政府毕竟对社会发展负有某种责任的话,那也只能充分考虑社会生活的复杂局面,推行谨慎、具体的"渐进工程",而不是大胆构想、全盘改造的"乌托邦工程"。在这个意义上,社会进步只能零售,不能批发。

——扩展秩序

随着"自由主义剃刀"愈益明确地指向不断膨胀的政府权力和不断强化的政府干预,斯密早年对"看不见的手"所给予的推崇,在新的时代条件下遇到了知音。哈耶克堪称突出代表。这位毕生为自由申辩的思想家,不仅秉承斯密信条,而且在更广泛的意义上深入剖析了一种被称为"扩展秩序"的内在机理。据哈耶克的看法,这种机理可概括为相互缠绕的三个方面。一是自发性。它意味着,一种富有活力的文明秩序是在那些追求自我目标的个人之间自发生成的,而不是凭借理性智慧从整体上人为设计出来的。没有一个天才或中央当局能够了解社会成员之间

① 波普:《开放社会及其敌人》第二卷,中国社会科学出版社 1999 年版,第 219—220 页。
② 波普:《开放社会及其敌人》第二卷,中国社会科学出版社 1999 年版,第 220 页。
③ 波普:《猜想与反驳》,上海译文出版社 1987 年版,第 499 页。

分工合作的无限复杂的细节。二是扩展性。它意味着,文明社会是一个开放的需求体系,生活在这一体系中的每一个人,若有效追求自己的目标,不仅要按自己意志行事,而且必须对其他相关成员的所需服务作出预期,并根据环境变化不断调适自己的行为。如此扩展开来,始有文明进化。三是有序性。它意味着,竞争与合作相依相伴;而缘此形成全社会范围内的良性互动,又必须借助某些具有普适性和抽象性的行为规则。这些规则既带来必要的约束,更提供重要的保护。它毫无例外地适用于每一个社会成员,却不对社会成员的行为目标作出具体规定。照哈耶克的看法,强迫个人屈从于哪怕公共幸福名义下的具体目标都会造成无理压制,然而对普适性和抽象性规则的遵循,"却可以给最卓越的自由、最丰富的多样性提供最大的机会"。反过来说,自由越充分、越丰富多样,"它带来的秩序也就越多"。①

哈耶克声言,他所竭力阐明的人类合作的扩展秩序,通常被公众称为资本主义。② 其典型范例就是自由竞争的市场体系。"自由主义之所以把竞争看成是优越的,不仅因为它在多数情况下是已知的最有效率的方法,而且更由于它是使我们的活动得以相互调节适应而用不着当局的强制和专断干涉的惟一方法。"③可是这种最有效率的方法同时也导致了财富分配的严重不均,而且,由于这种不均,社会紧张不断加剧,以致危及资本主义的制度安全。在这种背景下,加强政府干预,推行福利政策,缓和社会矛盾,克服经济危机,难道就等于在走一条"通向奴役的道路"吗? 哈耶克断定,以其危险的长远后果论,情况就是如此。照他的见解,通过政府干预而力促物质平等,看似救弊良方,实有无穷的后患。且不说这种做法对人的创造潜能的发挥所构成的伤害,同样重要的是,以使人平等为由而不平等地待人,完全悖逆自由原则而造成了一种新形式的歧视性强制。在哈耶克看来,倘若结果的不平等源于个人之间的先天禀

---

① 参见哈耶克《不幸的观念》,东方出版社 1991 年版,第 87 页。
② 参见哈耶克《不幸的观念》,东方出版社 1991 年版,第 1 页。
③ 哈耶克:《通向奴役的道路》,商务印书馆 1962 年版,第 39 页。

赋和后天努力的差异,且不违背公平游戏规则,那么,这种不平等非但不能讨伐,倒应给予积极的首肯。关键在于,个人的能力与潜质存在广泛的差异乃是人类最具特性的事实之一。"如果忽视人与人之间差异的重要性,那么自由的重要性就会丧失,个人价值的理念也就不重要了。"①那种推行宽泛的物质平等的主张,表面上似乎是在追求社会公道,实质上却把个人价值、自由价值和生命价值贬得毫无意义。哈耶克一再申明,国家应平等地对待每一个公民,但是,"自由社会却绝不允许因此而把那种力图使人们的状况更加平等化的欲望视作国家可以行使更大的且歧视性的强制的合理依据"②。特别厌恶物质平等的哈耶克,甚至将这样一种平等诉求归结为那些不太成功的人士对成功人士的不满与嫉妒。此论虽然痛快,但问题却不好这样简单地打发,至少在大萧条和大危机时期不好这样简单地打发。

五、价值优先序列的设计与论争

任何思想变迁都必须联系特定的时代条件来认识。自由主义主导范式的历史转型亦如此。当社会经济状况呈现严重的萧条和危机的时候,那些饱尝匮乏和恐惧之苦的普通百姓,是很难把倡导放任政策的古典自由主义当作富有感召力和亲合力的价值理念来接受的。他们迫切需要的是基本的生活保障。如果其生存需求得不到满足,他们便会滋生强烈的怨愤,并设法寻找某种外部渠道予以公开的宣泄。一旦这种宣泄扩展为大规模的社会动荡,则实现某种程度的物质平等,就不是什么抽象的理论问题,而是维护社会稳定和制度安全的急迫的现实问题了。

由此可以理解,奉行国家干预和福利政策的"积极"自由主义为什么

---

① 哈耶克:《自由秩序原理》(上),生活·读书·新知三联书店 1997 年版,第 104 页。
② 哈耶克:《自由秩序原理》(上),生活·读书·新知三联书店 1997 年版,第 105 页。

从大萧条时期开始逐渐在西方社会占据了主流地位。① 特别需要指出的是,这种自由主义的新范式不仅被人们广泛接受为一种开明主张,还作为指导原则深深地影响了西方国家的政策实践。随着向贫困、饥饿、愚昧、落后等社会弊病宣战的各类发展计划在 20 世纪中叶普遍推开,长期困扰西方国家的匮乏问题基本上得到了解决。在这种背景下,"主义"论说与时代变迁之间的互动亦提升至一个新的水平。一方面,资本主义的制度架构及其内部调节需要更充分的合法性辩护;另一方面,一种"组织良好的社会制度"的显露又提供了一个参照坐标,据此,理论家可以通过高度抽象的方式来阐发他们的组织原则和理想期望。于是便诞生了罗尔斯的《正义论》。

罗尔斯称,一种社会制度的合法性能否被确认,从现代水平看,关键就要考察它有没有以及在多大程度上实现了正义价值。按照罗尔斯的分析,在资产阶级革命先驱那里,对正义的追求集中体现为"自由、平等、博爱"的纲领性口号。但遗憾的是,随着资本主义的现实发展,这一原本"三位一体"的价值诉求却发生了破裂。自由与平等出现逆向摩擦,而博爱则几乎从未在政策实践层面受到严肃认真的对待。鉴于此,罗尔斯认为,在兼顾利益差别和公民友谊的基础上,探索一种分配权利与义务的适当办法,通过描述一种理想情境下的正义论,来给对待和处理现实中的正义问题提供原则性指导,不仅是必要的而且是有益的。经过缜密的思考,罗尔斯建构了一个融"自由、平等、博爱"于一炉的价值优先性序列。

在这个序列中,自由居首要地位。按照罗尔斯的看法,人是一个具有自我意识的理性存在物。对人而言,自由源出于其固有本性,因此,一种以人为目的的正义价值次序,首先应该确立自由优先原则。这个原则意味着,"只有自由的主张被满足之后,其他原则才能发挥作用";或者

① 面对大势所趋的自由主义改革,哈耶克等人依旧坚持洛克、斯密奠基的古典自由主义传统,以维护自然扩展秩序的名义,极力反对国家干预和福利政策,这在思想观念上多少显得有些顽固不化。哈耶克当时被指认为保守主义者,原因即在于此。

说,"自由只有为了自由本身才能被限制"①。以现代社会为观察平台,罗尔斯对公民的基本自由作了广泛的指认。它首先是良心自由、思想自由、言论自由、集会自由,同时包括选举和被选举自由、择业自由和流动自由、依法不受任意逮捕和剥夺财产的自由等。毫无疑问,推崇公民基本自由的价值优先性,最为充分地反映了罗尔斯的自由主义立场。

罗尔斯并没有给自由下一个严格的定义。但他从若干相关变量中抽象出主体、目标和实现方式三个主要因素,对自由作了一个描述性的说明。在他看来,自由乃是这个或那个人免除这种或那种限制而这样做或不这样做。如此理解的自由,既意味着一个不受无理干涉的自主活动领域,同时也与人的实际行事能力密切相关。罗尔斯据此对自由的存在和自由的价值作了重要的区分。照他的看法,在一个组织良好的社会中,自由的存在落实为宪政的民主制度对公民权利的一整套公开的规定;而自由的价值则是与公民在自由体系内"促进他们目标的能力成比例的"。② 因为这个缘故,自由的制度保障和价值实现,必然合乎逻辑地导出平等原则。

平等问题在罗尔斯的视域中所涉范围很广,可以说它构成了整部《正义论》的主题。若从政治层面来考察,则平等的诉求主要体现为权利平等和机会平等。按照罗尔斯的看法,权利平等的实质性蕴涵在于,宪法规定的基本自由必须平等地扩展到每一个公民身上,无所歧视。因此,权利平等原则也可表述为平等自由原则。罗尔斯强调,公民的基本自由乃是组织良好的社会制度的基础,倘缺少基本自由,就会产生不正义的结果。所以,一部正义的宪法必须申明公民的种种自由权,并加以保护。而当平等的自由权在由宪法规定的政治程序中得到运用时,平等自由原则就体现为平等的"参与原则"。这个原则要求所有公民都享有

---

① 罗尔斯:《正义论》,中国社会科学出版社 1988 年版,第 234 页。罗尔斯设想了两种情形:
   (1)一种不够广泛的自由必须加强所有人分享的完整自由体系;(2)必须可以为那些拥有较
   少自由的公民所接受。(参见罗尔斯《正义论》,中国社会科学出版社 1988 年版,第 292 页)
② 参见罗尔斯《正义论》,中国社会科学出版社 1988 年版,第 192—194 页。

参与政治事务的平等权利,且在影响政治过程和进入公职方面享有公平机会。在罗尔斯看来,平等自由对于一个组织良好的社会制度具有压倒一切的价值优先性,违反普适意义的公民基本自由"不可能因较大的社会经济利益而得到辩护或补偿"①。换言之,任何形式的社会经济利益追求都只能在保障公民基本自由的基础上期望更多,而不是更少。

罗尔斯认定,在一个合乎正义的社会体系中,一切可望得到的职务和地位原则上必须是所有人都能进入的。这便是机会平等原则。若否认这个原则,社会正义就无从实现。但罗尔斯指出,要求职务和地位向所有人平等开放,并不仅仅是甚至主要不是出于功利或效率的理由。毋宁说,它表达了这样的信念:如果某些职务和地位不按机会公正平等原则向所有人开放,那么,那些被排除在外的人产生自己受到了不公正待遇的感觉并由此发生抱怨,就是对的,即使他们从那些被允许占据这些地位的人的努力中获得了实际利益。"他们的抱怨有道理,不仅因为他们得不到职位的某些外在奖赏例如财富和特权,而且因为他们被禁止体验因热情机敏地履行某些社会义务而产生的自我实现感。他们被剥夺了人类的一种基本善。"②

根据这样的认识,罗尔斯对古典自由主义的核心论点作了一个重要修正。从斯密到哈耶克,古典自由主义者都坚持,平等始于也应止于机会和条件的平等。这种平等给个性自由的发挥,特别是给那些能者的个性自由的发挥留有最大空间,因此也就充分保证了财富创造的高效率。至于由此产生的不平等结果,在古典自由主义者看来,应作为"成就原则"的体现而予以积极接受。但罗尔斯的看法有所不同。他强调,机会的公正平等原则之被尊奉,不能隐藏或公开地用旨在保证高效率来解释,莫若讲,它更是对效率逻辑施加的正当约束。在市场经济条件下,由于获利的无穷诱惑和竞争的巨大压力会使效率机制自动发挥作用,因

① 罗尔斯:《正义论》,中国社会科学出版社 1988 年版,第 57 页。
② 罗尔斯:《正义论》,中国社会科学出版社 1988 年版,第 80 页。

此,"仅仅效率原则本身不可能成为一种正义观"①。考虑到优胜劣汰的
市场竞争会造成个人之间愈见放大的实际差异,要使效率追求获得价值
正当性,不但有赖于对机会公正平等原则的严格遵循,而且还应当给财
富收入方面的最少受惠者以某种形式的合理补偿。

罗尔斯由此推出了对古典自由主义传统的另一个重要修正。按照
古典自由主义的逻辑,在机会公平的条件下,市场竞争之所以会造成财
富拥有数量的多和寡,一个重要的原因,在于个体的才能和禀赋存在自
然差别;而这种差别是应该无条件地承认和接受的。但罗尔斯却坚持,
在接受这一既定前提时有必要附加某种约束性条件,因为任何自然天赋
都不具有价值应当的道德性质。"没有一个人应得他在自然天赋的分配
中所占的优势,正如没有一个人应得他在社会中的最初有利出发点一
样。"②充其量,人的自然资质的差异只是一个中性的事实。这个事实究
竟怎样分摊到个人头上,带有很大的偶然性,其本身无所谓正义或非正
义。但是,社会制度怎样对待这个中性的事实却能表现出鲜明的价值取
向。贵族社会之所以是一种非正义制度,就因为它使出身这类偶然因素
成了判断等级归属的恒定标准。从这个角度来说,要校正先天因素对生
活前景的任意支配,一种更可取的态度,倒是应该把个人的自然禀赋看
作一种社会的共同资产。这意味着,那些先天有利的人,不论他们是谁,
只能在改善那些不利者状况的前提下从他们的幸运中得利。罗尔斯由
此确证了他著名的差别原则:社会和经济的不平等应这样安排,使之"适
合于最少受惠者的最大利益"③。

罗尔斯相信,他的差别原则给资产阶级革命先驱倡导的博爱理想赋
予了新的内涵。一方面,差别原则是一种对待命运中的偶然因素的正义
方式。它虽然不要求社会去搬除阻碍个人发展的一切路障,把所有的人
都拉到同样的水准,却强调,仅当有助于改善较差者的生活状况,从而能

① 罗尔斯:《正义论》,中国社会科学出版社 1988 年版,第 67 页。
② 罗尔斯:《正义论》,中国社会科学出版社 1988 年版,第 99 页。
③ 罗尔斯:《正义论》,中国社会科学出版社 1988 年版,第 79 页。

够促进共同利益的时候,对种种偶然因素的有效利用才能体现出正义价值。这其中蕴含的互惠观念,可以使一个组织良好的社会能向每一个人,尤其是向那些最不利者证明自己的正当性。另一方面,差别原则又是一种现实可行的正义诉求。它不仅体现着期望公民友谊与社会和谐的崇高理想,而且使博爱超越道德感召的抽象水平,而在某种资源分配,譬如教育资源分配的现实政治事务中找到自己的一席之地。也惟其如此,它才有可能真正成为"最少受惠者"的福音。① 罗尔斯抱着一种善良愿望,对正义观作了这样的一般性总结:"所有的社会基本善——自由和机会、收入和财富及自尊的基础——都应被平等地分配,除非对一些或所有社会基本善的一种不平等分配有利于最不利者。"②

　　耐人寻味的是,在罗尔斯设定的价值优先性序列中,古典自由主义传统特别推崇的效率原则和个人成就原则没有被提及。按照罗尔斯的正义观,这不是因为效率不重要,也不等于说社会生活中的有利地位不该对能人开放;问题的关键毋宁在于,在市场经济体系这一自由主义论说所面对的共同的制度背景下,效率机制会自动生效,而能人在市场竞争中占得先机亦将是不言而喻的自然结果。因为这个缘故,仅当某些约束条件被满足,即在保障公民平等的自由权利和公平机会,并能给最少受惠者带来利益的时候,效率追求及由此产生的财富与收入分配的等级制才能得到合理的辩护。就此而言,"正义是优先于效率的"③。按照罗尔斯的看法,坚持正义优先,可以校正过分推崇效率和英才统治的放任主义所造成的种种缺失。它也许不排斥"优胜",但却不至于使社会中的弱者无可奈何地遭到"劣汰"。这便是人道。

---

① 罗尔斯对国民教育问题给予了特别关注。按照他的看法,差别原则容许天赋较高者从教育中更多受惠,但是一种正义制度对教育资源的分配,不能仅仅根据产生经济效益或培养精英人才的绩效来评价,而应同时参照提高公民素质和丰富公民生活的成就来考量。随着社会的进步,后一方面变得越来越重要了。(参见罗尔斯《正义论》,中国社会科学出版社1988年版,第96、102页)
② 罗尔斯:《正义论》,中国社会科学出版社1988年版,第292页。
③ 罗尔斯:《正义论》,中国社会科学出版社1988年版,第75页。

同古典自由主义传统相比,罗尔斯的正义论更多地强调互利、互助、公民友谊和社会团结,因而显示了相当浓郁的理想主义色彩。他在现代水平上整合"自由、平等、博爱"三原则的努力,堪称自由主义哲学论辩的一个重要里程碑。但是需要指出,不管罗尔斯怎样殚精竭虑地设计他的理想方案,其价值优先性序列与其说使自由与平等、效率与公正的矛盾获得理论的解决,不如说为新一轮的争议搭建了一个更高的平台。在《正义论》问世后不久,诺齐克就推出《无政府、国家与乌托邦》,颇为尖锐地批评罗尔斯对"最少受惠者"无理偏爱,非但有倡导平均主义之嫌,而且因追求结果平等而伤害到了个人的自由权利。类似的批评在 60 年代末 70 年代初逐步聚合为一股斥责"积极"自由主义的声浪,并造成了古典自由主义传统的某种复兴势头。西方国家长期推行福利政策所引发的两大现实难题,则使这个势头得到了极大的强化。

第一个难题是个人奋求意志的衰退。以罗斯福"新政"为界标,在"不虞匮乏"和"不虞恐惧"的名义下享受有保障的生活,被当作公民的基本权利确定了下来。面对大萧条造成的匮乏和恐惧,这样做当然顺乎民意。但问题在于,权利的扩展需要由不断加强的个人的社会义务感作支撑,可福利政策的具体实施,至少就其社会心理效应来说,却朝着"从摇篮到坟墓"的方向逐日演变成了一场以减轻个人责任为主要诺言的文化运动。当"不虞匮乏"和"不虞恐惧"作为平抑社会动荡的口号提出时,每个公民最基本的生存需求是它关注的重心;然而一俟危机渡过,繁荣来临,享受一种有保障的生活就超越生存需求而进入心理层次,转变成对消费水平的习惯性期待,乃至某种愈益高涨的"应享意识"了。这种"应享意识"既在私人领域,也通过福利国家的保护伞而在公共领域强烈地表现着自己。但假如公共领域不仅成为表现"共同需求"的场所,而且成为表现"个人欲求"的场所,则工作伦理的衰退和享乐主义的盛行就会变得无法阻拦。① 事实也正是这样。

———————————

① 参见贝尔《资本主义文化矛盾》,生活·读书·新知三联书店 1989 年版,第 69 页。

第二个难题是政府公共形象的破损。随着公民权利清单的扩充,深刻影响西方社会政治生活的平等观念,从早先大而化之的法律面前人人平等发展成了包括种族平等、性别平等、福利平等、教育与就业机会平等在内的无所不包的民众应享要求。为满足这不断向纵深推进的平等呼声,西方政府不得不日益加紧对经济与社会事务的干预,以便调配资源,缓和矛盾。但是,当政府的职能和规模不断膨胀,最后变成某种庞然大物的时候,它同时也跳进了自己挖掘的另一个陷阱:"政府不仅许诺要建立一个货真价实的福利国家,而且许诺要弥补所有经济和社会不平等带来的损失。"[1]尽管这些诺言是支支吾吾许下的,但既已作出,就无法收回。于是面对公众应享要求所造成的沉重压力,大政府穷于应付,运转不畅,乃至无力兑现诺言而失信于民,陷入严重的合法性危机。[2]

按照弗里德曼的看法,"积极"自由主义主导的政策实践,一步一步地引发了哈耶克早年曾预言过的诸多问题:国家干预破坏市场机制,造成企业创新意识萎缩,效率降低;"从摇篮到坟墓"的福利保障带来不适度的平等分配,反使人们丧失进取精神,工作热情减退;四处扩张的政府权力既伤害个人的自由选择,也因乱开空头支票而背上沉重负担,甚至由此助燃了公众怨愤的导火索。60年代末70年代初,震撼美国的民权运动、反战运动、"新"左派运动,再加上新一轮的经济萧条,宣告福利国家和政府干预浪潮已步入末路。历史转了一个圆圈,当年被它斥为保守、顽固的"原教旨"自由主义,现在要来革它的命了。弗里德曼总结说:

> 从19世纪后期开始,尤其是美国在1930年以后,特别是在经济政策中,自由主义这个术语逐渐和很不相同的主张联系在一起。

---

[1] 贝尔:《资本主义文化矛盾》,生活·读书·新知三联书店1989年版,第282页。

[2] 贝尔认为,民权运动是一个典型的例子。随着种族隔离制度被废除,平等观念成了判断种族问题的高于一切的价值标准。虽然从道义上说,黑人应获得同白人一样的平等地位,但由此引发的社会心理效应,却将辨别是非的主动权转移到黑人手中了。"在一个国家公开承认了道德上的过失以后,再对那些受迫害的人说'不'字是困难的。而且,在一个国家承认了道德上的过失以后,在补偿时却又慢慢腾腾,那么导火索就更加容易点燃了。"(贝尔:《资本主义文化矛盾》,生活·读书·新知三联书店1989年版,第237页)

逐渐和它联系的是：主要依赖国家，而不是依赖私人自愿安排来达到目标被认为是较好的办法。它的主旨成为福利和平等而不是自由。19世纪的自由主义者把扩大自由认为是改进福利和平等的最有效的办法。20世纪的自由主义者把福利看作是自由的必要条件或者是它的替代物。以福利和平等的名义，20世纪的自由主义者逐渐造成恰恰是古典的自由主义所反对的国家干涉和家长主义政策的再度出现。把时钟拨回到17世纪重商主义的行动，上述自由主义喜欢把真正的自由主义谴责为反动派。[1]

所谓"真正的自由主义"，就是由洛克和斯密奠基，尔后被哈耶克、伯林等人发展的古典自由主义。在福利主义和干预主义高涨的年代，这种自由主义被贴上保守的标签，遭到长时间的冷落。弗里德曼认为，现在该是它重现风采的时候了："条件已经起了变化。我们现在已经有了几十年政府干预的经验"[2]。当然是不成功的经验。这种不成功的经验不仅使弗里德曼等人觉得有理由谈论古典自由主义的复苏，而且使他们颇为亢奋地谈论起了古典自由主义的一贯正确。他们以有些事不关己、高高挂起的超然姿态评点20年代末的那场经济大危机，认为是新政分子和强求平等的激进主义者煽风点火，把一个偶然的股市波动弄到了让人心惊肉跳的地步。弗里德曼称，在大萧条的岁月，美国大多数知识分子之所以得到说服，将自由竞争制度看成是滋生社会弊端的温床，是因为他们把这种制度同一种虚拟的乌托邦境界作了不恰当的比照。而正是这种不恰当的比照，在林格看来，使政府官僚机构的膨胀获得堂而皇之的借口，并通过类似大锅饭的平等福利分配，摧毁了美国人自我奋斗以求成功的理想之梦。[3] 因此，合乎逻辑的结论是，要重建美国人的梦想，必须对干预主义和福利主义的偏颇加以调校，坚定不移地持守和奉行古

---

[1] 弗里德曼：《资本主义与自由》，商务印书馆1986年版，第7页。
[2] 弗里德曼：《资本主义与自由》，商务印书馆1986年版，第189页。
[3] 参见林格《重建美国人的梦想》，上海译文出版社1983年版，第146—148页。

典自由主义的价值信念。

弗里德曼指出:"自由主义哲学的核心是:相信个人的尊严,相信个人根据他自己的意志来尽量发挥他的能力和机会,只要他不妨碍别人进行同样的活动的话。"①林格的说法更明了:"不存在'普遍'幸福这类事;仅仅只有个人幸福。而且每个人得对他本人的幸福负责,而他也确有天赋的权利这么做。"②按照诺齐克的看法,个人权利之所以神圣不可侵犯,根本说来是因为,社会作为众多个人的集合,并不是富有独立的生命存在;惟个人才有自己独特的生命。如果再考虑到这种生命对个人来说具有惟一性和一次性的基本事实,个人的分量就更是重得无法估价了。"存在着不同的个人,他们分别享有不同的生命,因此没有任何人可以因为他人而被牺牲。"③此乃自由主义的思想堡垒。

诺齐克据此强调,一种真正合乎自由主义精神的思考路径应该是:个人权利为国家留有多大活动余地? 而不能倒过来问:为了一种更全面的社会利益,国家有权强求个人奉献些什么? 这一价值取向的精要在于,必须把个人权利看作国家行为的一种根本性的道德约束。当国家在履行防止偷窃、凶杀、欺诈等职能的时候,它没有侵犯个人权利而是在保护个人权利,因此,这样一种"最弱意义的国家"可以得到合法性证明。但是,如果超越这个范围而诉诸更强功能的国家,譬如以追求公共幸福的名义干预人们的经济活动和利益分配,那就会至少在迫使一些公民帮助另一些公民的平等努力中,对个人权利,严格说来对某些公民不能被强制做某事的正当权利造成伤害。按照诺齐克的看法,社会中的能人可以对弱者提供救助,但这种救助必须基于自愿原则,而不能当作其法定义务来由国家强迫他们履行。不论出于什么目的,国家侵犯个人权利的任何行为都是不能得到合法辩护的。

在"积极"自由主义那里,追求平等通常被看作扩大政府权能的主要

---

① 弗里德曼:《资本主义与自由》,商务印书馆 1986 年版,第 187—188 页。
② 林格:《重建美国人的梦想》,上海译文出版社 1983 年版,第 178 页。
③ 诺齐克:《无政府、国家与乌托邦》,中国社会科学出版社 1991 年版,第 42 页。

依据。经由福利国家的政策实践,这个依据已经深入人心,就像是理所当然的一样。但诺齐克认为,此说实难给出合理证明。问题的关键在于,可分配的物质财富不是从天而降的东西,而是在社会活动中历史形成的有主之物。一个人的财产只要来路正当,亦即符合有劳而获的正义获取原则,或者符合自愿交换与馈赠的合法转让原则,那么,他对这种财产的持有便属于他不可剥夺的当然权利。倘若社会成员的总体持有状况是在遵循获取与转让的正义原则的前提下一步步形成的,则不论这种状况多么贫富不均、差距悬殊,在诺齐克看来,对实际结果的不平等也无需提出别的理由来辩护,相反,要改变这种状况以实现平等分配却要提出另外的可靠理由。①

罗尔斯曾争辩说,作为导致不平等结果的一个重要因素,个人在自然禀赋方面的差异并不具有"应得"的道德意涵,因此,一种合乎正义的制度安排要设法校正先天因素对生活前景的任意支配,就应使那些天赋较高者在从自己的幸运中获益的时候给那些处境最不利者以某种形式的补偿。但诺齐克认为,罗尔斯摆出的这个辩护理由非但不充足,而且还会引出颇为尴尬的结论。按照诺齐克的看法,不管每个人是否"应得"其自然禀赋,他们享有支配和运用其天赋资质的自主权利却是不容置疑的。如果否认这一点,那么,具有独特生命的个人存在就变得毫无意义了。从这个角度来看,罗尔斯把自然禀赋视为集体资产,无异于主张对天赋资质征收一种人头税。而且,照此推理,那些努力使用自己天赋的人岂不是在贪污、滥用和挥霍公共财富吗?诺齐克指出,个人之间的天赋差异在一种有效率的分配机制中特别容易造成贫富分化,这对天赋较低者来讲的确是一种不幸。尽管我们可以甚至应该通过说服和个人慈善之类的办法来使这种不幸得到舒缓,却不能用国家强制的方式对这个问题加以解决。强求平等所引发的可怕后果,只要将补偿原则从经济分配领域推演到人的身体器官方面,便会看得更清楚。譬如,向一个身体

---

① 参见诺齐克《无政府、国家与乌托邦》,中国社会科学出版社 1991 年版,第 156—157 页。

健全的人要求说：你用你的眼睛已看了五年，现在应该把它移植给先天残疾的某位盲人了。这难道是可接受的吗？

古典自由主义的复兴者一再强调，自由主义就是自由主义，而不是什么平等主义或福利主义。它基于对每个人独特能力和进取意识的充分信任，因此只认可权利与机会平等，而反对分配与结果平均。它可能欢迎自由社会比任何其他社会更好地实现了公众福利这一事实，却仅仅把这一事实"看作自由社会的合乎理想的副产品之一，而不是它存在的主要理由"①。福利国家的危害在于，它一方面破坏风险和保险之间的必要张力，从而抑制了人们勤奋劳作的热情；另一方面又过度扩张政府的干预范围，从而无理压缩了个人选择的自由空间。林格正告说，多数人身陷奴役而洋洋自得，是因为他们对经济福利产生了强烈的依赖。从"摇篮到坟墓"的社会保障犹如一场盛宴，"由于从这桌品尝家的筵席上沾了光，吃上了瘾，人们已丧失客观思考的能力，结果，每当瘾头发作，需要赶快吸口毒时，他们就只好放弃一点自由"②。这实在是一种悲哀。吉尔德指出，在福利文化中，努力同奖赏、功劳和报酬之间的合理联系已被扭断。金钱和财富不是通过辛勤劳动挣得的东西，而是国家提供的应享物品。许多人相信，"发财的最好机会不是来自工作和投资，而是来自对事业成功者起诉；不是来自健康，而是来自偶然伤残；不是来自长期的和有成效的事业，而是来自及时的退休"③。抗议和抱怨代替勤劳和遵守纪律，成为致富的方便途径。消费和享乐被看作地位和荣耀的象征，仿佛只有在舞厅、酒吧的纵情狂欢中才能显示做人的乐趣和高傲气派。这难道不是一种"道德枯萎病"吗？

古典自由主义的复兴者有感于此，一方面主张减少政府干预，使自由扩展秩序的内在生机得到激活；另一方面又主张打破福利国家的保护伞，以重塑人们独立承担自我命运的进取心与责任心。这样一种分析和

---

① 弗里德曼：《资本主义与自由》，商务印书馆1986年版，第188页。
② 林格：《重建美国人的梦想》，上海译文出版社1983年版，第100页。
③ 吉尔德：《财富与贫困》，上海译文出版社1985年版，第165页。

处理问题的思路看起来十分简洁,而且也似乎很得要领。但是,问题终究比这要复杂得多。关键在于,当个人权利被确定为价值中轴的时候,它不仅会在政治领域对国家行为构成合理限制,而且还会在社会文化和日常心理层面不可避免地造成自我中心意识的高涨。如果再考虑到匮乏问题基本解决、生活水准不断拉升的现代及后现代背景,指望靠强化个人权利观念来激励进取精神、疗治"道德枯萎病",就非但没有切中要害,甚至还会带来更为严重的负面后果。在神圣权利的庇护下,个人既然可以免除无理干涉而自由追逐物质财富,为什么就不可以自由消费自己的财富? 国家不能强迫某些公民去帮助和救济另一些公民,难道就有资格只允许人们奋斗创业而不允许人们到娱乐场所去轻松自在吗? 假使一个人认定,追求感官刺激能够更充分地实现自己的生命价值,而且他也有条件并仅仅在涉己范围内这样做,凭什么去阻止他开发经验边疆的自由之举? 凡此种种,崇尚个人权利的自由主义哲学是很难给出令人信服的答案的。如果说,纵情享乐之风的社会蔓延已造成了严重的文化失范问题,那么,思考并设法解决这一问题,就需要超越自由主义的视界,从另一个价值评判系统中寻求富有建设意义的思想启迪和精神资源。

第四章　为个性自由把脉

　　崇尚个人权利、张扬个性自由是现代价值观的轴心原则。随着历史的变迁,它不仅在"主义"话语中得到系统的理论表达,而且溶入普通男女的精神血脉,给一种广泛意义的体验结构和生活方式打上了深刻的烙印。在今天,个性、自由、权利、民主之类的字眼已具有浓烈的文化霸权意味,以致对它们的任何挑战都有可能被判定和指控为开历史倒车。这种状况使个性自由追求变得越发无所顾忌。但也正因为这样,即使将自由主义的价值原则确认为讨论现代性问题的基础平台,也依然有必要就这一原则的合理限度提出追问。考虑到个性自由的负面后果已相当严重,在现代文化保守主义者看来,这种追问显得十分迫切。在某种意义上,它触及了一个可称为"后"自由主义的深层问题。

一、物质崇拜与感觉革命

　　从洛克、斯密开始,中经密尔、格林,一直到凯恩斯、哈耶克、罗尔斯、诺齐克,自由主义阵营虽几经裂变,但其捍卫个人权利的原则立场却一以贯之,没有发生丝毫的动摇。按照格雷的看法,自由主义所有变体的共同之处,乃是一种"关于个人与社会的确切构想",而断定个人权利相对于社会要求具有"道义上的首要性",则是这套构想的第一要素。① 自由主义思想家特别强调,尊重个人的权利,首先意味着摆脱来自外部的种种不合理压束,因此,在他们那里,"自由"就常常以否定性的形式被表述为"免于强制"的私人领域或活动空间。但是,随着这个空间的神圣不可侵犯性得到确认,并在清除外部障碍的历史进程中不断放大,以肯定性的形式把"自由"释义为"积极去做某事"的自我导向和自主行动,至少从大众心理层面来说,就成了一种天经地义的生活态度。

在自由主义的经典话语中,个人乃价值本体,社会只不过是一个活动场所,"在这里,每个人寻求着他自己的自我选择的好生活的观念"②。问题是,这种"好生活的观念"究竟意味着什么? 在群体本位的传统时代,"好生活的观念"在价值偏爱方面具有某种超个人和超凡俗的取向,但是,随着自主独立的个人不断成长并最终获得合法裁判权,这种取向已被否决。现代自由主义所主导的生活选择,不仅始终以个人为轴心,而且还呈现出一种彻底的凡俗品质。在它那里,传统道德,特别是基督教彼岸理想对此岸世界的生存规定被断然取消,感性幸福成为人生的终极依托,因此,"好生活的观念"仅只意味着在现世寻找充分的生存理由并尽力获得自我满足。从这个角度来看,自由价值的历史实现,既是在宗法纽带的束缚下解放个人,也是在传统伦理的压抑下释放欲望。由此带来了个人感和此岸感的超常高涨。如果再加上多元化的生活探索,那大略就是自由主义价值观的基本规定了。

在自由主义价值观的制导下,人的创造能量得到激发,而生活姿态亦呈现出五彩缤纷的丰富样式。如果对这些样式进行深入辨析,我们可以从中发现两个典型取向。第一个取向是追逐财富、积聚资本的功利谋划。其人格样板是企业家。它首先在趋乐避苦的等价形式上对人的行为进行抽象还原,然后再以此为基础,对投入产出的大小或多少予以精

---

① 参见 John Gray, *Liberalism*, Buckingham: Open University Press, 1986, p. x.
② 麦金泰尔:《德性之后》,中国社会科学出版社 1995 年版,第 246 页。

确的定量计算。为追求自我利益的最大化,限制国家干预、倡导放任式的自由竞争,构成其基本的政策纲领。这是所谓的"功利型个人主义"。第二个取向是寻觅新奇、张扬自我的个性表现。其人格典范是艺术家。它主张打破传统戒律和习俗陈规,顺乎生命情感,"任由变幻无常的想象尽情驰骋"①。将这种艺术追求转化为生活行动,便是一种无所羁绊的人生。这是所谓的"表现型个人主义"。② 从某种意义来说,现代西方文化的自由格调,就是由这两种个人主义的交错与耦合所塑造出来的。

据舍勒考察,"功利型个人主义"的原初萌芽是"市民德行"。它随着资本主义商品经济的发展而在社会生活中一步步占据了主导地位。因为这个缘故,就像现代市场体系在交换价值及其货币符号的抽象形式上使谋利冲动获得了可以无限伸展的纯粹形态一样,"功利型个人主义"的品格特征亦合乎逻辑地表现为不加掩饰的物质崇拜或金钱崇拜。资本主义企业家将这一点展示得格外充分。对他们来说,追逐财富并不是一种单纯的手段,相反,"生意作为一种独立存在,其增长、繁荣以及盈利的上升,都已经变成了目的本身"③。再加上竞争压力的作用,结果就是,盈利没止境,增长无尽头,从而对金钱的贪欲也就变得没有限度了。

但是,将这种贪欲以公开掠夺的方式呈现出来,无法保证一种稳定、持续的制度化市场运作。因此,必要的调校成为一种合理诉求。在资本主义条件下,这种诉求见诸于契约伦理和法治构架。经过它们的规约,谋利取得了"效益"这一特定的历史实现形式。但这种形式并没有给贪欲的膨胀画上休止符。它的行为效能仅仅在于告诉人们,倘若追求不断累加的盈利目标,单靠冒险精神和骚动激情还不够,同样重要,甚至更为重要的一点是仰赖勤勉刻苦的工作、合法守信的经营、规范高效的管理以及对成本—收益的科学评估和最优控制等等。这样的条件约束使人们逐步养成了一种计算型性格。

---

① 贝尔:《资本主义文化矛盾》,生活·读书·新知三联书店 1989 年版,第 31 页。
② 关于"功利型个人主义"和"表现型个人主义"的区分,是后面展开讨论的一个重要支撑点。
③ 舍勒:《资本主义的未来》,生活·读书·新知三联书店 1997 年版,第 27 页。

从历史上看,计算型性格先在工商活动中立足,尔后就开始了向其他社会领域的散播。随着商品经济成为社会的主导结构,包括爱情、良知、信仰、审美在内的人世间的一切,统统转换成买卖对象,并且可以像数学计算那样精确地测量出它们的货币比值的大小与多少。[①] 结果就是人际关系的全面物化。在这种物化的人际关系背后,不但有一颗颗冷漠的心,更透露出一双双贼亮的利己眼目。"利己主义者对别人的幸福和痛苦是无所谓的,愈是彻底的利己主义者,对他人的祸福就愈是漠然置之,他们的灾难也好,他们的福祉也好,他都不放在心上。然而如果显得有益于他的目的,他既能有意地对他们的灾难落井下石,也能让他们的幸福锦上添花。"[②]不消说,一当功利主义和利己主义在生活中大行其道,对它的反动将在所难免。

按照贝拉的分析,"表现型个人主义"就是作为功利主义的对立面登上历史舞台的。因不满物质崇拜的庸俗,而执著于生命情感的激扬勃发,它在形式上体现了一种用艺术阐释人生真谛的努力。[③] 但是必须指出,就像功利型个人主义一样,表现型个人主义也根植于货币经济支配下的都市生活。如果说,这种生活的平庸与冷漠使它感到不足以为个体生命提供精神依归,那么,问题的另一个关节点在于,它对生命意义的审美诠释,同样不满甚或更加不满传统道德尤其是基督教彼岸理想对此岸世界的全权监控。从历史发生和品格构造两个方面来考察,追求诗意人生的种种现代审美探索,不仅展示出一种个体化维度,而且始终环绕着为感性正名和伸张权利的思想主题。因此,当艺术天才和文化英雄用感性的自在、愉悦和满足对人生意义提供辩护的时候,生活于现代都市的自由男女从中品尝出幸福主义和享乐主义的味道,并将其落实为寻觅新奇、探索经验边疆的快感冲锋,是一件十分自然的事情。

事实上,这也契合自由主义的价值原则。密尔说,作为自足的价值

---

① 关于这个问题,可参考本书中篇的有关分析。
② 滕尼斯:《共同体与社会》,商务印书馆1999年版,第184页。
③ 参见贝拉《心灵的习性》,生活·读书·新知三联书店1991年版,第49—51页。

主体,个人不仅可以自由表现自己的思想和言论,而且有正当权利顺应自己的性格,表露自己的趣味,发展自己的爱好,选择自己的生活方式。只要无害于他人,任何形式的生活试验都应当容许。因为,人性不是一架机器,不能按照一个模型铸造出来。追求个性表现不仅是每个人的自主权利,而且还是社会的创造和活力之源。"凡在不以本人自己的性格却以他人的传统或习俗为行为的准则的地方,那里就缺少着人类幸福的主要因素之一,而所缺少的这个因素同时也是个人进步和社会进步中一个颇为主要的因素。"①

因此,多样化滋育着创造生机,充分的个性发展构成了社会进步的必要条件。这是自由主义思想家反复阐释的一个重要道理。然而,既合乎这些理论精英的教导又多少有悖其本然意图的一个实际结果是,在现代生活方式的多样化探索过程中,个性表现一步步演化为追求感官刺激的放浪轻狂,最后,竟达到这样的程度,以至于怪僻成为常规,叛逆变得时髦,经验探险成了一场花样翻新且永无止息的时尚竞赛。鲍曼讲得好:

> 现代性是自我废弃过程中的一场无尽的和没有最终结局的演习。真正的现代并不打算延缓满足,而是被满足的不可能性。所有的成就只不过是它的典范的副本。"今天"仅仅是明天的先兆,或者更确切地说,是其初级的和残缺不全的折射。"现在所是"被"将要所是"预先就作废了。但是,它从这一废弃过程中获得了自身的价值和意义——它的惟一的意义。②

从某种角度来看,个体欲望的无阻碍的永续流动构成了现代性的典型特征。这一特征的渐次凸显,固然受到了自由主义价值观的思想激励,但其更重要的驱动,则来自社会基础结构的转型。如果说,货币经济和都市生活把个人从传统秩序与亲情关系的固定模式中抽离出来,造成

---

① 密尔:《论自由》,商务印书馆 1982 年版,第 60 页。
② Zygmunt Bauman, *Postmodernity and Its Discontents*, Cambridge:Polity Press, 1997, p. 71.

了现代自由个体的漂浮性生存,那么,随着技术的进步、经济的发展、物质匮乏的消除、闲暇时间的增多以及大众消费社会的兴起,狂纵不法的个性表现就更是自由得如鱼得水了。不妨援引贝尔特别提请注意的几项技术发明和社会学发明:

汽车。这是大众消费社会的象征。它对现代生活的影响不仅在于提供了便捷的交通工具,更重要的是扫荡了闭塞状态下的诸多生活规则。传统的道德习俗之所以令人感到压抑,一个重要的原因是,人们不能自由流动,躲避乡邻的窥探与监视。汽车时代的到来使这种状况为之一变。它作为密封的流动私室,"成了爱冒险的年轻人放纵情欲、打破旧禁的地方"[1]。

电影。这项发明蕴藏着巨大的煽情力量。它是窥视世界的窗口、逃避现实的寄所、白日梦和神话奇迹的无所不能的示范,更是寓教于乐的自由开放的大学校。在这所学校中,青年人学会了新派、时髦、行乐以及对陈规戒律和老式作风的嘲弄。

广告。这是现代文明的门面标记。它的作用不只是单纯地刺激消费需求,更重要的在于通过甜蜜的引导和诱惑,静悄悄地熏染人们的习俗。起初是衣着、饮食、举止、趣味发生改变,接着就是价值观念和生活方式来一个全盘的洗刷更新。广告是使人沉醉于物质享乐的迷幻剂。

分期付款。这是划分新旧时代的一项重要社会学发明。虽然这项发明最初主要被用作商业促销手段,但它的深刻影响却表现在价值体系的翻转方面。如果说,俭省节欲、延期补偿是工作伦理的最简洁表述,那么,分期付款所鼓励的则是超支购买、未劳先享和挥霍靡费。随着这项社会学发明的推广应用和深入人心,"文化不再与如何工作、如何取得成就有关,它关心的是如何花钱、如何享乐"[2]。

时至今日,自由主义价值观所驱动的现代文化已在物质崇拜和感觉

① 贝尔:《资本主义文化矛盾》,生活·读书·新知三联书店 1989 年版,第 114 页。
② 贝尔:《资本主义文化矛盾》,生活·读书·新知三联书店 1989 年版,第 118 页。

革命的道路上走得够远,也许应该停下来想一想它的合理限度了。工商精神的胜利和本能造反的成功,使刻板规矩与放浪形骸、冷漠自私与及时行乐成为现代人的两个面相。这样的面相能够称得上是健康的形态吗? 自由的冲动是否应该加以审慎的收敛和必要的约束呢? 文化保守主义者特别热衷于提出并强化类似的问题。

二、文化保守的积极解读

作为一股社会思潮,现代保守主义起源于对法国大革命的否定性反应。它的始作俑者是英国思想家伯克。在《法国大革命感想》一书中,伯克基于对传统价值的偏爱,对法国大革命彻底打烂旧秩序的过激行为给予了尖锐的批评。这种批评曾被法国复辟时期的贵族保守派思想家加以极端发挥。他们斥责启蒙哲学对个人理性的张扬和法国大革命对个人权利的滥用,将国家和社会瓦解成"个体性的尘埃和粉末",因而在否定的意义上最早明确使用了"个人主义"一词。① 他们的一个极端立场是,要为个人主义的泛滥纠偏,必须恢复神权和王权的绝对权威;而要使这种权威获得至高无上的尊严,最有效的办法是通过嗜血的刽子手来整顿纪律。②

但是,如此咬牙切齿的复仇冲动已很难用"保守"二字来概括。一些进步思想家将它斥为呼唤白色恐怖的"反动",显然是更准确的。随着专制制度被摧毁,现代社会按照自由主义的主导模式构建起一个基础平台,那种逆历史潮流而动的政治复辟已从根本上丧失了赖以生存的社会土壤。在这种背景下,"保守"的价值诉求日趋温和,并逐步定位于一种稳重守成的精神格调。这种格调通常表现为对传统、秩序、文雅、高贵、

---

① 参见卢克斯《个人主义:分析批判》,中国广播电视出版社 1993 年版,第 2 页。

② 梅斯特尔宣称:"一切权威、一切秩序都需要刽子手。他是人类社会中的恐怖力量,是把社会维系在一起的纽带。"(参见勃兰兑斯《十九世纪文学主流》第三分册"法国的反动",人民文学出版社 1988 年版,第 71 页)

教养、道德责任、社会义务、合法权威、群体聚合等等的价值偏爱。①但是，当保守主义者站在这样的立场上对自由主义制导的现代文化进行评判的时候，仍会流露出无法隐忍的鄙夷与尖酸。典型的例子是舍勒。

论及传统文化，舍勒常常使用神学—形而上学精神、生命情愫、高贵意识、英雄主义、道德共契、超验信仰之类的语汇；而一旦谈到现代文化，则往往使用工商精神、有用价值、市民德行、计算型理智、盈利欲、感官冲动之类的字眼。在舍勒那里，这两套词语系列虽有事实描述的功能，但从中折射出来的个人喜好也一览无遗。按照舍勒的分析，在整个古典时代，前一类德行品质统帅生活选择；随着现代社会的到来，后一种伦理取向则占据了主导地位。这样一种价值颠覆之所以发生，除开社会经济形态变化的背景因素，舍勒断言，关键是一种"怨恨"情结在起作用。其动机结构可解析为：由于新兴市民阶层的德性品质在传统的伦理评价秩序中处于较低位置，因此，他们心生怨恨并意欲将这一价值秩序来一个彻底的翻转。

根据舍勒的点评，第一种颠覆手法是自律诉求。它强调，道德评价只与主体的自我活动相关，并不存在一个恒定有效的客观的他律道德标准。归根到底，价值不过是主体的欲望和感觉的投射。因此，只要通过自己的力量和劳作在事业上取得成就，便应给予积极的道德评价。这样一来，支撑传统贵族伦理的先赋原则就被勾销，而在道德世界里原本"无权无势"的人或曰道德上的"无产者"的自我意识则迅速高涨。因为，"他所不能承受的'优良品性'的突出意义，其实已经贬值。他在道德方面的劳动汗水和老茧如今在最高价值的光辉中大放异彩！由于价值观的这一变换，落魄者的隐秘报复欲便发泄在品性优良者身上了"②。

---

① 霍尔姆斯将这种价值偏爱称为"反自由主义传统"。在他梳理的反自由主义谱系中，既有19世纪的梅斯特尔，也有当代的麦金泰尔。按照霍尔姆斯的看法，反自由主义的核心理念是梅斯特尔确定的，而麦金泰尔等人的社群主义事实上并没有贡献太多的东西。（参见霍尔姆斯《反自由主义剖析》，中国社会科学出版社2002年版，第17—19页）

② 舍勒：《价值的颠覆》，生活·读书·新知三联书店1997年版，第122页。

与自律诉求相联系的另一种手段是平权观念。按照舍勒的看法,在古典时代,存在着一种对何为高贵者、何为卑劣者的实质性规定。这种规定构成道德评价的客观原则,并维系和支配着整个伦理秩序及社会秩序。但是,现代价值观却以平等为旗号对这种秩序百般诋毁。它的反特权斗争,据舍勒诊断,实际上是一种将原本在伦理和社会秩序中处于高位者"拉下来"的投机取巧。因为,倘说在道德价值和道德力量方面人人平等,则惟一可能的评判尺度便是道德最低下者的尺度。就此而论,平等诉求隐藏着一种怨恨心理。"怨恨在目睹更高价值时欢乐不起来,它将其本性隐藏到'平等'的诉求之中! 实际上,怨恨只想对具有更高价值的人施以断头术,因为他们惹它恼恨!"①于是,那些由"启蒙""解放""进步"之类的言辞所编织起来的神圣光环,就被舍勒从现代自由主义价值秩序的头顶上剥除。照舍勒的评价,从传统到现代的文化变迁,充其量不过是一场为怨恨动机所驱使的奴隶造反罢了。耐人寻味的是,随着这场造反获得最终胜利,那些原本高高在上的贵族精英,反倒成了值得同情和怜悯的对象,可谓天翻地覆。

舍勒用"怨恨"来表征现代伦理精神的动机结构,意在透析其历史发生的深层机理,但是,他由此显示的文化保守取向,应该说是一目了然的。事实上,舍勒的保守性文化批评,若套用他本人的理论逻辑,似乎也有一种源自精神失落的怨恨情结。将这种怨恨情结转换成一种反现代文明的宗教原教旨诉求,并指望通过某种政治行动来使它获得社会法权,不仅荒唐,而且十分有害。这当然也不是舍勒的本意。如果说,舍勒的文化批评的确对现代文明的弊病作出了睿智的诊断,那么,要从传统文化中挖掘出富有建设意义的精神资源,则应在自由主义搭建的基础平台之上而不是之下来讨论问题。在这个方面,托克维尔的观点很有启发性。他在论及宗教的现代意义时指出:"宗教在这样的时代要比在其他任何时代都更加慎重自持,不要越出本身固有的范围,因为宗教要想把

_____

① 舍勒:《价值的颠覆》,生活·读书·新知三联书店 1997 年版,第 128 页。

自己的权力扩展到宗教事务以外,就有在一切事务方面失信的危险。因此,宗教应当注意规定自己的活动范围,只在这个范围内对人的精神施加影响,而在这个范围之外则任其完全自由。"①

政教分离是现代自由主义的一项基本原则。这个原则意味着,当考虑政治制度和社会政策的具体问题时,必须把宗教教义悬置起来。但是,人生意义之类的问题属于私人信仰,它不可能也不容许用政治的手段予以强制解决,由此彰显出宗教的积极功能。托克维尔讲,追求物质利益、爱好安乐,是民主时代的"突出的和不可消失的特征"。宗教不好让人们弃绝现世幸福,但却可以而且也应该对过度的物质欲求进行调节。"宗教的主要任务,在于净化、调整和节制人们在平等时代过于热烈地和过于排他地喜爱安乐的情感。"②此乃文化领域的精神督导和道德教化。从这个意义来说,贝尔把自己的立场归结为经济上的社会主义、政治上的自由主义、文化上的保守主义,堪称智慧老到的思想定位。③

按照贝尔的看法,文化的使命是一种终极关怀。其基本旨趣,在于通过意义解释系统的构建给面对生存困境的人类提供价值指引。④ 而推崇神圣感、敬畏感和秩序感,强调传统的统一性、聚合性与稳定性的"保守"取向,由于使人类记忆连贯,因而在延续文化生命、帮助人类对付生存困境方面是不可缺少的。鉴于现代西方保守主义思想家的政治与经济主张,容易使人们对"保守"一词产生误会,所以,我们可根据贝尔提示

---

① 托克维尔:《论美国的民主》下卷,商务印书馆 1991 年版,第 540 页。
② 托克维尔:《论美国的民主》下卷,商务印书馆 1991 年版,第 544 页。
③ 当代一些被称作保守主义或新保守主义的思想家,都有他们各自的政治经济主张。但这些主张,如控制国家干预、鼓励自由竞争、缩减福利开支、抵制过分的平等要求等等,仅仅作为凯恩斯和罗斯福新政以来相对激进的自由派纲领的平抑和纠正才显得"保守",实质上,它毋宁是向洛克、斯密为代表的自由主义"原教旨"的某种复归。贝尔把自己的立场表述为"经济上的社会主义、政治上的自由主义、文化上的保守主义",其实是在追求着一种互补的思想复合。
④ 参见贝尔《资本主义文化矛盾》,生活·读书·新知三联书店 1989 年版,第 24 页。

的思路，从文化层面对保守主义的思想蕴涵进行解读。其典型特征可简要地概括如下：

首先，在否定的意义上，文化保守主义立足于道德约束，对个性自由的负面社会效应持批评态度。这里所谓的负面社会效应，主要指个人独立无羁的自我表现和自我满足所造成的文化失范。几乎所有的文化保守主义者都认为，自文艺复兴运动倡导个性解放开始，西方文化就潜伏下虚浮狂热的病灶。随着历史的演进，这种病灶不断释放出反传统、反秩序乃至"反文化"的颠覆性能量，终于在当代导致了一种甚为普遍的无政府生活方式。但是，由于对各种类型的外在强制和独断高压保持警觉，现代大多数具有保守主义倾向的思想家对个性尊严有一种基本的认同。其"约束自大狂"的主张不是政治偏激，也不是回到前现代，而是协调过去与未来，在个性自由和道德约束之间保持一种合理的张力。贝拉指出："虽然分离化和个体化对于摆脱过去的强权制度、解放自己是必要的，但为了避免走向事物的反面，引起自我毁灭，就必须用新的责任心和社会感去制衡分离化和个体化的倾向。"① 说到底，对传统的凝聚力保而守之，是为了使个性自由发展得更合理、更健康。"如果分离化和个性化的精华即个人尊严和自主要得以维持，就必须实现一种新的社会聚合。"②

其次，在肯定的意义上，文化保守主义尊重传统，尊重权威，尤其强调信仰的虔诚。"我在文化领域里是保守主义者，因为我崇敬传统……还认为有必要在判断经验、艺术和教育价值方面，坚持依赖权威的原则。"③这是贝尔的自我表白。在文化保守主义者看来，个性自由并非不可取，问题在于，当它在反传统的轨道上不断膨胀的时候，将不可避免地侵蚀和冲击道德堤坝，最终演化为病态的虚无主义和自恋主义。与之相

---

① 贝拉：《心灵的习性》，生活·读书·新知三联书店1991年版，第416页。
② 贝拉：《心灵的习性》，生活·读书·新知三联书店1991年版，第429页。
③ 贝尔：《资本主义文化矛盾》，生活·读书·新知三联书店1989年版，第24页。

反,以道德约束为特征的传统文化,一方面通过划分神圣和亵渎的界限,严守邪恶的大门,使人们对是非善恶有一种敏锐的感觉;另一方面又借助教化和培养,使人们在道德理想的感召下孜孜以求,不断趋向一种崇高庄严的光明境界。这对疗治现代人那种"一切皆虚无"的目标失落以及"一切皆允许"的狂纵不法,很有针对意义。因此,"在传统中寻找营养,然后积极地、有创造性地把它运用于当今现实"①,便成为文化保守主义的基本口号。

最后,基于上述原因,文化保守主义对文化传承的稳定性和延续性有一种价值偏好,而对斩断传统巨链的新奇性探索,特别是激进的文化变革怀有近乎本能的抵触。塞西尔称之为"厌恶变化的心情"②。保守主义的一个基本看法是,社会是一个以过去为根基的有机体。它通过世世代代的演化积累才扩展成现在的样子。因此,不应错误地把社会简化成一部机器,以为通过短时间的努力就可将它整体拆卸和全盘组装。即若变革势在必行,它也应审慎节制,循序渐进,并且必须从传统的经验智慧那里寻找可靠的向导。此乃稳重守成。如果说,必须同过去的传统保持连续性,以免打乱秩序,引发震荡,构成保守主义的一般要求,那么,照贝尔的理论逻辑,这一要求似乎尤其适用于文化领域。因为,同直线型、加速度的技术—经济进步相比,"在文化中始终有一种回跃,即不断转回到人类生存痛苦的老问题上去"③。这一特点使传统在意义阐释方面富有恒常的生命。因此,无拘无束的叛逆冲动和一味求新的经验探奇,在撕裂传统纽带的时候会斩断生存的意义根基,而根基被斩断的个人,只能是一个无家可归的文化漂泊者。

这样,文化保守主义便凸显出一个观照和评判个性自由浪潮的思想维度。在文化层面,或者更狭义地说,在道德伦理层面,这个维度是不能

---

① 贝拉:《心灵的习性》,生活·读书·新知三联书店 1991 年版,第 439 页。
② 塞西尔:《保守主义》,商务印书馆 1986 年版,第 3 页。
③ 贝尔:《资本主义文化矛盾》,生活·读书·新知三联书店 1989 年版,第 59 页。

为自由主义和个人主义所涵盖的,至少是不能完全涵盖的。① 正因如此,通过它,我们可以对个性自由的历史变迁及其产生的社会文化效应进行批评反思。在文化保守主义者那里,这种批评反思可能有些夸张,甚至带有浓重的偏见,但这并不是勾销其历史合理性与价值正当性的充足理由。反过来说,不论文化保守主义对个性自由的批评如何深刻、如何切中要害,也绝不等于它代表着惟一合理的价值取向。问题的关键在于合理的限度。从某种意义上讲,文化保守主义像一个汽车制动器,它审慎地守护着道德边界;而希望达到充分自由的功利追逐和个性表现,则趋向于不断加大马力,冲破这一道德边界。因而可以借用塞西尔的一段名言来表达两者的相互关系:

> 虽然乍看起来守旧思想似乎是同进步直接对立的,但它却是使进步变得稳妥而有效的一个必要因素。守旧思想的审慎态度必须控制追求进步的热情,否则就会招致祸害。人们在整个进步过程中的一个首要的、虽然确实不是惟一的问题,就是如何以正确的比例来协调这两种倾向,既不致过分大胆或轻率,也不致过分慎重或迟延。②

三、合理约束自然欲望

在社会结构方面,现代文明的兴起表现为传统意义的共同体的瓦解。"社会的基本单位不再是群体、行会、部落或城邦,它们都逐渐让位给个人。"随着这类"新人"的出现,对地理和社会新边疆的开拓,对

---

① 这并不意味着在文化保守主义与现代个人主义或自由主义之间不存在任何形式的渗透联系。事实上,我们既难找到纯粹的自由主义者,更难找到纯粹的保守主义者。所谓文化保守主义,严格讲来是一种文化问题上的保守取向。笔者在讨论中把伯克、托克维尔、韦伯、舍勒、熊彼特、贝尔、麦金泰尔等人归于这个取向之内,并不是给他们盖棺定性,而只是说,他们的文化观包含着明显的保守主义思想因素(不论他们是否自认为,或通常被别人认为是保守主义者);而这种思想因素对反省个性自由的负面效应是一个很好的参照坐标。
② 塞西尔:《保守主义》,商务印书馆1986年版,第8—9页。

自然欲望和主体潜能的激发,都达到了前所未有的程度。经济领域的资产阶级企业家堪称这类"新人"的典型代表。"他一旦从传统世界的归属纽带中解脱出来,便拥有自己固定的地位和攫取财富的能力。他通过改造世界来发财。货物与金钱的自由交换,个人的经济与社会的流动性是他的理想。自由贸易在其极端意义上就成为'猖獗的个人主义'"①。

因此,当资产阶级企业家这一人格类型将财富追逐视为最高目标,并在功利谋划的生活旅途上玩到得心应手地步的时候,其榜样的力量会自然而然地把人们引到利己主义和唯我主义的方向。这个方向即便不被公开宣示,至少也是一种隐秘的生活逻辑。倘对这种逻辑加以解剖,则利己主义者和唯我主义者便是这样一种人:他强调他的生命只有一回,因而尽情享受生活正当合理。他承认社会进步符合他的利益,也赞成别人履行他们的义务并把公益奉为至上,但他不想弄明白为什么他应关心别的社会成员。在他看来,他与这些人并无个人联系,因此也就不承担为之作贡献的任何义务。他愿意按道德准则行事,如果这样做对他有利的话;但是,如果不符合他的自身利益或者能够逃避惩罚,他就会无视这些准则。他也不为这样的异议所动,即,假如每个人都像他那样行事,信任会荡然无存,公共秩序的维持将面临威胁。他并没有说每个人都要像他那样。相反,果真如此便不与他的自身利益相符,因为,当别人也成为唯我主义者的时候,他不可能悠然自在。但是假定绝大多数人都不是唯我主义者,那么,做这样的唯我主义者正符合他的自身利益。

然而问题在于,同他一样,别的社会成员也都只有一次生命。由于这一点,做个不道德的唯我主义者若对他是合理的,则对别人也同样是合理的。但是,做不道德的唯我主义者对任何人都是合理的吗? 如果承认这种合理性,那就会使整个社会秩序彻底陷入紊乱。在文化保守主

---

① 贝尔:《资本主义文化矛盾》,生活·读书·新知三联书店1989年版,第62页。

者看来,这是自由主义和个人主义价值哲学无法解开的一个悖论。按照他们的见解,不管现代化进程怎样释放出个人的创造能量,并由此带来文明进步,一种更开阔的思想视界必须把握这样一种历史辩证法:现代化进程在使个人挣脱传统纽带束缚的时候,也使他丧失了任何"必然的社会身份";它不仅教会个人怎样设计和实现一个独立的"自我",而且也鼓励个人消解原本为他提供终极归属并据以判断其行为的道德准则的限制。① 文化保守主义者强调,正是问题的后一个方面使他们有理由对个性自由浪潮发出批判性的质疑。这种质疑可以概括为三个相互缠绕并依次递进的追问:

1. 个人自然欲望的释放应不应该接受必要的约束?

当敬重传统的文化保守主义者发出这一追问的时候,他们心目中已经有了相当确定的答案。麦金泰尔指出,传统道德体系本质上是一种目的论体系。在这一体系中,"偶然成为的人",即原始的感性欲望和自然的生命形态,本身并不具有"应当"的价值意涵,只有"认识到自身基本本性后可能成为的人",才足以标识人生的道德目的。两者形成鲜明的比照。因此,道德伦理的基本使命,就在于阐释人的生存意义,规约人的实际行为,塑造人的精神品格,激励和促使其向崇高的理想境界不断攀升。②

但是,这样一种道德体系在现代文明浪潮的冲击下逐步瓦解了。一方面,由实证科学的成长所带动的理性化过程,首先为自然"解除魔咒";而它在认知和征服自然方面所取得的成功,又鼓励其信奉者进一步否弃了人性问题上的目的论构架。结果,"认识到自己真实目的后可能成为的人"的概念被冲淡或取消,而未经教化的人,即受本能欲望支配的自然人,则作为经验事实构成了现代伦理建构的基本出发点。另一方面,由商品经济的发展所推动的世俗化过程,不仅把个人从传统归属纽带中剥

① 参见麦金泰尔《德性之后》,中国社会科学出版社 1995 年版,第 44—45 页。
② 参见麦金泰尔《德性之后》,中国社会科学出版社 1995 年版,第 67—68 页。

离出来,成为独立的自主行为者,而且以反禁欲的方式,将功利谋划提升成了个人现世生活的至上目标。这样,传统意义的超验价值关怀遭到否决,而感性欲望的公开排释和物质利益的自由追逐,则被合乎逻辑地宣布为个人与生俱来的天赋权利。

由此不难理解伯克与启蒙思想家的争论。启蒙思想家从反禁欲的立场出发,对个人感性幸福追求的正当性给予了充分的肯定。对他们来说,"个人利益是个人行为价值的惟一而且普遍的鉴定者"[1]。但是伯克却强调,一旦取消偶然形成的现存状态同本该如何的道德关切的重要对照,对个人自然权利的张扬将不可避免地危及社会共同体的生存基础。因为,"文明社会的最早的起因之一,也是它的基本的法则之一,就是不容许任何人为自己判断是非"。按照伯克的理论逻辑,仅当人们愿意生活在蒙昧状态之下的时候,才可以谈论不受约束的天赋自由;而要在文明社会也保全这样的自由,则办不到也不容许,除非想让整个文明拱架在纷争中被炸毁。因此,只要有起码的社会责任心和历史责任心,那就必须承认抑制个人自然欲望的必要性和正当性。在这个意义上,伯克甚至认为,"约束应该和自由一样,被看作人类的权利"[2]。

伯克把约束提升到人类权利的高度,就其基本意向来说,并不是渴望恢复中世纪那样严酷的社会控制。随着历史的进步,恢复那种社会控制既是不可能的,也是不可取的。但是问题在于,反对一种特定形式的独断高压,是否可以理解为取消任何公共权威和道德约束的充足理由?在文化保守主义者看来,如果作这样的推演,至少在逻辑上意味着文明法则的崩溃。由于这一极端状态十分可怕,一些理智的自由主义思想家也不得不承认,个性自由应该有一个合理的限度与范围。但是,文化保守主义者接下来又提出了新的问题。

---

[1] 爱尔维修:《论精神》,载北京大学哲学系编译《十八世纪法国哲学》,商务印书馆 1965 年版,第 460 页。
[2] 伯克:《法国大革命感想》,载北京大学西语系编《从文艺复兴到十九世纪资产阶级文学家艺术家有关人道主义人性论言论选辑》,商务印书馆 1971 年版,第 134—135 页。

2. 如果约束个人自然欲望的无度释放是使进步变得稳妥而有效的一个必要因素,那么,以个人为本位的自由主义伦理是否包含提供这种约束的文化资源?

对于这个问题,自由主义思想家给出过两种典型的回答。第一种回答诉诸的是理性谋算。它把趋乐避苦看作人的自然本性,而把社会生活理解为一个广义的交易场所。因此可以作出如下推论:当个人进入这个交易场所的时候,基于对切身利害的左右权衡,他会适当收敛可能给自己带来更大损失的过度贪欲,理智地坐下来和竞争对手谈判,以互利的方式达到自利。第二种回答诉诸的是共同情感。这种回答以人所共有的某种怜悯、同情之心作为人的自利倾向的必要校正。斯密称:"人,不论一般认为如何自私自利,在他的本性中总明显存在某些因素,这些本性的因素使他关怀别人的祸福,使别人的幸福成为对他本人的必需,即使他在这别人的幸福中,除了看到这幸福而引起的快慰以外,并无丝毫利得。怜悯或者同情,便属于这一类性质。"[1]所谓"悲人之所悲、哀人之所哀"的情感共鸣,表明人不仅有自私之欲,而且有利他之心。这是施仁爱、行正义的道德基础。

但是,以上两种辩护,在麦金泰尔看来非但不充分,而且暴露出了一个深刻的矛盾。因为按照功利型个人主义的理论逻辑,一当认为人具有本性利己的倾向,则利他主义就立刻成为社会所必需的,但又显然是不可能的了。[2] 问题的关键在于,自由主义一方面执著于原子式的独立自我,另一方面又将利益追逐看作个人的自然本性和正当权利,这使它在论证公共道德标准的必要性的时候,只能诉诸一种"利益交换中的相互性互惠立场"[3]。但是,"如果诸如正义和守信这类规则是因为且仅仅因为它们有利于我们的长远利益而应遵守,那么当它们不能使我们得到,

---

① 斯密:《道德情操论》,载周辅成编《从文艺复兴到十九世纪资本主义哲学家政治思想家有关人道主义人性论言论选辑》,商务印书馆1971年版,第575页。
② 参见麦金泰尔《德性之后》,中国社会科学出版社1995年版,第288页。
③ 麦金泰尔:《谁之正义? 何种合理性?》,当代中国出版社1996年版,第293页。

并且违反它们没有任何不利后果时,违背这些规则为什么不能证明为正确呢?"[1]这是自由主义伦理无法穿透的一个理论盲点。它不仅使乞灵于同情、怜悯之心的努力显得十分幼稚,而且根本就是一种遮掩问题实质的虚构。对于以个人为轴心的自由主义来说,一种客观、普适的公共道德标准是很难成立的。

那些为个人自由辩护的思想家喜欢对超个人的社会权威提出质疑。在他们看来,个人利益的多样性和异质性,使他们的追求不可能与任何单一的道德目标相吻合。伯林强调,价值多元意味着存在多种生活形式。只有当一个人凭借自己的经验和理智作出独立选择,从而掌握自己的生活道路时,自由才是真确的和可贵的。如果诉求某种社会权威,那将不仅对个人自由选择形成可怕的极权主义约束,而且会由此伤害个人的道德良知。[2] 哈耶克指出:"只有当我们对我们自己的利害关系负责并且有牺牲它们的自由时,我们的决定才有道德的价值。"因此,在必须作出选择的范围内,我们"有安排自己行动的自由,以及有责任依照自己的良心安排自己的生活,这是道德观念能够成长、道德价值能在个人的自由决定中逐日得到再造的惟一气氛"[3]。

确实,如果不是倡导盲目服从,道德责任的承当必须以人格的独立为前提。对于这一点,现代大多数文化保守主义者并不一概否认。但是即便如此,他们也始终强调,道德是在自由中被接受的,却不是被个人自由意志所创造的。自由主义伦理的一个难题在于,它主张每个人都可以自由选择那种他想成为的人以及他所喜欢的生活方式,从而支持了一种价值相对主义立场。但是这个立场一旦流行开来,人们的道德判断就随之成为不可通约的了。在这种前提下推崇自由选择,其实践结果将不可避免地演化为随心所欲。托克维尔批评个人主义"会使公德的源泉干

---

[1] 麦金泰尔:《德性之后》,中国社会科学出版社 1995 年版,第 64 页。
[2] 参见 Isaiah Berlin, *Four Essays on Liberty*, London:Oxford University Press, 1969, pp. 171 - 172.
[3] 哈耶克:《通向奴役的道路》,商务印书馆 1962 年版,第 202 页。

涸"，"最后沦为利己主义"，①原因即在于此。贝尔指出："个人主义的精神气质，其好的一面是要维护个人自由的观念，其坏的一面则是要逃避群体社会规定的个人应负的社会责任和个人为社会应做出的牺牲。"②从这个意义来看，自由主义伦理作为组织良好社会生活的原则和方法是不充分、不完全的。倘若个人自然欲望的释放确有施以道德约束的必要，那就应该到个人主义之外寻求某些富有建设意义的文化资源。但是自由主义本身能够做到这一点吗？文化保守主义者对此表示怀疑。他们于是发出了进一步的追问。

3. 假如自由主义不包含或不充分包含提供道德约束的文化资源，它的负面效应将会达到什么程度？

回答这个问题，需要重新反思历史。由于现代文明的成长在很大程度上依赖于个人潜能的开掘，所以，当一个个"小我"摆脱传统的束缚，在追求自我利益最大化的过程中实现其人生价值的时候，几乎所有的进步思想家都对此表示了肯定。历史进步等于自由创造，等于个性解放，等于反禁欲和反传统，成了一种习惯的思维定势。但是，现代文化保守主义者却认为，这种思维定势存在着极大的片面性。在他们看来，即使个人自利原则蕴含着巨大的创造能量，要将这种能量的释放纳入一个健康轨道，也必须借助另外一套原则的积极配合。这另外一套原则来自传统伦理。

文化保守主义者的一个基本看法是，以个人自利为原则的市场体系的最初运行，是稳固地靠在前市场社会的精神气质的肩上的。正是传统伦理所强调的责任、义务、信用、承诺、勤劳和节俭等等，通过对个人贪欲的限制，给初创阶段的市场体系的合理化和有序化提供了重要的道德基础。在这个意义上，一种健康的市场规则的确立，与其说是纯粹的个人作品，不如说是对无拘无束的个人施以督导的产物。文化保守主义者强

① 参见托克维尔《论美国的民主》下卷，商务印书馆 1991 年版，第 625 页。
② 贝尔:《资本主义文化矛盾》，生活·读书·新知三联书店 1989 年版，第 308 页。

调,那些世俗的个人主义、自由主义、功利主义哲学之所以被人们接受而较少考虑其负面效应,就起源来说,也部分地在于它受到了影子一般的传统道德遗产的约束或支撑。早期的自由主义者,如斯密,曾或多或少地把这种约束或支撑视为理所当然,因而未对它作过多的评论。但是斯密的后继者们却在传统道德遗产受到严重侵蚀因而也是最为需要的时候将它忽略了。在文化保守主义者看来,由于约束个人贪得无厌的需求和欲望,传统道德遗产以弥补个人自利原则之缺陷的方式为市场交易的正常进行提供了限制性保护。就此而论,它不仅是市场体系的初始条件,而且是其持续存在的条件。"自由主义这些年来一直能不断存在下去,是因为它所产生的个人主义始终是不完全的,得到古老的戒律和忠诚,以及地方的、伦理的、宗教的稳定模式的调节。未经此调节的自由主义是无法长期存在的⋯⋯自由主义对其历史性限制的胜利将是一场危机。"[1]

但难以逆转的是,自由主义、个人主义按照自身的内在逻辑勇猛地突破了在它看来不过是绊脚石的一切传统边界。它不仅把个人的自然欲望公开释放出来,而且动用各种各样的舆论宣传手段,给追求世俗幸福的原子式个人提供缓解焦虑的祷文,进行洗刷负疚意识的心灵蒸气浴。经过不断的蒸发,自由主义逐步耗尽曾对其予以限制的传统道德遗产,它变得纯粹了,单一了,也缩小了,或者不如说膨胀了。结果,"我们的欲望成为一种我们必须尊奉的神谕圣言"[2]。文化保守主义者强调,尽管自由主义思想家也承认个人利益有一个专属于他自己的正当范围,但是,由于其批判矛头主要不是指向个人的过分自由,而始终是由社会督导和约束所带来的个人的过分不自由,因此,他们在生活实践中激起的文化效应,将趋向于一种狭隘的自我中心主义。托尔维尔指出:"个人主义是一种只顾自己而又心安理得的情感,它使每个公民同其同胞大众隔

---

[1] 库马:《资本主义发展中的前资本主义和非资本主义因素》,载海尔勃罗纳编《现代化理论研究》,华夏出版社 1989 年版,第 34—38 页。
[2] 布鲁姆:《走向封闭的美国精神》,中国社会科学出版社 1994 年版,第 185 页。

离,同亲属和朋友疏远。因此,当每个公民各自建立了自己的小社会后,他们就不管大社会而任其自行发展了。"①

　　文化保守主义者倾向于在封建体系和传统道德之间作出审慎的区分。按照他们的看法,以自由竞争为基本原则的市场经济的发展,需要打破封建体系的禁锢,但其合理、有序的运作,却离不开传统道德遗产的隐性支持。可是问题在于,当自由主义作为主导性的价值观念获得文化霸权之后,不断膨胀的自负使它对于传统道德遗产提供的给养压根就缺乏意识。在它的心目中,传统戒规最好不过是某种不必要的负担,而最坏则是前进道路上的障碍,因此要么对其漠然处之,要么就是有意的敌对。这样,在自由主义的驱动下,资本主义的发展在打破封建禁锢的同时,也把传统道德体系负载的价值意义一并抛弃了。于是它就按照自身逻辑卷入了一场"创造性的毁灭"的风暴。② 对它来说,任何创造都是对旧有界限的毁灭,而且不毁灭旧有的界限就无法进行创造。虽然由于使物质财富滚滚而来,这股风暴被认为是资本主义的巨大成功,但是熊彼特指出,成功背后隐藏着负面,因为它砸碎的前资本主义文化镣铐,也曾给它以必要的支持和庇护。而一当完全摒弃这种庇护,资本主义终有一天无法消受它成功的美酒,不仅会醉倒,甚而会中毒,以致在某种意义上说,它将因为自己的成功而一步步走向衰败:

　　　　在破坏前资本主义的社会制度时,资本主义就这样不仅破坏了妨碍它前进的障碍而且拆掉了阻止它崩溃的临时支架。这个以其残酷无情的必然性而予人以深刻印象的过程,不仅仅是一个消除制度上的枯枝败叶的过程,而且也是一个赶走资本主义阶层共生的老伙伴们的过程,和它们共生在一起,原是资本主义图式的本质要素。③

①　托克维尔:《论美国的民主》下卷,商务印书馆 1991 年版,第 625 页。
②　参见熊彼特《资本主义、社会主义和民主主义》,商务印书馆 1979 年版,第 105 页。
③　熊彼特:《资本主义、社会主义和民主主义》,商务印书馆 1979 年版,第 174 页。

四、道德生态的失衡与重建

在现代性的成长过程中,随着传统社会结构的瓦解而出现的独立个体不仅有企业家,而且有艺术家。两相比较,艺术家更推崇激情、灵感与想象。他们不仅热衷于一种独创性的自我表现,而且往往使这种自我表现采取反功利、反理性、反道德禁忌的极端形式。对他们来说,物质崇拜卑污庸俗,制度规范枯燥乏味,惟有摆脱世俗羁绊的自由人生才值得大书特书。这样,以企业家为代表的"功利型个人主义"和以艺术家为代表的"表现型个人主义"便似乎岔入了两个相反的轨道。

然而这只是问题的一个方面。问题的另一个方面在于,个人主义的这两种类型实际上都与传统道德规范相冲撞,并且因为这种冲撞而在历史变迁中发生了进一步的品格错位。韦伯曾经注意到,随着按效益原则运转的市场经济逐步成长为一个自律体系,新教伦理的道德监护权将不可避免地被剥夺;而一当经济冲动力成为惟一的主宰,财富的追求便会丧失其原有的宗教涵义而趋于同纯粹世俗的情欲相关联。[①] 正是在这里,潜伏着禁欲苦行的工作伦理向纵情享乐的"消费道德观"蜕变的可能性。按照文化保守主义的基本思路,倘说这种可能在今天已经成为现实,那么一个需要深入探讨的问题就是:"表现型个人主义"在这个过程中扮演了一个什么样的角色? 它是否同其他社会因素相配合或者以某种特殊方式促成了这一蜕变?

从历史上看,用艺术阐释人生意义的努力始于文艺复兴。其积极倡导者是一些人文思想家和浪漫思想家。他们之所以用艺术对人生意义重新加以解说,是为了填补近代世俗化和理性化潮流不断消解超验价值所造成的巨大精神空白。实际上,这是一个信仰的重建问题。但是,作为新时代的产儿,当人文思想家和浪漫思想家用艺术替代宗教接过生命

---

① 参见韦伯《新教伦理与资本主义精神》,生活·读书·新知三联书店 1987 年版,第 142—143 页。

价值的核准权的时候,他们从一开始就确立了一个朝着松弛和放纵一端移动的方向。彼特拉克的逻辑是:我不想变成上帝,而只追求那种属于人的光荣。拉伯雷给他向往的新人拟定了一条规则:想做什么便做什么。卢梭为了展示自己的率真,不仅敢于像述说自己的忠厚善良一样暴露自己的卑鄙龌龊,而且在暴露自己的卑鄙龌龊时表现了一种有点像述说自己忠厚善良一样的平静。后来的新潮个性干脆将在卢梭那里已经变得徒具形式的"忏悔"字眼抛诸脑后。拜伦视激情和狂热为沛然不息的生命本源,他对传统戒律和世俗陈规的回答是"独自反抗你们全体"。惠特曼追求一种自由狂放、无所羁绊的人生,于是在《自我之歌》中不加掩饰地发出了"我赞美自己,歌唱自己"的高声大叫。很显然,按照这样一种精神品格,人的生存意义已经与传统的连续性巨链脱钩,而仅仅与自我的个性或者自我经验的奇特性相关了。

在现代性的生成过程中,褒扬生命情感原是谋求个性解放的一个重要路径。但是,当新文化的弄潮儿沿着这条路径迅跑的时候,他们不仅将批判锋芒指向严酷专断的封建纲常,而且往往指向一般意义的道德禁忌和文明规范,结果就以不断加剧的叛逆姿态,一步步扫荡了传统伦理,特别是宗教信仰极力强调的那种对丧失约束的自发本能和感性趣味的恐惧。按照贝尔的看法,传统宗教本质上具有一种约束性品格。它通过区分神圣与邪恶两个领域而给人们的行为设定了一条不得逾越的道德边界。但是,现代文化从承接同邪恶打交道的任务的那一天起,就提出了"艺术自治"的要求。它把着眼点放在自我经验的奇特性上,声称一切都可以探索,什么都可以表现和咀嚼玩味。由此造成了权威中心从神圣到亵渎的转向。①

可以想见,这个转向一旦演化为声势浩大的社会风潮,会给崇尚自由的男男女女们带来多么强烈的激动。因为它使人从上帝的监护下解放出来,也就意味着使人免受负罪感的折磨,在越来越大的程度上摆脱

---

① 参见贝尔《资本主义文化矛盾》,生活·读书·新知三联书店 1989 年版,第 208—209 页。

"囿于善恶去判别人类行为的长久专制"①。似可断言,"表现型个人主义"必将以价值虚无主义作为它的极端表现形式。因为人们在张扬自我的过程中愈发贪得无厌的胃口,最终使他们领悟:充分的自由只有在意识不到道德时才可获得。事实上,这也就是大多数文化保守主义者特别厌恶尼采的原因所在。按照他们的看法,尼采以"上帝死了"的决然口气宣布最高价值的沦丧,就等于说区分是非善恶的道德边界已完全消失。人既可以超越于善恶之外,羞耻感、负疚感也就被连根拔除。潘多拉盒子于是被彻底打开,魔鬼纷纷出笼。色情、淫欲、暴力等等按传统道德标准属于邪恶的东西,现在光明正大地成了人们在艺术创作乃至日常生活中的探索对象、表现对象和欣赏对象。这样,在虚无主义的文化土壤上合乎逻辑地盛开了媚人的"恶之花"。②

正因如此,文化保守主义者以否定的口吻批评说,随着虚无主义之风的盛行,严肃地检视生活既不再可能,也不再成为需要了。③尼采曾为自己是历史上"第一位非道德论者"④而感到自豪。但是严格讲来,所谓非道德主义是就那种具有客观性和绝对性的传统道德标准的翻转而言的。事实上,尼采用"我为什么这样智慧""我为什么这样聪明""我为什么就是命运"等等作为其自传的标题,恰好从另一个方面说明,他通过否定传统道德标准那种非个人的客观性和绝对性,而使道德判断成了纯粹个人的主观、相对的东西。按照这种逻辑,自我是惟一的权威中心。他可以"为自己颁布自己的新法则以及他自己的新的德目表"⑤。从这个角度来看,不论尼采的思想表达多么具有形而上的思辨意味,其核心观点都能被给出一种形而下的通俗理解。布鲁姆将这种理解概括为:"谁要想成为受人尊敬的和高贵的人,就不能追求或者发现善的生活,而要去

① 布鲁姆:《走向封闭的美国精神》,中国社会科学出版社1994年版,第146页。
② 关于这个问题,可参考本书下篇的有关分析。
③ 参见布鲁姆《走向封闭的美国精神》,中国社会科学出版社1994年版,第147页。
④ 尼采:《权力意志——重估一切价值的尝试》,商务印书馆1991年版,第100页。
⑤ 麦金泰尔:《德性之后》,中国社会科学出版社1995年版,第324页。

创造他自己的'生活样式'。"①

　　用不着仔细分辨就可以看出，这样一种价值观念一旦流行开来，会给强调禁欲苦行的新教伦理以多么巨大的冲击。贝尔曾注意到，新教伦理的瓦解与大众消费社会的兴起有关。它在很大程度上是由汽车、电影、广告、分期付款等技术发明和社会学发明促成的。但是另一方面，汽车之所以被当作自由逃离邻居的窥探目光从而可以打破旧禁的流动私室，电影之所以成为展示摩登样板的窗口和传授快乐技艺的学校，广告之所以能对人们的欲望和趣味构成强有力的牵引与刺激，分期付款之所以腐蚀工作伦理而成为驱动享乐主义的便利手段，从一种相当确定的意义来说，又都是与追求自我经验全面提升的文化风尚，特别是虚无主义由于勾销善恶界限而给自由个性以极大的心理解脱密不可分的。因此结论是，"表现型个人主义"不仅同其他技术发明和社会学发明相配合，而且以其独特的颠覆性能量，促成了干涉冲动的"行善道德观"向放浪不羁的"娱乐道德观"的蜕变。这一蜕变堪称一百八十度的乾坤挪移：在过去，满足违禁的欲望使人产生负罪感，但在今天，如果未能得到欢乐，就会降低人的自尊心和自信心。

　　"娱乐道德观"的蔓延给个人主义赋予了哪些新特征并进而引发了什么样的社会文化后果，是一个非常复杂的问题。但是按照文化保守主义者的评论，最重要的或许有两点。其一是理想崇高的扫荡。麦金泰尔指出，由于以价值虚无为凭借，现代个人主义对自我的迷恋已成为"朝向和进入一种不再有任何明确标准的境地的运动"②。作为没有任何先在本质的虚无，个人是一组永远保持开放的可能性。他可以扮演任何角色，采纳任何观点，因为他本身什么也不是，什么目的也没有。这种存在状态使他无力也不愿进行崇高责任的承担。对他来说，即便在选择时发生内心冲突，充其量也不过是"两种偶然的主观随意性在心中的相遇"③。

---

① 布鲁姆：《走向封闭的美国精神》，中国社会科学出版社 1994 年版，第 148 页。
② 麦金泰尔：《德性之后》，中国社会科学出版社 1995 年版，第 297 页。
③ 麦金泰尔：《德性之后》，中国社会科学出版社 1995 年版，第 43 页。

至于由此产生的烦恼,则可以用轻松的心理疏导来化解。在这个意义上,"娱乐道德观"的流行塑造出一种安闲自在的生活风格,似乎在我们这个自由开放的时代,那种终极价值关怀的严肃、庄重和痛苦是完全多余的和不必要的。因此就有"花花公子"哲学为人们作开导。怎样才算花花公子?"他必须把生活看作不是泪水之谷,而是快活的时光;他必须愉快地工作,却不把工作看作生活的终结和一切;他必须是一个机灵的人,一个明白的人,一个有审美能力的人,一个对于享乐敏感的人,一个并未获得酒色之徒或浅薄的文艺爱好者的污名、却能充分享受生活的人。"①

事实上,不背酒色之徒的污名只不过是一种障人耳目的说法,而且对于"花花公子"来讲也并不重要;重要的是"能够充分享受生活"。但是文化保守主义者指出,如果打破道德禁忌而无拘无束地开发经验边疆,那么,享受生活骨子里永远都不可能充分。一个典型例证就是,在早年美国那场著名的禁酒运动中,对酒的渴望曾被提到向往自由的高度。但是这个高度在今天显然已被超越,只有大麻、可卡因、海洛因带来的刺激才能给人以更亢奋的高峰体验。文化保守主义者由此断定,"娱乐道德观"的蔓延不仅会荡涤理想崇高,而且会引发另一个更严重的社会后果,那就是道德生态的破坏。

文化保守主义者反复强调,放纵和约束的关系是一个关乎文明命运的根本性问题。虽然他们不赞同原教旨分子那种把道德热忱政治化的偏执主张,但却始终认为,对人的自然欲望予以督导和节制,不仅在价值上是正当的,而且对文明的健康发展来说也是必需的。他们从这个意义来理解宗教和道德的功能,也按照同样的思路来理解文化的意蕴。因为,如果说文化体现了人类超越动物状态或自然状态的努力,那么它在本质上便是培养和教化。但是,自近代以来不断高涨的"表现型个人主义"潮流,却把这种培养和教化看作对人的自然本性的过度禁锢、无理干

---

① 宾克莱:《理想的冲突》,商务印书馆1986年版,第45页。

涉乃至于专门塑造伪君子的道貌岸然。因此,一代又一代的新潮个性便以寻求自由、解放和真诚的名义,展开了对原被锁住的情欲边疆的奋力开拓。他们首先在情感体验中为自己构造一个小世界,接着用生命意志的重锤将长久受人尊奉的最高价值打翻在地,最后则在本能冲动中跳起了享受胜利果实的欢乐歌舞。如果说,培养、教化同自发、任性构成对立面,那么,将反传统、反理智、反道德禁忌、反制度规范推到极致,无疑就是消解一切既定秩序以实现"零度结构"的反文化了。①

根据贝尔的解析,作为一种社会风潮,反文化从生成机制来看乃是"天才民主化"结果。② 在一极,那些为生命意义寻求哲理阐释的文化精英或许有某种形而上的价值关切,但是这种关切一经转到文化大众的另一极,就往往被当作单纯的刺激物来接受。因此,在天才民主化逻辑的作用下,尼采那诗化的狄奥尼索斯,被新潮男女们投进弗洛伊德揭开盖子的沸腾的原欲大锅而烹煮为快感冲锋的疯狂摇滚,乃是一件十分顺理成章的事情。所以布鲁姆讥讽说,上帝死了,"它的位置由性关系以及有意义的各种关系所取代"③。人们最终在性解放中过起了纵情狂欢的酒神节。事实上,这也就是"娱乐道德观"的核心。

文化保守主义对个性自由浪潮的最后诊断是:"功利型个人主义"把自由归结为财产,从而不断地挺进外部自然边疆;"表现型个人主义"把生命归结为性欲,从而不断地挺进内部自然边疆。两者都显示了惊人的创造力。而且耐人寻味之处还在于,当这种创造力所代表的成功在财富追逐中培育出优胜劣汰的强制性法则的时候,它在享乐竞赛中也差不多形成了同样的法则。由于不会享乐就要降低人的自信心,因此,经过某种具有讽刺意味的扭转,享乐本身也成了社会性强迫行为,以至于寻欢

---

① 鲍曼借用库恩的概念,将这场翻天覆地的文化变迁称为"范式危机"和"范式革命"。(参见 Zygmunt Bauman, *Postmodernity and Its Discontents*, Cambridge: Polity Press, 1997, p. 131)

② 参见贝尔《资本主义文化矛盾》,生活·读书·新知三联书店 1989 年版,第 178—186 页。

③ 布鲁姆:《走向封闭的美国精神》,中国社会科学出版社 1994 年版,第 247 页。

作乐的必要性,也像以前清教关于它的禁忌一样的严厉。那些不能用享乐之类的字眼进行描述的约会、度假被附上了某些失败的意义。萨特曾提出"自由就是重负"的天才洞见,但"娱乐道德观"的强制性法则给这一天才洞见作了一个反讽的民主化注脚。

文化保守主义者指出,个性自由浪潮持续不断地加大反传统的力度,但是时至今日,风俗蛋糕已被打得稀烂,再声言反传统犹如奋力进攻一扇敞开的大门。因此,问题也许应该倒过来:怎样约束自大狂呢? 贝尔说:"西方伟大的历史性宗教对人性有着共同的判断:当没有抑制时,当人们根据经验确定行为可否时,即使有了美学上充分的理由,人的那种要探索一切、寻求一切感觉的冲动也会导致堕落、肉欲、对他人的腐蚀和谋杀。这些宗教得出的一致教训就是,社会必须拥有一种羞耻感,以免使社会自身丧失对道德规范的一切感觉。"[1]鉴于个性自由的泛滥在今天已使人们的道德感觉受到严重破坏,因此,从传统中寻求富有建设意义的精神给养,就成了文化保守主义者的基本结论。麦金泰尔对这个结论作了最精彩的表达:"传统的一种适当意义是在对将来的那些可能性的把握中表明的,这种可能性就是说,过去已使现在的出现有其可能,活着的传统,恰恰因为它们继续着一个未完的叙述而面对一个未来,而就这个未来具有的任何确定的和可确定的特征而言,它来自于过去。"[2]

---

① 贝尔:《资本主义文化矛盾》,生活·读书·新知三联书店 1989 年版,第 339 页。
② 麦金泰尔:《德性之后》,中国社会科学出版社 1995 年版,第 281 页。

中 篇

自然的数学化和行动的合理化

引　言

  与世俗化潮流相呼应,现代文明的另一个主导趋向,可概括为科学精神的高昂和工具理性的蔓延。今天,人们对自然奥秘的破解不仅达到至为精确的地步,还以科学原则为指导,对包括经济、政治、法律等各个方面在内的社会生活进行了卓有成效的制度型构与合理组织。科技发展作为带动文明进步的火车头,既在征服自然和创造财富的过程中释放出巨大能量,也以不断扩大的规模和愈益加深的程度洗刷着人们的思维方式、行为方式与情感体验方式。也许没有别的说法比所谓"数字化生存"更能显示科学技术对现代人类生活的深刻影响了。

  正是从这个角度着眼,"合理性"(rationality)与"合理化"(rationalization)在韦伯的视野中就成了开启现代文明之锁的钥匙。一些思想家进而把"合理性"与"合理化"视为"现代性"(modernity)与"现代化"(modernization)的同义语,虽有些夸张,却也并非毫无缘由。[①] 根据韦伯提供的思路,"理性"在现代文明进程中的功能发挥主要有两种表现方式,即启蒙意义的"价值理性"(value-rationality)和功利谋划意义的"工

[①] 希尔斯说,在与传统相对的意义上,"现代的意味着理性的和理性化的"。(希尔斯:《论传统》,上海人民出版社 1991 年版,第 386 页)

具理性"(instrumental-rationality)。历史地看,由于启蒙精神对蒙昧主义的最终胜利,主要凭借了理性在认知和驾驭客观对象方面的技术优势,而且,这种技术优势还按照科学化的标准铺设了一条文明演进的路轨,因此,考察工具理性及其社会蔓延,乃是理解现代性的关键所在。大致来说,工具理性呈现出四个方面的典型特征。

1. 抽象还原、定量计算的标准化逻辑

这种逻辑的原初样板是数学。怀特海说:"数学的特点是:我们在这里面可以完全摆脱特殊事例,甚至可以摆脱任何一类特殊的实有。"[1]因此,数学的清晰、严谨和确定,是建立在撇开具体内容的纯形式的抽象性和齐一性基础之上的。伽利略把宇宙看作一部用数学符号写成的大书,在某种意义上乃一象征性界碑,它表明一种将自然数学化的努力已逐步定型为标准的理性认知模式。按照这种模式,"在时空世界中的无限多样的物体的共存本身是一种数学的理性的共存"[2]。因此,讲究普适性、规范性的理性思维,原则上不承认什么独一无二的东西。对它来说,任何事物都可以在形式上还原化约,并能依据自明的公理和规则在量上精确地加以运演计算。所谓工具理性的社会蔓延,从根本上讲,就是这样一种将自然数学化的努力由科学领域向技术、经济、政治、法律及日常生活等广泛的社会领域全方位移植。

2. 预测和控制外部对象的基本旨趣

培根关于"知识就是力量"的著名口号,表露了作为一般进步潮流的启蒙精神的工具理性取向。这个取向由两个旨趣锁合而成。其一,就对自然的认知来说,启蒙理性诉诸科学而不是巫术。它通过抽象还原和定量计算,将自然对象转变为在数学等式中可理解的东西。"人们一旦掌握了公式,就能对具体的实际的直观的生活世界中的事件作出实践上所需要的,具有经验的确定性的预言。"[3]只有紧紧依靠这种确定性预言,才

---

[1] 怀特海:《科学与近代世界》,商务印书馆1989年版,第21页。
[2] 胡塞尔:《欧洲科学危机和超验现象学》,上海译文出版社1988年版,第72页。
[3] 胡塞尔:《欧洲科学危机和超验现象学》,上海译文出版社1988年版,第51—52页。

能合理地设计出现实可行的操作目标。其二,就对自然的控制来说,启蒙理性诉诸标准化技术而不是传统的个人技艺。因为,如果只是从特殊的方面来观察现象,那么每一事件就会永远是新的、不可预测的和不可控制的。而倘若希望去预测和控制,则应把每一个实例看作某一规律或规则的一个指标。"一旦现象以这种方式被简化为秩序,一旦它们被简化为一种共同的单位,它们就变成可驾驭的了。"①由于标准化技术的运用不仅严格遵循科学认知的一般原则,而且还在控制自然的努力中显示出无与伦比的效率优势,因此,在成功经验的诱导和激励下,它必定会向经济、政治及其他社会领域迅速扩散。②

3. 追求最优方案、最佳手段、最高效率的有效性思维

工具理性主导的思维方式与行为方式,根本说来同道德理想追求无涉,而与一种或公开、或隐蔽的实证主义、经验主义、功利主义发生着密切关联。在这个问题上,休谟主张烧掉不含有数量方面的抽象推论和实在事实方面的经验推论的神学著作与哲学著作,可视为一个象征性口号,它表明,讲究实证有效的工具理性在本质上拒斥任何形式的非理性追求——不仅包括神话巫术和传统习惯,而且也包括形而上的终极关怀和浪漫主义的情感冲动。对它来说,所有问题都是"技术性的",而理性的价值,完全取决于它在具体境况中解决实际问题的功用和效果。因此,一方面不是从道义理想而是从科学预测出发,权衡利害,合理地设计行动目标;另一方面不是从情感和良知而是从功能与形式出发,以少求多,合理地选择最佳手段和最佳途径,构成了工具理性的思维模式和行为取向。"它强调功能关系和数量。它的行动目标是效率和最佳标准。"③若服从于这一标准,将不仅把自然物,而且也会把人本身还原为可通约、可置换、可计量的职能角色,像机器部件一样来组织、协调、控制和

① 默顿:《十七世纪英国的科学、技术与社会》,四川人民出版社 1986 年版,第 346 页。
② 图尔纳强调,按照现代性的思维定势,"社会被想象为一个基于计算的秩序或架构"。(Alain Touraine, *Critique of Modernity*, Oxford: Blackwell Ltd., 1995, p. 10)
③ 贝尔:《后工业社会的来临》,商务印书馆 1986 年版,第 212 页。

管理。从这个角度来看,一部现代文明史,就是"工具理性"高歌猛进、"价值理性"黯然失色的历史。①

4. 人类物质需求相对于其他需求的绝对优先性

工具理性是一种效率逻辑,而所谓效率,归根到底是以旨在满足人类物质需求的生产发展和经济增长为落脚点的。在这个意义上,工具理性与世俗功利趣味有着本质的契合。一方面,市场经济体系对工具理性的社会蔓延给予有力驱动;另一方面,工具理性又为最合理地利用资源提供了科学技巧。这种技巧的高明之处在于,它能以较小的投入获得较大的产出,从而使经济生活不再成为"一方受益、另一方受损的比赛",而在某种程度上使"每个人最终都可能成为胜利者,尽管收获有所不同"。②这就以极其诱人的丰裕前景强化了财富增长相对于人类其他需求,包括情感需求和精神需求的不可倒置的优先权。结果就是,人类不仅把自己的才华大规模地投入技术—经济体系,而且所有的社会组织与制度安排都必须适应和服务于这个体系,以保障它不断创造出越来越多的财富和越来越高的生产率。今天,实行科学决策,合理配置资源,维护和保障技术—经济体系的高效运作,甚至成了毋庸置疑的合法性论据。③

事实上,倘把科学技术看作工具理性品格的典型示范,则它对人类生活的决定性影响,还不仅表现为物质财富的创造,更重要的是,它以无比巨大的能量改塑了人类的思维、情感和生活样态。现在,"人是机器"的说法已被超越,使机器像人一样思维并赋予它和人类差不多的血肉与情感才是更高水平;工厂里的标准化流水作业算不了什么,成本和利润的科学核算亦十分平常,复制人的经验瞬间乃至"克隆"出同母体分毫不差的生命机体才是更了不起的创新;人仍然要面对吃、喝、住、穿等实际

---

① 霍克海默所作"主观理性"与"客观理性"的区分,大致同韦伯的"工具理性"与"价值理性"相对应,而且,两人的基本判断也是相似的。(参见 Max Horkheimer, *Eclipse of Reason*, New York: Oxford University Press, 1947, p. 6)
② 参见贝尔《后工业社会的来临》,商务印书馆 1986 年版,第 305—306 页。
③ 参见 Jürgen Habermas, *Toward a Rational Society*, Boston: Beacon Press, 1971, p. 84。

问题,但网络时代的数字化生存却似乎使"虚拟"成了更高的境界。诸如此类,不一而足。我们接下来要探讨的是:所有这一切是怎样发生的呢?现代文明的理性化与技术化取向要不要节制呢? 将人类命运完全托付给科学技术是稳当可靠的吗?

第五章 "哥白尼革命"及其文化意蕴

如果联系自然科学的发展来考察现代理性精神的缘起,那么,哥白尼《天体运行论》的问世便堪称一个最富象征意义的爆炸性事件。由于将宇宙的中心从地球转变为太阳,哥白尼被视为"叛逆的宇宙设计师"①。但是严格讲来,太阳中心说的创立之为科学革命,并不仅仅在于它构建了一种新的天文学理论,更重要的是,它在远为广泛的思想文化意义上引发了一场宇宙观和价值观的根本变革。这场变革既促成人们对于自然的全新理解,也通过自然的数学化而为社会生活的合理设计与理性选择奠定了重要基础。在这个意义上,"哥白尼革命"乃是标识现代性的一个划时代的里程碑。

一、雅典与耶路撒冷

作为一种文化传统,理性主义的源头可以一直上溯到古希腊。古希腊人既在他们的艺术追求中展现了沛然不息的生命激情,也在他们的哲学思辨中显示了清澈严谨的理性气质。"把理性思维活动从无意识的原

---

① 科恩:《科学革命史》,军事科学出版社 1992 年版,第 105 页。

始深渊中提取出来,是希腊人的成就。"①若离开这种成就,西方科技文明与理性生活的发展就会变得无法理解。可以说,我们在现代科学,特别是数理科学中看到的一系列关键要素,都或明或暗地与古希腊人的贡献有关。

按照普通的看法,用理性二字来概括古希腊哲学的特征,主要是因为它提出了一个有秩序的宇宙概念,以及一种同神话巫术判然有别的对宇宙秩序的确认方式。在对万物的"始基"或"共相"的不懈追问中,古希腊哲学家确信,纷纭复杂的宇宙表象背后隐藏着某种统一的恒常法则。这种万物一体的观念构成了理性主义精神的本体论基础。所谓序之在天者即为"理"。另一方面,将支配宇宙万物的恒常法则揭示出来,以认知形式论,又不能依靠感官经验,而必须诉诸理性思维。于是,"请提出逻各斯"就成为古希腊哲学论辩所极力推崇的正当依据。在这个意义上,"理"代表着一种旨在把握恒常的宇宙法则或与这种法则相吻合的清晰严谨的分析、推论、描述及解释方法。

由于穷究万物的本原,古希腊哲学家的头脑中"充满了一种酷爱一般原则的热忱"②。他们喜欢那些富有穿透力和统摄力的大胆的观念,并沉迷于严格的推理与证明。因为这个缘故,数学与几何学博得了古希腊哲学家的厚爱。在将宇宙本体落实为某种质料元素之后,毕达哥拉斯学派试图从纯粹的形式方面探究统驭万物的根本法则,这可以看作古希腊哲学思辨水平的重大跳跃。依照罗素的评论,毕达哥拉斯学派把世界的本原归结为"数",其核心精神不仅在于确认万事万物都包含着某种数量关系,更重要的是强调,只有在数学与几何学那里才可望达到真正意义的纯粹、明晰、和谐与完美。这种数字化的宇宙论反映了古希腊哲学的一个典型取向。罗素指出:

> 数学是我们信仰永恒的与严格的真理的主要根源,也是信仰一

① 巴雷特:《非理性的人》,商务印书馆1995年版,第81页。
② 怀特海:《科学与近代世界》,商务印书馆1989年版,第7页。

个超感的可知的世界的主要根源。几何学讨论严格的圆,但没有一个可感觉的对象是严格地圆形的;无论我们多么小心谨慎地使用我们的圆规,总会有某些不完备和不规则的。这就提示了一种观点,即一切严格的推理只能应用于与可感觉的对象相对立的理想对象;很自然地可以再进一步论证说,思想要比感觉更高贵,而思想的对象要比感官知觉的对象更真实。①

随着数学对象的抽象性的日益显露,古希腊哲人迈进了一个超验的形式王国。这个王国所具有的纯粹、齐一和永恒性质,使柏拉图揣摩出一个高度完美的理念范型;而世间可感事物的扑朔迷离和变幻无常,则进一步强化了他对理念范型之完美性的确信。于是,世界被一分为二,形而上的本体与形而下的现象构成了两个截然不同的领域。与此相关联,古希腊哲学的知识论传统也被深深地打上了本质主义的烙印。几乎所有的主流哲学家都坚持这样一种看法,即:感官经验只能按事物"为我所是"的样子提供关于现象世界的浅薄意见,惟理性智慧才能洞察共相和本质,从而按事物"如其所是"的本身来提供可靠的知识与真理。由此形成了理性对于感觉的不可移易的价值优先权。②

需要指出的是,在苏格拉底之后,这种价值优先权不仅支持着探究自然的知识论原则,而且关系到规范个人行为的伦理尺度的建构。毕达哥拉斯学派把理性的主要功能描述为一种理论思维的能力,而苏格拉底则使之成了道德责任的最终承载者。对苏格拉底来说,缺乏洞察乃道德失误的根本原因,所以获取关于德性本质或共相的知识,是作出正当道德选择的充分条件。事实上,柏拉图构造其理念论的动机亦出自一种伦理诉求,而数学方法不过是他借以实现这种诉求的最佳途径罢了。在苏

---

① 罗素:《西方哲学史》上卷,商务印书馆 1982 年版,第 64 页。
② 出于对逻各斯的偏执,一些古希腊哲学家甚至不惜一切代价地去追求理智的完满。不管他们的结论与习俗、常识和感觉经验怎样抵触,他们都宁愿采取理智的立场而牺牲这一切。典型的例子是芝诺。他以"飞矢不动""阿基里斯追不上乌龟"等命题否定常识和经验,从而以惊世骇俗的方式凸显了理性论证的方法在反驳众人意见时的巨大威力。

格拉底和柏拉图的眼里,育人问题是一个根本的问题。要使这个问题得到有效解决,必须谋求真正的德性知识而不是变通的处世经验的规导,其机理如同不教别人去"看",而是要人们的思想和灵魂处于一种明辨是非善恶的"能看"的状态。

但是,知识传授与道德教化之间的勾连并不那么直接和畅通,至少在具体的生活实践层面是如此。从这个角度来说,尽管柏拉图极其成功地证明了数学对象的纯粹性和数学知识的先天性,从而使演绎科学彻底摆脱对感性事物的依附,可是如何从抽象的数学知识上升到最高的善的知识,他却仅仅提供了"洞喻"之类富有诗意的类比,而没有给出任何成功的范例,更没有给出清晰明白的路径与方法。由此衍生的后果大大出乎柏拉图的意料:既然最高的善的知识是这样的难以把握,人们在求而不得之后就很可能放弃对普遍道德的追求。历史的变迁印证了这一点。随着雅典城邦的衰落,怀疑论哲学在希腊化时期日渐活跃,以至于柏拉图自己创立的学园也成了怀疑论的讲坛。人们似乎不再对柏拉图"洞喻"所隐指的通向光明的道路感兴趣,而是更乐于停留在洞穴中任凭自然的导引了。

从理性主义一步步演化为怀疑主义,构成了古希腊哲学的一大困境。以今人的眼光,摆脱困境的道路可能在理论上设计出许多条,但历史地看,这条道路却是无可替代地被给予的。它既非来自形而上学的灵感,亦非来自希腊人文精神的重新发掘,而是来自耶路撒冷一个完全缺乏哲学训练的民族,即犹太民族的信仰传统。在笃信上帝的犹太人眼里,"对主的敬畏乃是智慧的根源"①。上帝的话语不是理性说服式的道德教诲,而是必须无条件信奉的绝对命令。正是这种不容许任何怀疑的宗教信仰,为克服希腊哲学中的怀疑主义指示了一个新的方向。

这个方向当然不是一下子就可以简单接受的。对恪守古希腊理智传统的人们来说,基督教教义不过是掺杂着哲学片断的迷信。这种指控

---

① 《旧约·箴言》,第1章,第7节。

使基督教的护教论者转而致力于一种完全不同于希腊精神的表达方式。德尔图良关于"正因为荒谬,所以我才相信"的惊人断言,即为典型一例。不论人们对这句断言给出多么复杂的注解,但它的原本意涵应说是对信仰与理性、神学与哲学所作的根本性区分。它表明,信仰触及的是理性的盲区,因而神学在原则上无需依赖哲学思辨的逻辑支持。从理性的知识论立场来看是最荒谬、最神秘的事情,从信仰和启示的立场来看则是最确定、最无疑的事情。进而言之,只有克服理性的愚妄自大,才能睁开慧眼,领受神圣之光的照耀和沐浴。因此圣保罗这样说:

> 就如经上所记,我要灭绝智慧人的智慧,废弃聪明人的聪明。聪明人在那里,文士在那里,这世上的辩士在那里,神岂不是叫世上的智慧变成愚拙么。世人凭自己的智慧,既不能认识神,神就乐意用人所当作愚拙的道理,拯救那些信的人,这就是神的智慧了。[①]

对于基督教神学来说,人类的理智根本不可能构成万物的尺度。若想求得至真、至善,人就必须舍弃自我、超越自我,回到理智之光得以点燃的地方去。那便是皈依神圣。奥古斯丁强调,任何理性的哲学论辩都必然有冲突和怀疑相伴随,因此,单凭纯粹的人类理智无法找到推动真理世界的阿基米德之点,而指望寻求一种智慧的人师更是徒劳之举。"不要称地上的任何人为父;因为那位在天的才是你的父。不要称任何人为导师;因为只有基督是你惟一的导师。"[②]特别重要的是,作为至高无上的神圣主宰,天父乃是一个人格化的立法者,因此,与上帝的沟通,不能依靠数学证明、逻辑推论或哲学辩证法,而只能依靠虔诚的信仰和对上帝召唤的坚定不移的听从。"我的心倾听着,请你启我心灵的双耳,请你对我的灵魂说:'我是你的救援。'"[③]奥古斯丁声称要"跟着这种声音奔驰",显然是与柏拉图及其门徒的唯智主义和怀疑主义迥乎不类的。

---

① 《新约·哥林多前书》,第 1 章,第 19—21 节。
② 《新约·马太福音》,第 23 章,第 9—10 节。
③ 奥古斯丁:《忏悔录》,商务印书馆 1989 年版,第 6 页。

应当指出,基督教从一种原本属于民族的地域性宗教一步步发展为具有普世意义的宗教,在相当程度上得益于东西方文化的碰撞与交融。希腊哲学的逻各斯说,尤其是被新柏拉图主义神秘化了的一些柏拉图信条,对于基督教神学教义的系统化和理论化曾产生过不可低估的影响。[①] 因此,断言基督教神学无条件地弃绝理性,并不是一个恰当的结论。但是问题在于,理性之于古希腊哲学的那种尊贵地位被基督教神学彻底颠覆了。奥古斯丁将信仰定义为"赞同的思考",形式上似乎保留了理性的位置,实质上则是确认了信仰对于理性的不可移易的价值优先权。它表明,理性本身并不具备自主品格,只有接受信仰的导引,方能扮演好它所应该扮演的角色。在这个意义上,"除非你信仰,否则无法理解"[②]。不但如此,更重要的是,随着信仰的价值优先权在中世纪同教会的权威统治合流,并作为官方意识形态展示讨伐异端的思想整肃功能,它所崇尚的道德光明也就不可避免地转化成了阴暗的政治强暴。此一景观下的"正因为荒谬,所以我才相信",只能用蒙昧主义来定性。

二、太阳神的降临

如果说,中世纪基督教神学的典型特征在于确立信仰对理性的价值优先权,那么,当近代科学的发展需要重新举起理性旗帜的时候,形式上复归古希腊的文艺复兴运动便为这一努力指示了一个重要方向。这个方向的可认同和可接受程度似乎是不言而喻的。因为,古希腊哲学的知识论传统,不仅具有甚为鲜明的理性主义特质,还以萌芽形式潜在地包含了现代数理科学的某些关键的方法论因素。从某种角度来讲,哥白尼

[①]《新约·约翰福音》开篇就讲:"太初有道,道与神同在,道就是神。"在此,上帝被等同于希腊人所说的"逻各斯"(即"道")。这一等同被历史学家们看作基督教教义史上所发生的最重要的事件。

[②]《旧约·以赛亚书》,第7章,第9节。

太阳中心说的创立,即得益于毕达哥拉斯—柏拉图纲领的思想启迪。①

但是,这只不过是问题的一个方面。问题的另一个方面在于,古希腊哲学的知识论诉求同追寻美德的终极价值关怀紧密联结,因而具有一种在现代科学那里日益淡化并最终被消解的目的论蕴涵。对柏拉图来说,理念不仅作为至真至纯的原型或范本构成知识探究的对象,而且作为可感事物的生成动因和理想目的负载着一种宇宙意义。亚里士多德的"四因说"对这种目的论取向作了进一步的发挥。在他的理论框架中,从物体下落、植物生长到天体运行和宇宙构造,原则上都可以按照目的论逻辑来解释。② 因为这个缘故,怀特海特别指出,古希腊人对自然的看法具有某种颇为浓烈的"戏剧性"色彩。"他们认为宇宙的结构方式就像一出戏剧中的情节那样,完全是为了体现出一般观念都归结到一个目的。自然被分化了,为的是给每一件东西安排一个适当的归宿。宇宙有一个中心,是重物体运动的目的。还有一个天穹,是本性引体向上的物体运动的目的……自然是一场戏,每件东西都在扮演自己的角色。"③

由于被目的论体系包裹,古希腊人的宇宙图式遂与基督教神学发生某种形式的勾连,并在中世纪被整合进了信仰框架。亚里士多德—托勒密的地心说因合乎《圣经》而得到教会权威的钦准,成为不容置疑的神圣教条。按照这种教条,宇宙乃是一个存在物的等级系统。在此一系统中,万能的上帝同他的创造物所展示的自然秩序相分离,居于完美无瑕的天界;但他为表示对人类的特殊关爱,又将人类的活动舞台,即地球置于了自然秩序的中心。一切事物都被严格地安排在特定位置上,各得其

---

① 按照拉卡托斯的看法,古希腊哲学的知识论传统在毕达哥拉斯—柏拉图纲领那里得到了集中体现。在宇宙观的问题上,这个纲领所持的基本原则是:"既然天体是尽善尽美的,那么通过一组尽可能少的匀速圆周运动(或天球的匀速绕轴旋转)就应该能够说明一切天文现象。"(拉卡托斯:《科学研究纲领方法论》,上海译文出版社 1986 年版,第 252 页)

② 与目的论宇宙图式相联系,在古希腊,技术与艺术也是二位一体的。因此,自然不是一个外在的对象,而是人得以栖息的生命家园。(参见海德格尔《林中路》,上海译文出版社 1997 年版,第 42—43 页)

③ 怀特海:《科学与近代世界》,商务印书馆 1989 年版,第 8 页。

所,并从中获得自身存在的价值。"所有的自然物都服务于人,而人则服务于上帝。"①于是,在神学目的论的统摄下,亚里士多德—托勒密的地球中心假设及其数学分析,就主要功能而言,不再定位于对自然现象的描述和预测,而转换成了就宇宙万物对上帝的意义所进行的思考与证明。

从形式上看,中世纪的宇宙观强调"每一种细微的事物都受着神视的监督"②,因此,它所构造的是一个严格服从秩序和法则的世界。正因为这样,对中世纪宇宙图式的挑战也就不能局限在纯粹的学术范围,而必须联系特定的社会文化背景来认识。在文艺复兴时期,一方面,商品经济的发展和城市文明的崛起一步步推动着价值中轴的世俗位移,这为突破信仰框架的理性的科学探究创造了有利条件;另一方面,伴随着教育发展而来的知识分子群体的壮大,特别是人文主义者对古希腊文化遗产的富有现代意识的开掘,则为近代科学的成长提供了直接的精神激励和丰富的思想营养。若撇开这一社会文化背景,"哥白尼革命"的发生便无法得到准确的理解。③

像文艺复兴运动的一般逻辑一样,哥白尼的新宇宙学在形式上也展现为对古希腊知识论传统的某种复归。他的著作弥漫着一种"毕达哥拉斯哲学的气氛"④。从毕达哥拉斯纲领那里,哥白尼秉承崇尚精确性、明晰性、简单性和完美性的思维准则,并以此为根据,建构了一个比亚里士多德—托勒密体系看起来更简洁、更漂亮,因而也更优越的宇宙图式。在这个图式中,太阳被设想为宇宙的静止中心,包括地球在内的几大行星都围绕太阳作匀速圆周运动。如此,中世纪的宇宙图式就像乾坤倒置

---

① 巴伯:《科学与宗教》,四川人民出版社 1993 年版,第 27 页。

② 怀特海:《科学与近代世界》,商务印书馆 1989 年版,第 13 页。但是问题在于,这种秩序和法则根本说来不是数学—力学的,而是伦理—宗教的。(参见巴伯《科学与宗教》,四川人民出版社 1993 年版,第 22 页)

③ 哥白尼是波兰人,但对他的天文学研究产生关键性影响的,却是他在文艺复兴时期的意大利求学和生活的经历。(参见杜布斯《文艺复兴时期的人与自然》,浙江人民出版社 1988 年版,第 108—109 页)

④ 罗素:《西方哲学史》下卷,商务印书馆 1982 年版,第 45 页。

一般地被颠覆了。哥白尼这样说：

> 太阳居于群星的中央，在这个辉煌无比的殿堂里，这个发光体此时此刻普照万物，难道谁还能把它放在更好的位置上吗？太阳被世人称作宇宙之灯、宇宙之心、宇宙一切的主宰……太阳俨然高踞在王位上，君临围绕着它的群星。[①]

虽然哥白尼对太阳之尊贵地位的颂扬极富感情色彩，但他用以支持自己学说的论据则主要属于"数学性质"。[②] 通过将太阳设想为宇宙的数学中心点，哥白尼用一组尽可能少的匀速圆周运动对各种天象给出合理解释，从而使他的学说呈现了一种"简单性之美"。[③] 哥白尼的门徒在谈到地球绕日运动时强调："既然我们看出地球的这一运动能够解释差不多无数的现象，难道我们不应当承认大自然的创造者上帝具有普通造钟者的技巧吗？因为这些造钟人都很谨慎地避免在钟的机件里加进一个多余的轮子，或者只要稍微改变一下另一个轮子的位置，其机能就可以发挥得更好。"[④]但是，从一种远为广泛的社会文化意义来看，哥白尼学说之所以能够产生革命性的轰动效应，并不仅仅在于它比过于繁琐的托勒密体系显得简约和精当；更重要的是，这种简约、精当的天文学理论通过置换宇宙的中心而引发了一场宇宙观和价值观的根本性变革。用天翻地覆来形容这场变革，至少在象征意义上是不过分的。

哥白尼本人对太阳中心说可能带来的麻烦多少有所预料，但他坚信自己的宇宙体系的确凿性与真实性。他明确表示："对数学一窍不通的

---

① 哥白尼：《天体运行论》，科学出版社1973年版，第33页。

② 参见梅森《自然科学史》，上海译文出版社1980年版，第118页。

③ 认为哥白尼成就的主要优点在于提出了一个比托勒密更简单，因而也就更优越的体系，是一种相当流行的看法。但拉卡托斯对这种看法提出了质疑："日心论运用比地心论简单的方法解决了某些问题，但为这种简单性付出的代价却是给解决其他问题造成了意想不到的复杂性。"根据拉卡托斯的评估，"托勒密体系与哥白尼体系'在简单的天平'上大致相等。"（拉卡托斯：《科学研究纲领方法论》，上海译文出版社1986年版，第242—243页）这提示我们，"哥白尼革命"应当从一种更为广泛的社会文化意义来解读。

④ 转引自梅森《自然科学史》，上海译文出版社1980年版，第120页。

无聊的空谈家会摘引圣经的章句加以曲解来对我的著作进行非难和攻击。对这种意见,我决不予以理睬,我鄙视他们。"①只不过,在看到《天体运行论》第一本样书后的几小时,哥白尼就安详地瞑目,因而他未能实际领略这场革命所引发的巨大震荡。那是一场严酷的冲突。冲突伊始,新教徒似乎比天主教徒表现了更大的义愤。路德把哥白尼斥为搬弄是非的骗子和颠倒天文科学的蠢材;加尔文引用"世界亦坚定,不得动摇"的经句,盛气凌人地警告说:"有谁胆敢将哥白尼的威信高驾在圣灵的威信之上?"②神学家梅兰希迪对传统宇宙观的辩护虽然啰嗦,但却很有代表性:"我的眼睛可以证明,天体每二十四小时旋转一周,然而有人却喜欢猎奇或卖弄聪明,竟说地球在运转,而不是第八层天或太阳在运转。只有那不老实、不正派的人才会公开说出这种话。一切善良的人应当接受并遵从上帝启示的真理。"③

按照罗素的评论,用思想整肃的方式对付哥白尼学说,实乃阴暗的政治专断;但批评这种学说"倾向于不虔敬",从基督教的立场来看并不为过。无论如何,人的重要性是基督教义的本质部分。"要是人不是最重要的创造物,那就不可能有耶稣下凡,替世人赎罪这些教义。"④可是,"哥白尼革命"在颠覆旧宇宙观的同时,也使那种人要成为宇宙中心的渴望失去了其存在理由。废黜地球的中心地位,合乎逻辑地使人联想到废黜了地球上的人类。这种联想不仅令基督徒感到惶惑不安,而且让拥有文化霸权并操纵专政机器的教会觉察出了一种致命的威胁。因此,当教会决意采取断然措施来收服人心、整顿纪律的时候,哥白尼学说的某个早期传人便注定要成为殉难者——布鲁诺被烧死在火刑架上。

就其警世意义论,布鲁诺之死乃是一个典型案例,它表明,信仰对理性的价值优先权一旦转化为极端政治行为,将会酿成多么可怕的后果。

---

① 哥白尼:《天体运行论》,科学出版社1973年版,第6页。
② 转引自罗素《宗教与科学》,商务印书馆1982年版,第10页。
③ 转引自杨真《基督教史纲》,生活·读书·新知三联书店1979年版,第383页。
④ 罗素:《宗教与科学》,商务印书馆1982年版,第10页。

但在政教合一的专制时代,这种后果的出现几乎是不可避免的。1616年,也就是布鲁诺死后16年,宗教法庭颁布法令:"认为太阳处于宇宙中心静止不动的观点是愚蠢的,在哲学上是虚妄的,纯属邪说,因为它违反《圣经》。认为地球不是在宇宙的中心,甚至还有周日转动的观点在哲学上也是虚妄的,至少是一种错误的信念。"①伽利略由于相信日心说和地动说,并以天文观察和数学推理为之提供证明,而被指控犯有思想罪。他两度受到宗教法庭的审讯。在严刑逼供之下,这位疾病缠身的老人被迫宣布放弃自己的立场。他的"自白书"可视为一份反映宗教和科学关系的经典历史文献:

> 我跪在尊敬的西班牙宗教法庭庭长面前。我抚摸着《福音书》保证,我相信并将始终相信教会所承认的和教导的东西都是真理。我奉神圣的宗教法庭之令,不再相信也不再传授地球运动而太阳静止的虚妄理论,因为这违反《圣经》。然而,我曾写过并发表了一本书,在书中我阐发了这种理论,并且提出了支持这种理论的有力根据。因而我已被宣布为涉嫌信奉邪说。现在,为了消除每个天主教徒对我的应有的怀疑,我发誓放弃并诅咒已指控的谬见和邪说、一切其他谬见和任何违背宗教教导的见解。我还发誓,将来我永远不再用书面或者口头发表可能使我再次受到怀疑的言论。②

相传,伽利略在被迫公开认错之后,曾喃喃自语道:"可是,地球是在运动。"这喃喃自语发自内心深处。它不仅表明科学精神已经生下根来,而且意味着宗教权威的压制最终将无奈于科学的力量。这种力量不是强权,而是经验观察、数学分析和理性的批评怀疑。怀特海就此评论说:"人类面貌古来第一次最深入的变革,就是以这种平静的方式开始的。迫害伽利略的方式可以说是这个变革的开幕式上的一个献礼。"③或许科

---

① 转引自沃尔夫《十六、十七世纪科学、技术和哲学史》上册,商务印书馆1991年版,第43页。
② 转引自沃尔夫《十六、十七世纪科学、技术和哲学史》上册,商务印书馆1991年版,第44页。
③ 怀特海:《科学与近代世界》,商务印书馆1989年版,第2页。

学的发展还会经历很大的曲折,但是,就像伽利略的自语所预示的那样,它在"运动"。在历史的变迁过程中,理性精神必将随着这种运动而最终获得对信仰的价值优先地位。

三、数学推理与经验观察

罗素在论及"哥白尼革命"的时候指出:"新天文学除了对人们关于宇宙的想象产生革命性影响以外,有两点伟大价值:第一,承认自古以来便相信的东西也可能是错的;第二,承认考察科学真理就是耐心搜集事实,再结合大量猜度支配这一些事实的法则。"①就其主导意义来说,第一点价值指的是科学精神。它意味着,作为探索未知领域的努力,科学研究诉诸理性的批评怀疑,推崇不偏不倚的客观调研,"拒绝任何有组织的,特别是非科学的权威对真理的压制"②。第二点价值指的是科学方法。它强调,要寻求经得起严格检验的公开解释,并不断地有所发现、有所创新,科学研究就必须将观察的耐心与精确同设假说时的大胆猜想与缜密推理结合起来。依照怀特海的评判,实现这种结合,构成了现代科学区别于古代思想的总体特征:

> 现代思想的新面貌,就是对于一般原则与无情而不以人意为转移的事实之间的关系发生了强烈的兴趣。世界历史的每一个时代,都有注重实际的人致力于"无情而不以人意为转移的事实";世界历史的每一个时代,也有富于哲学头脑的人在孜孜不倦地致力于创造普遍原则。对详细事实的这种热烈兴趣,以及对抽象结论的同样倾心就构成了现代世界的新奇观。以往这种现象只是零星出现,似乎完全是出于偶然。但现代这种思想上的发展却变成了有素质的思想家中一种盛极一时的传统习惯。③

---

① 罗素:《西方哲学史》下卷,商务印书馆 1982 年版,第 47 页。
② 巴伯:《科学与社会秩序》,生活·读书·新知三联书店 1991 年版,第 77 页。
③ 怀特海:《科学与近代世界》,商务印书馆 1989 年版,第 3 页。

　　严格讲来,哥白尼本人还没有使这种习惯以经验观察与数学推理相平衡的方式合理地定型。他的思想天平是朝普遍原则一端倾斜的。在《天体运行论》一书的扉页上,哥白尼曾引用柏拉图的一句座右铭——"不懂几何学者不得入内",这无疑是在强调,新天文学的主旨在于揭示宇宙的"数学结构"。① 由于坚信宇宙的终极秘密是一种数学和谐,并且极力推崇等速运动的完美和数学描述的简洁,哥白尼的太阳中心说也像毕达哥拉斯—柏拉图纲领一样,内含着一种"审美的动机"②。事实上,这种动机制约了近代西方一大批天文学家和物理学家。刻卜勒曾以行星运行的椭圆轨道代替正圆轨道的假设,从而修正了哥白尼体系;但是,他对数学和谐的信奉并没有因此降温,甚至比哥白尼表现得还要强烈。凭着"上帝永远按几何学原理工作"的执著信念,刻卜勒在尝试了多种可能的代数关系之后,终于发现了行星运动的三定律。从某种意义来说,刻卜勒发现三定律"是毕达哥拉斯原理的一个惊人的应用"。③

　　然而,这只是问题的一个方面。问题的另一个方面是,由于坚持本体与现象的二重区分,在毕达哥拉斯和柏拉图那里,经验世界只是一种变幻无常因而必须舍弃的东西,所以,数学与几何学代表的真正的知识范本,在旨趣上偏重于"对永恒理念的完美形式的冥想,而不是对这些形式在变动不居的世界中的不完美体现的实际观察"④。中世纪神学目的论进一步强调,任何存在物只有同万能的造物主联系起来方可得到恰当的理解,因此,不是独立的经验观察本身,而是就存在物对上帝的意义进

---

① 参见科恩《科学革命史》,军事科学出版社 1992 年版,第 114 页。
② 罗素:《西方哲学史》下卷,商务印书馆 1982 年版,第 45 页。毕达哥拉斯学派的一个著名成员菲洛罗斯说:"如果没有数和数的性质,世界上任何事物以及它和其他事物的关系都不能为人们所清楚地了解……你不仅可以在鬼神的事务上,而且可以在人间的一切行动、思想,乃至一切行业和音乐中看到这种力量。"(参见克莱因《古今数学思想》第一册,上海科学技术出版社 1979 年版,第 168 页)
③ 参见洛西《科学哲学历史导论》,华中工学院出版社 1982 年版,第 49 页。
④ 巴伯:《科学与宗教》,四川人民出版社 1993 年版,第 21 页。

行思考,构成了科学探究的终极归宿。① 但是,这样一种目的论取向被近代科学逐步翻转了。不管哥白尼和刻卜勒等人怎样推崇数学和谐,其天文学理论所蕴含的一个基本的方法论要求却相当明晰,那就是必须对客观存在的各类天象提供合理、精确的解释。② 在这个意义上,新天文学开启而不是封闭了通往经验观察的大门。芒福德评论道:

> 天文学所做的工作就是把一种纯粹宗教观念的"天",转变成实质可见的"天"。在无限的空间中,星球的运动都是可以观察的,而随着望远镜的改进,所能观察的距离也就日益伸长。基督教的封闭、自足、人类中心世界,在此种观念之下,已丧失其可信性。③

情况正是这样。1609 年,伽利略利用荷兰眼镜商的成果制造了一架望远镜,并首先把它用作科学仪器。他观察到,木星有四颗卫星。根据哥白尼理论,这些卫星作为太阳系的一个小型复制品是很重要的,但它们很难适应托勒密体系。他还发现,金星有盈亏,月亮有山谷,而最明亮的太阳上面竟然有黑子! 对于反对哥白尼理论并坚信上帝作品之完美无瑕的神学家和经院哲学家来说,这无疑是当头一棒。难怪他们把望远镜斥为"魔鬼的发明"。伽利略在致刻卜勒的一封信中这样讲:

> 我亲爱的刻卜勒,我希望我们能一起尽情嘲笑这班无知之徒的愚蠢至极。你认为这所大学的第一流哲学家们怎么样? 尽管我一再勉力相邀,无奈他们冥顽不化,拒绝观看行星、月球或者使用我的眼镜(望远镜)! ……如果你听到该大学那位第一流哲学家反对我的论据,你一定会捧腹大笑,他在比萨大公面前卖弄他那语无伦次的论据,好像它们是魔术般的咒语,能把这些新行星(木星的卫星)

---

① 这并不意味着古希腊和中世纪科学中完全不存在经验观察,而只是强调,"目的论范畴总的来说是无助于形成经得起进一步实验检验的理论的"。(巴伯:《科学与宗教》,四川人民出版社 1993 年版,第 21 页)

② 参见梅森《自然科学史》,上海译文出版社 1980 年版,第 118—119 页。

③ 芒福德:《机械的神话》,台北:黎明文化事业公司 1976 年版,第 31 页。

从天空中驱除和拐走！①

虽然伽利略由于给哥白尼学说提供支持而受到宗教法庭的严厉审判，但他惊人的天文观察却预示着，神学权威终将无奈于"不以人意为转移的客观事实"。从伽利略开始，"我亲眼所见"逐渐成为一种新的思维取向。"一旦这种方法站定了脚跟之后，一切天使、魔鬼、神灵，凡是一位不信的观察者所看不见的，就会受到怀疑了。"②经验事实的客观性和独立性不仅得到确认，而且日益获得优先权，于是，坚定不移地服从自然，以冷静、理智、清醒、严谨的态度充当自然的忠实的仆役和解释者，构成了近代科学的一个基本诉求。随着商品经济的发展和技术手段的广泛运用，这一诉求逐步汇聚为一股思想大潮，终于冲决了神学和经院哲学的堤坝。人们确信，要使自己的言论真正具有说服力，那就"必须面对着无情而不以人意为转移的事实铸成每一个句子"③。

但是需要指出，关注"不以人意为转移的事实"，对近代科学来说并不是问题的全部。按照一种得到广泛认同的看法，近代科学的兴起与发展实际上包含了两种冲动。"一种是朝向特殊、具体和事实的冲动，另一种是朝向普遍和绝对的冲动。它既要执著于周围世界的事物，又想超升于这些事物之上，以看清它们的真面目。"④因此，对一般原则的倾心在什么程度上为经验观察开启大门，对具体事实的强烈兴趣就需要在什么程度上由一般原则予以统摄。从问题的后一方面看，哥白尼秉承毕达哥拉斯—柏拉图纲领，将宇宙的秘密归结为一种数学关系，可以说为后来的科学探索指示了一个重要方向。怀特海指出，数学的根本特点在于，"我们在这里面可以完全摆脱特殊事例，甚至可以摆脱任何一类特殊的实有。因此，并没有只能应用于鱼、石头或颜色的数学真理。当你研究纯

---

① 转引自沃尔夫《十六、十七世纪科学、技术和哲学史》上册，商务印书馆1991年版，第35页。
② 芒福德：《机械的神话》，台北：黎明文化事业公司1976年版，第62页。
③ 怀特海：《科学与近代世界》，商务印书馆1989年版，第3页。
④ 卡西尔：《启蒙哲学》，山东人民出版社1988年版，第36页。

数学时,你便处在完全、绝对的抽象领域里"①。照此说来,问题就合乎逻辑地转化为:我们能否在天文学、物理学领域获得像数学一样的纯粹和绝对呢?

对此,哥白尼、刻卜勒抱有信心,伽利略亦作了相当肯定的回答。他说,宇宙这部大书是用数学语言写就的。"它的文字是三角形、圆以及其他几何图形。"②因此,不懂得数学,便会如入迷雾,对自然的真义一字不解。鉴于经验事实的既定的客观性必须得到尊重,照伽利略的看法,破译自然之书奥秘的可行途径似乎只有一条,那就是通过一种理想化的"思维实验",对纷纭复杂的经验现象作符合数学要求的抽象与化约。于是这位格外擅长观察的科学家,审慎而又大胆地撇开那些在他看来是无关紧要的不可测量因素,而把主要精力集中在了诸如广延、位置、密度、速度、质量、惯性等可以严格测量的物理性质上面。结果,一如数学,物理学也"摆脱任何一类特殊的实有",有了它的"理想摆""理想真空",概言之,有了可量度、可计算、可分析、可预测的抽象要素和抽象关系。伽利略写道:

> 正如一个要计算糖、丝和羊毛的计算者必须扣除箱子、捆包和其他包装物一样,数学科学家当他们要具体地识别他已抽象地证明的作用时,也必须去除物质上的障碍。如果他能这样做,我向你保证事情与算术计算一样顺利。因此,差错并不在于抽象性或具体性上,并不在于几何学或物理学上,而在于不知道如何正确说明的计算者。③

胡塞尔把伽利略的这一工作称为"自然的数学化"④。其基本程序是:首先通过思维操作将自然事物及其属性还原为某种可测量数值;然

---

① 怀特海:《科学与近代世界》,商务印书馆1989年版,第21页。
② 转引自洛西《科学哲学历史导论》,华中工学院出版社1982年版,第18页。
③ 转引自洛西《科学哲学历史导论》,华中工学院出版社1982年版,第61页。
④ 胡塞尔:《欧洲科学危机和超验现象学》,上海译文出版社1988年版,第27页。

后依据数学公理对这些数值进行运演计算;接着再遵循已知定律对有关事项作出合理解释并就其运动变化进行准确预测;而预测的结果则为最后实施有效技术控制提供了重要基础。这样,数学方法就成为认知实在的一般方法,自然本身成为一种"数学的集","一种特殊的数学应用的对象"。[①] 事实上,据此还可以作出一个合乎逻辑的推论:自然既能被数学化,则社会生活的数学化也就成为下一步努力追求的目标了。

仅就形式而言,伽利略把自然万物理解为一种"数学的理性的共存",似乎与毕达哥拉斯—柏拉图纲领有某种契合之处。但是,古希腊哲学传统赋予理性的宇宙意义,在伽利略的科学逻辑中是无法保留的。实际上,就连数学在哥白尼和刻卜勒那里还依稀可辨的形而上学性质也被伽利略消解,从而完全转化成了一种知识构建的工具方法。[②] 当伽利略运用这种工具与方法去分析自然现象的时候,自古希腊一直延续到中世纪的目的论解释让位给了一种新型的描述性解释。伽利略从不问物体为什么下落,而只是探究它如何下落;他满足于描述物体怎样运动,而不管这种运动体现了什么目的。[③] 因此,伽利略所展示的科学世界,是一个没有动机、没有意图、没有情感、没有灵性的机械世界。此即所谓"自然的祛魅"[④]。在这一景观下,人类对自然的认识愈益精密,对自然的征服愈益有效,但与此同时,也在越来越深的程度上把自己从生命的有机的栖息地剥离了出来。胡塞尔指出,"自然的祛魅"发展下去将导致"生活的祛魅",那便是生命意义的危机了。当然,这是后话。

四、宇宙新秩序

以历史主义的观点看问题,考察近代科学发展及其社会文化效应,

---

① 参见胡塞尔《欧洲科学危机和超验现象学》,上海译文出版社 1988 年版,第 44 页。
② 参见梅森《自然科学史》,上海译文出版社 1980 年版,第 137 页。
③ 参见巴伯《科学与宗教》,四川人民出版社 1993 年版,第 32 页。
④ 格里芬:《后现代科学》,中央编译出版社 1995 年版,第 2 页。

首先应该参照当时的特定历史条件。那是一个社会结构急速转型、价值观念剧烈碰撞的时代。在那个时代，新旧制度因素错综交织，一方面是现代意识逐步高涨，另一方面则是传统规范依然保持着强大的惯性。仅是哥白尼、刻卜勒、伽利略乃至牛顿等人一再表白自己的科学研究是为了破译"上帝的工作原理"，就足以表明宗教传统还在扮演多么重要的角色了。但是，当这些科学家把"上帝的工作原理"归结为某种数学公式的时候，他们的理性、严谨和求实态度以及极富震撼力的科学发现，却展示了一种与传统信仰截然不同的思想倾向和宇宙景观。现在的问题是，这种新思维和新秩序在何种程度上同基督教精神世界发生冲突，并以什么方式参与了现代文化品格的塑造？

卡西尔认为，中世纪的社会秩序和价值秩序根本说来是一种等级秩序。亚里士多德的宇宙学之所以被教会钦定为正统，不但因为它与人类中心的基督教信仰相吻合，而且也因为它对高下有别的等级秩序提供了"科学"证明。按照亚里士多德的说法，上帝乃"不动的推动者"。他是一切运动的终极根源，而自己却不动。在创世过程中，上帝首先将动力赋予离他最近的事物，即最高诸天，然后历经不同的等级，降至月上世界和月下世界，降至地球，降至人类、动物和植物。这在形式上仿佛是一个退化的链条。靠近上帝的较高世界由不受污染的物质即以太构成，纯粹完美，永恒常驻；而我们的世界则由水、火、气、土四种普通元素构成，组合分化，流变不已。因此，宇宙万物按其接近上帝的程度而表现出存在等级和价值等级的区分。但这种等级区分并不意味着对立与冲突，相反，所有事物都被一条金链拴在上帝的脚上，各安其位，各守其职，从而表现出一种秩序的稳定与和谐。很显然，作为一种微型复制品，上自教皇下至教士的教会等级和上自国王下至臣民的封建等级，可以从天体贵贱观那里获得重要的逻辑支持。根本说来，社会等级秩序不过是上帝所确立的永恒不变的普遍宇宙秩序的一种具体表现罢了。①

_____

① 参见卡西尔《国家的神话》，浙江人民出版社 1988 年版，第 146—147 页。

从形式上看,近代科学发展在突破中世纪思想框架的时候,像文艺复兴运动一样,也沿着文化寻根的路子复活了一个古典的神话象征——太阳。哥白尼把太阳赞誉为"宇宙之灯、宇宙之心、宇宙一切的主宰",可以说倾注了一种超越科学语言的诗意激情。非常有意思的是,因触犯人类中心信条而招致教会严厉挞伐的太阳中心说,随着科学影响力的日渐增大,曾在 17 世纪被一些神学家接受,并巧妙地转换成了支持神学宇宙观的新论据。其解读方式十分简单:上帝一定居住在宇宙中最高贵的部分;既然科学家认为太阳是最高贵的天体,那么太阳便必定是上帝的最适当的居所。"耶稣基督是从地上升到天上天体的某些部分,所以他无疑是在天上最完美、最光荣、最神圣的部分,而这部分就是太阳,亦是整个宇宙中最完美的一块。"[1]

乍看起来,这种推论似乎顺理成章,因为哥白尼太阳中心说确实在某种程度上秉承了传统的天体贵贱观,而且这种天体贵贱观还仿佛影子一样伴随着近代一大批天文学家和物理学家。刻卜勒就曾说过:"如果至高无上的上帝高兴要一个物质居所,并选择一个地方和他那些有福的天使居住在一起的话,在我们看来,只有太阳才配得上上帝居住。"[2]

但是问题在于,不论科学家曾作过怎样的表白,当神学家对这种表白信以为真,并将自然科学的新发现用作支持神学宇宙观的有力证据的时候,他们恰恰在不知不觉中表达了文化主导权从神学向科学的位移。事实上,这种位移的最终后果是完全出乎神学家的本然意图的。因为就实质来说,科学家所谓太阳的尊贵,并不是高等材质的尊贵,而是研究基准的尊贵。将太阳设想为宇宙的数学中心点,同地球中心假设相比,可以对天体运动作出更加简单、连贯、统一、精确的分析与量度。因此,关键不是上帝为什么工作,而是上帝按照数学原理工作。从这个角度看,所有天体的运行都遵循同样的规律,根本用不着高级天球统治低级天球

---

[1] 转引自梅森《自然科学史》,上海译文出版社 1980 年版,第 170 页。
[2] 转引自梅森《自然科学史》,上海译文出版社 1980 年版,第 126 页。

的等级观点来诠释和说明。

在某种意义上,抛弃天与地的差别,尽可能地用统一的数学—力学定律来解释和描述自然万物的运动,构成了近代科学宇宙观的一个基本取向。当哥白尼把以前作为高等天体之特权的圆周运动给予地球,并从质料元素的相似性出发去揭示天体运行奥妙的时候,这个取向即已初露端倪。但是,更富决定意义的工作来自伽利略。在实证的天文观测中,伽利略发现太阳有黑子,月亮上有山谷,从而令人信服地证明了宇宙天体的物质统一性。不仅如此,特别需要强调的是,伽利略还运用和推广其抽象方法,提出了"自然是运动中的物质"这样一种至为重要的新观念。按照这种观念,自然界的基本成分是物质质点;这些质点具有质量和速度两重性质;运动与任何趋向性目的无涉,而不过是质点在时间和空间中的简单位移。这便是曾产生过极大影响的机械论自然观的基本架构。[1]

这一重要见解表明,那条从至善至美的上帝开始,历经不同等级而依次下降的退化式环链,已从根本上丧失其合理理由。科学意义的宇宙图景,只能用统一、明晰、精确的数学方法来描述。伽利略坚持这一点,而牛顿则更加完美地做到了这一点。在《自然哲学的数学原理》一书中,牛顿不仅对哥白尼、刻卜勒、伽利略等人的工作成功地进行综合,而且以其天才的智慧和独创性的研究科学地揭示了万有引力定律。这是一条"真正的宇宙规律"[2]。它将数学应用于"由实验和严格的观察所显示的外部世界",使自然万物,包括日月星辰的运动、地上物体的运动、潮汐的

---

[1] 参见巴伯《科学与宗教》,四川人民出版社1993年版,第32—33页。梅森就此评论道,伽利略给近代科学与文化变迁打上的一个标志性烙印在于:"他提出了一个后来变得很重要的见解,即运动并不是一种变化,它并不导致生长或毁灭,用他自己的话来说,那是'部分和部分之间的简单移动,既不消灭什么,也不产生什么新东西'。这样一种见解后来就成了力学哲学的一部分,即认为宇宙中的一切过去如此,现在如此,将来也还是如此,既没有新的东西出现,也没有旧的东西消失,自然界的一切过程只是物体的机械动作和它们动量的交换"。(参见梅森《自然科学史》,上海译文出版社1980年版,第149页)
[2] 卡西尔:《启蒙哲学》,山东人民出版社1988年版,第41页。

涨落以及物质的微观特性等等,统统纳入了一个可以定量计算和准确预测的统一的数学—力学框架。[1] "自然这时还像中世纪一样是一个和谐的系统,但它已不再是一个有目的的等级体系,而是一个力和质量的结构了。"[2]由于引力定律适用于所有物体,以至于既能说明星球的运转,也能解释树叶落地的方式,因而其发现受到人们的高度赞美并产生至为深远的社会影响,是完全可以理解的。怀特海评论说:

> 三大运动定律和引力定律的发现这一题目值得特别加以注意。这思想的全部发展过程刚好占了两个世纪。它从伽利略开始,到牛顿的"自然哲学的数学原则"为止。牛顿出生的年代伽利略正好去世。笛卡儿和惠根斯的生活时代则正好在前后两人之间。这四人通力合作的工作所获得的成就,毫不夸大地可以认为是人类知识的成就中最伟大的和无与伦比的成果。要估计这一成就的大小,就必须看到它的范围的全面性。它为我们提出了一个物质宇宙的景象,并且使我们能把每一特殊事态的最微小的细节都计算出来。[3]

无论在形式上还是在机理上,牛顿力学所描绘的宇宙体系都类似于一个巨大的时钟。这个时钟的精巧结构和运转节律曾让牛顿发出由衷的赞叹,以致觉得它仿佛出于一个全能造物主的卓越设计。但是牛顿强调,就像造钟者并不干预时钟的内在机制一样,上帝在作为最初的"动力因"完成其创世工作以后,也不再从内部干预宇宙的自然运行。从纯科学的角度来看,世界万物的运动和变化同任何形式的"目的因"无关,而表现为一个非人格的自足体系。由于这个体系按照自身的内在规律独立自主地发挥功能,因此,有关自然的目的论解释就必须为一种客观的描述性解释所取代。在近代科学发展过程中,神的作用最初尚被看作一种主动的维持力量,继而却变成一种被动的默许,最后则被人们彻底遗

---

① 参见科恩《科学革命史》,军事科学出版社 1992 年版,第 169 页。
② 巴伯:《科学与宗教》,四川人民出版社 1993 年版,第 44 页。
③ 怀特海:《科学与近代世界》,商务印书馆 1989 年版,第 44—45 页。

忘了。

由于不断地给世界"解除魔咒",近代科学一步一步地将自然转变成了一个完全自足的非人格的机械系统。拉普拉斯是这种自然观的最雄辩的代言人。在他那里,世界不再是中世纪经院哲学所推崇的那种有目的性的神灵的舞台,甚至也不是牛顿描绘的那个在神意监督下的连续性客体,而完全是一个自然发挥作用的复杂的因果环链。如果这个复杂环链的某一细节暂时还不清楚的话,那也只能借助实证的物理学研究来解决,而不能靠引进一位在紧要关头突然扭转乾坤的神灵来办到这一点。[①]自拉普拉斯之后,尽管还有不少科学家相信上帝的存在,但此类信念已被认为完全不合科学逻辑。在知识论领域,科学的发展步入了一条"世俗化"的轨道。[②]

随着科学在这个轨道上启动并加速奔跑,一个无声、无色、无味的"死寂"的世界呈现在了人们面前。这个世界的非人格和无灵性特征使人难以产生情感上的亲和,甚至会引发严重的意义危机。[③]但是,在近代条件下,由于科学家成功地揭示出机械世界的力学规定性并用数学计算不断提供着精确预测,这种危机感得到了暂时的抑制。就一种最直接的社会心理效应来说,牛顿的万有引力定律既能解释宇宙中的一切现象,人们当然有理由为科学的伟大和理性的力量而感到欢欣鼓舞。[④]蒲柏的

---

① 事实上,拉普拉斯本人对彻底揭穿宇宙的奥秘怀有高度的自信。他试图通过一个数学公式,将整个宇宙从过去、现在到未来的所有变化都计算清楚。这便是人们所称的"拉普拉斯之妖"。可以说,拉普拉斯关于"万能计算者"的设想,乃是机械决定论的极端表达。
② 参见巴伯《科学与宗教》,四川人民出版社1993年版,第74页。
③ 芒福德评论说:"在新的科学观念之下,所有一切生活形式都应设法与机械世界的构图取得调和,换言之,也就是应该根据一种较完善的机械模型来加以重铸。因为只有机器才是这种新思想的真正化身,所以人类也就必须加以完全净化,变成一种新机器,然后才可以算是达到尽善尽美的最高境界。为了消除其有机性、独立性和主观性,人必须变成机器,或者更好一点,变成一个大机器中的完整的部分。"(芒福德:《机械的神话》,台北:黎明文化事业公司1976年版,第59页)
④ 有人评论说:牛顿爵士似乎把科学发展推到了登峰造极的地步。"他在数学论证的基础上建立起一个物理学体系,这是每一个吃奶的儿童都要吮吸的思想。"(伯特:《近代物理学的形而上学基础》,北京大学出版社2003年版,第17页)

诗作至为充分地反映了当时弥漫于主流群体的乐观主义情绪:

> 自然及自然的法则
>
> 藏匿于黑暗中:
>
> 上帝说,
>
> 让牛顿出世吧!
>
> 于是一切俱成光明。

事实上,崇拜物理学、效法物理学,不仅是近代的一种自发情绪,而且还变成了人文知识分子的一种自觉行动。他们试图按照数学和力学提供的知识范本来构建伦理学、政治学、经济学和社会学理论体系。由此产生了霍布斯的《利维坦》、洛克的《政府论》、斯宾诺莎的《伦理学》、配第的《政治算术》、孟德斯鸠的《论法的精神》、霍尔巴赫的《社会体系》以及斯密的《国民财富的性质和原因的研究》等等。科学理性于是以高昂的姿态树立起自己的权威。它被看作联系人与自然的纽带,"真正理解宇宙秩序和道德秩序的钥匙"[①]。贝尔纳就此评论说:"认为人类单凭理性计算就可以解决一切问题的想法是十八世纪哲学的指导思想之一,它已远远地超出了科学思想的范围。科学第一次变成了一个重要的文化因素。"[②]现代精神及制度安排将因为这个因素的渗入而发生根本性的改观。

---

① 卡西尔:《人论》,上海译文出版社 1986 年版,第 22 页。
② 贝尔纳:《科学的社会功能》,商务印书馆 1982 年版,第 63 页。

第六章　科学方法的人文移植

从哥白尼开始,中经刻卜勒和伽利略,最后到牛顿,近代科学的发展在越来越清晰、统一、严整的形式上构建了一个数学—力学框架。同这个框架对自然现象的合理解释和准确预测相比,人们对社会生活的认识显得十分粗浅。因此,如何校正人类两大知识体系之间的不平衡,使各种类型的社会理论也能获得类似于自然科学那样的缜密与严谨,成了近代主流思想家趋之若鹜的奋求目标。他们的思路很简单:既然数学和物理学已经提供了成功范例,问题的关键就是要将这套方法向人文知识领域作进一步推广。事实上,在近代人文知识分子的心目中,仿效数学和物理学并不纯然是一个研究方法问题。从一种更深远的思想文化意义来说,它关涉到一种价值取向和行为取向的根本性转变。这种转变的实质蕴涵,在于循着自然科学的启示来弄清人类社会的内在规律,并据此行动,最终将社会生活从杂乱无章的状态带到像经典力学所描述的那样一种井然有序的状态。这便是启蒙精神极力推崇的"进步"。

一、唯"理"与求"实"

在本质意义上,近代科学的发展表现为由数理推论与经验观察两种取向锁合而成的富有内在张力的知识建构。前者是所谓转向"绝对"的冲动，它使知识体系的普遍化成为可能；后者是所谓朝向"特殊"的冲动，它使知识探求对具体事象保持开放性敏感。两种冲动的缠绕与互补构成了牵引科学进步的中轴。[①] 如果再加上理论描述的客观性要求和技术操作的实效性要求，那大略就是近代科学发展逐步定型的实证精神的基本含义了。孔德将其概括为四个方面，即：与犹疑相对的肯定，与模糊相对的精确，与虚幻相对的真实，与无用相对的有用。[②]

从某种角度来说，支配近代哲学的唯理论和经验论之争，乃是科学发展之张力结构的一种思想反映。不管它们之间的论辩激烈到什么程度，若与传统的价值观念和思维模式作比照，其总体取向的贯通与互补是毋庸置疑的。按照鲍尔格曼的看法，培根和笛卡儿是"现代主义规划"的两个最主要的理论奠基人。[③] 现在的问题是，如果认为唯理论和经验论的双峰对峙实质上反映了科学发展的内在张力，那么，当这两种哲学论说沿着各自的路径来极力凸显科学原则的合成要素的时候，它们又分别对现代性的品格塑造和实证精神的社会蔓延产生了怎样的影响呢？

1. 唯理论："肯定"与"精确"

论及笛卡儿对现代性规划的影响，似乎会遇到一个怀疑论的障碍，因为，他是从"普遍怀疑"入手进行其知识体系的构筑的。但是，与怀疑主义的否定性结论判然有别，在笛卡儿那里，怀疑仅仅是一种方法论导引，而其最终目的则是要找到一个绝对确定的知识基础。"我对每一件可以使我怀疑、可以使我不相信的事都特别加以思考，同时把以前潜入我的心灵的一切错误都统统从我心中拔除干净。我这样做并不是模仿那些为怀疑而怀疑并且装作永远犹豫不决的怀疑派，因为正好相反，我的计划只是要为自己寻求确信的理由，把浮土和沙子排除，以便找出岩

[①] 参见库恩《必要的张力》，福建人民出版社 1987 年版，第 222—236 页。

[②] 参见孔德《论实证精神》，商务印书馆 1999 年版，第 29—30 页。

[③] 参见 Albert Borgmann, *Crossing the Postmodern Divide*, Chicago: the University of Chicago Press, 1992, p. 22。

石或粘土来。"①对笛卡儿来说,这构筑知识大厦的岩石或粘土既简单又可靠,因为怀疑所能证明的最不可怀疑的东西就是怀疑本身,亦即"我思"。就此而论,笛卡儿把"我思故我在"设定为第一哲学原理,实质上是要求将所有的意见都"放在理性的尺度上校正"。② 此即所谓思想的至高权威或理性的不容置疑的价值优先权。

按照海德格尔的看法,笛卡儿在西方思想史上的独特地位,在于通过把人设定为理性的主体而为后来一步步展开的现代性规划奠定了重要基础。③ 从此,人成为存在者的关系中心。所有的事物都作为"对象"被带到人面前,接受人的拷问、谋划、设定与支配。这是一种极其自负的主人意识。当笛卡儿从"我思故我在"的第一原理出发去破译宇宙密码,并乐观地宣布"给我物质和运动,我就能给你创造出整个世界"的时候,一切形式的犹疑、惶惑和不安,就被一扫而空了。④ 按照这种逻辑,人作为生物存在不过是茫茫宇宙中微不足道的尘埃,但他却可以靠着自己的思想而打开一道"通往超感觉的绝对世界的大门"⑤。这是唯理论哲学的基本立场。

从一种更全面的观点来看,笛卡儿哲学之被称作唯理主义,不但因为它展示了一种与犹疑相对的肯定,而且还特别推崇一种与模糊相对的精确。这种知识建构的精确性要求,源于笛卡儿的数学偏好。⑥ 像伽利

---

① 笛卡儿:《方法谈》,载北京大学哲学系编译《十六—十八世纪西欧各国哲学》,商务印书馆1963年版,第112页。

② 参见笛卡儿《方法谈》,载北京大学哲学系编译《十六—十八世纪西欧各国哲学》,商务印书馆1963年版,第109、114页。

③ 参见 M. Heidegger, *The Question Concerning Technology and Other Essays*, New York: Harp & Row, 1977, p. 140.

④ 卡西尔评论说,哥白尼革命由于使人类成为宇宙中心的渴望失去其存在基础,因此,怎样消除它的负面心理效应,或者说,如何将新宇宙学表面上的灾难转化为福音,构成了科学精神之积极确证和社会传播所不得不应对的一道难题。(参见卡西尔《人论》,上海译文出版社1985年版,第19—21页)

⑤ 卡西尔:《启蒙的哲学》,山东人民出版社1988年版,第11页。

⑥ 笛卡儿称,他本人顶喜欢数学,原因在于,"数学的推理确切而且明白"。(笛卡儿:《方法谈》,载北京大学哲学系编译《十六—十八世纪西欧各国哲学》,商务印书馆1963年版,第105页)

略等人一样,笛卡儿也把宇宙看作一部用数学符号写成的大书。他不仅靠着对数学方法的熟练掌握而把世界设想为一种"万有的统一体",而且在形而上冲动的激使下提出了一种"普遍数学"的理念。笛卡儿坚称,关于世界的普遍科学,"必须被建筑成为一种'几何式的'统一的理论"①。因为,数学与几何学的独特优点在于,它能从最简单和最可靠的公理出发,经过缜密的演绎推导,最后构造出一个具有绝对普遍必然性的知识体系。惟其如此,在笛卡儿看来,数学方法作为完美无缺的认识工具,也就应该向人类理性探究的所有领域加以推广和运用。笛卡儿就此确定了四条基本的思维原则:

第一条是:决不把任何我没有明确地认识其为真的东西当作真的加以接受,也就是说,小心避免仓促的判断和偏见,只把那些清楚明白地呈现在我心智之前,使我根本无法怀疑的东西放进我的判断之中。

第二条是:把我所考察的每一个难题,都尽可能地分成细小的部分,直到可以而且适于加以圆满解决的程度为止。

第三条是:按照次序引导我们的思想,以便从最简单、最容易认识的对象开始,一点一点逐步上升到对复杂的对象的认识,即便是那些彼此之间并没有自然的先后次序的对象,我也给它们设定一个次序。

第四条是:把一切情形尽量完全地列举出来,尽量普遍地加以审视,使我确信毫无遗漏。②

以上原则可概括为明晰原则、分解原则、顺序原则和全面原则。③ 笛

① 胡塞尔:《欧洲科学的危机和超验现象学》,上海译文出版社1988年版,第72页。
② 笛卡儿:《方法谈》,载北京大学哲学系编译《十六—十八世纪西欧各国哲学》,商务印书馆1963年版,第110页。
③ 鲍尔格曼认为,现代公司和官僚制的体系构造与管理流程,在设计理念上都可以追溯到笛卡儿确立的这四条基本规则。(Albert Borgmann, *Crossing the Postmodern Divide*, Chicago: the University of Chicago Press, 1992, pp. 35 - 36)

卡儿很自信地认为,只要立下坚定持久的决心,按以上原则进行认知和探究,就可以消除思想的紊乱,达到数理科学所要求的缜密和严谨。这种说法不无道理。因为如果把一般意义的理性思维首先看作与逻辑规则相容的思维,那么,近代唯理论哲学所极力推崇的演绎方法,显然为这种思维提供了典型示范。继笛卡儿之后,莱布尼兹通过新的数学思维工具,即微积分学的创设和运用,使演绎过程本身在形式化、精确化方面取得了堪称实质性的推进。由于这种推进,逻辑演算被视为理性思维的理想形式。莱布尼兹称:"我们要造成这样一种结果,使所有推理的错误都只成为计算的错误,这样,当争执发生的时候,两个哲学家同两个计算家一样,用不着辩论,只要把笔拿在手里,并且在算盘面前坐下,两个人面面相觑地说:让我们来计算一下吧!"①这便是唯理主义所极力追求的清晰、明白和精确。

2. 经验论:"真实"与"有用"

对科学的知识建构来讲,强调理性思维的清晰、明白和精确,还只能说是问题的一个方面。问题的另一个方面,一如巴伯所言,在于理性思维可能被运用于一些很不相同的目标。当人们讨论上帝的存在或魔鬼的本质时,这不是科学,尽管此种讨论可能以完全合乎逻辑规则的方式进行。因此,必须明确这样一种观念:"只有当理性被应用于我们可称之为'经验'的目的——即对于我们的几种感官,或对于以科学仪器的形式加以改进发展的感官来说,是可以达到客体——时,科学才存在。"②这意味着,"科学必须既是理性的又是经验的"③。

如果说,将理性思维运用于经验目标,以追求一种与虚幻相对的真实,构成了科学精神的又一典型取向,那么,只要论及这个取向的积极确证和社会散播,就不能不充分肯定培根所代表的经验论哲学的独特贡献。在这个方面,培根的"四假相说"特别值得关注。从思想史的前后联

---

① 转引自肖尔兹《简明逻辑史》,商务印书馆 1977 年版,第 54 页。
② 巴伯:《科学与社会秩序》,生活·读书·新知三联书店 1991 年版,第 8 页。
③ 巴伯:《科学与社会秩序》,生活·读书·新知三联书店 1991 年版,第 9 页。

系来看,培根主张清除"种族假相""洞穴假相""市场假相"和"剧场假相",以便按照自然的本来面目去认识自然,实际上是对"祛除巫魅"的科学诉求提供了一种最初的哲学表达。由此,经验事实的客观性和独立性不仅得到确认,而且构成了理性认知所必须遵从的基本前提。培根强调,"人是自然的仆役和解释者,因此,他所能做的和所能了解的,就是他在事实上或在思想上对于自然过程所见的那么多,也就只是那么多。过此,他既不能知道什么,也不能做什么"①。这便是客观对象对于主观认知的本体优先性。

以此为依据,培根对神秘主义的巫术魔法和经院哲学的烦琐推论进行了猛烈的抨击。在他看来,这样的学术传统与经验事实割断联系,不仅空洞贫乏,虚幻不实,而且欺世盗名,毒害思想。为清除种种迷信和偏见,培根要求在自然面前保持冷静、清醒、不先入为主的虚心态度和理智头脑。但培根同时强调,这种要求并不意味着鼓励人们去效仿蚂蚁,似乎采集材料就构成了工作的全部。相反,真正的科学探究应该像蜜蜂一样,既会采集花粉,也会酿造蜂浆。在祛除巫魅的理性化进程中,培根所制定的"三表法"同笛卡儿的演绎逻辑一起,融入并极大地影响了新时代的学术传统。因为这个缘故,人们常常把培根对近代科学发展的贡献比作古希腊瘸腿诗人蒂塔乌在军事上的作用。蒂塔乌本人不能打仗,但他的战歌鼓舞了那些能打仗的人。

事实上,培根在塑造近代科学品格方面所产生的影响还远不止这些。与破假相的诉求和归纳法的制定比较起来,同样重要,甚至更为重要的一点是培根对科学技术的功用价值的推崇。在培根的心目中,"服从自然"是基础前提;而"命令自然"则构成了最终归宿。这包括两个主要环节。其一是科学认知。它要求按照正确方法与合理的程序去揭示隐藏在自然事物本身之中的恒常规律。依靠这种发现,"我们就可以在

---

① 培根:《新工具》,载北京大学哲学系编译《十六—十八世纪西欧各国哲学》,商务印书馆1963年版,第8—9页。

思想上得到真理,而在行动上得到自由"①。因此,知识就是力量。其二是技术控制。照培根的看法,人的知识之所以同人的力量结合为一,是因为借助对自然的科学理解可以导致一系列技术发明;而这些技术发明将极大地提高人类征服自然的能力和效率。这便是与无用相对的有用,与落后相对的进步。② 麦考利就此评论道:

> 随便问一个培根的信徒,新哲学……为人类做了什么,他就会立即回答说:"它延长了寿命,减少了痛苦,消灭了疾病,增加了土壤的肥力,为航海家提供了新的安全条件,向战士提供了新武器,在大小河流上架设了我们祖先所不知道的新型桥梁,把雷电从天空安全地导入地面,使黑夜光明如同白昼,扩大了人类的视野,使人类的体力倍增,加速了运行速度,消灭了距离,便利了交通、通信,使人便于执行朋友的一切职责和处理一切事务,使人可以坐着不用马拖拽的火车风驰电掣般地横跨陆地,可以乘着逆风行驶每小时时速十哩的轮船越过大洋。这些只不过是它的部分成果。因为它是一门永不停顿的哲学,永远不会满足,永远不会达到完美的进步。它的规律就是进步。昨天看不到的一点就是它在今天的目标,而且还将成为它在明天的起点。"③

按照霍克海默和阿多尔诺的看法,要求科学地认知自然,有效地驾驭自然,进而摆脱恐惧,充当主人,构成了作为进步思想的最广泛意义的启蒙精神。④ 这种精神的理性化取向,就其与传统的对立来说,表现为祛除巫魅,追求一个清晰的和可控的世界。它讲究合理的分析、严

---

① 培根:《新工具》,载北京大学哲学系编译《十六—十八世纪西欧各国哲学》,商务印书馆1963年版,第47页。
② 莱斯认为,培根以人类利益的名义发出拷问、强取和征服自然的号召,可以说为新型工业文明的成长指示了一条具有现代意味的方法或路径。在某种意义上,现代进程就是培根规划的实施。(参见莱斯《自然的控制》,重庆出版社1993年版,第41—63页)
③ 转引自贝尔纳《科学的社会功能》,商务印书馆1982年版,第41—42页。
④ 参见霍克海默、阿多尔诺《启蒙辩证法》,重庆出版社1990年版,第1页。

格的计算、准确的预测、可靠的验证、规范的操作以及有效的控制。凡不合进步标准的东西，都要大胆地加以怀疑。在这个意义上，启蒙精神究竟采取唯理论还是经验论的表达形式，并没有实质的区别。只要它们致力于启蒙规则的建构并帮助其逐步取得文化霸权，那就足以用理性化潮流来统合它们。事实也正是如此。休谟在论及唯"理"与求"实"的巨大思想效应时这样讲："我们如果在手里拿起一本书，例如神学书或经院哲学书，那我们就可以问：其中包含着数和量方面的任何抽象推论吗？没有。其中包含着关于实在事实和存在的任何经验的推理吗？没有。那么我们就可以把它投在烈火里，因为它所包含的没有别的，只有诡辩和幻想。"①休谟这段名言可以帮助我们理解，祛除巫魅的科学诉求在多大程度上影响和塑造了近代人文知识建构的学理风格。

二、"政治算术"

从品格特征来看，近代科学发展表现为"对于超越时空、永远正确的普遍自然法则的追寻"②。这种追寻不仅激励过哥白尼、刻卜勒和伽利略，而且促使笛卡儿提出了一种关于世界的普遍科学的构想。按照这种构想，最一般意义的科学乃是探讨一切秩序与度量问题的广义的数学。物理学仅仅是这种广义数学的一个分支，此外还应有与之并列的其他分支。可是问题在于，当物理学家成功地揭示出宇宙天体的数学结构的时候，我们能否指望其他分支，譬如政治学分支，在揭示人类社会生活的秩序与法则方面也能取得像物理学一样的成功呢？这是一个极富挑战性和诱惑力的问题。伽利略认为，由于政治生活是一种情绪激昂的生活，因此很难用数学方法对它加以分析和描述。但是 17 世纪一些坚定的理性主义者完成了一步关键性的跳跃。在他们看来，建立一门具有算术风

---

① 休谟：《人类理解研究》，商务印书馆 1982 年版，第 145 页。
② 华勒斯坦：《开放社会科学》，生活·读书·新知三联书店 1997 年版，第 4 页。

格的政治科学,不仅必要,而且可行。① 格劳修斯和霍布斯即是这一努力的最积极的倡导者。

1. 格劳修斯:效仿纯数学的自然法

一如新宇宙学的创立在形式上似乎是向毕达哥拉斯—柏拉图纲领的某种回归,孕育于古希腊而成型于古罗马的自然法传统在近代也呈现了某种复兴的势头。倘若联系新的时代条件来考察,则这种复兴势头有两点特别值得注意。首先是价值诉求。按其本质意涵,自然法是源自人类理性的绝对律令。它不是具体的成文法律,而是一种旨在揭示终极价值的正义论。这种正义论关涉人的行动的"理想程序",为正当的和不正当的行为确立了一个界标。② 在社会结构急速转型、政治秩序的重新整合成为头等任务的近代,自然法的这种价值诉求无疑蕴藏着可资利用的宝贵思想资源。③ 其次是证明方法。在辞源学意义上,"自然"一词的原意是"本质"。将宇宙万物的本质界说为一种具有齐一性、单纯性、恒定性的理念形式,乃是毕达哥拉斯—柏拉图纲领的思想核心。当斯多噶派因袭这一洞见,并进而求证其正义理想的时候,实际上是把人的理性本质以及基于这种本质的真正属人的道德关切,看成了宇宙普遍本质的一种"分有"或者人性化的展现。它的普适性、绝对性和永恒性因此是不言而喻的。④ 从这个意义来说,以自然的数学化为特征的新宇宙学的创设,为自然法的复兴提供了一个良好的契机。

于是,在格劳修斯那里,就合乎逻辑地出现了法学与数学的奇妙结盟。萨拜因指出,格劳修斯之于政治学就像伽利略之于物理学。⑤ 而按

---

① "政治算术"是古典经济学创始人配第的一部著作的名称。撇开其内容不论,这种提法本身在近代具有相当典型的代表意义。

② 参见马里旦《人和国家》,商务印书馆1964年版,第83页。

③ 将自然法的价值诉求同高扬个人天赋权利的优先性相对接,是洛克等人所完成的一项重要工作。参见本书上篇的有关分析。

④ 资产阶级革命的几大政治宣言,如法国《人权宣言》和美国《独立宣言》都是以自然法的口吻宣布出来的。

⑤ 参见萨拜因《政治学说史》下册,商务印书馆1986年版,第482页。

照卡西尔的看法,也许还得再进一步。因为伽利略虽认为自然之书用数学语言写成,却对纯粹的抽象思维能否适用于情绪激昂的政治生活不抱信心。相比之下,格劳修斯则打消这一顾虑,将数学方法作了更彻底的社会化推演。在他看来,人类生活尽管纷纭复杂,但只要进行正确的思维实验,仍旧可以从中发现某种永恒真理的品质。事实上,斯多噶派的自然法学说已经为构建一门"政治数学"确定了不可置疑的阿基米德之点。① 它告诉我们,作为一种终极道德关怀,自然法所诉求的正义源自人的天赋本性,因此是一种具有普适意义的正当行为准则。这种准则在价值上是自足完善的。它并不需要经验实例作证据。即使它从没在任何一种具体情境中实现过,其价值正当性也永远有效。就此而论,自然法好比纯算术,因为关于数及其关系的算术学包含着绝对必然的真理。纵令整个经验世界被毁灭,以致既没有任何需要计算的对象,也没有任何用数来计算的人,这种真理的自明性依旧不损分毫。

在西方文化史上,格劳修斯有"国际法鼻祖"的美誉。② 他关注法律问题,当然首先是出于对正义秩序的追求,但他把这种追求用自然法的理论形式予以表达,则至为充分地展示了一种唯理论风格。格劳修斯明确地讲,他关于战争与和平法的演绎证明并不打算考虑每一个别的事实,即并不试图解决某一特定的政治问题。他把所有这些具体问题都暂时撇开,就像数学家将数和形当作同一切有形物体无关的东西来研究,又恰似伽利略撇开物体的不可测量因素而仅仅考虑可以精确计算的物理性质。他关注的是具有普适性的万法之法:

> 我把验证涉及自然法的事物归结为某些基本概念作为我关注之事,这些概念是理所当然的,以致没有人能否认它们而免于违犯他自己。因为,只要你严格加以注意,那个法律的诸原则本身就是

① 参见卡西尔《国家的神话》,浙江人民出版社 1988 年版,第 182—183 页。
② 参见博登海默《法理学——法哲学及其方法》,华夏出版社 1987 年版,第 38 页。

一清二楚的,几乎像我们通过外部感官觉察到的那些事物一样的明显。①

在这里,所谓"像我们通过外部感官觉察到的那些事物一样的明显",仅仅是一个类比,并不意味着自然法的清楚明白一定得借助经验观察来求证。格劳修斯还常常提到上帝,那同样也不是祈求信仰权威的钦准。在格劳修斯看来,假如上帝不存在,自然法的诸命题仍将有效;而设若上帝存在,则他也不能凭自己的意志改变自然法,理由在于,上帝的权力并不能使一个自我矛盾的命题变得正确。"正如甚至上帝也不能使二乘二不等于四一样,他不能使本来是邪恶的东西变得不邪恶。"②因此,自然法乃是一种像完美几何图形一般的人性模式或价值尺度。③依照格劳修斯的评判,对自然法的肯定性把握,可同数学方法在物理学领域的成功运用相媲美,两者一起构成了理性自律的最好证明。

2. 霍布斯:作为加减计算的政治分析

在近代西方思想史上,除格劳修斯之外,另一个坚持不懈地致力于营构"政治算术"的重要人物是霍布斯。但与格劳修斯对纯数学的倾心以及对超验正义的痴迷有所不同,霍布斯的政治理论表现出了更多的经验色彩和世俗化趣味。他不是把理性看作直觉地把握绝对本质的"天赋观念",而是看作分析、解剖、整理及综合经验材料的理智能力。由于特别注重这种能力在科学探究中的工具性运用,霍布斯的理论建构给人以从事外科手术或土木工程的印象,似乎是在以中止价值判断的方式执著地追求着合乎科学原则的冷静、客观、实证和有效。他从伽利略的物理学那里引出了两个重要结论。一个结论是,国家与自然

---

① 转引自萨拜因《政治学说史》下册,商务印书馆 1986 年版,第 483 页。
② 转引自萨拜因《政治学说史》下册,商务印书馆 1986 年版,第 482 页。
③ 孟德斯鸠将一种最广泛意义的法界说为"由事物的性质产生出来的必然关系",显然也属于一种典型的自然法哲学的口吻。他的一段名言是:"在法律制定之先,就已经有了正义关系的可能性。如果说除了人为法所要求的或禁止的东西而外,就无所谓正义或非正义的话,那就等于说,在人们还没有画圆圈之前,一切半径都是长短不齐的。"(孟德斯鸠:《论法的精神》上卷,商务印书馆 1987 年版,第 2 页)

物没有质的分别,它骨子里也不过是个物体。因此,引导我们洞悉自然秘密的那种思维过程,同样能用于探究国家。这种思维过程的关键步骤就是分解。要想精确地把握社会政治结构,首先必须追溯它的组成部分,直至不可分割的最小单元。另一个结论是,自然规律不外是自然的运动规律,因此,国家的本质也只有通过运动来认识。"哲学的任务乃是从物体的产生求知物体的特性,或者从物体的特性求知物体的产生。"①而把国家看作运动链条的一环,则意味着它乃前因所造成的后果。因此,揭示国家的秘密,有必要一步步追溯导致其现状的以往阶段。于是自然状态说和社会契约论就成了关于国家的"运动科学"的合理表现形式。

乍看起来,自然状态说和社会契约论似乎包含了一种探讨国家起源的历史主义倾向。但这不是霍布斯的本然意图。按照霍布斯的看法,所谓国家起源,与其说具有编年史的发生学意义,不如说只具有思想实验的逻辑分析意义。现有的历史知识并不能帮助我们确定国家出现的那一最初时刻,而且也不需要这样做。伽利略告诉我们,运动只是物体的简单位移,因此运动定律可以通过对因果关系的高度抽象来用数学方法加以描述。与此相仿,从自然状态说引出社会契约论,也不是为了考察国家的实际起源,而只是为了探究国家的构建原理。在这个意义上,哲学"排除历史",既排除"自然的历史",也排除"政治的历史"。一切分析推论归根到底不过是加减计算罢了:

> 我所谓"推理"是指计算。计算或者是把要加到一起的许多东西聚成总数,或者是求知从一件事物中取去另一件事物还剩下什么。所以推理是与加和减相同的。因为乘不过是把一些相等的量相加起来,而除不过是把一些相等的量一一减去,所以如果有人添上乘和除,我将并不反对。因此一切推理都包含在心灵的这两种活

---

① 霍布斯:《论物体》,载北京大学哲学系编译《十六—十八世纪西欧各国哲学》,商务印书馆
1963年版,第64页。

动——加与减里面。①

按照霍布斯的看法,作为同一计算程序的两个不同步骤,加与减相互依赖,不可分割。减的目的在于作出正确的加,即达到对整体的思想综合;而这种综合又有赖于发挥减的作用,即必须以科学的分解为前提。为了使定量计算获得可通约的基本单位,霍布斯首先对社会复合结构进行抽象化简,结果就得到了一系列彼此孤立的个体。这些个体的社会性内容被剥除,仅剩下赤裸裸的自然本性。他们有着差不多同样的体能和智商,更有着不分伯仲的私欲和贪婪。但物品的匮乏又不可能使每一个人的需求都得到充分的满足,于是无节制的利益追逐将不可避免地造成单个意志之间的紧张与冲突。因此,霍布斯按照减法原则得出的自然状态,就其逻辑必然性来说,只能是一种"人对人像狼一样"的战争状态。②

很明显,这种状态是足够可信的,却又是断不可取的。所以必须进一步求证出一种将松散的个人联为一体的社会政治结合形式。霍布斯于是按照科学方法所要求的合理程序,进到了运用加法原则的第二步。由此得到的结果便是社会契约论。依据霍布斯的界定,契约乃是"权利的相互转让"③。这种转让最终以什么形式确定下来,达成协议,取决于缔约各方如何在主体平等的前提下围绕切身利益进行理性的精细盘算。国家即是人们通过权衡利害并经自由合意而作出的公共选择。由于自然状态设计得足够可怕,在霍布斯那里,能够带来秩序和安全的集权国家就成了一个合理的和可接受的对象。尽管这个结论很少有人认同,但霍布斯把统治与服从关系的建立归结为一种理性化和世俗化的社会契约,却将长期以来包裹着国家的神秘色彩和目的论光环从根本上扫除了。这可以称之为国家的祛魅。卡西尔评论说:"这一事实在政治问题

---

① 霍布斯:《论物体》,载北京大学哲学系编译《十六—十八世纪西欧各国哲学》,商务印书馆1963年版,第61页。

② 参见霍布斯《利维坦》,商务印书馆1996年版,第92—95页。

③ 霍布斯:《利维坦》,商务印书馆1996年版,第100页。

的历史上标志着巨大的决定性的进步。因为倘若我们接受这种观点，把法律、社会秩序归之于自由的个人行为、归之为被统治者自愿服从的契约，那么一切神秘色彩便荡然无存了。还有什么比契约更没有神秘可言的呢?! 人们只能在完全意识到契约的含义和后果的情况下才会订立某个契约，契约便以各方面的自由合意为前提。假如我们也能找到这样一个国家之起源，那国家便成了完全明白的可以理解的事情了。"①

　　霍布斯之后的近代自由主义思想家，同样把国家契约说当作一条政治思想的绝对公理，只是在内容上作了两个重要变通。一方面，他们套用自然法的先验价值悬设，同时为之赋予合乎时代进步潮流的新的经验主义内涵，将生命、自由和财产宣布成了个人与生俱来、不可剥夺的天赋权利。保障这些基本权利被看作缔约的终极目的和国家的根本使命。另一方面，为防止国家权力的恶性膨胀，免除政治专断对个人权利可能造成的威胁与伤害，自由主义者主张在国家内部实行分权制衡。洛克和孟德斯鸠是这种理论的代言人。按照孟德斯鸠的看法，只有当一种力量朝一个方向发生作用，就立刻会有另一相反的力量释放出来，从而自动恢复适当的均衡的时候，国家机器的运作才能被纳入一个与个人自由相容的可控的有序化格局。事实上，在这种政治设计中依然可以发现科学精神的影子，只不过它不再表现为加减计算，而是作用和反作用的机械力学式的动态均衡机理罢了。②

三、"机器人"的苦乐计量

　　近代科学发展的最大成就，莫过于经典力学的日趋完善。这个过程由于牛顿精彩绝伦的一笔，而仿佛营构了一个新时代的"神话"。对那些致力于人文和社会问题研究的思想家们来说，这个"神话"不仅意味着方法论的定势，而且还昭示了知识内容更新的方向。于是就有这样一些设

---

① 卡西尔:《国家的神话》，浙江人民出版社1988年版，第191页。
② 参见卡西尔《启蒙哲学》，山东人民出版社1988年版，第18—19页。

问：物理学告诉我们,全宇宙只有一种物质,大至天体小到微粒皆由同样的质料做成,那么,人是何物? 也是同一种质料做成的吗? 物理学在研究自然运动的时候只作价值中立的描述性分析,而不作夹杂主观偏好的目的论解释,那么,对人的研究是否也可以将目的性排除? 若不能排除,该怎样给予合乎必然的说明呢? 物理学构设了一个统一的机械力学体系,万有引力定律可以对一切自然现象提供合理解释并作出准确预测,那么,人是否也是一部机器? 引力定律是否也在人类生活中发生作用? 我们能够就人的行为进行精密严格的计量吗?

笛卡儿对自然界的物质统一性坚信不疑,但在回答人是什么的时候却犹豫不决。他无法完全否认心灵与物体的关联,但原则上还是将两者分割了开来。这样一种二元论具有双重的不彻底性。从人本主义的立场看,真正捍卫人的独立价值,就必须断绝用科学模式塑造人学的妄想,可是,笛卡儿不仅没有抵御这种诱惑,反倒以构建普遍数学的勃勃雄心给这一妄想提供了有力的刺激。① 另一方面,从决定论的立场看,既然承认数学理性的绝对可靠,就应该把它彻底推广应用于人类生活的研究;而这种研究得以开展的一个基本前提,恰恰在于破除心与物的二元分裂,像物理学家寻求天和地的统一性那样,进一步寻求人和物、自然和社会的统一性。显然,在这个问题上作肯定判断,必须超越唯理论的视界,而诉诸彻底的经验唯物主义逻辑。

这种逻辑在 18 世纪法国主流哲学家那里得到了淋漓尽致的发挥。伏尔泰以他特有的机智和幽默质问说:"如果整个自然界的所有星球都服从永恒的规律,唯独这个五尺之躯的小小动物例外,它可以为所欲为,而无视这些规律,这岂不是咄咄怪事!"② 霍尔巴赫强调,整个宇宙乃是"硕大无朋、连续不断的因果链条",根本就不可能在人这里出现一个缺口。"人是自然的产物,存在于自然中,服从自然的法则,不能越出自然,

---

① 帕斯卡、卢梭是近代人本主义哲学的著名代表。

② 转引自卡西尔《启蒙哲学》,山东人民出版社 1988 年版,第 244 页。

哪怕是通过思维，也不可能离开自然一步；人的精神想冲到有形世界的范围之外，乃是徒然的空想，它总是不得不回到这个世界里来。"①按照爱尔维修的看法，自然规律之所以在人身上发生作用，根本说来是因为人本身就是一个实体存在，一个"为肉体的感受性所发动"的生命有机体。②而拉梅特里则更彻底地推论道，人作为生命有机体实际上跟机器没有太大的分别，只不过比普通机器更加精巧罢了。在《人是机器》一书中，拉梅特里写下了这样一段证明文字：

> 现在我们来详细地看看人体机器的这些机栝。一切生命的、动物的、自然的和机械的运动，都是这些机栝的作用所造成的。突然面临一个万丈深渊，不是大吃一惊，身体机械地向后退缩么？像上面说的，一棒打下来，眼皮不是机械地闭起来么？瞳孔不是机械地在日光下收缩以保护网膜，在黑暗里放大以观看事物么？冬天我们身上的毛孔不是机械地闭起来，使寒气不能侵入内部？胃脏在受毒物、一定量的鸦片、呕吐剂刺激的时候，不是机械地翻搅起来么？心脏、动脉、肌肉在人入睡的时候，不是和人醒时一样机械地不断伸缩么？肺不是机械地不断操作，就像一架鼓风的机器一样么？……③

拉梅特里由此不断地追问下去，竟至于认为，就像人的腿有其用来走路的肌肉一样，人的脑子也有其用来思想的肌肉。于是，生命、情感和意志等等统统被还原成了简单的机械、物理、化学及生理过程。这是一种至为彻底的机械观。但是，按照卡西尔的看法，不论这种机械观对18世纪法国唯物主义哲学家来说多么具有典型意义，它都只是一层外表，而不是核心。"我们不应到自然哲学，而应到伦理学中去寻找这一核心，

---

① 霍尔巴赫：《自然体系》，载北京大学哲学系编译《十八世纪法国哲学》，商务印书馆1965年版，第568—569页。
② 参见爱尔维修《论教育》，载北京大学哲学系编译《十八世纪法国哲学》，商务印书馆1965年版，第499页。
③ 拉梅特里：《人是机器》，商务印书馆1981年版，第56页。

尽管乍听上去这种说法显得有些荒谬。"①问题的正确切入路径应该是：一方面，随着世俗化潮流的日益高涨，以趋归超验神圣为终极目标的传统伦理越来越被看作压抑人性的精神桎梏；另一方面，由自然科学发展所凸显的理性化面向，则使志在打烂这一桎梏的新时代伦理学家找到了一个重要的合法理据。因为，既然物理学通过摒弃关于自然的目的论神秘解释而获得巨大成功，那么，要使伦理学的建构合上时代的节拍，也就必须切断世俗生活与超验目的的勾连，按照自然人性的经验事实来作出自己的每一个确凿可靠的推论。

结果就有了"应当像建立实验物理学一样来建立一种道德学"②的著名口号。这句口号由爱尔维修提出，但它实际上表达了18世纪法国唯物主义者的一致意见。耐人寻味的是，爱尔维修在这里所倡扬的效法样板是物理学，而不是数学和几何学。这其中的原因，不但在于牛顿的成就产生了至为广泛的社会文化效应，而且也在于，若没有内容的实质改造，数学和几何学方法的伦理学运用就仅仅是一种形式包装。在这个意义上，斯宾诺莎关于道德世界的几何学理论显然是有欠缺的。③ 按照18世纪法国唯物主义者的看法，所谓建立像实验物理学一样的道德学，并不是仅仅把物理学方法外推到与物理学根本不同的另一研究领域，莫若讲，它所考察的只是同一律则的不同表现形式。霍尔巴赫说，支配宇宙万物的根本律则乃是一种自保倾向。物理学家将其称为引力，伦理学家将其称为自爱，提法不同，实际上没有根本的分别。"人也和自然物一样，有吸引和排斥的运动；发生于人身上的这些运动之所以有异于其他运动，只是因为它们比较隐蔽，只是因为我们常常不知道它们是什么原

---

① 卡西尔：《启蒙哲学》，山东人民出版社1988年版，第66页。
② 爱尔维修：《论精神》，载北京大学哲学系编译《十八世纪法国哲学》，商务印书馆1965年版，第430页。
③ 斯宾诺莎的《伦理学》在形式上是一个公理演绎系统，具有典型的唯理论风格。但其世俗化趣味表现得不是很充分，给人以科学与伦理貌合神离的印象。

因引起的,也不知道它们的运动方式如何。"①

现在,通过将经验主义哲学的核心论点同物理学的伟大发现相印证,这个隐蔽的法则被清楚明白地揭示出来了。人既是一个经验存在,一个为肉体感受性所发动的生命机体,说明它本身就是一个物。因此,伦理、物理皆出一理。一如自然运动的吸引和排斥,"快乐和痛苦永远是支配人的行动的惟一原则"②。按照爱尔维修的推论,在一个愈益商业化的现代世俗社会,趋乐避苦从根本上表现为利益追逐。因此,"如果说自然界是服从运动的规律的,那么精神界就是不折不扣地服从利益的规律的"③。这一基本判断,在斯密的理论体系中便是"经济人"的假定。当斯密从这一假定出发,对市场经济的运行机制成功地加以剖析的时候,功利主义伦理学结出了一个最丰硕的果实。就此而言,"政治经济学是这种功利论的真正科学"④。

这门科学的理性化取向,可称之为经济生活的祛魅。事实上,祛魅的工作早在配第那里即已开始。从配第的《政治算术》到魁奈的《经济表》,古典经济学家一直致力于用数字表格来说明经济运行。斯密的《国富论》是这项工作的伟大综合。就像牛顿以力学三定律和万有引力定律将自然界所有物体的运动都纳入统一的数学—力学框架一样,在斯密的理论体系中,不仅普通意义的利息和成本—利润核算,而且从分工、交换、收入、分配一直到社会生产和再生产的所有复杂的经济行为、现象及过程,统统以合乎规律的科学化方式得到了系统的阐发。⑤ 如果一种经济理论融解释和预测功能于一体,既可说明私人交易,也能指导国家的

① 霍尔巴赫:《自然体系》,载北京大学哲学系编译《十八世纪法国哲学》,商务印书馆1965年版,第592页。
② 爱尔维修:《论教育》,载北京大学哲学系编译《十八世纪法国哲学》,商务印书馆1965年版,第497页。
③ 爱尔维修:《论精神》,载北京大学哲学系编译《十八世纪法国哲学》,商务印书馆1965年版,第460页。
④《马克思恩格斯全集》第3卷,人民出版社1965年版,第479页。
⑤ 马克思评论说,在斯密那里,"政治经济学已发展为某种整体,它所包括的范围在一定程度上已经形成"。(《马克思恩格斯全集》第26卷(Ⅱ),人民出版社1972年版,第181页)

政策制定,那么,在它冷静而严谨的剖析下,经济生活还有什么神秘色彩可言呢?

理性化的祛魅运动一旦在某个领域获得成功,在有利经验的熏陶下,它就会很快散播到其他领域里去。因此,随着经济学愈益获得科学的形态,人们立即着手进行心理学的数学化尝试,乃是一件顺理成章的事情。而且,由经验主义哲学与机械力学之融合而形成的关于人是一个趋乐避苦的感性实体的概念,已经从根本上清除了限制定量心理分析的障碍。在趋乐避苦的同质形式上找到一切人类行为的可通约单位之后,进一步对"苦"与"乐"的大小或多少加以定量计算,似乎不仅是必要的,而且是完全可行的。"无论苦乐方式是多么千差万别,但它们有一个共同点:每种方式都有一定的强度和绵延。如果我们能将苦乐还原为一定的量度,并确立一种关系,据此证明整体的量值取决于这些个别因素,我们就找到了一种解决办法。那时我们就能制定出计算感觉和情感的公式,其精确性不会亚于算术、几何学和物理学。"①

这种计算公式果真就被制定出来了。按照功利主义集大成者边沁的设想,它需考虑七大指标,分别是:强度(intensity)、持久性(duration)、确定性或不确定性(certainty or uncertainty)、迫近性或遥远性(propinquity or remoteness)、继生性(fecundity)、纯度(purity)以及范围(extent)。计算程序如下:(1) 计算看来是那行为所首先产生的每一明显快乐的价值;(2) 计算看来是那行为所首先产生的每一痛苦的价值;(3) 计算看来是那行为在初次快乐以后所产生的每一快乐的价值;(4) 计算看来是那行为在初次痛苦以后所产生的每一痛苦的价值;(5) 对个人而言,总计所有快乐和痛苦的价值,加以衡量;(6) 对社会而言,首先就每一相关个体重复以上步骤,然后总计有利害关系的人的数目,从整体上对快乐和痛苦的价值加以衡量。若计的结果是快乐的一边为重,即为好趋势;若计算结果是痛苦的一边为重,则是坏趋势。最大

---

① 卡西尔:《启蒙哲学》,山东人民出版社 1988 年版,第 145 页。

限度地追求快乐或减免痛苦构成个人行为的最佳选择；而能否造成"最大多数人的最大幸福"则是评判国家行为的根本标准。为便于记忆公式并进行熟练计算，边沁还作歌诀一首：

> 苦乐原有特征，
> 强、久、确、速、继、纯。
> 为私应求此快乐，
> 为公要推广此快乐；
> 避苦是你本分，
> 如若不可免，
> 应该求减轻。①

　　在边沁的严格计量下，所有形式的人类行为仿佛都没有什么秘密可言了。苦和乐这杆秤可测度一切。按照边沁的说法，禁欲主义原本也有某种幸福关怀，只不过是它过于害怕来世的痛苦，因而才在灵魂拯救的驱动下走上了一条反对现世快乐的道路。但它在这条道路上走得太远，以致把出发点彻底遗忘，最后竟发展到认为"爱上痛苦才好"。因此，禁欲主义原则乃是对功利原则的误用，它不应为任何活着的人所坚持。"只要地球上十分之一的居民坚持奉行它，不超过一天，就会把地球变成地狱了。"②经严格的苦乐测量之后，遭到边沁斥责的还有艺术审美活动。这类活动，譬如作诗，就提供精神愉悦的目的来说，与儿童的游戏并无质的高下之分，它们的差异仅仅在于量。但边沁认为儿童的游戏天真无邪，而诗人的创作却往往把心灵深处的巨大痛苦诱发出来，从而使其带来的精神愉悦被彻底冲消。在这个意义上，诗人乃是危害社会机体健康的撒谎者和诱骗者。基于这样的判断，边沁仿效柏拉图，将诗人从一种

---

① 边沁：《道德与立法的原理绪论》，载周辅成编《西方伦理学名著选辑》下卷，商务印书馆1996年版，第227页。
② 边沁：《道德与立法的原理绪论》，载周辅成编《西方伦理学名著选辑》下卷，商务印书馆1996年版，第217页。

组织良好和管理完善的社会中赶了出去。于是祛除巫魅的要求在边沁那里就被导入一种既无神秘亦无灵性的功利化和实用化的生存形态的营构。在这样的世界中,惟商人、实业家、发明家和管理者之类的精明人物才有大展宏图的广阔空间。就此而论,浪漫主义者将边沁的苦乐计算模式斥为功利主义的庸俗市侩版本,显然是不无道理的。① 问题只是,他们的呐喊无法阻挡汹涌澎湃的世俗化和理性化大潮。

四、启蒙精神的乐观与自傲

在西方文化范式的结构转型过程中,理性主义最终超越科学视界而作为一种"主义"话语在谋求社会法权的道路上取得巨大成功,其根本标志当推启蒙运动。由于公开拒斥基督教生存理想的超验维度,坚定不移地按照理性化要求来寻求自然的合理解释与世俗生活的有序组织,启蒙运动以彻底决裂旧传统的革命姿态对现代性原则给予了系统的表达。如果对这种表达作简要概括,那便是自主的个人主义、高傲的理性主义、积极的幸福主义以及相信进步的乐观主义。②

从字面上看,"启蒙"一词的原初意义是"照亮"或"启明"。当它作为一种价值诉求被自觉地运用到人类生活诸领域的时候,显然是因为在这些领域存在着一种阴暗状态。在此一状态下,人被蒙住智慧的眼睛,既不能正确地认识自然,也不能正确地认识自身。他被牵着鼻子在漫漫长夜中游走,不辨方向,不明目标,根本丧失了自己的自主抉择能力。按照启蒙思想家的看法,人的这一浑浑噩噩的生存状态完全由宗教迷信的一手遮天所致,因此,基督教神学在启蒙的话语系统中就被设定为敌对的"他者"。狄德罗的一则寓言对此作了很好的注解:"我在黑夜迷失在一

---

① 参见艾布拉姆斯《镜与灯——浪漫主义文论及批评传统》,北京大学出版社 1992 年版,第 492—493 页。
② 图尔纳把这些东西统称为"现代主义的意识形态"。(Alain Touraine, *Critique of Modernity*, Oxford: Blackwell Ltd., 1995, p. 28)

个大森林里,只有一点很小的光来引导我。忽然来了一个不认识的人,对我说:'我的朋友,把你的烛火吹灭,以便更好地找到你的路。'这不认识的人就是一个神学家。"①

应该讲,基督教神学并不是一概拒斥光明。不仅如此,至少就义理而言,它对光明的追求还相当执著。但问题在于,基督教神学将光明之境悬设于超验的彼岸世界,并一再强调,现世生活只有为超验秩序所统摄才能获得价值正当性,因此,纯世俗的感性趣味和理性推理在它那里就被当作遮蔽神性光照的业障而遭到了贬抑。从历史的观点来看,随着世俗化和理性化潮流的不断涌动,以彼岸世界为旨归的价值取向被颠覆将是一种不可规避的命运。如果说,颠覆的工作在文艺复兴时期的人文主义者手中即已展开,那么,启蒙思想家的独到之处,就在于把揭露基督教伦理之存天理灭人欲性质的一般文化批判,发展成了一种更富挑战意向且满怀胜利信心的指控与讨伐。霍尔巴赫称,神明有一种把人肉当点心的嗜好,惟"最野蛮、最残暴、最痛苦的献祭"才合乎他的胃口。② 顺着这样的思路,当 18 世纪的战斗无神论者把基督教斥为"神圣的瘟疫",并将道德学转化为关切个人感性快乐的纯世俗的幸福学的时候,"光明"与"黑暗"的传统对比格式就像乾坤倒置一样被彻底地翻转了。

随着传统时代那种给现世秩序提供正当性论证的超验文化资源被弃绝,终极实在的位置就别无选择地移至此岸的经验之域。因为这个缘故,"自然"概念在启蒙话语中的地位不断凸显,并且承担起了充当人生向导的使命。③ 霍尔巴赫提出:"我们要向自然请教;我们要在自然本身中汲取它所包容的事物的真实观念。"④拉梅特里强调,在纯洁的自然状态中,凡夫俗子可以不理会别的声音而只听从自己内心的忠告,"只有这

---

① 狄德罗:《狄德罗哲学选集》,商务印书馆 1979 年版,第 36 页。
② 参见霍尔巴赫《神圣的瘟疫》,载北京大学哲学系编译《十八世纪法国哲学》,商务印书馆 1965 年版,第 565 页。
③ 参见 Alain Touraine, *Critique of Modernity*, Oxford: Blackwell Ltd.,1995,p.13.
④ 霍尔巴赫:《自然的体系》,载北京大学哲学系编译《十八世纪法国哲学》,商务印书馆 1965 年版,第 574 页。

种忠告能够引导我们经由愉快的道德途径走向幸福"①。狄德罗以自然的名义对人发出了"浪子回头"的热切呼唤:

> 噢,迷信的奴隶,你徒劳地走出我把你安置于其中的世界的范围寻找你的幸福。拿出勇气来,挣脱宗教的羁绊,它是我的傲慢的敌手,它不承认我的特权。把篡夺了我的权力的上帝驱逐出境,回到我的法律。回到你已逃离的自然吧;她将抚慰你,驱散一切现在压迫着你的恐惧。重新服从自然,服从人性,服从你自己;你将发现你自己的生活道路上处处鲜花盛开。②

启蒙思想家一直在追问:这样一种"鲜花盛开"的生活道路为什么会被阻断?他们在批判性的思考中所获得的一个重要答案是"人的无知"。按照启蒙思想家的一种典型推论,无知引发恐惧,恐惧带来迷信,迷信导致盲从,而盲从则使以教会为首的传统卫道士得以树立起自己的独断权威,于是人类就堕入了"瘟疫"流行的黑暗时代。在这个时代中,蒙昧主义和专制主义结为一体,行使着不容抗辩的文化霸权与政治霸权。因此,它作为滋生并扩展罪恶的制度化温床,理所当然地受到了启蒙思想家的愤怒攻击。霍尔巴赫将蒙昧主义和专制主义的思想实质与行动逻辑揭示为:"只有用恐惧的力量把人们压扁,只有不断地使人们看到令他心神不宁的对象,只有扰乱人们的理智,只有激起人们的好奇心而永远不使其满足,只有鼓动人们的想象力而禁止他们的理性发言,才能使人们成为奴隶,永远屈服于羁轭之下。"③正因为如此,要消除无知,克服恐惧,从蒙昧和专制的羁轭下解放出来,过一种自由而健康的生活,那就必须接受理性之光的导引。这便是启蒙运动的基本诉求。康德就此评论道:

---

① 拉梅特里:《人是机器》,商务印书馆1981年版,第52页。
② 转引自卡西尔《启蒙哲学》,山东人民出版社1988年版,第131页。
③ 霍尔巴赫:《神圣的瘟疫》,载北京大学哲学系编译《十八世纪法国哲学》,商务印书馆1965年版,第566页。

　　启蒙运动就是人类脱离自己所加之于自己的不成熟状态。不成熟状态就是不经别人的引导，就对运用自己的理智无能为力。当其原因不在于缺乏理智，而在于不经别人的引导就缺乏勇气与决心去加以运用时，那么这种不成熟状态就是自己所加之于自己的了。要有勇气运用你自己的理智！这就是启蒙运动的口号。①

　　从一种广泛的社会文化意义来看，这个口号由于积极确证个人的主体意识和道德自律，而给现代性原则的营构打上了深刻的烙印。"启蒙运动的理想是，对于没有理性证据作为根据的任何信念，人有义务不予接受，也就是说，所依据的是自律理性的同意，而不是圣经或教会的权威。"②此乃免于盲从的不惑与成熟。康德强调，如果超越个人仅只在私下运用理性的狭隘限制，而形成一种在一切问题上都永远有公开运用理性的自由的社会氛围，那么，全人类的启蒙就指日可待了。在这个意义上，启蒙运动的理性诉求同神秘主义、蒙昧主义、专制主义以及各种类型的权威主义针锋相对，它不仅孵化着个人的主体自觉，而且也为一种自由、平等、民主的社会制度搭建了一个基础平台。

　　需要指出的是，由于这个平台矗立于纯世俗的生活土地，因此，启蒙理性在个人自由和社会正义方面的价值承当，也就再不能像传统时代那样悬设一个超验的彼岸秩序，而只能从实证的知识学进展中寻求思想资源。于是就出现了启蒙精神与科学精神的历史性叠合。首先，近代科学的成长表现为同传统信条和教会权威的激烈冲突。它推崇无偏见的探究、自由的批评、大胆的怀疑以及经得起严格检验的公开解释。这在启蒙思想家的心目中，乃是独立运用自己的理性去自主行使判断的最好榜样。其次，实证科学对自然现象的分析和描述拒斥了神秘的目的论框架。它放弃"为何"，而仅从事于"如何"。③"如何"是从事物本身中提取

① 康德：《历史理性批判文集》，商务印书馆1991年版，第22页。
② 利文斯顿：《现代基督教思想》上卷，四川人民出版社1991年版，第4—5页。
③ 参见狄德罗《狄德罗哲学选集》，商务印书馆1979年版，第100页。

出来的,但"为何"却往往会在追寻目的因的过程中产生颂扬造物主之类的荒谬观念。就此而论,科学给自然"祛魅",意味着它同构并强化了启蒙运动通过"逻各斯"消除"神话"的基本格式。① 最后,推崇逻辑明晰、计算精确、解释合理和预测可靠的科学的知识建构,在揭示自然规律方面展现出强大的解谜功能。这不仅为种种社会理论的科学化提供了学术指导,而且也极大地坚定了启蒙思想家关于人类进步的乐观信心。达朗贝尔的慷慨陈词很有典型意义:

> 自然科学一天天地积累起丰富的新材料。几何学扩展了自己的范围,携带着火炬进入了与它最邻近的学科——物理学的各个领域。人们对世界的真实体系认识得更清楚了,表述得更完善了……一句话,从地球到土星,从天体史到昆虫史,自然哲学的这些领域中都发生了革命;几乎所有其他的知识也都呈现出新的面貌……一种新的哲学思维方式的发现和运用,伴随着这些发现而来的那种激情,以及宇宙的景象使我们的观念发生的某种升华,所有这些原因使人们头脑里产生了一种强烈的亢奋。这种亢奋有如一条河流冲决堤坝,在大自然中朝四面八方急流勇进,汹涌地扫荡挡住它去路的一切。②

卡西尔评论说:"大概没有哪一个世纪能像启蒙世纪那样自始至终地信奉理智的进步的观点。"③这种观点先是得益于科学革命的鼓舞,尔后就被启蒙思想家发展成了一种可称为一般价值信念的"社会向善论的乐观主义"④。但严格说来,这种乐观主义并不是断言现有的一切都已经尽善尽美,而毋宁是对未来社会将变得更好抱有热切的希望。伏尔泰有言:"人类最可贵的宝库乃是这个'希望',它缓和了我们的悲哀,在我们

---

① 参见伽达默尔《真理与方法》上卷,上海译文出版社 1992 年版,第 350 页。
② 转引自卡西尔《启蒙哲学》,山东人民出版社 1988 年版,第 44 页。
③ 卡西尔:《启蒙哲学》,山东人民出版社 1988 年版,第 3 页。
④ 利文斯顿:《现代基督教思想》上卷,四川人民出版社 1992 年版,第 9 页。

目前所有的欢乐中描绘了将来的欢乐。"①孔多塞辩称,不论人类的征程多么曲折,但历史进步的车轮不可阻挡。随着科学的发展和教育的普及,理性将战胜蒙昧,自由将替代专制,盲目的自然力量和落后的社会势力终会被彻底征服。"人类精神在解脱了所有这些枷锁、摆脱了偶然性的王国以及人类进步之敌的王国以后,就迈着坚定的步伐在真理、德行和幸福的大道上前进。"②待到太阳在大地上仅只照耀自由和欢乐的人们的那一刻,所有美好的希望就都会变成现实了。

这便是启蒙思想家在理性信念的激励下对人类未来给出的庄重承诺。作为基督教上帝之城的末世论替代品,它是一座充满光明的地上之城。由于对这座地上之城格外迷恋,启蒙精神内含着这样一个思想情结,那就是坚定地相信:"人类能够解答一切难题,克服一切障碍,完成一切探索"③。但是,当解答难题、克服障碍、完成探索的重任在越来越大的程度上托付给科学技术的时候,理性作为道德理想承担者的价值意义逐步消退,而其形式化和功能化取向则日益外露,以至于现代文明的发展史,变成了一部价值理性黯然失色、工具理性高歌猛进的历史。是为自我否定的"启蒙的辩证法"。

---

① 伏尔泰:《哲学通信》,上海人民出版社 1961 年版,第 130 页。
② 孔多塞:《人类精神进步史表纲要》,生活·读书·新知三联书店 1998 年版,第 204 页。
③ 埃伦费尔德:《人道主义的僭妄》,国际文化出版公司 1988 年版,第 6—7 页。

第七章　工具理性的社会蔓延

从某种意义来说,科学就是让事物以数学的方式呈现自己,或者教人们以数学的方式认识事物。由于这种认知方式在揭示自然奥秘方面呈现出无与伦比的优越性,因此,以抽象还原和定量计算为特征的数理思维,就逐步取代传统的神话巫术和朴素经验,成了现代知识学建构的基本定势。从文艺复兴到启蒙运动,西方社会的价值中轴不断朝世俗化方向位移,并最终确立了人在自然面前的主体地位。这一重大变化不仅使科学发展获得前所未有的广阔空间,而且以服务于人的主体需要的名义,在征服和控制自然的过程中将知识运用纳入了一条崇尚效率的技术化和工具化轨道。随着科学技术成为认识和驾驭自然的最优方式,文明、进步一类的观念被赋予了一种与传统时代很不相同的现代内涵。在它的激励下,按照数学化模式来组织社会生活,合乎逻辑地成为一个新的奋求目标。现在要问:这个目标的实现得到了哪些因素的历史性配合? 社会生活的数学化过程怎样扩展出来? 讲究精确、规范、实用、高效的工具理性取向如何给现代文明的制度构造和生活样态打上了深刻烙印?

一、非理性承诺与合理化行动

韦伯认为,在社会学意义上,要准确把握理性化进程的驱动力,必须关注科学进步这一重要因素。[①] 但是,科学研究所强调的严格推算、合理解释与准确预测,之所以能够超越科学范围而成为一般"生活方法论",并不仅仅关乎个别知识精英的学术旨趣,它在更大程度上涉及某种广泛意义的大众行为模式。[②] 历史地看,这种行为模式的塑造,既得益于科学进步的成功示范,更离不开其他社会文化因素的配合与支持。由于宗教信仰是近代西方历史上影响巨大的精神督导与行动整合力量,因此,考察理性化过程的循序扩张,不能不深入辨析这一过程同宗教因素的隐秘联结。

这种联结因两种矛盾现象的并生而显得至为复杂。一种现象是宗教与科学的冲突。在近代科学的发轫期,宗教势力曾将它作为异端予以严厉整肃。参与整肃活动的不仅有罗马天主教人士,还有宗教改革领袖路德和加尔文。[③] 布鲁诺、伽利略以及塞尔维特等人的悲剧性命运,足以说明宗教势力对新科学是何等的不宽容。[④] 可是与之相对,社会史学者又提请人们注意另一重要现象:自 17 世纪中叶以来,公众的职业选择和兴趣中心逐步向科技活动领域转移,且这种转移在清教伦理作为主导价值观的英国尤其明显。[⑤] 再考虑到当时的科学家往往具有宗教信仰,而且大多倾向于清教,显然不能说是无意义的巧合。这两种矛盾现象该怎

[①] 韦伯认为,科学在理性化进程中的角色扮演主要表现在三个方面。第一,帮助人们获得技术性知识,通过计算来把握外物和支配行动;第二,给人提供思维训练和思维工具;第三,使人获得自我清明的认识,形成理智的人格。[参见 H. H. Gerth, C. Wright Mills(eds.), *From Max Weber: Essays in Sociology*, New York: Oxford University Press, 1946, pp. 150 - 151]

[②] 参见哈贝马斯《交往行动理论》第一卷,重庆出版社 1994 年版,第 211 页。

[③] 参见罗素《宗教与科学》,商务印书馆 1982 年版,第 10 页。

[④] 茨威格对这个问题作过精到的批判性评论。(参见茨威格《异端的权利》,生活·读书·新知三联书店 1987 年版)

[⑤] 参见霍伊卡《宗教与现代科学的兴起》,四川人民出版社 1991 年版,第 116 页。

样解释呢？

如果说前一种现象，即宗教对科学的敌视与打压，根本上是因为科学理性动摇了宗教信仰和教会权威的合法性基础，那么，后一种现象则表明，宗教，特别是加尔文清教，又为近代科学的发育成长提供了某种积极的文化资源。按照默顿的看法，这种资源供给出自一种价值导引和社会行为之间的互动机制，它的功能和效应，在很大程度上是超乎宗教领袖的主观预期之外的。① 实际情况可能是："一种宗教……我们把一种宗教理解为那些构成一个信仰和崇拜体系的伦理道德的信念和实践，也就是说，被理解为一种宗教伦理——可以间接地促进科学的开发，虽然与此同时，一些具体的科学发现会遭到那些怀疑它们可能具有颠覆性质的神学家们的猛烈攻击。"②

从宗教与科学的这一复杂的互动关系中，我们可以引申出两个有待深入探讨的问题。其一，倘把祛除巫魅的合理化进程看作现代文明发展的一般趋向，那么这一趋向在传统本身的重塑中有什么具体表现？其二，若传统本身的重塑与现代文明的合理化进程存在着某种程度的顺应，则它又怎样为这一进程的推展输入了新的文化能量？

依据韦伯的分析，清教教义的核心——灵魂拯救，本质上是一种给人生赋予意义的价值承诺。它的力量在于激发人们的信仰热忱，义无反顾地皈依超验神圣。就此而言，它与传统的天主教乃至原始的图腾崇拜并无原则的差异。但是，加尔文教奉行"绝对命定论"，它告诉人们，一个人能否获救，取决于上帝不可更改的选择。得到上帝恩宠的人永远不失其恩宠，而遭到上帝遗弃的人则注定要被遗弃。韦伯强调，这种命定论的特殊意义在于，它排除了存留于传统宗教中的经由教会、圣礼以及其他繁琐的神秘仪式获得救赎的可能，从而使信仰和行为按照一种统一的

---

① 默顿曾就此作了这样一个注解："本文这项研究的一个基本结果就是清教主义对科学的最重大的影响在很大程度上并非出自清教领袖们的本意。"（默顿：《十七世纪英国的科学、技术与社会》，四川人民出版社 1986 年版，第 109 页）
② 默顿：《十七世纪英国的科学、技术与社会》，四川人民出版社 1986 年版，第 144 页。

尺度纳入了融贯有序的合理系统。① 这同发源于古希腊的科学理性精神是颇为契合的。

韦伯进一步指出,虽然从逻辑上讲,"绝对命定论"与发挥人的能动性相抵触,但由于把完成世俗职业义务尊为个人德行的最高形式,加尔文教又暗示:自助者天助之。信徒们只有通过勤劳刻苦的世俗工作去创造自己获救的信心。加之救赎的巫术手段被否定,恪守天职的信徒的道德践行便摆脱原来无计划、无系统的特点,而服从于某种前后一致的方法。这样,清教伦理不仅引发出积极入世的功业追求,而且通过一种非理性的价值承诺,无意识地促成了信徒的世俗行为取向的合理化。韦伯认为,这种合理化显然有助于培养以勤劳节俭、精打细算、缜密运筹为特征的经济态度;而在默顿看来,相同的结论也适用于清教同科学的亲和关系:"如果说对一位高深莫测的上帝的种种想象本身没有介入科学研究的话,那么,以关于这位上帝的一种特殊观念为基础的人类行为准则的确参与了科学研究。恰恰就是清教主义在超验信仰和人类行为之间架起了一座新的桥梁,从而为新科学提供了一种动力。"②

这种动力首先与清教的功利主义转向有关。之所以称为转向,是因为"颂扬上帝"虽仍被视作人生的终极目的,但由于强调世俗天职的重要,它被赋予了与中世纪宗教信仰很不相同的伦理内涵。现在,公益服务被看作对上帝的最伟大的服务,而通过系统的、有条理的勤奋劳作取得职业成功,则转化成了获救的外在标志。于是一种社会功利主义就有时含蓄地、有时公开地成为清教伦理借以判别可接受行为的主要标准。事实上,"由于功利主义原则适宜于可行的具体应用,它便成为现实实践的指导性信条"③。依据这一信条,从事科学研究和技术发明,因其造福人类的可见的实用效果而愈益受到重视。它开始吸引和保有最优秀的人才,为越来越多的社会精英所追逐,而不再是人们蔑视的对象。与此

---

① 参见韦伯《新教伦理与资本主义精神》,生活·读书·新知三联书店1987年版,第89—91页。
② 默顿:《十七世纪英国的科学、技术与社会》,四川人民出版社1986年版,第120—121页。
③ 默顿:《十七世纪英国的科学、技术与社会》,四川人民出版社1986年版,第87页。

相对照,原曾引起公众极大兴趣的某些艺术类型,譬如戏剧和诗歌,则在功利主义潮流的冲击下日渐衰落。在 17 世纪中叶的英国,清教徒关闭了剧院;诗人作为"娱人但不能谋利的人",也不再享有过去那种令人羡慕的尊荣。若一位少年富有诗人气质,即被认为难成社会有用之才,因此必需尽最大努力加以训诲。清教牧师一再正告青年人不要阅读渎神的十四行诗、虚夸的浪漫情诗以及其他类型的幻想作品。①

从一种并不复杂的因果环链来看,对浪漫幻想的压抑,无疑是对理性化态度的支持。在清教伦理主导的行为模式中,这种精神支持不仅与功利主义相关,而且同一种入世禁欲主义密不可分。就一般目的来说,禁欲当然是为了抵御邪恶的诱惑。但当清教伦理在恪尽世俗天职的意义上强调禁欲行为的时候,它对离群索居的沉思冥想和华而不实的浪漫浮夸统予以摒弃,因为前者将导致出世的神秘主义,而后者则会以渲染手法唤起人们不良的情感反应。相形之下,科学所体现的品格特征,如严谨缜密的逻辑、直截了当的言说、简洁自然的表达以及从事科学研究所必需的持之以恒的系统努力,显然十分投合清教徒的伦理信念。在这个意义上,科学的正当性得到肯定,不仅因为它是改善社会、造福人类的有效手段,而且还因为它倡导的刻苦、勤勉、严谨的作风对种种懒散、懈怠及放纵行为施加了某种程度的合理约束。②"倘若清教主义要求一个人在他的事业中坚持系统的有条理的劳动、坚持不懈的奋斗,那么还有什么比得上实验科学这种'靠某个人的持续劳作或那个最伟大的学会的前赴后继的力量都难能完结'的事业,更活跃、更勤奋、更有系统性呢?"③

与入世禁欲主义相联系,清教伦理对科学成长提供的又一支持,来自一种神圣化的理性与秩序观念。在清教徒看来,理性乃上帝对人的特

---

① 参见默顿《十七世纪英国的科学、技术与社会》,四川人民出版社 1986 年版,第 25—27、94—95页。
② 参见巴伯《科学与社会秩序》,生活·读书·新知三联书店 1991 年版,第 69 页。
③ 默顿:《十七世纪英国的科学、技术与社会》,四川人民出版社 1986 年版,第 132 页。

殊恩赐。正因为秉有理性，人才异于禽兽。而且，理性在道德实践中有一个巨大的功用，那就是约束作为"万恶之源"的欲望，同时限制那些会把人引入歧途的盲目崇拜。因此，理性与信仰并行不悖。它既是把握上帝所确定的永恒律则的恰当形式，又是表征上帝所创造的宇宙秩序之和谐与完美的典型示范。刻卜勒、波义耳乃至牛顿等科学家都坚定地相信，既然上帝把一个和谐的秩序放入它所创造的世界之中，那么它也赋予了人类运用理性去发现秩序的责任，并以此来彰显上帝的造物伟业。因此，深信宇宙的有序性和可理解性，乃是宗教对科学兴起的一项重要贡献。[①] 在一些信仰格外虔诚和彻底的清教徒眼里，宇宙中的一切，大至天体，小至昆虫，都体现着上帝的智慧、技巧和威力，因此，没有任何东西过于卑贱而不能作为科学研究的对象。斯瓦姆默丹的名言——"我借解剖跳蚤，向你证明神的存在"，被韦伯用来说明清教徒在科学事业中的神圣的责任担当，无疑是最贴切不过了。[②]

由于能够显示通往上帝之路，科学的理性探究因而可以在原则上推及自然界的所有领域。但是必须指出，清教伦理虽与行动合理化取向发生契合，却断然反对纯理智的好奇或纯思辨的趣味。对它来说，理性主义是从属和辅助于经验主义的。倘若离开经验基础，则科学研究就既不能表明其实证性和可靠性，亦不能展示其操作性和实用性。就此而论，清教伦理所认同并支持的理性主义，打着功用主义和工具主义的深刻烙印。这可以从清教徒倡导的新型教育方针找到佐证："如果教师在向学生传授某种知识的同时向他们表明该知识在日常生活中的实际应用，学生学起来就容易得多。在向学生传授语文、辩论术、算术、几何和物理等门学科时，必须小心地遵循这一原则。"[③]一位率直的清教徒对不重实践技能的大学教育进行了尖锐的抨击：

---

① 参见巴伯《科学与宗教》，四川人民出版社 1993 年版，第 57—58 页。
② 参见 H. H. Gerth, C. Wright Mills(eds.)，*From Max Weber: Essays in Sociology*，New York: Oxford University Press, 1946, p. 142。
③ 默顿：《十七世纪英国的科学、技术与社会》，四川人民出版社 1986 年版，第 177—178 页。

它们〔大学〕究竟在哪些方面对发扬或发现真理做过贡献？机械、化学这个通过它倍增的实在实验而超越其他哲学分支的自然之婢，在什么地方才与我们有关呢？哪里才有对实验的考察和推理？哪里才存在对一个促进、完善、激励着新发明的新知识世界的鼓励？在哪里我们谈到新生者或死者的解剖学或有关草药的直观演示呢？是在那些考察旧实验和旧知识、倾泻着垃圾危害知识之庙宇的地方吗？①

这一连串的质问表明，清教徒对脱离现实的玄想和空洞无物的说教是何等鄙视，而对实际的操作、积极的践行和可见的功用效果又是怎样的推崇。这种推崇形式上把经验主义而实质上把功利主义提升成了衡量科学价值的主要基准。它一方面强调，"知识应按其有用性来评价"，因此，即便是科学探索，若沦为纯粹的智力游戏也断不可取；另一方面，它又确信，一切知识，不管其初创的主观意图怎样，归根到底都是一种在技术上可以实际运用的知识。因为构成知识精髓的形式合理性原则，不是别的，正是一套为精细计算、准确预测和有效控制提供条件的工具合理性原则。这套原则撇开事物的个性差异，而集中注意其重复性和可通约性因素，因此，借助数学化形式，不但可以合理设计行动目标，而且可以选择最佳方法和最优途径，并由此带来操作和控制的最好效果。韦伯对这一由科学技术驱动并得到清教伦理支援的理性化思维模式与行为取向，作了如下精彩的评论："只要人们想知道，他任何时候都能够知道。这意味着，原则上没有什么神秘莫测、无法计算的力量在起作用，人们可以通过计算来掌控一切。这就是世界的祛魅。人们不必再像相信神秘力量存在的野蛮人那样，为了控制而祈求神灵或求助于魔法，技术和计算可以为人服务。理性化的要义即在于此。"②

---

① 转引自默顿《十七世纪英国的科学、技术与社会》，四川人民出版社 1986 年版，第 137 页。

② H. H. Gerth, C. Wright Mills(eds.), *From Max Weber: Essays in Sociology*, New York: Oxford University Press, 1946, p. 139.

二、"经济是逻辑的母体"

确认清教伦理在驱动合理化进程中的重要作用,是一个得到广泛认同的论点。这个论点由韦伯提出,嗣后为一批又一批的学者所响应。但是,不管这个论点得到的证明多么精细和富有趣味,它的意义都不好过分地高估。韦伯本人即曾辩解说,其《新教伦理与资本主义精神》一书的宗旨,并不是"以对文化和历史所作的片面的唯灵论因果解释来替代同样片面的唯物论解释"①。默顿也声明,他对清教伦理与近代科学发展之同构关系所作的实证研究,仅仅限于特定的时空情境,没有也无意得出清教主义对科学成长不可或缺的一般性结论。② 事实上,作为一种信仰体系,宗教所蕴含的理性主义文化资源根本说来是不充分、不完备的,尽管它的价值承诺及其主导的伦理实践可能对科学的发展和理性化行为方式的培育提供间接的支持。韦伯在探讨了清教伦理对现代资本主义品格构造的巨大影响之后,认为有必要进一步分析影响清教伦理的社会条件,特别是经济条件。③ 这是一个更为开阔的研究思路。考察工具理性的社会蔓延,必须沿着这样的思路来展开。

在此,有必要提及熊彼特的著名论断:"经济模式是逻辑的母体"④。熊彼特对自己的这句警言甚为得意。他形象地评论说,假定某个"原始人"得心应手的工具,比如一根棍子,在他手里断成了两截。如果他背诵一个巫术咒语,指望念到九遍时两段断棍会重新接上,那么,他就处在前合理化的思路与行为水平。倘若他不是念咒,而是去摸索接上断棍或再

---

① 韦伯:《新教伦理与资本主义精神》,生活·读书·新知三联书店 1987 年版,第 144 页。
② 参见默顿《十七世纪英国的科学、技术与社会》,四川人民出版社 1986 年版,第 19 页。
③ 韦伯指出:"支配人类行为的是物质利益,而不是理念。但是由理念所创造出来的'世界图式',就像铁道上的扳道工,往往决定着轨道的方向,在这轨道上,利益的原动力驱动着人类的行为。"[参见 H. H. Gerth, C. Wright Mills (eds.), *From Max Weber: Essays in Sociology*, New York: Oxford University Press, 1946, p. 280]
④ 熊彼特:《资本主义、社会主义和民主主义》,商务印书馆 1979 年版,第 154 页。

取得一根棍子的可行办法,则他就开始了由前合理化水平向合理化水平的重大跳跃。两种态度都是可能的。但熊彼特强调,这个例子表明,在经济行为中巫术咒语的失败,要比在恋爱中渴望幸福或从良心上消除负罪感的巫术咒语的失败明显得多。因此,正是经济行为的铁面无情的明确性和量化特征,迫使人们不得不尝试以合理化的方式去处理问题。"合理的态度大体上首先是由于经济必要性而强加于人类心灵的。正是日常经济事务,才使我们作为一个族类获得了合理思想和合理行为的初步训练。"①而一旦合理的习惯确定下来,由于有利经验的熏陶,它就会散布到经济以外的诸领域。在这个意义上,合理化逻辑及其扩张,根本说来发端于经济模式。

从历史上看,合理思想与合理行为的初步训练发生得很早,并非始于资本主义时代。但是,在传统社会,经济活动更多地依赖于朴素的经验积累,且往往被一种具有神秘色彩的神学—形而上学精神所统摄,因此,合理思想与合理行为只是作为一种个别现象,附属于一个总体上处于前合理化水平的主导性社会文化结构。如果在严格的意义上讨论问题,可以说,只是随着资本主义商品经济的充分发展,合理思想与合理行为才实现由原始形式到成熟形式的根本性跳跃,从而成了占主导地位的"普照之光"。这其中的关节点可以概括为相互贯通的三个方面:

首先是价值秩序的倒转。在传统时代,社会是一个讲究血统和身份的等级体系。价值评判依据"先赋"原则,地位升迁受到极大的限制。即使在垂直社会流动方面保有某种回旋空间,也优先对征战卫国、献身教会一类富有超个人意义的活动开放。同这些伟大、热烈、神圣的活动相比照,以功利计算为特征的私人经济活动,乃是大受鄙视的一个分支,它没有,也不可能挣得足以与高贵等级并肩的身份地位。② 按照熊彼特的看法,资本主义的一个成功之处,就在于它以开放、流动的商品经济破坏

---

① 熊彼特:《资本主义、社会主义和民主主义》,商务印书馆 1979 年版,第 153 页。
② 参见舍勒《资本主义的未来》,生活·读书·新知三联书店 1997 年版,第 16 页。

凝固的封建等级结构,并借助财富增长的诱人前景不断强化了人类物质需求相对于其他需求的价值优先性。这样,它既为"屹立在经济领域的个人成就上的一个新阶级"开辟广阔天地,又反过来把"具有坚强的意志和高超的智力的人"吸引到了这个领域之中。经济活动于是取代贵族血统和教会阶梯而成为飞黄腾达的便捷通道。在熊彼特看来,由于资本主义拉走大多数善于管理、经营、筹划和计算的精英人才,它也就在经济运行过程中为"合理主义"的发动机注入了巨大的蒸汽能量。①

其次是市场机制的调节。虽然谋利冲动古来就有,但资本主义在交换价值这一可感觉又超感觉的抽象形式上使之获得了可以无限伸展的纯粹形态。熊彼特因此把资本主义称为一个"按照纯粹经济的模型"塑造出来的社会。"它的地基、梁和瞭望台完全是用经济材料做成的。"②在市场机制的主导下,获利的无穷诱惑和竞争的外部压力,给资本主义经济运行确定了一个比以往任何经济形式都更加严酷无情的灰暗色调。在这里,成功与失败被简洁明了地归结为赚钱和赔本,两者都不可能用闲谈和幻想来打发。因此,市场机制的调节作用,将迫使任何进入经济领域的人不得不运用他精明的头脑,对成本—利润进行严格核算,并尽可能地把合理、高效的科学手段、技术手段及管理手段融入他的企业经营。

最后是计算单位的统一。随着资本主义经济方式的发育成熟,市场逻辑不仅以失败的经常威胁把一种合理化的态度强加给人类心灵,而且还为合理谋划提供了一个标准的计算尺度。这就是交换价值及其符号化身——货币。"作为使用价值,商品首先有质的差别;作为交换价值,商品只有量的差别。"③在交换价值及其货币符号的同质形式上,商品成为"天生的平等派","它随时准备不仅用自己的灵魂而且用自己的肉体去同任何别的商品交换,哪怕这个商品生得比马立托奈斯还丑"④;创造

---

① 参见熊彼特《资本主义、社会主义和民主主义》,商务印书馆 1979 年版,第 156—157 页。
② 熊彼特:《资本主义、社会主义和民主主义》,商务印书馆 1979 年版,第 92 页。
③ 马克思:《资本论》第一卷,人民出版社 1972 年版,第 50 页。
④ 马克思:《资本论》第一卷,人民出版社 1972 年版,第 103 页。

使用价值的具体劳动被还原为肌肉和神经的一般运作，因此可以在量上去计算它耗费的大小或多少；各式各样的行业或职业受同一种商品经济结构的"普照之光"的照耀，它们原则上可以通过交易达成共识，因而所有的虔诚、血性、温柔、怜悯和庄严统统淹没于功利谋划的冰冷之水，如此等等。总之，就像把自然数学化的科学进步一样，资本主义的充分发展也把经济生活和社会生活数学化，最后在交换价值及其货币符号的标准形式上完成了对所有人类行为的还原与通约。或许没有别的什么比这种还原与通约能够更加有力地驱动工具理性的社会蔓延了。

因为这个缘故，古典经济学家确立"经济人"的基本假定，并试图运用科学方法来分析"经济人"的理性选择，就成了一件自然而然的事情。实际上，即便没有理论家指点迷津，营业公房里的大小老板也自会在"看不见的手"的调教下拨动他们的算盘珠。他们没有超凡的人格魅力，但却在收支等式与数字表格中实践和散播了给现代文明打上深刻烙印的合理化逻辑。随着交易网络的扩张和财务数据的日趋复杂，以计算、审核为主要任务的会计工作，在市场经济时代盛行起来，并且逐步演化成了一种具有知识权力意味的规训制度。[①] 熊彼特于是发出感慨："资本主义实践将货币单位转换成为合理的成本—利润计算的工具，复式簿记是它的高耸的纪念塔。"[②]

按照熊彼特的分析，会计作为一种财务审核与管理的知识技术，原本是经济行为合理化要求的产物；但它的日渐完善，却又反过来借数字上的精确化而有力地推动了现代企业逻辑的定型。投入与产出、成本与利润、资本与收益、存量与流量、循环与周转等等，都因会计工作而变得简洁化、条理化，以至可以说，现代经济在某种程度上就是一种数字管理式的经济。由于这种经济模式的运行极其规范，且能带来高效率，因此，在成功经验的激励下，讲究精确计量和严格评估的合理化逻辑也就随之

---

① 霍斯金、麦克夫在《会计学：一门学科规训》一文中对这个问题作了精彩的分析。参见华勒斯坦等《学科·知识·权力》，生活·读书·新知三联书店1999年版，第85—124页。
② 熊彼特：《资本主义、社会主义和民主主义》，商务印书馆1979年版，第154页。

"开始了它的征服者的生涯"①。它不仅要为各类机构和组织定基调,而且试图按照自己的模式来规训日常生活与人际交往。

正因如此,许多思想家都将数字化的货币经济看作透视现代性的典型样本。布罗代尔指出,在现代社会中,货币并不仅仅简单地充当交换媒介,它毋宁是一种人人都必须学会和使用的"统一的语言"。② 这种语言的基本词汇是数字。一个人可以不会读书、写文章,因为那是具有高等文化的象征;但他若是不会数数,那就意味着基本生活技能的缺乏。齐美尔分析说,由于数字化的货币经济发生着强势影响,理智遂成为现代人心理能量中最有价值的部分。人们惯于用"脑"而不是用"心"来作出反应,于是养成了一种计算型性格。这种性格在待人接物方面表现出一种冷静态度。它将特定的、个别的、品质的东西,统统化约为多的或少的、大的或小的、长的或短的、宽的或窄的一类仅能用数字表示的因素,而余下的全部问题,就在于依据这些毫无色彩的冰冷数字进行精细的利害权衡。③ 凡是不能用数量计算加以透彻把握的事务或关系,它都不感兴趣。在它眼里,对待人亦如同对付数码一般。

齐美尔将这称为一种贬损品质抬升数量,或者使品质消融于数量的生活倾向。货币经济通过给这种倾向施以强烈刺激而推动它一步一步地达到了顶峰。这便是现代生活的数学化。齐美尔指出:"由货币经济导致的实际生活的计算性,符合自然科学的理想。它把世界转化成一道数学题,根据数学公式将世界的每一部分连结起来。"④这样一种思维方式和行为方式,不给神话巫术留有余地,也不需要浪漫的激情冲动。刀剑的挥舞和肉体的勇敢同样派不上用场。对它来说,还原化约、定量计算、精确评估和理性选择才是问题的根本。在这个意义上,熊彼特认为,

① 熊彼特:《资本主义、社会主义和民主主义》,商务印书馆 1979 年版,第 155 页。
② 参见布罗代尔《15 至 18 世纪的物质文明、经济和资本主义》第一卷,生活·读书·新知三联书店 1992 年版,第566 页。
③ 参见 Georg Simmel, *The Philosophy of Money*, London: Routledge & Kegan Paul Ltd., 1990, p. 278。
④ K. H. Wolff(ed.), *The Sociology of Georg Simmel*, New York: Free Press, p. 412.

以商品经济为母体的合理化进程,就本质而言是反神秘主义、反英雄主义和反浪漫主义的。"资本主义过程合理化了行为和观念,由于它这样做,它从我们心中赶走了形而上学的信仰,也赶走了各式各样的神秘的和浪漫的观念。这样,它不仅改造了我们达到目的的方法,也改造了最终目的本身。"①

三、工厂体系与人的角色还原

商品经济之所以作为母体孕育工具理性并为其社会蔓延提供强大的推动力,一个根本的原因在于,它破坏以超验信仰和灵魂拯救为核心的传统价值规范,把谋利活动提升为优先追求,并使效率获得了效益这一特定的历史表现形式。贝尔将这一形式的合理化取向概括为节俭。"从本质上说,节俭就是效益,即以最小的成本换回最大的收益。"②

由于对利润的无限渴求以及利润在货币形式上的可计算性构成效益原则的本质,因此,要达到少投入多产出的目的,就必须在工具、手段、途径诸方面谋求最佳选择。这种最佳选择,在现代经济体系中首先表现为生产程序的科学化、规范化和标准化。所以不难理解,在人类文明史上,为什么只是随着资本主义商品经济的充分发展,科学技术才得到了大规模的生产应用。马克思指出,各种特殊的手艺直到18世纪还称为秘诀,仅有个别经验丰富的内行才能洞悉其中的奥妙。这是一种保守的和不合理的传统生产方式。与此相反,大工业则不崇尚什么难以言传的工艺秘密。它把生产过程"分解为自然科学的自觉按计划的和为取得预期有用效果而系统分类的应用",不断以愈益规范、标准的形式,消解建立在个人经验和特殊技艺基础之上从而无法定量评估、准确预测和有效控制的传统成规。这便是所谓的工艺科学。③

---

① 熊彼特:《资本主义、社会主义和民主主义》,商务印书馆 1979 年版,第 159 页。
② 贝尔:《资本主义文化矛盾》,生活·读书·新知三联书店 1989 年版,第 57 页。
③ 参见马克思《资本论》第一卷,人民出版社 1972 年版,第 533 页。

工艺之为科学,在形式特征方面,就是把特殊实例还原成附属于普遍规则的一个可替代性要素。18世纪末,美国发明家惠特尼革新传统工艺,以互换部件的方式制造枪械,走出了标准化生产的关键一步;而后来在工厂体系中得到广泛运用的装配线流水作业法,则是标准化生产的最成功范例。它的技术要求是,任何机器零件的生产都必须精密、标准到这样的程度,以至它能够便捷地安装到同一型号的任何一部机器上面。就理论与实践的关系模式来说,这样一种讲究齐一性、通用性、可重复性、可置换性的标准化工艺,乃是数学分析模式的技术运用和机械复制;而这种运用与复制之所以得到迅速推广,则主要是因为它所带来的生产的大批量、高效率和低成本,同市场经济条件下企业经营的效益原则存在着高度的契合。

于是我们就看到,随着资本主义生产方式的发展,科学与技术之间出现了一种不断加速同时也愈显褊狭的双向互动。一方面,实现标准化生产的技术努力,要以根据数学化原则揭示自然万物之普适性规律的科学知识为指导。在这个意义上,科学知识构成技术控制的逻辑基础。"在把特殊例证统摄于普遍性之下并使之服从于普遍性的过程中,思想实现了对种种特殊例证的统治。它不仅能理解它们,而且能影响它们,控制它们。"①另一方面,在技术运用中,科学不但成为给出现实力量的知识,而且它那以数学化方式对自然现象的设定、理解和计算,只是作为推进技术控制的概念工具而发挥效能,乃至可以说,"机械技术本身就是一种独立的实践变换,惟这种变换才要求应用数学自然科学"②。马尔库塞将这称为技术优先论。

所谓技术优先论,若纳入市场经济体系来考察,实质上就是由效益原则制导的效率优先论。就其以最小成本换取最大收益的具体表现形式而言,它是倾向于无度扩张的最大功利目标与可以不断改进的最佳技

---

① 马尔库塞:《单向度的人》,上海译文出版社1989年版,第150页。

② Martin Heidegger, *The Question Concerning Technology and Other Essays*, New York: Harper & Row, 1977, p.116.

术手段的相互激励。由此驱动的合理化进程,具有两个鲜明的工具主义取向。其一是对自然的限定,即把自然限定为必须交付实用价值的质料或材料,并依据这个定势尽其所能地加以技术开发,不计后果。其二是对人自身的限定,即把技术体系中的人限定为职能角色,并按照标准化模式对其予以组织、管理和规训,而不管他的属人特征。从传统手工业到分工协作再到机器大工业的历史演进,显示出一条清晰的轨迹,循此可以发现,工具理性的社会蔓延在非人格的物化或异化之维上究竟达到了怎样的广度和深度。

卢卡奇分析说,效益原则制导的合理化逻辑,客观上要求对劳动过程进行切割,亦即必须放弃以传统经验为基础的无法精确计量和规范控制的生产单位。① 因此,即使在资本主义生产的较早阶段——工场手工业阶段,最终制成品也不再是工人劳动过程的直接操作对象。它被肢解开来,分离起来,尔后再在单个工人的局部活动背后完成它的组装与配置。马克思曾就此作过这样的说明:"商品从一个要完成许多种操作的独立手工业者的个人产品,变成了不断地只完成同一种局部操作的各个手工业者的联合体的社会产品。"②这意味着,传统条件下个人劳动活动的那种"综合性",现在转移到了由相互补充的单个工人组成的"总体工人"身上,而单个工人则萎缩成他的机体的某一部分——手或腿,头或肩。③ 他被迫从事某一特殊的操作,完成某一既定的专门职能,并以其熟能生巧的畸形发展,为分工协作体系装上了飞速旋转同时又可精确检测的标准化齿轮。局部工人作为总体工人的一个器官,他的片面性甚至缺陷就成了他的优点。

其所以成为优点,是因为在局部操作独立化为一个人的专门职能以

---

① 参见卢卡奇《历史和阶级意识》,华夏出版社 1989 年版,第 88 页。

② 马克思:《资本论》第一卷,人民出版社 1972 年版,第 375 页。

③ 人的片面化是现代分工的必然结果。莱蒙特说:"我不知道这样分割之后集体的活动面是否会扩大,但我却清楚地知道,这样一来,人是缩小了。"(转引自《马克思恩格斯全集》第 4 卷,人民出版社 1965 年版,第 171—172 页)

后,劳动者的技艺因业专而日进,而耗费在这一操作上的时间又因日进的技巧而缩短,等等。① 倘说这样一种生产程序的机械化同时也产生了职业的痴呆,那么在早期的企业管理者以及企业管理的研究者看来,只要能提高效率便应给予充分的认可。缘此,以祛除巫魅为特征的合理化进程,在渗入资本主义企业管理的初始阶段,便自然而然地表现为抑制工人的思索和想象。弗格林就此作了一个精当的注解:

> 无知是迷信之母,也是工业之母。思索和想象会产生错误,但是手足活动的习惯既不靠思索,也不靠想象。因此,在较少用脑筋的地方,工场手工业也就最繁荣,所以,可以把工场看成一部机器,而人是机器的各个部分。②

既然工人不过是工场这部大机器的一部分,仅仅扮演着无个性特征的职能角色,那么,"他"不仅可以由具备相同职能的任何别的"他"随时替代,而且原则上可以由更迅速、更准确、更有效地完成这一职能的真正的机器所置换。这种置换随着工场手工业向机器大工业的过渡而逐步变成了现实。在机器大工业生产中,"整个过程客观地按其本身的性质分解为各个组成阶段,每个局部过程如何完成和各个局部如何结合的问题,由力学、化学等等在技术上的应用来解决"③。因此,机器体系脱离工人而独立运行;而工人的活动,不论其愿意与否,都必须依附于这一隆隆作响的工业上的永动机。这个永动机甚至都不表现为工人的工具。"它通过在自身中发生作用的力学规律而具有自己的灵魂。"④在这个被科学赋予生命和智慧的机器面前,工人逐渐沦落到充当附属部件的地步。于是就产生了主客关系的颠倒:自行运转的机器体系以标准的运动训练出工人动作的整齐划一;以恒定的节奏使顺从这一节奏的工人变得麻木刻

① 斯密认为,分工协作之所以能提高效率,原因即在于此。(参见斯密《国民财富的性质和原因的研究》上卷,商务印书馆 1988 年版,第 5—12 页)
② 转引自马克思《资本论》第一卷,人民出版社 1972 年版,第 400 页。
③ 马克思:《资本论》第一卷,人民出版社 1972 年版,第 417 页。
④《马克思恩格斯全集》第 46 卷(下),人民出版社 1972 年版,第 208 页。

板;以对"东西"的分解配置把工人也变成了可分解配置的"东西"。它压抑灵性,摒除想象,只认可一种行为形式:准确无误、规范高效的技术操作。季节变换和昼夜流转已不再对它构成限制,时间被均匀间隔,工艺流程因而可以连续进行。工人的生理局限靠换班来克服,就像更换过度磨损的机械零件一样。

因此,工厂体系愈益合理化的过程,从某种角度看,不外是消解工人的人格特征,将其还原为标准化的机械动作的过程。穆勒明确地说:"人的活动可以还原为很简单的一些要素。他只不过做一些动作罢了。"①随着工人的角色扮演在标准动作方面得到通约,对其进行定量评估与合理控制也就有了某种"科学"的基础。这一点对于工厂管理制度显得特别重要。

马克思指出:"一个单独的提琴手是自己指挥自己,一个乐队就需要一个乐队指挥。一旦从属于资本的劳动成为协作劳动,这种管理监督和调节的职能就成为资本的职能。"②芒图评论道,行使这种职能的工厂主是"真正的工业界巨头",掌握着如同军队统帅一样的最高指挥权。③ 当他们竭力实现以最小成本获取最大利润的目标的时候,面对激烈的市场搏杀,"动作管理"和"时间管理"就成了他们最高超的指挥艺术。他们要把工人训练成"肉体机械",并使之在动作上尽可能地做到精确、连贯和衔接有序。工人进入工厂,"就正如进入兵营或监狱一样"。④ 在这里,严明的组织纪律不容许随意中断或结束工作的情况发生。工人的生理机能和心理感受按照机器的运转来调节,进厂、出厂都必须遵循严格

---

① 转引自小乔治《管理思想史》,商务印书馆 1985 年版,第 82 页。
② 马克思:《资本论》第一卷,人民出版社 1972 年版,第 459 页。
③ 参见芒图《十八世纪产业革命》,商务印书馆 1983 年版,第 306 页。
④ 芒图作过一个对比。他说,当工人在传统的小作坊做工的时候,虽然收入微薄且十分辛苦,但他可以较为随意地开始工作或停止工作。甚至在规模较大的手工工场里干活,他也享有一定程度的"自由"。但是,随着机器大工业时代的到来,工人都"像一个机轮那样被卷入无灵魂的机械装置的不停运转之中"。(芒图:《十八世纪产业革命》,商务印书馆 1983 年版,第 333 页)

的管理规章,甚至连吃饭也有明确规定的标准钟点。同这样的"敲钟工厂"相比,传统社会的劳动节奏和管理模式显得太随意、太不规范了。①

因此,"摩登时代"在本质上是一个不断趋向标准化的时代。在这个时代,钟表的发明和使用具有特别重要的意义。一位分析家指出:"时钟不仅是一种计时手段,也是协调人类活动的最好方法。工业社会最关键的机械就是时钟,而不是蒸汽机。决定能量,确定标准,实行自动化,研究更为精确的计时方法,每种都与钟表有密切关系,都表明钟表是现代技术最了不起的机械产品。"②在现代工厂体系中,这个了不起的机械产品同企业管理的合理化要求呈现出天然的耦合。它使时间丧失了在主观体验上的可变的和流动的性质,而凝结为均匀间隔的标准刻度。对企业管理者来说,这些标准刻度实际上是一个物化的单位要素,或曰机械动作的连续系统。于是,时间就转化成了"抽象的、可以精确地测量的物理空间"③。

在实际生产过程中,这个空间的填充物是可以同财富画等号的。因此,那些贪婪的工厂主总要千方百计使自己能够独占的部分放大。放大的原始办法是延长工时。④ 但这种办法既易受阻,又不够合理。所以,随着资本主义企业的发展,一种注重内涵,即单位时间工作效率的新办法就浮出水面,并逐步取代延长工时的旧办法而成了现代企业管理的较为

---

① 芒图举过一个韦德伍德工厂的例子:"在这个工厂里,劳动时间是用钟声通报的。因此在邻近地方,人们就给它起了一个'敲钟工厂'(the Bell-works)的名字。"(芒图:《十八世纪产业革命》,商务印书馆 1983 年版,第 486 页)这个名字很有象征意义。
② 列文:《时间地图》,安徽文艺出版社 2000 年版,第 89—90 页。
③ 卢卡奇:《历史和阶级意识》,华夏出版社 1989 年版,第 89 页。
④ "靠超过法定时间的过度劳动获得额外利润,对许多工厂主来说,是一个难以抗拒的巨大诱惑。他们指望不被发觉,而且心中盘算,即使被发现了,拿出一笔小小的罚款和诉讼费,也仍然有利可图。"为了节省这笔小小的罚款和诉讼费,以便更加有利可图,精明的工厂主很快学会了零敲碎打地盗窃额外时间,譬如占用工人的休息时间和"偷啃吃饭时间"等等。(参见马克思《资本论》第一卷,人民出版社 1972 年版,第 271 页)需要指出,在机器大工业起步的初始阶段,工作日的延长和劳动强度的强化常常是并行的,因此表现得极其残酷。马克思在《资本论》中对此作过细致的分析。

纯粹的表现形态。这被泰罗等人称为科学的管理或管理的科学：

> 管理这门学问注定会更富有技术的性质。那些现在还被认为是精密知识领域以外的基本因素，很快都会像其他工程的基本因素那样加以标准化，制成表格，被接受和利用。管理将会像一门技术那样被研习，不再是依靠从个人接触到的少数组织的有限观察中所得到的一些模糊观念，而将建立在一种被广泛承认、有明确界说和原已经确立的基本原则之上。[1]

在这段著名的文字中，泰罗提出了两个关键性的问题。第一个问题是，管理必须像精密科学那样予以"标准化"。所谓"标准化"，就其完备程度而言，不仅要按照机器运作的恒定节奏来一般地训练工人的规范化操作行为，而且还要根据工艺流程的具体要求对工人进行职能上更为细密的分工或分级。一方面，承担同一职能的工人要按照同一标准进行大批量培训，并能做到像每支步枪上的部件都可以装配在同种型号的任何别的步枪上那样兼容互换；另一方面，对不同工种的工人要参照特定的角色要求确立不同的理想标准，切不可"用一匹千里马去拉一辆贩卖杂货的流动车"。如是，才能实现人力资源的最优配置。

与此相关联，泰罗还提出了第二个问题，那就是要把管理当作一项专门技术来"研习"。研习的目的在于超越模糊的朴素经验，而把管理提升到全新的科学水平。为了实现这一目标，泰罗运用了当时他所能够掌握的先进技术手段和统计方法。他雄心勃勃地要"为全厂的每部或每一类工具机特制一把计算尺"，并通过显示每件活计的最好的机械加工方式来"给工人详细指明方向"。[2] 在泰罗看来，如果说工厂体系中的工人

---

[1] 泰罗：《科学管理原理》，中国社会科学出版社1984年版，第60页。

[2] 参见泰罗《科学管理原理》，中国社会科学出版社1984年版，第91页。泰罗当时所使用的主要技术工具是秒表和计算尺。在他之后，吉尔布雷斯开始用电影摄影机来显示工人动作的速度和频率。他还发明了可以记录1/2000分钟时间的计时器，以克服动作分析的不精确性。单是手的动作就被分为"抓""握""搬运""放置""固定"等17种单元成分，足见其精密和细致。（参见雷恩《管理思想的演变》，中国社会科学出版社1986年版，第176页）

不过是在做一些机械动作,那么,科学管理的一个要义即在于动作的"节约"。以下是他为提高管理效率所确定的几个主要步骤:

> 第一,找 10—15 个不同的人(最好来自国内各部门的众多不同的企业),这些人对所要分析的工种具有特殊的专长。
>
> 第二,研究其中每个人在干被调查的活计时所应用的基本动作或意图的确切次序,以及他所使用的工具。
>
> 第三,用秒表去检验做这些基本动作的每一步所需要的时间,进而选择能用最快速度去干活计时的动作的每个组成部分。
>
> 第四,排除一切假动作、慢动作和无用的动作。
>
> 第五,在摒弃一切不必要的动作之时,把最快的动作和最佳的工具汇集成一个系列。①

这便是效率。按照科学管理的一般逻辑,高效率在相当程度上取决于对操作程序的分解化约和标准化控制;而在泰罗制那里,化约和控制的最后结果,甚至连工人的心理属性也作为可以精确计算的抽象数据,以一种与他的自主人格相分离的形式被整合进了高度科学化和技术化的管理系统。20 世纪 20 年代,"装配线大量制造,这种用于芝加哥屠宰场的方法(这种方法用于将猪肉躯体放在传送带上逐一送到每个工人面前),已在汽车工业、电气工业以及生产冷藏器和许多其他产品方面推广运用"②。在流水线作业的强力规训下,工人的动作频率和神经紧张都达到极限,以致有人惊呼,随着泰罗制和福特制等等的广泛实施,"智慧已从各车间和各工厂中被赶走",现在所剩下的,只不过是些"没有头脑的双肩"或"改装成钢铁机器人的肌肉机器人"罢了。③ 这便是摩登时代的基本景观。

---

① 泰罗:《科学管理原理》,中国社会科学出版社 1984 年版,第 210--211 页。
② 博德:《资本主义史》,东方出版社 1986 年版,第 202 页。
③ 参见博德《资本主义史》,东方出版社 1986 年版,第 190 页。

四、法理统治形式下的科层行政

概略而言,抽象还原、定量计算、准确预测和有效控制,乃工具理性的基本逻辑。这种逻辑最初发端于数理科学,尔后经由一系列社会文化因素,特别是商品经济因素的配合与支持,一步一步地展开了它的征服者的生涯。这个生涯会有一个尽头吗? 更具体地说,当工具理性基于某种无法收敛的本性而不断拓殖的时候,它能否在政治—行政领域也获得像在技术—经济领域那样的成功呢?

看起来似乎非常困难。韦伯指出,在常规条件下,传统政治统治的合法性往往与"君权神授""奉天承运"之类的超验信仰相勾连,而出现于社会大动荡时期的魅力型权威,则几乎是无条件地仰赖精英人物的超凡禀赋。两种统治类型都倡扬个人效忠,实行独断的人治,其价值取向与行为方式,被种种神秘主义、蒙昧主义或者英雄主义、浪漫主义的色彩所包裹,根本就无法按照某种明晰的普适性规则予以通约和测度。但是,韦伯于传统型和魅力型统治之外,又提出一种政治统治的法理类型,这为我们考察祛魅过程在政治—行政领域的具体表现确立了一个重要的路标。循着这个路标指示的方向,我们很快就会发现合理化逻辑的无法抵挡的扩张势头。

一般认为,政治统治的合法性乃是某种形式的自愿认同。据此评估,法理型统治区别于传统型和魅力型统治的根本特征,即在于它将认同对象由人格化的君主或精英转换成了非人格化的法律典则。按照哈耶克的看法,一种与自由扩展秩序相容的法律必须合乎两个要求。其一是普遍性,即法律规则必须能够平等地和没有例外地适用于所有的社会成员,而不管其出身、性别、种族、家庭、财产、教育程度及社会地位存在多大差异。其二是抽象性,即法律规则必须与任何特定的具体目的脱钩,而展现为某种一般意义的"抽象秩序"。[①] 换句话说,法理

---

① 参见哈耶克《法律、立法与自由》第一卷,中国大百科全书出版社 2000 年版,第 72 页。

型统治所依据的法律,在形式上表现为一套逻辑清晰、首尾一贯的普适性规则。所谓司法,依韦伯的评论,就是由公认的合法权威按照严格的程序"把这些规则应用于具体的个案"①。这意味着,法律体系的形式运作变得像机械化工艺流程那样具有标准规范和可计算性特征了。

在韦伯看来,与法理型统治相匹配的现代公共行政系统,是所谓的官僚制或科层制。② 在这种体制下,每个职位都有法律明文规定的职权范围;各种职位按等级原则组成一个有序体系,下级服从上级的指令与监督;官员的任用注重专业技能,奖励与晋升依据资历和业绩定夺;各级官员都不把相应的职位占为己有,而只是在规则约束下进行事务性的管理工作;行政决策和决议均用书面形式提出,官员依据文件处理公务,等等。如此,整个行政系统的运作就变成了职责明晰、上下协调、前后连贯的标准化组织行为。③

依照韦伯分析,现代科层制即便不是为资本主义所独具,至少也是为资本主义所首创的。因为从历史上看,正是现代资本主义企业按效益原则的加速运转,以及由此而来的整个分工体系的愈益细密和社会事务的日趋复杂,才产生了对"持久稳定的、严肃紧张的和可预计性的行政管理"的急迫需要。④ 没有这样一种行政管理的积极配合与有效支持,资本主义经济的正常运行就会受阻。反过来说,行政管理要为经济运行提供

---

① 韦伯:《经济与社会》上卷,商务印书馆 1997 年版,第 243 页。
② 在韦伯那里,"官僚制"(bureaucracy)系指具有专门职能、明确规章和严格程序的行政管理体制,因此,它与科层制基本上是同义语。克罗吉耶曾分析过"官僚"的三层涵义。最初,官僚指由"坐办公室的人"组成的政府,即由正式任命、权威分等的文官所组成的国家机关,它们依附于大权在握的中央政权。其次,官僚又指一种适用一切组织的管理机构,其特点是等级化、权力非人格化和把任务及程序"公式化"。最后,"官僚"一词在日常用语中还带有一种贬义,使人联想到墨守成规,繁文缛节,缺乏感情,甚至人格萎缩等等。但实际上这不是官僚的第三种涵义,而是前两种涵义的带贬义的引申。(参见迪韦尔热《政治社会学》,华夏出版社1987 年版,第 170 页)
③ 参见韦伯《经济与社会》上卷,商务印书馆 1997 年版,第 243—245 页。
④ 参见韦伯《经济与社会》上卷,商务印书馆 1997 年版,第 249 页。

积极配合与有效支持,又必须像实行专门化分工的现代企业一样按照工具理性取向来营构。于是,现代科层制在组织安排上就剔除基于传统习惯和人格魅力的不可测量因素,根据合理化的技术指标实行职能分工。它不对"人"而只对"职务"提出要求,然后再由一套正式颁布的规章来界定各种职务的责任与权限。① 在这种状态下,当权者从事与他的职位有关的公务活动,仿佛是在服从一种无人格的命令;而当法人群体的成员对当权者的命令表示服从的时候,他们也往往会抑制情感偏好和人格因素的影响,把这种服从看作对某种职能角色的服从。"人们服从领班,因为他是领班;人们服从船长,因为他是船长,而不考虑领班或船长有无才能。"②在这里,"权威经职位传递,而不是经人传递。社会交换(必须相互吻合的工作)只在角色之间进行"③。

由于科层制剔除个人情感色彩,仅仅把权力授予"职位",这就使公务办理变得可以计算、可以预测、可以控制了。对它来说,官员类似于一台自动的办公机器。只要你把申请单塞入这台机器,并一同塞入必要的费用,你就会从它那里得到具有或多或少无法反驳的理由的规范性判决。因此,从纯技术的角度看,科层制是一种高效率的行政管理体制。"一个充分发展的官僚行政与非官僚的行政相比,如同机械化与非机械化生产方式的比较。在官僚组织里,档案的准确、快速、一致和可取性,保密的持续和可能性,合作的协同和严格性,以及人力、物力的最小代价等等,无不通过经严格官僚化、尤其是单一组织的行政机构来达到。"④可以讲,科层行政是历史上已知行政模式中最为合理的一种。

道理很明显:既然技术效率是科层行政的首要追求,那么,各类官员便应是通晓本部门业务的内行专家。韦伯认为,相对于传统统治方式,科层制由于推崇技术知识在高效行政管理中所起的作用,因此使人才的

① 参见韦伯《论经济与社会中的法律》,中国大百科全书出版社 1998 年版,第 352 页。
② 迪韦尔热《政治社会学》,华夏出版社 1987 年版,第 171 页。
③ 贝尔:《资本主义文化矛盾》,生活·读书·新知三联书店 1989 年版,第 57 页。
④ 韦伯:《论经济与社会中的法律》,中国大百科全书出版社 1998 年版,第 351 页。

甄选范围得到扩大,即从注重血统门第转变到了注重教育程度、技能培训和专业资格。这样,有权的人就不再需要一双"闪光的眼睛"或一个"洪亮的嗓门",他或她只要能取得某种职务所需的文凭或证书就可以了。在这个意义上,科层官员不外是一些技术官僚。

这些官僚的确在行动中表现得规范合理。之所以如此,在韦伯看来,不但因为他们受过严格的专业训练,更重要的是,他们作为政策的咨询者和执行者,仅仅充当着庞大官僚机器上的一个小小的部件。不论其愿意与否,他们都必须抑制自己的情感需求、价值偏好和创造精神,以适应不停运转的官僚机器的非人格化指令。因此,有人把他们描述为用"标准的手续"来耐心地、不知疲倦地处理问题的能手。他们"对任何偏离已构成他组织基础的习惯的、行之有效的做法都持怀疑态度"[①]。一般认为,这种怀疑态度,或更准确地说,这种墨守成规的形式主义的刻板行为方式,体现了技术官僚所应具备的职业道德,但按照卢卡奇的批判性评论,道德之附属于职业,正表明它已同人的真正本性相分离:

> 官僚主义的特殊类型的"良心"和公正,个别官僚对其所面临诸多事物之间的关系体系的必须的绝对服从,把这种绝对服从完全看作是自己的"荣誉"和"责任感"的思想,所有这些都指明了这样一个事实:泰罗制中侵袭了人的"灵魂"的分工,在这里已经侵入了道德的领域。[②]

如果说,在泰罗制中,"人不见了,剩下的只是在根据精细的劳动分工而进行精密科学测定的基础上安排的'手'和'物'"[③],那么同样,在官僚制中,人也不见了,剩下的只是根据职位的非人格指令而进行程式化公文写作的"笔"和"纸"。于是人再一次被还原化约:知识成了无个性特征的抽象技能,世界观钝化为无恶无好的价值中立,道德良心让位给了

---

① 阿尔蒙德:《比较政治学》,上海译文出版社 1987 年版,第 323 页。
② 卢卡奇:《历史和阶级意识》,华夏出版社 1989 年版,第 100 页。
③ 贝尔:《后工业社会的来临》,商务印书馆 1986 年版,第 390 页。

无情感色彩的例行公事。"智慧与思想已成为商品。"①技术官僚的所作所为不过是在书写提示别人做什么事情的备忘录,而不是提供告知人们应该如何去做的醒世箴言。在这个意义上,韦伯认为,官僚科层制越是追求技术手段的先进高效,即在形式上合乎理性,就越是偏离价值理想,即在实质上变得不合理了。它发展的完备程度,是同摒弃不可测量的情感因素的程度相对应的。可是,这种非人格化的工具主义取向由于能带来高效率,又特别为现代文明所迷恋。因此,工具理性蔓延的最后结果就是各个领域的全盘官僚制化,好像整个社会都被组织成了一个大工厂,一个没有缝隙的机械铁笼。当韦伯对这个机械铁笼既表示恐惧又感到无奈的时候,他以先知般的智慧洞察了现代文明的两难窘困。

五、管理革命与专家治国

从西方社会的历史经验来看,现代文明的成长是在资本主义的特定路轨上一步步展开的。由于资本主义是一个按照"纯粹经济的模型"塑造出来的社会,因此,以最小的成本换取最大的收益,就成了制导经济生活乃至全部社会生活的轴心原则。这个原则特别注重数量和效率。对它来说,任何东西的可接受程度,都必须根据它在具体操作中能否持久、稳定地显示解决问题的实用效果而加以严格的评估。由此不难理解,为什么工具理性的思维方式与行为方式在现代文明条件下会变得那样的无法阻拦。它既从科学预测出发,权衡利害,合理地设计操作目标,又从功能与形式方面考量,以少求多,合理选择最佳手段和最佳途径,因而按照纯粹的效益模式搭建了一个供现代人进行判断与取舍的基础平台。在这个平台之上,各种类型的非理性追求,不仅包括神话巫术和传统习惯,而且包括浪漫主义和英雄主义的激情冲动,都很难找到立足的位置。耐人寻味的是,随着祛除巫魅的合理化过程朝更广的范围和更深的层次

---

① 米尔斯:《白领》,浙江人民出版社 1987 年版,第 183 页。

推进,连老牌资本主义企业家的生存空间也被极大地压缩了。

按照桑巴特的看法,资本主义精神的核心,乃是一种追逐财富、积聚资本、不断挺进新边疆的骚动激情和进取意志。企业家是其人格代表。这类角色自打从传统的归属纽带中解脱出来,便沉醉于货物的自由交换和金钱的贪婪攫取,并将它当成了自己最高的生活理想。[①] 熊彼特强调,不论对这种生活理想作何评判,至少有一点可以肯定:当资本主义企业家在获利的无穷诱惑下和竞争的残酷搏杀中搅起一股没有片刻宁静的经济风暴的时候,勇于打破陈规的冒险精神和创新意识便成了他们品格中的一个不可或缺的要素。正是在这里,熊彼特看到了一种为证明自己出类拔萃而竭力争取事业成功的强烈欲望,一种"为战斗而战斗"的贵族骑士的遗风。这种遗风使之残存着些许人格魅力。[②]

但是,这种魅力在历史的发展中一步步耗散了。原因不在别的,就因为资本主义企业家所从事的经济活动有一种反神秘主义,进而反浪漫主义和反英雄主义的工具理性化取向。任何人想在这个领域长久立足,不仅要有开拓性格,而且必须具备善于定量计算的数学头脑。投入与产出、成本与利润、资本与收益等等,都得高度地精确化和条理化;而标准化的生产工艺、规范化的组织管理等等,亦需要熟练掌握特定的专业知识和专门技能。长此以往,"技术进步愈来愈成为一伙有训练的专家的业务,他们作出所需要的一切东西,并使它按照可以预测的方法进行工作。早期商业冒险的浪漫气息正在急剧地磨灭,因为可以精确计算的东西已愈来愈多,而在过去,只有在天才的闪光下才能摹想它们"[③]。随着资本主义企业的运行日益表现为在技术化轨道上的"自动"旋转,个人意

---

① 韦伯的观点与桑巴特颇为不同。在他看来,谋利冲动与人类文明史一样的古老,并非资本主义所独具。资本主义与先前各种社会的区别,不在于赚钱欲望的发展程度,而在于一种以勤勉刻苦、公平交易、规范组织和严格管理为特征的理性化的谋利方式。从一种更广泛的意义来讲,桑巴特和韦伯的论点,事实上是抓住了同一问题的两个不同方面。关于这个问题,可参阅上篇的有关分析。

② 参见熊彼特《资本主义、社会主义和民主主义》,商务印书馆 1979 年版,第 167 页。

③ 熊彼特:《资本主义、社会主义和民主主义》,商务印书馆 1979 年版,第 165 页。

志的作用逐步下降到了这样的程度，以至于原本构成企业家特殊魅力的那种骚动激情和大胆想象，不仅越来越显得不重要，而且用合理化的标准来衡量反倒仿佛是错误的源泉了。按照熊彼特的评估，经济领域的这一理性化进程好比拿破仑之后现代战争的发展："合理化的和专门化的参谋工作，最后将抹煞人格性，可以计算的后果将抹煞想象力。指挥官不再有机会投身于战场的骚动。他正在变成也不过是一个参谋人员——而且是不难替代的一个参谋人员。"①

19 世纪末，超大型的工商企业在西方国家出现，并于 20 世纪上半期获得了迅猛的发展。同个人拥有和经营的小规模企业相比，这些超大型工商企业更富现代特征。它们将许多单位置于其控制之下，"经营于不同地点，通常进行不同类型的经济活动，处理不同类型的产品和服务"②。这是西方经济结构和运行方式的一个重大变化。从源头上说，最早促成这个变化的主要角色原本是那些工商业资本家。是他们在获利的诱惑和竞争的压力下促成了企业的兼并与联合。然而历史变化的一个吊诡在于，他们的成功反过来导致了他们的退隐。加尔布雷斯指出，随着传统企业发展为跨行业、跨地区乃至跨国家的超大型公司，商务活动的复杂程度已大大超出其创始者和所有者的驾驭范围。一方面是与大规模生产和销售相匹配的科层组织愈益完善，仿佛获得自主的生命；另一方面是经营决策对综合计划、情报信息、专门知识和业务技能等等的过度依赖，呈现出连精明的企业巨头亦无力应付的复杂态势。缘此，一个"技术结构阶层"就开始静悄悄地进入现代公司管理的核心。虽然按照公司章程，权力应当归于资本所有者，但是技术和计划要求却决定了权力必然转入技术阶层手中。在加尔布雷斯看来，这是一个拥有高度专门化的知识、技术、经验及其他才能的专家集合体。③ 他们作为现代企业体系的"总参谋部"所发挥的巨大作用，使原来左右一切的资本家的地位受到削

① 熊彼特：《资本主义、社会主义和民主主义》，商务印书馆 1979 年版，第 166 页。
② 钱德勒：《看得见的手——美国企业的管理革命》，商务印书馆 1997 年版，第 2 页。
③ 参见加尔布雷斯《经济学和公共目标》，商务印书馆 1980 年版，第 82 页。

弱,乃至于成了某种"正在消失的形象"。

按照钱德勒的分析,"当多数工商企业在规模和经营多样化方面发展到一定的水平,其经理变得越加职业化时,企业的管理就会和它的所有权分开"①。这是资本主义财产体制的一个重大调整。钱德勒说,随着资本主义企业在股份公司的形式上不断膨胀,"所有权变得极为分散。股东并不具备参与高层管理的影响力、知识、经验和义务。支薪经理人员既管理短期经营活动,也决定长远政策"②。鉴于现代企业的管理权不仅同所有权分离开来,独立化为一种专门职能,而且行使这种职能的经理人员和技术专家,像一只"看得见的手"那样高度理性和稳健地操纵着现代企业的持续运作,钱德勒认为,资本主义正在经历一场至关重要的管理革命。贝利则干脆将这场管理革命提到了"20 世纪资本主义革命"的高度:

> 事实显得是这样:第一次世界大战以后,整个世界都在革命中,而革命的基础与其说是由于社会的因素,远不如说是由于技术的因素……俄国革命名义上是根据共产主义的理论,但它的主要努力方向是寻找某种工具以强使一个广阔的落后国家工业化。以美国为领袖的资本主义革命通过将资本集体地组织为公司,便找到了更合适、更有效和更灵活的方法。③

一个合乎逻辑的追问是:倘说管理革命在现代企业率先发生并获得了巨大成功,那么,这场革命能否以某种积极的方式推广到政治领域呢?历史给出了肯定的答案。自罗斯福新政以后,西方国家政府的职能不断扩张,其管理任务和建设规划的复杂程度,实为任何私营企业所不及。它对福利、就业、经济发展、卫生教育、国防安全等问题的积极干预,不仅提出了对技术专家的客观需求,而且使这种需求变得像现代企业对技术

---

① 钱德勒:《看得见的手——美国企业的管理革命》,商务印书馆 1997 年版,第 9 页。
② 钱德勒:《看得见的手——美国企业的管理革命》,商务印书馆 1997 年版,第 10 页。
③ 贝利:《二十世纪的资本主义革命》,商务印书馆 1964 年版,第 9 页。

专家的需求一样的迫切。在这种情况下,仅仅靠老牌政治家的智慧、经验和感召力来进行统治已显得远远不够。从某种角度看,这些老牌政治家的命运同老牌企业家的命运颇为相似。即便不能谈论他们从政治生活中的完全退隐,至少可以说,祛除巫魅的合理化过程已在很大程度上销蚀了罩在他们头顶上的神秘光晕,而掌握专门化的知识技能,善于进行科学的分析、预测及规划的新时代精英,则在政治舞台上获得了一展身手的广阔空间。贝尔就此评论道:

> 以技术为基础的新的精粹人物的兴起,是由于这样一个简单的事实:知识和计划——军事计划、经济计划、社会计划——已经成为现代社会中一切有组织行动的基本必需。这种掌握了新的决策技术(系统分析、线性规划、程序预算)的新的科技治国论精粹人物的成员,对于制定和分析决策——这是进行政治判断的基础,即使还不是行使权力的基础——现在已经是必不可少了。正是从这种广泛的意义上看,教育、研究和行政管理的发展,已经产生了一种新的选民——技术和专业知识分子。[1]

贝尔曾因提出"意识形态终结"的命题而引发一场广泛的争论。但如果对这个命题作简要的理解,它不过是为祛除巫魅的合理化取向作了一个现代注脚罢了。按照贝尔的看法,意识形态大抵是一种富有非理性色彩的政治热情。它往往以教条或教义式的价值诉求排斥对问题的科学认知,并通过诱发和操纵人们的情绪而将某种乌托邦信念转化为社会行动的杠杆。[2] 在贝尔看来,尽管这样一种政治行动方式曾在人类历史上长期发生作用,但是,技术性决策方法在现代社会的日益凸显将不可避免地导致它的衰落,这就如同合理化进程已不可避免地造成了传统的式微一样。"事实上,技术决策的方法可以看作是意识形态的对立物:前

---

[1] 贝尔:《后工业社会的来临》,商务印书馆 1986 年版,第 400—401 页。
[2] 参见贝尔《意识形态的终结》,江苏人民出版社 2001 年版,第 459—460 页。

者是计算性的、工具性的;后者是感性的、表现性的。"①因此,若对专家治国论予以否定性的表达,那便是淡化热情、消解"主义"。对它来说,社会问题并非"故意作恶的后果",而是某种"非故意的复杂和无知的副产品";解决问题的办法亦不是出于一时的激情冲动,而是诉求科学的分析和技术性的操作。依照贝尔的分析,两个因素为这一工具合理性逻辑朝现代政治领域的深层位移提供适当的环境条件,并使之成了某种不可逆转的趋势:

其一,就社会结构而论,随着工业化的完成,以及由工业社会向后工业社会的过渡,科学技术已成为驱动社会进步的中轴。它把国家的每一个偏僻地区都纳入相互交往的整体网络,甚至使全世界都成了不再隔绝的地球村。人们彼此间的联系和依赖程度日益加强,组织规模不断扩大,相应地,政治舞台的范围也急速伸展。这就提出了通过科学的决策与管理来有意识地预测和控制社会变革的紧迫要求。

其二,就权力结构而论,由于现代化进程使社会事务变得格外复杂,因此,加强政府宏观调控和干预职能的需要,使行政机构逐步演变成了权力体系的重心。"是制定政策的必要性而不是制定法律的必要性使行政机构掌握了主动权。"②这样,在效率型决策机制的带动下,技术专家就成了占据要职的新时代"能人"。

但是,这样的"能人"真的能够承担起治国的使命吗? 如果采纳熊彼特的说法,把知识分子看作一个擅长"支配说出来和写出来的语言力量"的特殊社会群体,那么,在后工业时代扮演重要角色的技术专家身上,构成知识分子特质的人文关切和批判意识显然已经萎缩。他们关心功能效率甚于价值目标,关心"做什么"甚于"梦想什么"。其只谈问题不谈主

① 贝尔:《后工业社会的来临》,商务印书馆1986年版,第43页。
② 贝尔:《后工业社会的来临》,商务印书馆1986年版,第347页。与此相联系,随着政府管理职能的加强,技术专家作为科学决策的咨询者和参谋者的作用也突出起来了。"有意识地制定政策,不论外交政策、国防政策或经济政策,都要求重用这样的人才:他们可以说明将来行动的限度,详细制定出管理和政策程序,并估计多种选择的后果。"(贝尔:《后工业社会的来临》,商务印书馆1986年版,第346页)

义的价值中立立场,以及因善于实证分析、定量计算、准确预测和高效控制等等而表现出来的高傲姿态,不仅意味着知识人的分化,而且意味着知识人的蜕化。① 从这个角度来看,韦伯早年关于"专家没有灵魂"的批评,不仅仍旧适用于,而且更加适用于后工业社会。也正因为这个缘故,怎样寻找生命的意义,就成了今天这个数字化时代的一道文化难题。

① 参见古尔德纳《知识分子的兴起》,台北:桂冠图书出版公司 1992 年版,第 9 页。

第八章　从解除魔咒到价值迷失

　　现代文明的演进,用韦伯的著名论断来概括,乃是一个世界的祛魅过程。时至今日,这个过程已在工具理性之维上扩展到这样的地步,以致不仅可以谈论自然的数学化,而且可以谈论经济生活的数学化、社会组织的数学化、管理方式的数学化甚或生存样态的数学化了。由于将一切不可计算的东西统统当作"魔咒"或"巫魅"加以解除,我们对世界的认识比以往任何时候都更加明白,我们的行动比以往任何时候都更加合理,我们对自然和社会的控制比以往任何时候都更加有效,我们的生活也比以往任何时候都更加便利和富足。但是,不管从现代文明的理性化进程中分享到多大实惠,进一步质询我们为此付出的代价并非没有意义。韦伯说,随着世界被一步步祛魅,现代人不得不承当这样的命运:"那些终极的、最高贵的价值,已从公共生活中退隐,它们或者遁入神秘生活的超验领域,或者进入了个体间直接的人际交往的友爱之中"①。而今天只是微弱搏动的这种终极价值关切,在过去,曾像燎原烈火一般燃遍整个共同体,并以巍峨壮美的态势实现了人们的精神聚合。从这个角

---

① H. H. Gerth, C. Wright Mills(eds.), *From Max Weber : Essays in Sociology*, New York: Oxford University Press, 1946, p. 155.

度来看,我们今天这个高度理性化的时代,是一个世界已被祛魅的时代,因而也是一个价值匮乏和意义失落的时代。

一、魅力的平凡化

与现代科学精神相比,整个古典思想,无论古希腊哲学还是中世纪神学,都可纳入某种类型的目的论框架。这个框架既被用来阐释人生的意义,又被用来说明自然的运动。当柏拉图、亚里士多德、阿奎那等人一再追问宇宙的目的时,他们所强调的秩序观念,不仅谓指某种一般的普适性法则,而且特别寓示了某种伟大而神奇的造物或创世意图。① 因为这个缘故,人们可以冥想宇宙的完美形式,更可以体验、感悟宇宙的生命律动并与之倾心交谈。由此产生了一种维柯所称的"诗性智慧"②。

但是,自从科学取代神话、宗教、哲学和艺术而承担起宇宙的解密功能,情况发生了根本的变化。伽利略、刻卜勒、牛顿等人都强调,要揭示宇宙的奥秘,不能仰赖神秘的体验和浪漫的想象,而只能诉诸实际的经验观察、严格的逻辑推论和精确的数量计算。科学探索于是同目的论解释脱钩,变成了仅仅关注客观事实的描述性分析。孔德称赞说:"作为我们智慧成熟标志的根本革命,主要是在于处处以单纯的规律探求,即研究被观察现象之间存在的恒定关系,来代替无法认识的本义的起因。"③但是,当近代科学沿着实证主义的轨道不断推进并取得巨大成功的时候,人们突然发现,它不仅打碎了蒙昧主义的枷锁,而且也附带地挤压了人的灵性、情感和想象的伸展空间。于是就出现了牛顿的彩虹和诗人的彩虹之争。牛顿用他的棱镜揭穿了彩虹的秘密,但一个诗人却呼喊道,他不想要科学告诉他彩虹究竟是什么:

① 参见欧文《古典思想》,辽宁教育出版社1998年版,第135—157页。
② 维柯:《新科学》,商务印书馆1989年版,第175页。
③ 孔德:《论实证精神》,商务印书馆1993年版,第10页。

光学所能教我的一切,能否展示

你那令我痴迷的形状,

就像我梦见隐藏在你光环里

那些珍宝和黄金?

当科学把魔法的面纱

从造物的脸上揭去,

原本是多么可爱的幻想

现在却受缚于冷漠的物质定律!①

如果把"自然的祛魅"释义为"否认自然具有任何主体性、经验和感觉"②,那么,在浪漫诗人看来,科学的进步无异于谋害了人类的一个亲密伙伴。它"剪断天使的双翼,以条条框框征服所有神秘";"杀死太阳,使它成为一个带有墨点的气球";"把小精灵从青草中赶走","从罗望子树下夺去了仲夏夜之梦"。③ 但在理性化和世俗化潮流汇成滔天巨浪的时代背景下,浪漫诗人为自然的祛魅而伤感似乎不合时宜。边沁讥讽说,诗歌创作的目的本在于给人带来精神愉悦,可它却总是打开一条通往更深切的痛苦的道路。在这个意义上,诗的价值甚至连儿童游戏都不如。只有尽可能地追求快乐回避痛苦才最切合人性法则。

在功利主义思想家那里,这个法则最终被引向了所谓道德评估的科学化。边沁称,不论人们的行为存在多大差别,都可以在"苦"和"乐"的共同单位上得到通约,就像自然万物的运动都能还原为某种形式的引力一样。因此,根本性的问题不在质的高下而在量的大小。边沁曾设计出若干指标,试图运用数学方法对苦乐的量值进行精确计算,而计算的结果,甚至连在功利主义墨水中泡大的密尔也感到震惊:失意的苏格拉底

---

① 转引自艾布拉姆斯《镜与灯——浪漫主义文论及批评传统》,北京大学出版社 1989 年版,第502 页。

② 格里芬:《科学的返魅》,载格里芬编《后现代科学》,中央编译出版社 1995 年版,第 2 页。

③ 参见艾布拉姆斯《镜与灯——浪漫主义文论及批评传统》,北京大学出版社 1989 年版,第500—508 页。

竟比不了一个得意的傻子！① 倘若作一简单的引申，把功利主义的苦乐计算看成是道德生活的祛魅，那么，这种祛魅所造成的一个最深层次的价值颠覆，就是"高贵隶属于有用"，或曰"生命价值隶属于有用价值"。②

历史地看，这种价值颠覆之所以实现，是因为社会的基础结构发生了根本的转型。资本主义商品经济的充分发展，最终使货币成为衡量一切价值的公分母。在奔腾不息的货币之流中，世间的一切东西都转换成了商品，并能精确地计算出它们量值的大小或多少。马克思指出，过去人们一向认为不能出让的东西，这时都可以拿来交换，"甚至像德行、爱情、信仰、知识和良心等最后也成了买卖的对象"③。也正是在这个意义上，齐美尔把货币看作手段变成目的最极端的例证。照他的说法，从来没有什么东西能像商品经济时代的货币一般，"如此彻底和毫无保留地变为一种心理上的价值绝对，变为一种统御我们行为取向的无所不包的终极意图"④。由于货币充当万能的等价物，因此，经过它的过滤，整个世界就只剩下了一种颜色。但这种颜色是冰冷的和阴郁的。在它的比照下，美丽、真理和智慧等等就像是市场上可以买到的护肤霜和清洁剂，已不值得为之激动。所以，熊彼特讥讽说，随着资本主义在合理化的轨道上不断推进，它就只能用"股票交易所"充当"圣盘"的可怜的代用品了。⑤

如果说，科学研究的实证性和可计算性要求，不可避免地消解了隐匿于自然事物中的种种神秘魔力，那么，当类似的要求向生产、经营、管理、组织等社会活动领域扩张的时候，人格魅力的逐步销蚀也就变得势所必然。在这方面，浪漫传奇的失落是一个绝好的例证。按照赫伊津哈的分析，社会越原始，英雄梦想的生存土壤也就越肥沃。但现代生产方

---

① 参见密尔《功利主义》，载周辅成编《西方伦理学名著选辑》下卷，商务印书馆1996年版，第242—245页。
② 参见舍勒《价值的颠覆》，生活·读书·新知三联书店1997年版，第141页。
③ 《马克思恩格斯选集》第四卷，人民出版社1995年版，第79页。
④ 参见 Georg Simmel, *The Philosophy of Money*, London: Routledge & Kegan, Paul Ltd., 1990, p.232。
⑤ 参见熊彼特《资本主义、社会主义和民主主义》，商务印书馆1979年版，第178页。

式使固定工作成为人们的日常生存状态,英雄梦想亦就随之变得越来越难以在现实生活中扎根。"自十八世纪以来,现代男性基本上是工人这一角色。由于政治进步与社会完善已成为公认的首要任务,理想自身亦可以通过最高的产量和平等的物质分配来实现,所以扮演英雄或圣贤已不再有任何必要。"①但事实上,对于在工厂体系中进行机械操作的工人来说,生产和分配的监管既不属于他们的权能,而谈论及实践英雄梦想的必要亦完全出于他们的个人意志之外。从这个角度看,工人甚至比不了传统时代的农民和手艺师傅。农民的生活虽然艰辛,但他们的劳作多少还保持着作为人的活动的相对而言的综合性与完满性,并且,一当经验的日积月累使他们成为行家里手,他们还可以给劳动过程打上自己的个人意志的烙印。这种烙印在手艺师傅那里更是明显。传统时代的能工巧匠对某种工艺秘诀的独特揣摩和个性化运用,虽没有骑士精神来得热情豪放,但它所达到的惊人程度仍旧可以产生韵味十足的种种传奇故事。可是所有这一切都随机器大工业的到来而一扫而空了。在现代工厂体系中,不可言传的工艺秘诀被科学技术的系统运用所破解,而工人则按照机器的运转节奏被训练成了标准化的机械动作。这种动作既不需要,也不容许有什么个性化的激情与想象。对它而言,惟一的要求就是精准、精准再精准,快速、快速再快速。② 当泰罗把工厂管理的科学化追求归结为动作节约的时候,他对祛魅过程在消解工人自主人格方面的物化或异化特征,作了一个无意识的然而又是十分贴切的阐释。

在工厂体系中实施标准化的科学管理,对于企业家来说意味着效率或效益的提高。这一点非常关键。然而还需指出的一点是,企业家要在激烈的市场搏击中取得成功,不仅仰赖投入—产出的精确计量,而且要有某种善于发现盈利机会的超凡直觉以及敢于投资的冒险精神。这种

① 赫伊津哈:《中世纪的衰落》,中国美术学院出版社 1997 年版,第 31 页。
② 芒图曾举过这样一个例子:"在索霍工厂,博尔顿的工人被训练得非常有纪律,以致齿轮和铁锤声音的不调和,据说就可以马上告诉他要发生停顿或事故。"(芒图:《十八世纪产业革命》,商务印书馆 1983 年版,第 306—307 页)

超凡直觉和冒险精神在自由资本主义时代显得尤其重要。因为这个缘故,熊彼特认为,早期资本主义企业家虽然在个人魅力方面逊色于中世纪的好战领主,但他好歹还算保留了些许骑士遗风。但是,在卡内基和洛克菲勒之辈完成他们的传奇故事以后,他们由于自己的成功而使自己逐步沦为了"多余的东西"。[①] 企业规模的扩大、商务活动的复杂以及科学管理和技术运用所造成的企业运作的"自动化",使原本构成企业家魅力的那种冒险意识和骚动激情,似乎蜕变为影响科学决策的负面因素,从而显得碍手碍脚了。于是,祛魅过程在现代公司王国的不断深入,一步步造成企业家的退隐,而一个拥有高度专门化的知识与技能,善于科学分析、准确预测和规范管理的技术专家群体,则稳健地走到了现代企业经营的前台。

韦伯注意到,资本主义经济体系的持续运作和加速度旋转,客观上需要一个合理、高效的行政管理系统。缘此,官僚制作为一种不可规避的选择在现代社会盛行了起来。在这种体制下,基于传统习惯和个人魅力的种种不可测量因素被剔除;权威经职位传递而不是经人传递;非人格的普遍主义诉求构成公务办理之稳定性、连续性、可预测性、可计算性和可控制性的必要条件;科层官员必须拥有专业技术知识但不可夹杂个人情感色彩;无恶无好既是他们的义务也是他们的荣誉;他们可以沿着等级阶梯往上晋升,而决定其能否晋升的评估依据,完全取决于他们执行官僚机器的非人格指令,等等。韦伯由此作出判断:科层行政在形式上的合理是同它在实质上的不合理并行发展的,这意味着,祛除巫魅将不可避免地挖掉科层官僚的意志与灵魂。韦伯颇为悲观地评论说:

> 他们只需要"秩序",除此之外再无其他。他们如此适应这种秩序,以致一旦礼崩乐坏,他们就会惶惶不安而畏缩不前,一旦被解聘,就会一落千丈。普天之下,除了这种人的三六九等以外,人们一无所知,我们都被卷入了这种发展;至此,中心的问题并不是我们如

---

① 参见熊彼特《资本主义、社会主义和民主主义》,商务印书馆 1979 年版,第 168 页。

何进一步发展它和推动它,相反,却是我们如何反对这个机器,以维护人性和灵魂免受分割,免受科层生活理想的支配。①

按照韦伯的分析,官僚制的刻板、平庸和僵化,反衬了魅力型精英在现代社会存在的必要。如果再考虑到官僚制向所有组织和管理领域的蔓延已仿佛把全社会都打造成一个机械铁笼,则这种必要性就更是毋庸置疑。由此,在与无恶无好的科层官僚相对的意义上,韦伯给魅力型政治领袖设定了热情、判断力和责任感三个基本条件。依照他的看法,没有发自内心的热情,政治家就不会对理想目标产生由衷的关切和执著的追求;但政治是在复杂条件下展开的现实活动,因而必须在冷静思考和深刻洞察的基础上作出决断;能将这两方面结合在一起的是责任感。②韦伯对视政治为"天职"、热情高昂、沉着冷静、坚忍不拔、充满人格魅力的政治精英,寄予了莫大的期望。

但是,这种精英人物的出现是可能的吗? 鉴于科层行政体系只能培养平庸的技术官僚,韦伯把目光转向了现代法理统治中的另一个方面,即民主化的方面。他相信,"在当代条件下,正规的民主制度可以为生机勃勃的政治领袖人物提供最可靠的保证"③。持相同论点的熊彼特辩称,民主方法大体可以看作一种筛选精英的程序或机制,其实际运作就像是优胜劣汰的市场竞争一样。它既在形式上公平,也在阻碍白痴和牛皮专家的政治前途方面起着不可小视的作用。因为,一个政治家要在严酷的竞争中脱颖而出,必须具备善于"掌握人"的领导专长,而且这种专长照例总是与"某种程度的人身力量结合在一起"④。这就是所谓魅力型人格。

但是,这种魅力型人格是否真的能被民主化的选举机制孕育出来,

① 转引自比瑟姆《马克斯·韦伯与现代政治理论》,浙江人民出版社 1989 年版,第 85 页。
② 参见 H. H. Gerth, C. Wright Mills(eds.), *From Max Weber: Essays in Sociology*, New York: Oxford University Press, 1946, pp. 115 – 116。
③ 比瑟姆:《马克斯·韦伯与现代政治理论》,浙江人民出版社 1989 年版,第 105 页。
④ 熊彼特:《资本主义、社会主义和民主主义》,商务印书馆 1979 年版,第 361 页。

尚有疑问。一些分析家指出,在社会事务极其复杂的现代社会,领导和决策对理性化知识与技术的依赖程度日益加深,因此,仅仅依靠老牌政治家的智谋、经验和感召力来实施统治已远远不够。而且,法理型的制度构架和世俗化的价值取向,也使那些仰仗超凡的个人魅力并视政治为神圣天职的精英人物,难以获得广阔的生存空间。从某种意义来看,越来越多的知识—技术型专家智囊介入现代政治过程,表明罩在老牌政治家头顶的神秘光环正逐步消退。这同现代公司王国中老牌企业家与知识—技术型专家经理的关系十分相似。① 如果说,政治生活作为一个公共性舞台终究需要那些谋求权力者表现出某种形式的人格魅力的话,那么,在多数情况下,这种魅力也不过是像营销策略一样的形象包装。"许多有权势的领袖只是表现了一种被称之为虚假的超凡魅力。他们之所以能操纵大批的追随者,恰恰是由于他们能表现出他们实际并不具备的东西。他们缺乏一种真正的召唤感和对事业的献身精神。"②

　　事实上,韦伯本人并没有奢望魅力型领袖即刻出现。他颇为悲凉地说,不论我们的期待有多么强烈,"我们的前面都不是夏日将临,而是冰冷难熬的极地寒夜"③。问题在于,以工具合理性为取向的现代文明,已使世界的脱魅在广度上和深度上都达到无以复加的地步,乃至可以说,诸神的逃离、终极价值的耗散和整体性意义的失落,构成了现代性的基本品质。韦伯在一个脱魅的黑夜时代痛苦地忍耐,同时带着一种末世色彩的精神呼唤新的"克里斯玛",并不是对问题给出答案,而只是凸显并强化了问题本身。

---

① 贝尔评论说:"很清楚,在未来的社会里,不论人们如何下定义,科学家、专业人员、技术人员和技术官将在社会的政治生活中起主导作用。"(贝尔:《后工业社会的来临》,商务印书馆1986年版,第91页)

② 伊斯顿:《政治生活的系统分析》,华夏出版社1989年版,第334页。

③ H. H. Gerth, C. Wright Mills(eds.), *From Max Weber: Essays in Sociology*, New York: Oxford University Press, 1946, p. 128.

二、"问题"与"主义"的吊诡

在《新大西岛》一书中,培根曾描绘过一个与柏拉图《蒂迈欧篇》中的大西岛完全不同的理想国。这个理想国的国王不是崇尚玄谈的哲学家,而是关心百姓世俗幸福的实干家。新大西岛的国民很自豪地说,他们国王的许多光辉事迹中最突出的一件,就是"所罗门宫"的兴建和创办。但这个"所罗门宫",作为"国家的指路灯",已不是教堂,而是旨在认识自然、造福人类的科学研究机构。"我们这个机构的目的是探讨事物的本原和它们运行的秘密,并扩大人类的知识领域,以便使一切理想的实现成为可能。"①

在一定意义上,培根的《新大西岛》是一个象征,它不仅体现了一种推崇科学探究的理性精神,而且表达了一种把科学技术的社会运用予以组织化、制度化和常规化的深切渴望。因为这个缘故,一些现代思想家把培根看作广义启蒙运动的开路先锋,显然是抓住了问题的一个要点。霍克海默和阿多尔诺认为,培根比同时代哲学家更为独到的地方,在于他确立了一个系统连贯的行动程序。这个程序包括三个关键步骤。首先是破除假相,按照自然如其所是的样子揭示它所隐含的恒常规律,以便"使世界清醒";接着是在科学知识的导引下"指挥失去魔力的自然界",并通过有效的技术控制来确证人在自然面前的主宰地位;最后是将科学发现与技术发明系统地和有组织地运用于社会生活,从而造福人类,推动文明进步。② 毫无疑问,培根所确立的这一行动程序在 18 世纪的启蒙纲领中得到了广泛的采纳。

但是需要指出,当 18 世纪启蒙思想家试图构建一套承担社会理想之正当性论证的"主义"话语的时候,理性诉求于知识学范围之外,又被赋予了两重重要的价值意涵。第一重意涵是个人层面的道德自觉。这

---

① 培根:《新大西岛》,商务印书馆 1979 年版,第 28 页。
② 参见霍克海默、阿多尔诺《启蒙辩证法》,重庆出版社 1990 年版,第 1—3 页。

种道德自觉,照康德的说法,意味着摆脱外在权威及任何他人的左右,大胆运用自己的理智去自主抉择。此乃与蒙昧、盲从相对的不惑与成熟。但是康德强调,仅只有个人理性的私下运用还很不充分,更重要的是所有的人在任何问题上都能够公开发表自己的个人意见。"必须永远有公开运用自己理性的自由,并且惟有它才能带来人类的启蒙。"①这便是理性诉求的第二重价值意涵,亦即与独裁、专制相对的社会制度层面的自由与正义。②

由于启蒙运动在反蒙昧、反权威、反专制的进步要求下搭建一个理性的审判台,因此,传统时代那种给现世秩序提供正当性论证的超验文化资源就被彻底弃绝了。正因为这样,理性在道德自觉和社会正义方面的价值承当,只能立足此岸的经验之域,从而,诉诸一套科学的知识论纲领也就成了它的一种必然选择。历史地看,"启蒙"所内含的"解蔽"要求,乃是一种不轻信、不盲从、不驯服的怀疑和批判态度;而这种态度,显然可以在科学精神那里找到典型示范。③ 如果再考虑到科学的近代勃兴强烈地表现为逻各斯对神话的消解,并因而同愚昧的偏见和教会的权威发生严重冲突,那么,启蒙精神与科学理性的融合也就变得更加顺理成章。历史的逻辑是:科学的近代勃兴给启蒙运动提供了知识学基础;而启蒙运动的凯旋高歌则反过来把本属知识类型的科学转变成了具有价值优越性的"主义"话语。再经过一系列有趣味的变化,在科学共同体那里就产生出一种强烈的自负和狂傲:

> 在这个问题上,科学家和科学哲学家的做法像过去为只有一个罗马教会作辩护的人的做法一样:教会的教义是真理,任何其他东

---

① 康德:《历史理性批判文集》,商务印书馆 1991 年版,第 24 页。
② 现代自由主义思想家波普强调,理性诉求是自由、平等、道德、正义的价值基础。我们只能在这个基础之上而不是之下来讨论问题。(参见波普《开放社会及其敌人》第二卷,中国社会科学出版社 1999 年版,第 24 章"神论哲学及其对理性的反叛")
③ 贝尔认为,科学精神的基本品格,就是推崇无偏见的探究、自由的批评、大胆的怀疑以及经得起严格检验的公开解释。它在今天为专家治国论提供了一种世界观。(参见贝尔《后工业社会的来临》,商务印书馆 1986 年版,第 420—421 页)

西都是异教徒的胡说。的确,某些讨论方法和暗示方法曾经是神学修辞学的财富,现在它们在科学中找到了新的根据地。①

以历史的观点看问题,科学的价值优越性之被确定下来,并扩展为大众的某种普遍信念,关键性的原因,可以从它的知识结构及其解谜功能之中去寻找。它的逻辑的严谨、计算的精确、解释的合理与预言的可靠,都蕴含着磁石一般的吸引力。在素朴经验依旧算作较高智识水平的时代,这种吸引力更是让人感到难以抗拒。由此不难理解,发现万有引力定律的牛顿,为什么会像从黑暗中给人类带来光明的天使那样受到狂热的敬奉。可是问题也恰恰在于,一当科学的优越性成为人们的生活依托,它的责任担负也就不可避免地按照某种特定的社会期望来架构。于是,客观的科学知识便转化成了富有目的意向的"成效知识和宰制知识"。舍勒评论道:

> 这种知识的最终目的是要从整份有序地围绕在我们周围的现象的时空关系中寻找出规律来,亦即揭示出这些现象的偶然的当下本质存在的规律。我们寻找这些规律,绝不是因为对规律本身情有独钟,而是出于宰制世界和我们自身的意志的需要。②

如果说,随着现代性挣脱传统母体而按照世俗化的节律涌动,宰制世界的欲望就开始变得益发强烈,那么,启蒙运动的一个巨大作用,即在于以改善人生和社会的正当名义,把这种欲望发展成了一种高度自觉的主人意识。在海德格尔看来,这是一个里程碑式的根本转折。因为在过去,人虽然把自己看作万物灵长,但却毕竟还知道自己归属于整个存在物的巨链;可是现在,人"作为根据把一切都集于自身",从而变成超拔于万物之上的惟一主宰了。"如果人成了第一性的和惟一的真正主体,那就意味着:人成为这样一种存在者,所有事物的存在方式和真理方式都

---

① 法伊尔阿本德:《自由社会中的科学》,上海译文出版社 1990 年版,第 75—76 页。
② 舍勒:《哲学的世界观》,载刘小枫选编《舍勒选集》(下),上海三联书店 1999 年版,第 1059 页。

仰赖它而得以建立。人成为存在者本身的关系中心。"①而人的中心地位一旦确证,也就等于获得了对客体的至高无上的统治权。

从逻辑和历史两个方面来看,主客体的两极化都是现代性生成过程中的一个关键环节。这个环节一经打通,对世界的有效征服必然要诉诸科学与技术的规导。于是,培根和笛卡儿所确立的行动程序就在越来越大的范围和越来越深的程度上左右了启蒙纲领的具体贯彻。海德格尔立基于一种更形完备的现代景观,将其中的关节点归结为以下几个方面:

首先是"限定"。在作为主体的人的眼里,自然界只是一堆无生命的质料或材料。它的对象性价值仅仅表现为对人具有某种有用能量的物质载体。因此,按照某一特定方向对自然事物予以限制性定位,就成为人看待和处置自然事物的基本态度。限定土地使之交付矿石,限定矿石使之交付铀,限定铀使之交付原子能,而原子能的释放可以用来破坏或和平利用,如此等等。②

一旦自然事物被限定为某种能量的承载者和供给者,人的占有欲望就会变得高涨起来。由此产生了第二步跳跃:"强求"。与"限定"相比,"强求"是人的权力意志的赤裸裸展现。它逼迫自然事物放弃它们的本真存在方式,而进入某种"非自然"的状态。在这种状态中,自然本身的独立尊严被剥光,仅剩下对技术操作需要来说的合适内容,并因而像无人格的奴隶一样静候着主子的蹂躏。就此而言,"强求"作为一项攻击命令,将指挥人们对自然进行掠夺式的榨取。③

与"强求"相联系的第三个环节是"谋算"。这个环节特别体现了人

① M. Heidegger, *The Question Concerning Technology and Other Essays*, New York: Harper & Row, 1977, p. 128.

② 参见 M. Heidegger, *The Question Concerning Technology and Other Essays*, New York: Harper & Row, 1977, p. 15。

③ 在这个意义上,尼采的"超人"哲学乃是一个象征,它表明,权力意志引导着人的价值设定和技术实践,从而构成了现代人的本质。(参见海德格尔《林中路》,上海译文出版社 1997 年版,第 260—261 页)

所具有的理性智慧。它强调,对自然的榨取若要不断提高其有效性程度,那就不能仅仅诉诸权力意志,而必须将这种意志同对自然秘密的精确把握结合起来。缘此,科学开始扮演越来越重要的角色。通过形式化的抽象和数学化的计量,科学把自然当作"可预测的力的联系"来追逐,它在齐一性律则的探寻方面所取得的巨大成功,为人们指望某物、考虑某物、估价某物、算计某物提供了精确的制导。①

依靠这种制导,人们便可以对自然事物进行高效的"加工"。这是第四个环节。如果说,劳动活动本属人类的一项基本活动,那么,现代生产方式区别于传统劳动方式的一个典型特征,就在于排除神圣力量的参与,贬降个性化经验的地位,完全按照科学知识精确测定的"力的联系",并运用标准化的技术和高效能的工具手段,来对自然事物进行合乎主体意图的整理、安排与组装。在这个过程中,生产转化为纯粹意义的"制造"。它不仅使自然物的原生形态消失得渺无踪迹,从而达到空前的深度,同时也借助标准化而带来大批量,从而使产品的涌流呈现出了前人无法想象的规模。

技术时代的生产和加工之所以能够在愈来愈高的精度和愈来愈大的规模上扩展开来,一个重要的原因,在于它被纳入了一种"耗尽"与"替代"机制。物品只是为了耗尽才被生产;而它们越来越快地被耗尽也就越来越快地被替代。这是最后一个环节。但它作为最后的环节,实质上只是表征了过程的永不结束。限定、强求、谋算、加工、消耗、替代,再限定、再强求、再谋算、再加工、再消耗、再替代,循环往复,以致无穷。此即所谓新时代的"技术展现方式"。② 借助这种技术展现方式,人的主体意识不断高昂,仿佛到了随心所欲的地步。

---

① 参见 M. Heidegger, *The Question Concerning Technology and Other Essays*, New York: Harper & Row, 1977, pp. 21 - 22。

② 海德格尔把科学与技术的联姻及其对人的生存方式的规定看作"现代的根本现象"。(参见 M. Heidegger, *The Question Concerning Technology and Other Essays*, New York: Harper & Row, 1977, p. 116)

如果说,高扬人的理性和主体意志在启蒙运动时期曾背负着一项追求自由、解放和正义的进步使命,那么,随着蒙昧主义、专制主义作为一个敌对的"他者"退出历史舞台,原本要解蔽祛惑的启蒙精神就逐步变得高傲和自负起来了。它既不把神话巫术放在眼里,也不把情感和灵性放在心上。科学和技术这两个武器足以让它经天纬地,呼风唤雨。对它来讲,自然界原则上不存在什么不可破解的秘密,也不存在什么无法预知和监控的现象。今天不能做到的事情,明天要努力做到,而且肯定能够做到。彗木相撞可以预测、原子能释放可以控制、生命可以克隆、基因图谱可以清晰描绘,自然界中还有什么东西原则上属于科技发展所不能到达的极地呢?

一个合乎逻辑的推论是,科学技术既能为征服自然提供方法手段,则这种方法手段便可以而且应该被自觉地和有系统地推广应用于社会事务。事实上,现代文明就是这样一步步成长起来的。培根早年在《新大西岛》中渴望的理想梦境,用今天的眼光来看,甚至连儿童也感到幼稚。现代人不仅拥有卫星、电脑之类的先进工具,而且能够科学、合理、高效地去管理学校、医院、兵营、监狱、工厂、企业和整个公共行政系统。但是,随着人们在改造社会的道路上走得够远,并不断地品尝到效率的甜头,理性诉求在启蒙时代曾经展示的价值之维就逐渐萎缩,而其形式化、功能化向度则不断凸显,以至于手段竟最终变成了目的本身。如果说,对理性的推崇在今天还能称为"主义"的话,那么,就其工具合理化取向而言,这种"主义"所标榜的恰恰是一种无价值偏好的实证立场。它确认世界的合规律性以及这种规律的可理解性,并坚持把各类行动目标都还原为技术性问题,用标准的尺度、规范的程序和可操作的方法予以合理解决。这样一种思维方式与行为模式仅只强调如何从形式和功能方面去进行通约、计算、预测与控制,因此,同其他各种"主义"所展现的价值关切迥乎不类,它的轴心原则毋宁是只谈"问题"不谈"主义",或者多谈"问题"少谈"主义"。

历史地看,冻结"主义"或将"主义"悬置起来,不过是祛魅要求的特殊表达。事实上,伴随着科学的近代勃兴和现代发展,理性主义者一直在自觉地呼喊类似的口号。"破假相""普遍怀疑""启蒙""拒斥形而上学"等等即如此。但是,当祛除巫魅不独表现为清扫巫术迷信,而且也表现为摒弃浪漫情感、超验信仰和终极关切的时候,一个彻底脱魅的世界就成了无灵性和无意义的世界。在这个世界中,实证科学及其技术展现将最终营造出一种新的神话。这便是现代人的生存境况。胡塞尔评论说:"现代人让自己的整个世界观受实证科学支配,并迷惑于实证科学所造成的'繁荣'。这种独特现象意味着,现代人漫不经心地抹去了那些对于真正的人来说至关重要的问题。只见事实的科学造成了只见事实的人。"①

倘若人变得只见"事实",则他的客观、理智,也就不过是灵性的迟钝和情感的冷漠的同义语。对他来说,用"事实"的眼光来看待自然和用"事实"的眼光来看待人本身,并没有实质的区别,因为这都是科学的眼光。今天,这种眼光不仅成为得到广泛认同的世界观,而且还仿佛是一种具有文化霸权地位的意识形态。② 在这种意识形态的主导下,"理性的工具主义视界"很可能会营构出一个"合理的极权主义社会"。③ 马尔库塞的这一批评虽颇为极端,但却并非没有根据。

三、规训与惩罚

在西语文献中,对启蒙精神及其普世价值予以总结和高扬的力作,大概首推康德的政论文《什么是启蒙》。一个半世纪以后,法国思想家福柯以同样的题目撰写了一篇短文,但结论却与康德大相径庭。"我不知道是否我们将达到成熟的成年。我们经验中的许多事情使我们相信,启

---

① 胡塞尔:《欧洲科学的危机和超验现象学》,上海译文出版社 1988 年版,第 5—6 页。
② 列弗伏尔指出:"奠立在当代科学研究成果基础上的任何宇宙假说或'世界'图景,在今天只有一个功能:辩护和宣传。"(Henri Lefebvre, *Introduction to Modernity*, London: Verso, 1995, p. 132)
③ 参见马尔库塞《单向度的人》,上海译文出版社 1989 年版,第 142 页。

蒙的历史事件没有使我们成为成熟的人,我们还没有达到那个阶段。"①福柯由此提出了"限度"与"自由"的关联问题。这个问题的要害是:当理性的批判矛头指向一种专制权威的时候,它是自由的信靠;反过来,如果理性无度张扬自己的权威,它就可能会蜕变成自由的桎梏。这便是启蒙的悖论。

按照福柯的看法,在人类文明史上,个人自由始终是一个受监控的对象,而对种种越轨举动进行惩罚则构成了维系常态秩序的一个基本要求。在传统时代,最具象征意义的惩罚方式是血淋淋的肉刑场面。这种场面直到 18 世纪中叶还经常出现。但福柯注意到,19 世纪 30 年代诞生于巴黎的"少年犯管教所",却以其规范化的管理规章而展示了一种新的惩罚方式。因此,这是一个"时代"的变迁。在对这一时代变迁的观照中,人们的一个普遍感受是理性克制兽性、人道战胜了野蛮。但是福柯强调,即便不能一概否认由此而来的进步意义,也不好把它看成是问题的全部。如果说,对犯罪的惩罚遍及迄今为止人类历史上的所有时期,那么,启蒙时代与先前的专制时代相比,只不过是"惩罚机制"发生变化罢了。②

变化的原因看上去与理性诉求有关。"当理性这位沉睡的巨人从古典世界中苏醒过来时,它发现到处都是混乱和无序,于是便致力于为社会整理出合理的秩序。"③这种合理化要求亦见诸司法领域。按照福柯的分析,18 世纪的改革家主张以"人道"的名义取消酷刑,固然有反君主专制的意向,但更为重要的或许是出于对效率低下的糟糕权力体制的不满。在专制制度下,权力的行使杂乱无章,司法集暴虐和软弱于一身,既耀武扬威又漏洞百出。由此推论,在公开处决这类仪式化的暴力中,司法惩罚的过分不但是滥用权力的结果,而且也是权力机制混乱的结果。鉴于这两方面的问题皆直接导源于不受约束的君主权威,因此,使审判

---

① 福柯:《什么是启蒙》,载汪晖、陈燕谷主编《文化与公共性》,生活·读书·新知三联书店 1998 年版,第 441 页。

② 参见福柯《规训与惩罚》,生活·读书·新知三联书店 1999 年版,第 103 页。

③ 贝斯特、凯尔纳:《后现代理论》,中央编译出版社 1999 年版,第 49 页。

权同专断的个人意志脱钩,而依赖于具有连续效果的公共权力的系统运行,便成了司法改革的一项基本原则。如果再考虑到社会转型时期出现了一系列新的犯罪群体和犯罪形式,那么实施这一原则就显得更加重要。福柯评论道:

> 对象变了,范围也变了。需要确定新的策略以对付变得更微妙而且在社会中散布得更广泛的目标。寻找新的方法使惩罚更适应对象和更有效。制定新的原则以使惩罚技术更规范,更精巧,更具有普遍性。统一惩罚手段的使用。通过提高惩罚的效率和扩充其网络来减少其经济和政治代价。总之,需要建构关于惩罚权力的新结构和新技术。[①]

韦伯曾把司法的形式主义看作法理统治之理性化取向的一个重要表现。依照他的见解,现代法律乃是一套有意制定且具有普适效能的抽象规则,而所谓司法,不外是将这套抽象规则运用于具体的案例。在福柯看来,正是这种司法的形式主义表征了一种新的惩罚谋略。这种谋略要求达到像数学真理那样的绝对确定。"规定犯罪行为和刑罚的法律应该是绝对确定的,'从而使每个社会成员都能区分犯罪行为和正直行为'。"[②]另一方面,与刑法的绝对确定性相联系,可计算性也随之成为一个合乎逻辑的要求。于是,"时间"就被规设为统一的量刑标度。过去用各式各样的拷打折磨来体现处罚的轻重,而现在只需用监禁的时间长短来度量就可以了。再经过一系列耐人寻味的变化,以监狱制度为代表的惩罚权力模式,亦由原来诸多惩罚方式中的普通的一种,慢慢发展成了处于中心地位的"惩罚权力的单一形象"。从某种角度来说,惩罚手段在时间标尺和监狱形式上获得统一,标志着一种权力施用技术的成熟与完备。其意义不亚于牛顿发现万有引力定律或斯密勘破"看不见的手"的隐秘机理,它们都是人类理性在走出纷乱、寻求普遍规则的进程中所取

---

① 福柯:《规训与惩罚》,生活·读书·新知三联书店 1999 年版,第 99 页。
② 福柯:《规训与惩罚》,生活·读书·新知三联书店 1999 年版,第 106 页。

得的了不起的成就。

但是，一如韦伯辨析出现代理性化进程的工具主义取向，福柯也透过惩罚技术的成熟与完备而看到了一种旨在驯顺肉体和灵魂的霸权逻辑。他称之为新的权力"微观物理学"。① 在福柯的眼里，现代监狱的模样并不是在几根铁栅上加一把大锁，也不是关押基督山伯爵的那种孤岛地牢，而是一个按照严密组合方法建立起来的圆形空间系统。在这个系统中，对惩罚轻重的等级处理及对禁锢空间的划分配置都依据科学原则，"时间表、强制性运动、有规律的活动、隔离反省、集体劳动、保持沉默、专心致志"等等，构成一套完备的控制、监视、管教、改造和规训手段，由此展开了"一种有计划的对人的操纵"。②

一些分析家指出，福柯撰写《规训与惩罚》一书，并不仅仅旨在讨论"监狱的诞生"。在他的心目中，"这一事件的意蕴远远超出监狱学的范围"③。事实上，福柯本人已经意识到并且相当精辟地分析了存在于监狱和其他社会组织之间的互动关系。按照他的看法，以新型监狱为样板的微观"权力物理学"，来自多重因素的叠合，特别是学校、医院和兵营的长时期的管理经验。反过来，一当这些经验在新型监狱中被高度浓缩地整合为一种规训技术，它又会以不可逆转的趋势向其他社会领域传导。"规训体制网开始覆盖越来越大的社会表面，尤其占据了越来越不是社会边缘的位置。规训体制的扩散证明，原来所谓的孤岛、特殊场所、权宜之计或独特的模式已变成一种一般的程式。"④作为规训手段的集成，时间表、动作训练、层级监视、为施加或强化某种道德价值而推行的规范化裁决、旨在奖励顺从和惩罚抗逆的各种考核制度等等，在包括学校、兵营、医院、工厂以及公共行政系统的广泛社会领域得到实施，乃至可以说，整个社会都被组织和管理得像是一所大

① 参见福柯《规训与惩罚》，生活·读书·新知三联书店1999年版，第157页。
② 参见福柯《规训与惩罚》，生活·读书·新知三联书店1999年版，第144页。
③ 谢里登：《求真意志——密歇尔·福柯的心路历程》，上海人民出版社1997年版，第178页。
④ 福柯：《规训与惩罚》，生活·读书·新知三联书店1999年版，第235页。

监狱了。①

福柯的这一论断使人联想到韦伯关于工具理性的扩张最终会给人
类营造出一个"机械铁笼"的隐忧和焦虑。但是比较起来,福柯对现代性
的批评更加尖锐。在他的心目中,"理性是一种压迫性力量"②。因此,祛
除巫魅的理性过程,对他来说也就不单单意味着超验价值的悄然退隐,
而毋宁是一部剿灭种种非理性因素的血淋淋历史。一个典型的例证是
"疯癫"的命运。根据福柯的精细考察,从中世纪到文艺复兴,疯癫虽受
到排斥和悲剧性的嘲弄,但存留于艺术作品中的活生生的愚人形象,又
表明人们仍旧试图借癫狂者之口道出对世界和人性之谜的体悟。但是,
随着理性时代的到来,疯癫最终被确定为一种精神疾病,而精神病学的
理性独白则成了关于疯癫的惟一语言。"一方面,有理性的人让医生去
对付疯癫,从而认可了只能透过这疾病的抽象普遍性所建立的关系;另
一方面,疯癫的人也只能透过同样抽象的理性与社会交流。"③本来应该
是双向展开的对话发生破裂,理性的话语获得了至高无上的文化霸权。
于是,建构整齐划一的秩序就成为理性的单方要求。问题在于,当这种
要求清除了一切差异性和多元性的时候,理性化的秩序岂不就是一所因
牢吗? 所以,福柯讲,监狱在我们的世界占据着一个中心位置,它不是孤
立的,而是同一系列的惩罚、强迫机制相联系的。在福柯看来,这种机制
的"居心叵测的怜悯""不便公开的残酷伎俩""鸡零狗碎的小花招""精心
设计的科学方法和技术手段"等等,归根到底都是"为了制造出受规训的
个人"。④ 这便是现代性的实质。

---

① 受福柯的启发,霍斯金以教育学为例,对学科规训制度的缘起进行了专门分析。按照他的看
法,现代教育规训制度主要有三个方面的内容:"一、定期举行严格考试;二、考试结果以分数
评定等级;三、不断的书写工作,既有学生自己的书写习作,也有他人关于学生的和组织上围
绕学生的各种书写工作。"在霍斯金看来,传统教育重视质,现代教育重视量。因此,"学科规
训制度的缘起,标志着历史延续性中断的时刻"。(参见霍斯金《教育与学科规训制度的缘
起》,载华勒斯坦等《学科・知识・权力》,生活・读书・新知三联书店1999年版,第43—79页)
② 贝斯特、凯尔纳:《后现代理论》,中央编译出版社1999年版,第49页。
③ 福柯:《疯癫与文明》,生活・读书・新知三联书店1999年版,第2页。
④ 参见福柯《规训与惩罚》,生活・读书・新知三联书店1999年版,第353—354页。

就其对工具理性的指控而言,在当代西方思想上可以同福柯的观点相互参校的论说,是法兰克福学派的社会批判理论。霍克海默和阿多尔诺率先揭示出启蒙精神的"独裁"面相;①而在马尔库塞那里,发达工业社会的攻击性特征得到了更为透彻的披露。按照马尔库塞的剖析,由启蒙精神倡导的对自然实行有效统治的科技手段,通过对自然的统治而在当代社会为愈加有效的人对人的统治提供概念和工具。由此导致了发达工业社会攻击特征的"工艺化"。这种"工艺化",在马尔库塞看来,不独表现在从弓箭到原子弹的杀人武器的改进中,也不仅仅表现在奥斯威辛和广岛之类的历史悲剧中,更重要的是,科技手段与商业逻辑相融合,借助于技术操纵和消费操纵,一步一步地完成了对人的心理意识或内在空间的改造、洗刷与征服。"今天,这一私人空间已被技术现实所侵占和削弱。大量生产和大量分配占据个人的全部身心,工业心理学已不再局限于工厂的范围。在几乎机械式的反应中,潜化的各种过程好像僵化了。结果不是调整而是模仿:即个人同他的社会,进而同整个社会所达到的直接的一致化。"②套用福柯的术语来说,马尔库塞所谓"单向度的人",乃是被剥夺了想象空间的驯顺的灵魂。

面对现代性营造的一体化秩序,韦伯期待魅力型先知的出现,海德格尔呼唤诗意的栖居。相比之下,马尔库塞和福柯的对抗方式更直接。在马尔库塞眼里,新感性,或者更明确地讲,那些"拒绝使用富裕社会的精巧物品"的玩世不恭者、垮掉的一代、嬉皮士等等,代表了一种"为生命而战""为爱欲而战"的解放形象。③ 而福柯所诉诸的,则是在现代文明的夹缝中依稀尚存的癫狂因素。"自 18 世纪末起,非理性的存在除了在个别情况已不再表露出来,这种个别情况就是那些如划破夜空的闪电般的作品,如荷尔德林、奈瓦尔、尼采及阿托的作品。这些作品绝不可能被归结为那种可以治疗的精神错乱。它们凭借自己的力量抗拒着巨大的道

---

① 参见霍克海默、阿多尔诺《启蒙辩证法》,重庆出版社 1990 年版,第 7 页。
② 马尔库塞:《单向度的人》,上海译文出版社 1989 年版,第 11 页。
③ 参见马尔库塞《爱欲与文明》,上海译文出版社 1987 年版,第 7、11 页。

德桎梏。"①作为现代性问题的诊断者,马尔库塞和福柯对"爱欲""疯癫"诸项非理性因素的推崇,为我们考察和评估技术时代的人的生存境况提供了重要参照——包括这两重因素在后现代社会被技术逻辑与商业逻辑给予的新的整合在内。②

四、技术时代的数字化生存

在迄今为止的文明史的绝大多数时期,谋求生存果腹的斗争一直是压在人类头顶的首要问题。虽然从最一般的意义上说,这个问题永远存在,但是,现代文明的演进却正在经历一场至关重要的转折。促成这个转折的决定性杠杆是科学技术。科学技术的飞速发展,不仅带来物质财富的涌流,使人类有望从几千年生活资料的匮乏之苦中得到根本性解放,而且改变传统体力劳作沉重艰辛的旧貌,展示了一个把人类从直接物质生产过程中完全解脱出来的美好远景。一位乐观主义者将这个远景形象地描述为"几乎全体失业的时代"。而一当全体失业,即必要劳动被减到最低限度甚或完全消除,人类就会摆脱它的传统目的,于是,"生存问题就变成了生活问题"。③

在某种程度上,我们可以把这个"生活问题"看作文化问题。这个问题随技术进步而愈益突出,但或许不能令人盲目乐观的是,它也随技术进步而越来越复杂了。如果说,科学技术的发展带来了物质财富的加速积累和闲暇时间的不断增多,从而把一个可以自由发挥个性的广阔空间凸现在人类面前,那么,一个新的困惑就在于,在当今条件下,技术理性与商业逻辑相贯通,又静悄悄地渗入并占据了这个本质上应当充分展示个人兴趣、爱好与创造才能的自由的文化天地。麦克卢汉说:"任何技术

---

① 福柯:《疯癫与文明》,生活·读书·新知三联书店1999年版,第257—258页。
② 20世纪60年代,西方国家爆发了一场以"本能冲动造反逻各斯"为特征的文化大革命。这场革命因为渗入了"爱欲"和"疯狂"等非理性成分,而呈现出"政治摇滚"或"摇滚政治"的鲜明风格。关于这个问题,可参考本书下篇的有关分析。
③ 参见埃伦费尔德《人道主义的僭妄》,国际文化出版公司1988年版,第44页。

都一定要将自己加之于我们身上。"①艾吕尔强调,技术"加之于我们身上"的结果,就是投射于、移植于我们的内心。② 看一看现代影视、音乐、新闻、广告、体育及其他各式各样的娱乐消闲活动,再将它们与古典传统作一下对比,便不难体会人的生活方式、行为方式、感觉方式,一句话,人的内在空间,在今天已被技术理性和商业逻辑改造、洗刷、征服到了什么程度。弗洛姆把一个由计算机控制的"完全机械化的世界"看作徘徊于我们中间的新的"幽灵",虽颇为极端,但这个问题并非没有意义。③ 无论如何,人类不仅有理由分享技术进步的好处,而且也有责任反省技术进步的负面。进而言之,也许更为重要的是,人类分享技术进步的好处越充分,反省技术进步的负面就越迫切,两者应该是协调互补的。

1. 独特性的销蚀

费雷曾对前现代技术世界和现代技术世界作过一个颇有趣味的比较分析。按照他的看法,前现代技术世界的第一个特征是"实用理性"起关键作用。这里的实用理性指的是为了实现由大脑构想的目的而进行设计、认识和重复使用有效手段的能力。至于这些目的究竟是去和平地制作一只陶碗还是去铸造一把青铜战剑,都无关紧要。重要的是,在诸如此类的差异之下隐藏着至为关键的共同之处:"它们所赖以实现的办法是从试验和错误中获得,并凭借传统和日常经验得到传递的。"④农夫们的智慧、草药医生的秘方、行会师傅的技艺等等,在获得和传递方面都富有个性化和人性化意味,因而被看作无价之宝。但是尽管如此,前现代技术终究普遍地"不精确"。这是它的第二特征。费雷举例说,情况就

---

① 麦克卢汉:《人的延伸——媒介通论》,四川人民出版社 1992 年版,第 7 页。
② 艾吕尔认为,在技术与它的使用之间不存在什么差别。对人来说,要么按照技术的规则去使用技术,要么就根本不使用技术。而一旦使用技术,人就处在技术之中。这是现代人的基本生存境况。(参见 Jacques Ellul, *The Technological Society*, New York: Alfred A. Knopf, 1976, p. 98)
③ 参见 Erich Fromm, *The Revolution of Hope: Toward a Humanized Technology*, New York: Harper & Row, 1968, p. 1。
④ 费雷:《走向后现代科学与技术》,载格里芬编《后现代精神》,中央编译出版社 1998 年版,第 201 页。

像老祖母的所谓最佳烹调法一样,要你加上"一撮"这种或那种东西,在"文火"上烤烤,然后再揉搓揉搓,直到"感觉适可"为止。这个例子表明,由于缺乏精密的仪器,实用理性只能满足于一种粗略的估计。在费雷看来,与此相关的第三个特征就是科学理论的贫乏。前现代技术所凭借的是只知其然而"不知其所以然"的实用知识。因为这个缘故,对自然的解释通常具有目的论色彩,而农事活动和手艺制作则往往同天人感应之类的神秘观念相勾连,等等。这便是现代理性视界所贬称的"魔咒"或"巫魅"。

但是,这种"魔咒"或"巫魅"随着现代科学的成长被一步步祛除了。通过把自然"数学化",现代科学不仅带来一个脱魅的世界,而且为旨在控制和驾驭客观对象的种种技术努力提供了知识基础。由此,科学理论开始"领导技术实践"。① 从一种历史比较的眼光来看,这样一个重大变化的特殊意义,不但在于使改造世界的技术努力获得规律认识的指引,从而变得更加自觉和富有成效;特别需要强调的是,在推崇同一性和精确性的科学理论的规训下,现代技术操作逐步获得了一种追求高精度的崭新风格。这种风格的形成十分合乎逻辑。因为,既然万物的隐秘结构和齐一性规律可以被精确地把握,那么原则上讲,就有可能根据这种精确把握来合理地设计一个操作目标,尔后借助技术手段将其复制或制造出来。在这个意义上,"正确的逻各斯是技术学"②。

靠着数学理性的精确制导,在现代技术实践中,标准化的要求就替代了传统实用工艺中的"尽可能接近"的期望。零件被磨制得越来越精巧了,以至于物理学家那种要制造具有百分之百精度的机器这一近乎不可能实现的梦想变成了现实。但是,对于标准化大生产来说,精确性只是问题的一个方面。问题的另一方面,则是以此为前提的通用性、可置换性和可重复性。福特将汽车生产流水线作业法的基本要求表述为:

① 参见费雷《走向后现代科学与技术》,载格里芬编《后现代精神》,中央编译出版社1998年版,第203页。
② 马尔库塞:《单向度的人》,上海译文出版社1989年版,第140页。

"某一型号的汽车的零件,不仅对同一型号的所有其他汽车是通用的,而且和我们已经生产出来的所有汽车的相似零件也是通用的。"①这就是现代技术的标准化逻辑。

麦克卢汉讲:"可重复性是主宰我们世界的机械原理的核心。"②而倘说任何可重复性都意味着某种独一无二性的销蚀,那么对人而言,无个性特征的抽象化与匿名化便是技术逻辑所引发的必然后果。在前技术时代,人的活动有一种不发达条件下的浑然综合的完满,与之相比,发达的技术文明却似乎不再使个人成其为圆融自足的"这一个"了。从某种程度上说,现代化的过程就是理性化的过程,就是按照可量度、可通约、可计算、可预测的严格程序对自然和社会进行改造、控制和组织管理的过程。这个过程带来了规范和高效,但作为代价,人的丰满个性却被压扁。在生产系统中,人被还原为像标准部件一样可以随意置换的操作工;在官僚系统中,人被还原为无价值偏好的职能角色;在大众文化中,甚至艺术创作也服从于机械复制程序,成了标准化生产的"文化工业"。现今的社会宛如一个大工厂,以至于我们人类已不再能保留什么专属于自己的不可复制的秘密。

"时不再来"常被用于表征时间的一维性和不可重复性。这在今天原则上并没有改变。但是,机械化、自动化生产,以及把人还原为可替换的职能角色的组织管理方法,已将时间标准切割,从而使我们在相当程度上打破了时间的一维性限制;而靠着越来越高级的电器设备的武装,我们又克服时空差别,在时光流转、季节变换方面获得了与古人大不相同的感觉。③ 1934 年,德卡唱片公司刊登了这样一则广告:

> 这里有你特别喜爱的无线电明星、银幕明星和舞台明星——他们的最美妙的器乐和声乐表演! ……你想在什么时候听就在什么

---

① 转引自布尔斯廷《美国人——南北战争以来的经历》,上海译文出版社 1988 年版,第 798 页。
② 麦克卢汉:《人的延伸——媒介通论》,四川人民出版社 1992 年版,第 181 页。
③ 关于时间及时间感的分析,可参见广松涉《事的世界观的前哨》,南京大学出版社 2003 年版,第 223—254 页。

时候听——想听多少次就听多少次——就在你自己的家里听。①

当听到唱片音乐的小男孩惊讶地冲他妈妈喊:"啊,妈妈,快到客厅里去呀;那里有一个人正在用手弹钢琴哩!"——他大概还不知道,过去被认为最不可复制的经验瞬间如今可以成批生产、随时重现了。无线电、电影、电视等传播媒介已从根本上重塑了现代人的感觉系统。当然还有电脑。脑之为电,顾名思义,就是对人的思维程序进行迅捷、准确的标准化复制。机器人的后代"子孙"不独模拟逻辑思维,同时也模拟情感意识,从而越来越具有"人"味儿,这或许不完全是科学幻想。"克隆"技术的出现和"人类基因组计划"的成功实施,使我们有理由对诸如此类的幻想变成现实不再持怀疑态度。

在这里,我们无法,也用不着详细列举科学技术发展的近于神话式的成就。其积极的一面,正如麦克卢汉那部名著的题目所标示的,在于"人的延伸"。现代科学技术不单延伸了人的肢体,更重要的是拓展了人的思维视界和经验边疆。靠唱片、胶片、录音带、录像带、互联网之类的东西的帮助,现代人可以"民主"分享莫扎特和贝多芬的音乐,可以共同领略影视明星和政治领袖的风姿,可以反复欣赏、即时再现已成过去的各类精彩瞬间……总之,同古人相比,现代人在一生中所能延及的生活范围大大扩展了。但是,即使把这些积极面充分接受下来,也仍旧有理由提出这样的问题:生活内容的丰富仅仅是量的增加吗? 本雅明指出,纵然在最完满的艺术复制品中也会缺少一种成分,那就是艺术品的现时现地性,即它在问世时的独一无二性。② 惟有这种独一无二性构成了艺术品的魅力和韵味。更广泛地说,生活体验是不是也是这样呢? 浪漫思想家之所以迷恋前技术文化,关键就在于那种文化有一种悠游自足的节奏。这种看法并不纯然是理想的虚拟。如果说通用性、可重复性、可替换性是机械复制的基本准则,那么,受这种准则熏染的现代人是不是在

---

① 布尔斯廷:《美国人——南北战争以来的经历》,上海译文出版社 1988 年版,第 540 页。
② 参见本雅明《经验与贫乏》,百花文艺出版社 1999 年版,第 262 页。

拓展经验边疆的同时,也失落了一种原本意义的自身完备呢? 其生活内容的丰富性背后,是不是隐含着消解个性特点的标准化、一体化倾向呢? 或者,他们那开放式的新奇性追求,是不是将浑然综合的东西加以切割分解,然后再随意组装搭配,因而具有某种经受重复性震扰的意味呢? 而这种重复性震扰,又是不是会沦为量的无度扩张,从而产生奇迹多见亦寻常的效果,反过来钝化知觉、冲淡经验、消减激情,使生活变得比较乏味、比较不那么激动人心了呢?① 对于诸如此类的设问,即使不能作绝对的消极判断,至少也不能给出天真乐观的回答。

2. 数量化的实在感

以历史主义的观点看问题,前技术社会是一个封闭性社会。因此,纵令其文化品格呈现出某种样式的浑然圆满,则这种圆满也仅仅是有局限的或局限中的圆满。马克思说:"在发展的早期阶段,单个人显得比较全面,那正是因为他还没有造成自己丰富的关系,并且还没有使这种关系作为独立于他自身之外的社会权力和社会关系同他自己相对立。"② "在这里,无论个人还是社会,都不能想象会有自由而充分的发展。"③

作为一个重要因素,技术进步促发了原始圆满境界的碎裂和丰富性社会关系的生成。现代化的交通工具和通信手段,不仅使与世隔绝的地区归于消失,而且使每一个人可以即时注意到整个世界。空间距离大大缩小,以至于"我们的地球只不过是弹丸之地的村落"④。人们扩大了流动和交往的范围,也增强了联系和影响的深度。可以说,当今的社会是一个"天涯若比邻"的大规模社会。而社会规模大到"天涯若比邻",在贝尔看来,不仅有其经济和政治意义,而且有其波及心理意识的文化意义:

> 虽然最初的变化是由于交通运输和通讯联络的新形式所产生

---

① 有人认为,电子媒介将人的一切经验压缩进当代人的经验之中,从而孕育出一个没有记忆的社会。这个社会既不能眷恋过去,也不能憧憬未来。
②《马克思恩格斯全集》第 46 卷(上),人民出版社 1979 年版,第 109 页。
③《马克思恩格斯全集》第 46 卷(上),人民出版社 1979 年版,第 485 页。
④ 麦克卢汉:《人的延伸——媒介通论》,四川人民出版社 1992 年版,第 17 页。

的,它们使人们可以用无数方式很快地相互接触,但是,"天涯若比邻"不仅指的是飞越各大洲的时间和空间的缩短,或者通过电视或者收音机与地球上任何部分立即联系,而且就人们所经历的时代来看,人们在社会、艺术以及心理方面的"天涯"同样也成为比邻。①

但问题是,"天涯若比邻"的现代社会,同时又是一个"生活外在化"的社会。如果说前技术时代的封闭常常意味着某种内在的精神自足,那么,在打破传统社会的封闭、造成丰富性的交往关系之后,"生活外在化"的现代社会有没有实现一种更高基础上的精神圆满呢?至少现在无法给出令人满意的答案。这不仅因为,技术理性以"解除魔咒"为口号,拔除了给人的生存赋予终极意义的信仰根基,而且还在于,它的物质成就由于将生活外在化而使对新奇事物的贪婪乘虚而入。可是若没有超验的终极关怀,贪婪永远不会满足,在外在化道路上不断开发的经验边疆永远都达不到尽头。巴雷特指出,现代技术文明的成功,最终营造了一种单纯依靠外物的生存方式。在这一状态下,"人本身——在其独特性方面,在其整体方面——缩小成一个影子,一个幽灵"②。

然而另一方面,随着普遍联系的加强,确立统一的参照尺度,并对复杂的社会变迁进行合理的预测与控制,作为一个社会问题却显得越来越突出了。因此可以理解,技术理性所崇尚的标准化、数量化在今天是那样不可置疑,以致它不仅被看作解决各类实际问题的最有效的方法,而且取代传统价值体系,仿佛成了"生活外在化"的现代人借以开展其相互交往的标准语言和判定其归属地位的基本坐标。人们已习惯于衡量经济波动的各类"指数",测度政党领袖支持率的各种"百分点",也习惯于说"值几百万美元的运动员""约几亿美元损失的重大自然灾害"。在某种意义上,数字就是现代人的"集群侧面像"。对统计学的发展及其社会效应作出精辟分析的哈金,曾引证过一个"平均人"的概念。这个概念源

---

① 贝尔:《后工业社会的来临》,商务印书馆 1986 年版,第 349 页。
② 巴雷特:《非理性的人——存在主义哲学研究》,商务印书馆 1995 年版,第 31 页。

自下述问题：

> 人们可以问，在一群人中，是否有平均人存在，即由该人的身高
> 代表这群人的身高，而且就此而论，同一民族的所有其他人都应被
> 视为提供或高或矮的误差。在对其他人的测量上，如果通过精确测
> 量有高有低的方法对一个平均人进行许许多多次测量，那么所得到
> 的数字就会按平均值分类，就像获得那些数字的方法一样。①

"平均人"的概念被确定下来，最初得益于对军团士兵胸围的统测；
而一旦"把平均值转化为一种实在的量"，这个概念的影响就至为深远
了。它不仅使衣服的生产变得像互换部件的机器生产那样具有标准化、
通用性和可重复性，而且在诸如女性的标准三围这样的问题上产生了巨
大的心理统摄力。今天，升学率、失业率、通货膨胀率、经济增长率等等
都用数字来表示，因而绩效的评估和奖惩、晋升的根据统统展现在精确
无误的表格和曲线中。"数字在这里有了自己独立的存在。"②当人们不
仅用数字来规定衣服的标准尺码，而且也用数字来设计有关智商、情商
以及生理或心理是否健康的标准问卷的时候，数字便渗入人的日常意识
甚或潜意识层面，从而实现了对人的某种匿名的整合。埃伦费尔德曾扼
要分析过著名的"明尼苏达多重人格测试表"：

> 这个测验中的 550 个问题要用"对"、"不对"和"?"（说不出来）
> 来回答。这些问题由一系列简短的陈述句构成："我很少与家人吵
> 架"；"要使有些人相信真理得费挺大的劲儿"；"我每天喝水极多"；
> "我希望我能像看来幸福的人一样幸福"；"我厌烦时喜欢激动"；"我
> 不会很快就疲劳"；"我担心性问题"。问题分为 26 类，从"一般健
> 康"（9 条）、"泌尿生殖系统"（5 条）和"头部神经"（11 条），到"性虐
> 狂、受虐狂趋向"（7 条）、"宗教态度"（19 条）和"道德"（33 条）。③

---

① 哈金：《驯服偶然》，中央编译出版社 2000 年版，第 191 页。
② 麦克卢汉：《人的延伸——媒介通论》，四川人民出版社 1992 年版，第 121 页。
③ 埃伦费尔德：《人道主义的僭妄》，国际文化出版公司 1988 年版，第 27 页。

也许这个测试表还不够完善。人们完全可以扩展测试的范围,设计更复杂、更具有包容性的问卷。但是这样就能获得人格是否健全的圆满解答吗?如果深入追究,我们便会在现代人对数量的迷恋背后发现两个至关重要的问题。第一个问题是,形而上的终极关怀已慢慢消解。人格的健全和生活的丰富与其被看作向某种神圣境界的内在提升,不如说是向一系列俗化的统计指标的外在归顺。因此,数字游戏取代了道德教化。与此相联系的第二个问题是,经验感受已丧失本该具有的丰满与充实。按照技术理性的一般逻辑,标准化和定量计算意味着规范合理、确实可靠,但是它的无度蔓延不仅导致了超验价值体系的崩塌,而且也反过来掏空了人的经验感受的具体内容。道理很清楚:若一味在数量化的基础上寻求实在感,则实在感也就势必演化成抽象的数量符号。正如弗洛姆所说:"我们面对的世界是一些数字和抽象观念,这些东西使我们丧失了任何一种具体的经验。"[1]经验既被掏空,也就不复有真实的感受。尽管乍看上去,现代人凭借数字和抽象观念,似乎能够确定地把握自己、驾驭自己,但他实已从原本的存在位置上被连根拔起、远远抛出。因此,科技新时代也许是一个"没有思想和没有感觉的时代的发端"。[2] 结果,"人的生活受到他所创造的力量的驱使,而且节奏愈发加快。在这种疯狂的混乱之中,他为抽象的思考和盘算而终日奔波劳累,因而使他越来越脱离具体的生活"[3]。在网络时代,"虚拟化"成为一种生活和生存样式,且颇受推崇,可谓典型的一例。[4]

3. 不再升华的即刻冲动

对于古典文化来说,强调神秘性和敬畏感,激励人奋发向上、追求崇

---

[1] 弗洛姆:《健全的社会》,中国文联出版公司 1988 年版,第 29 页。

[2] 参见 Erich Fromm, *The Revolution of Hope*:*Toward a Humanized Technology*,New York:Harper & Row, 1968,p. 28。

[3] 弗洛姆:《健全的社会》,中国文联出版公司 1988 年版,第 118 页。

[4] 计算机网络所引出的问题,也许应该称之为"后现代"的问题。有人认为,计算机网络不仅在技术的细致和复杂程度方面,而且在使人的工作与生存超越标准化和单一化方面,都指向了一种"解放"的新境界。这个问题将留待以后讨论。

高是一种至为根本的道德关切。这种道德关切于现实的个人意味着一种灵魂的净化或精神的升华。它在感性欲望与人格成就、个体行为与社会规范之间设定了一段距离，并通过这一距离，产生了一种既督导个人又维系个人的文化上的聚合力。

但是，如果说这种聚合力在历史上曾经与前技术时代那种悠然自足的生活节奏相依相伴，那么，随着"后工业社会"的来临，它的这一历史基础已彻底消失。一方面，交通革命和通信革命洗刷封闭的乡村，造成普遍性的社会交往，以不断扩大的规模把越来越多的事物带进了普通男女的视野。因此，现代世界是一个开放的城市世界。另一方面，以技术进步为依托，现代社会获得了前所未有的变革速度。信息爆炸、知识更新，使人们无法在头脑中储留某种永恒性形象。瞬息万变的生活造成了瞬息万变的感觉体验和文化品味。托夫勒这样描写道：

> 社会变革的加速，相应地促进了人们思想的变革。新的信息影响，不断地迫使我们尽快修正脑子里储存的形象……我们头脑中形象形成过程的加速，意味着形象在头脑中停留的时间越来越短暂。欣赏过随即丢弃的艺术，独幕场景喜剧，帕拉奥依德快照，静电复印品，"随意"书画，均闪现即逝。飞进我们头脑的思想、信念、观点每天都受到挑战和对抗，然后又突然消失得无影无踪。科学理论、心理学说每天都在被推翻，被取而代之。思想崩溃了。①

按照贝尔的看法，近乎疯狂的现代生活节奏对文化所产生的最严重的负面效应就是"距离的销蚀"。所谓距离的销蚀，不仅是说现代交通和通信手段压缩了自然距离，使乡村的封闭空间让位于开放的大世界，而且还表现在，随着自然距离的压缩和变革速度的加快，现代人产生了一种对新奇性的强烈渴求。这种渴求在本质上已与冥思默想、观照领悟割断联系。它趋向于经验的开发提升，趋向于直接冲击和同步轰动。于

---

① 托夫勒：《第三次浪潮》，生活·读书·新知三联书店 1983 年版，第 217 页。

是,感兴趣味的表层分享取代思想精神的深层交流,那种与净化、升华相联系的审美距离和社会距离统统被消解,声音和图像,尤其是后者,组织经验,统帅大众,成了现代人占据主导地位的文化景观。

假如要为这种文化景观确立一个象征物,那么,它既不是印刷机,也不是钟表,而是电视。① 印刷媒介在理解一场辩论或思考一个形象的时候,允许人们调整节奏,先退回来,然后再进行对话。因此,它保留了一个领会与想象的空间。与此不同,电视更注重视觉成分。它带来的是一种亲临其境的同步现实感。这使它既调度起受众的情绪,又常常令受众无意识地放弃对直接经验的控制或反思。"在电视机旁,看电视的人可以完全直接地看到和听到正在发生的事情。同时性是最重要的事。"②通过生产供四散的观众立即分享的瞬间时刻,电视牵引着人们的眼球和神经,把人们的兴趣集中并停放在了令人激动、鼓舞、疯狂、不安、焦虑及大祸临头的那一瞬间的"现在"。

从某种意义上说,对"现在"的普遍分享,乃是一种"经验的民主化"。这种经验民主化所刺激出来的新奇性追求,在托夫勒看来,甚至具有与机械钟表所象征的标准化、规范化很不相同的特点。麦克卢汉也认为,"电视培植的许多偏好,与同一性和可重复性是格格不入的"③。但是这种印象只是对问题的一个方面的观察。问题的另一方面在于,即时性、同步轰动之类,虽打破了机械钟表时代的线型顺序,但它却完全接受了这种线型顺序对时间的标准切割,或者说,它是在这种标准切割的基础上对时间节奏的打乱和组装。它借助声音与图像所显现的直接性、逼真度和某种浑然的整体感,与其是一种有机的统觉,毋宁是一种无机的配制,一堆扑面而来的碎片。当这些碎片组装成万花筒,并对人的经验施以刺激的时候,人们确实会偏离常规,标新立异,甚至于把追求稀奇古

---

① 布尔迪厄对电视的社会政治功能作了精辟的分析。(参见布尔迪厄《关于电视》,辽宁教育出版社 2000 年版,第 8—42 页)
② 布尔斯廷:《美国人——南北战争以来的经历》,上海译文出版社 1988 年版,第 572 页。
③ 麦克卢汉:《人的延伸——媒介通论》,四川人民出版社 1992 年版,第 385 页。

怪、独一无二当作至上的生活目标。但是,作为单纯经验边疆的开发,这个生活目标实际上只能是一场永不停歇的旋风。正如贝尔所指出的,贪求新奇性和即刻冲动的结果:

> 就是把每时每刻都戏剧化,把我们的紧张增加到狂热的程度。然而这却没有留给我们决心、协调或转变的时刻,即没有那种仪式之后的净化。这种情况在所难免,因为创造出来的效果不是来自内容(某种超验的天职感、美化感,或一种经过悲剧或痛苦的心灵净化),而几乎全部来自技巧。不断有刺激,有迷狂,然而也有幻觉时刻过后的空虚。一个人被包围起来,扔来扔去,获得一种心理的"高潮",或疯狂边缘的快感;然而在感官旋风周旋过后,是枯燥的日常生活的老套。①

更为严重的困惑在于,现代传播媒介促成的经验民主化,一方面意味着神圣与禁忌时代的终结,另一方面却又在另一重意义上造成了一种"他人导向的社会"。② 因此,在其分散性的表象背后,存在一种匿名的一体化控制。这种控制当然不是外在的强迫。人们往往乐于接受现代传播媒介提供的图像信息,乐于把它接纳为家庭生活内景的组成部分。这不仅是因为它创造了目击和亲历重大事件与历史时刻的幻觉,而且更由于它提供了消磨并组织闲暇时光的有趣方式。它向人们奉献奇观、趣闻和生活指南。它把明星提升为英雄,把英雄改扮成明星,以赏心悦目代替智慧的痛苦,以日常生活场景代替超凡脱俗的象牙塔。但是,也正因为它如此不可抵挡地使人迷恋于经验快感的诱惑,它也就把人紧紧地束缚于经验现实,从而封闭了其追求升华和净化的超验意向。关于这一点,只要看一看电视广告对人的心理意识的操纵,便再清楚不过了。有

---

① 贝尔:《资本主义文化矛盾》,生活・读书・新知三联书店 1989 年版,第 167 页。
② 社会学家里斯曼将美国视为新技术文明的典型示范,就现代传媒与"他人导向性格"的隐秘联系,进行了细致的分析和精彩的评论。(参见里斯曼《孤独的人群》,南京大学出版社 2002 年版,第 18—23 页)

人说现代人患了一种"技术漂移症",虽有些夸张,却不是毫无理由的。

如果承认这种理由,即承认现代文明存在某种严重的缺陷,那么,单纯依靠科学技术能校正这些缺陷吗?抑或反过来说,假如科学技术的品格特征、功能效用,特别是它与商业逻辑的融会产生了一系列负面效应,而这些负面效应与现代文明的缺陷有着不可抹煞的联系,那么,又该怎样确定科技理性的适用范围和基本限度呢?辩证地看,这不仅需要理性自身之清醒的自我批判意识,而且需要理性认可自身之外的别的文化价值对它的某种正当性的复合。雅斯贝尔斯说:"一种纯粹的科学要求一种纯粹的哲学。"①马尔库塞认为,一种纯粹的技术要求一种纯粹的艺术。②弗洛姆强调,一个技术化的社会需要一个"人道化的步骤"。③贝尔指出,一种外发的现代性要求一种内在的收敛,一种提供聚合力的精神之根:"我们的祖先有过一个宗教的归宿,这一归宿给了他们根基,不管他们求索彷徨到多远。根基被斩断的个人只能是一个无家可归的漂泊者。那么,问题就在于文化能否重新获得一种聚合力,一种有维系力、有经验的聚合力,而不是徒具形式的聚合力。"④

---

① 雅斯贝尔斯:《智慧之路》,中国国际广播出版社1988年版,第10页。
② 参见马尔库塞《单向度的人》,上海译文出版社1989年版,第213页。
③ 参见 Erich Fromm, *The Revolution of Hope*：*Toward a Humanized Technology*, New York：Harper & Row,1968,p. 96。
④ 贝尔:《资本主义文化矛盾》,生活·读书·新知三联书店1989年版,第168页。

下　篇

漂泊的性灵和放纵的肉身

引　言

　　世俗化和理性化是现代文明的两股主导潮流,但它们联合催生的世界,本质上却是一个无灵性的世界。所以,从这个世界初露端倪的那一天起,就有一些人本主义思想家深感惶惑,而嗣后的浪漫主义者及其现代传人,则更对它表示了深深的忧虑乃至满腔的愤怒。他们站在现代工商—技术文明的对立面,指控物质崇拜卑污庸俗、制度规范枯燥乏味、科学理性冷漠无情,其义无反顾的叛逆姿态,在某种意义上构成了现代图景的实质性分裂要素。① 如果对这个要素作扼要分析,我们可以就浪漫思想家及其现代追随者所开拓的审美现代性路线作出三个基本判断。

　　1. 以艺术审美替代宗教信仰,承当人生意义的信护天职

　　作为一个有灵性的生命,人需要一个精神家园。海德格尔讲:"'家园'意指这样一个空间,它赋予人一个处所,人惟在其中才能有'在家'之感,因而才能在其命运的本己要素中存在。"②但是,浪漫诗人和浪漫哲人敏锐地觉察到,现代文明的发育却造成了诸神的阙如。人在庸俗的功利品味和冷漠的科学理性的支配下,变得污浊而破损,就像"一只被弃的碎

---

① 参见 Matei Calinescu, *Five Faces of Modernity*, Durham: Duke University Press, 1987, p. 41。
② 海德格尔:《荷尔德林诗的阐释》,商务印书馆 2000 年版,第 15 页。

壶的残片"一样,其生命的血液已经流散到砂土中去了。① 因此,性灵的漂泊乃是浪漫主义者的基本生存体验,而精神返乡则成了他们首要的价值关怀。他们赋予自己的一个神圣天职,就是在诸神退隐的漫漫黑夜里,用诗的深情倾诉给人间引来一线朗照的亮光。"诗人的天职是返乡,惟通过返乡,故乡才作为达乎本源的切近国度而得到准备。"②从这个角度来看,浪漫主义者的一个基本诉求,是用艺术取代宗教,给人生提供意义解说,承当起信护生命价值的救赎功能。

2. 以天才智慧超越庸俗常态,追求狂傲自恃的个性表现

泰勒指出,浪漫主义诞生于"对工具理性以及从这个理性流出的道德和社会形式的抗议中"③。因此,它在直观形式上所呈现出来的,乃是一种否定性的叛逆形象。在浪漫哲人和浪漫诗人那里,对世俗化和理性化潮流的抗拒衍生了不同的生存样态。但是,不管这些生存样态存在多大差异,是内敛的自我品味也好,外显的我行我素也罢,其根本的精神支撑却有着高度的契合,那就是坚持并伸张审美对功利、艺术对科学、情感对理智、诗人对俗人、天才对庸众的价值优先性。在这个意义上,从早年的浪漫主义先驱到晚近的现代派艺术家,骨子里都有一种高傲的贵族情结或精英派头。他们自觉有神奇的眼光,能够穿透现实的阴暗,彻悟自然和生命的真谛,所以,也就有资格俯瞰众生,蔑视俗规,特立独行,凸显帝王一般的自我。谓之"表现型个人主义"。

3. 以生命激情对抗社会规范,滋育快感冲锋的肉身放纵

贝尔认为,用艺术替代宗教来阐释生命意义的努力,虽然在社会转型时期填补了人们的精神空白,但是,它对生命价值的审美核准,从一开始就确定了一个朝着松弛和放纵一端移动的方向。其原因主要有两个

---

① 卡利奈斯库指出:"现代作家疏离的历史始于浪漫派运动。在早期阶段,其怨恨和嘲弄的对象是作为中产阶级之典型虚伪形式的市侩主义。"(Matei Calinescu, *Five Faces of Modernity*, Durham:Duke University Press,1987,p. 43)
② 海德格尔:《荷尔德林诗的阐释》,商务印书馆 2000 年版,第 31 页。
③ 泰勒:《自我的根源:现代认同的形成》,译林出版社 2001 年版,第 641 页。

方面。一方面，艺术审美的轴心原则是"自我表现和自我满足"①。正因如此，作为这一原则之倡导者和践行者的浪漫哲人与浪漫诗人，就生存根基来说，便与传统的归属纽带无关，而富有一种彻头彻尾的现代品格。他们不仅与"功利型个人主义"分享了同样的前提，而且以诗化的艺术风范为个体本位的现代价值取向补充了一个独创性的关键要素。泰勒认为，由于浪漫主义的影响，"表现性个体遂成为现代文化的基石"②。但是另一方面，浪漫主义所推崇的"表现性个体"在现代图景中又扮演了一个"另类"角色。它褒激情贬理智、倡自发抑反思，其对感性生命和本能欲望的艺术表现，无论在审美范畴内还是在生活场景中，都诱发和滋育了一种难以遏制的越轨冲动。到现代派艺术那里，这种冲动更是到了否认一切边界的地步。"它尽力扩张，寻觅各种经验，不受限制，遍地掘发。"③结果，千百年来借以维系伦理秩序的那种对本能冲动的警惕与恐惧，就被一步步扫荡，而享受官能快乐的强度与密度，则成了对人生意义的终极辩护。

按照贝尔的看法，在西方社会长期发生作用的基督教传统，严格设定了一条区分神圣与邪恶的道德边界。宗教的一个基本功能，就在于把守这条边界，防止人们堕入邪恶的深渊。这叫作"驯服魔鬼"。可是，随着"表现型个人主义"的成长，这条边界却被一步步地蚕食了。在这个过程中，卢梭是一个划时代的人物。他以"忏悔"的方式来表现自我，开了一代新风。但是按照尼采的测量，卢梭所奠立的里程碑却显得高度不够。在他看来，这位《忏悔录》的作者竟然跪在上帝法庭面前争辩"谁比我好"之类的问题，女人味十足，实乃"弱者"的病态呻吟。④尼采干脆宣布"上帝死了"。上帝既死，就再无神圣的道德法庭，因而一切都可以探索，什么都可以咀嚼玩味。于是，现代文化的基本品格就不再是驯服魔

---

① 贝尔：《资本主义文化矛盾》，生活·读书·新知三联书店 1989 年版，第 26 页。
② 泰勒：《自我的根源：现代认同的形成》，译林出版社 2001 年版，第 581 页。
③ 贝尔：《资本主义文化矛盾》，生活·读书·新知三联书店 1989 年版，第 59 页。
④ 参见尼采《权力意志——重估一切价值的尝试》，商务印书馆 1991 年版，第 219—222 页。

鬼,而是拥抱魔鬼。随着从现代到后现代的文化变迁,高雅与通俗、精英与大众之间的壕沟被逐步填平。从此,无所顾忌地张扬个性,已不是少数文化精英的贵族式特权,而成了大众的某种普遍追求。每个人都要做自己的艺术家兼英雄的强烈渴望,促成"天才的民主化",结果便是游戏式人生心态和娱乐道德观的凯旋。① 接下来我们要探讨:所有这一切是如何发生的? 它给现代图景涂上了一层什么色彩? 其负面效应将会达到怎样的程度? 进而,应当如何为道德生态的重建确定一个健康的方向?

---

① 鲍曼说,到了后现代,早期浪漫主义者所向往的精神家园已被解构,抗拒浊世的性灵漂泊变成了沉醉于时尚竞赛的随意流动。对后现代的"游民"而言,"家仅仅是旅途中到达的某一点,而且这种到达意味着新的离弃"。(参见 Zygmunt Bauman, *Postmodernity and Its Discontents*, Cambridge:Polity Press,1997,p. 72)

第九章　意义的失落与追寻

　　一般而言,现代性的思想界碑是由文艺复兴和启蒙运动来标识的。这两场文化运动一方面以希腊艺术精神为样板,扫荡禁欲伦理对人的感性欲望的警惕和恐惧,另一方面又以科学理性为武器,破坏宗教神学围绕天启信仰建立起来的超验价值系统,由此凸显了世俗化和理性化这两个现代性的基本面向。在与中世纪社会—文化秩序相比照的意义上,通常把这两个面向释义为人的主体觉醒。但问题在于,当觉醒了的人自立于历史舞台的时候,物质利益的追逐能否为人生提供可靠的支点? 若以此为支点,市侩和贪婪会不会大行其道? 另外,数理科学所展示的宇宙景象还能对人葆有亲和力吗? 如若不能,该怎样安顿人的性灵呢? 历史地看,这些问题在文艺复兴和启蒙运动高歌猛进的时代就已经被一些人本主义者和浪漫思想家相当深刻地触及了。因此,"对现代性的批判从一开始就是现代精神的组成部分"①。

---

① Albrecht Wellmer, *The Persistence of Modernity*, Cambridge:MIT Press,1991,p. vii.

一、醉生与弃世

每个社会都设法建立一个意义系统,人们通过它来显示自己与世界的联系,也为自己的生存赋予一种价值依据。在古希腊,最早成型并发挥教育功能的意义解释系统是神话和艺术。两者的结合在荷马史诗中得到了完美体现。在相当长的时间里,荷马史诗一直占据古希腊教育的中心。人们不仅从中获得艺术熏陶,而且借此寻求生活指南。"那时的时尚是,一个人必须诉诸荷马才能证明自己的全部知识的正确性,正如基督教作家诉诸于圣经以证实自己知识的正确性一样。"①现在要问:在神话和艺术的陶冶下,古希腊人究竟形成了一种什么样的生活品味和精神风范?

贝尔认为,文化作为一种意义阐释方式,存在着一些困扰所有时代的原始问题。这些问题源出于"人类处境的有限性,以及不断要达到彼岸的理想所产生的张力"②。由于有限的生命个体不得不现实地面对死亡,因此,一种悲剧意识潜伏于人类性灵深处,似乎是十分自然的。一个希腊民间传说就称,对人来说最好的事情是不要降生,次好的事情是早点去死。但是,作为西方文化源头的希腊精神,并不是一种消极的出世精神。照尼采的看法,正因为希腊人过于认清生存的悲剧性质,所以才产生了用艺术拯救人生的强烈冲动。他们不仅在日神阿波罗所代表的审美观照中,用梦幻的面纱遮蔽人生的痛苦,而且在酒神狄奥尼索斯所代表的迷狂沉醉中飘然欲飞,将生命化成了一曲激情澎湃的艺术欢歌。③

尼采的上述看法无疑注入了他自己的生命哲学的成分,但是尽管这样,用自由、欢愉来表征希腊人的精神气质,应当说是相当贴切的,至少就艺术品味来讲是如此。黑格尔即曾断言,希腊精神是人类文化历程中

---

① 伽达默尔:《伽达默尔论柏拉图》,光明日报出版社 1992 年版,第 52 页。
② 贝尔:《资本主义文化矛盾》,生活·读书·新知三联书店 1989 年版,第 218 页。
③ 参见尼采《悲剧的诞生》,生活·读书·新知三联书店 1987 年版,第 4—5、10—12 页。

的"美的阶段"。① 席勒在古希腊看到了一种"把艺术的一切魅力和智慧的全部尊严结合在一起"②的完美的人生。丹纳的描绘最富诗意。他把希腊人比作天真的孩子,说他们以人生为游戏,以一切严肃之事为游戏,甚至连神明在他们那里也变成了快乐而长生的神明:

> 他们从来不想到为了敬神需要苦修、守斋,战战兢兢地祷告,伏在地上忏悔罪过;他们只想与神同乐,给神看最美的裸体,为了神而装点城邦,用艺术和诗歌创造辉煌的作品,使人暂时能脱胎换骨,与神明并肩。希腊人认为这股"热诚"便是虔诚。③

很明显,这样一种生活姿态是自由的、快乐的和非压抑性的。虽说禁欲在多数情况下构成宗教的一般特征,但古希腊富于人性的宗教却是一个例外。所以尼采讲,谁要想在奥林匹斯山寻找无肉体的空灵、无情欲的圣洁,必定失望而归。那是一个没有罪恶感的充满欢笑的世界。④可是问题在于,倘因为神明有七情六欲,凡人就可以狂欢于地上乐园,生活岂不要蹈入放纵的漩涡?⑤ 柏拉图即作如是观。照他的说法,人的欲望和激情犹如黑白两色骏马,若离开理性驭手的马鞭和缰绳,是要撒野狂奔,把文明之车拖到阴沟里去的。在这个意义上,奥林匹斯诸神那种情欲饱涨、我行我素的品格,其实恰好表明,他们不分是非、不辨善恶,具有凡人具有的一切缺点。假如像荷马史诗那样去渲染诸神的越轨行为及其相互争斗,还奢谈什么人间的正义和秩序呢?⑥ 因此,必须废黜诗人长期占据的至高地位。

---

① 参见黑格尔《哲学史讲演录》第一卷,商务印书馆 1983 年版,第 160 页。
② 席勒:《美育书简》,中国文联出版公司 1984 年版,第 48 页。
③ 丹纳:《艺术的哲学》,人民文学出版社 1986 年版,第 267 页。
④ 参见尼采《悲剧的诞生》,生活·读书·新知三联书店 1987 年版,第 10 页。
⑤ 罗素说:"审慎对热情的冲突是一场贯穿着全部历史的冲突。"(《西方哲学史》上卷,商务印书馆 1982 年版,第 39 页)照他的看法,这场冲突在古希腊即已发生,而且从此将人类逼入了一个两难境地。一方面,人类文明中最伟大的创造似乎都包含有某种酒神的醺醉成分,倘缺乏这种成分,生活便没有趣味;可是另一方面,文明教化之不同于野蛮粗鄙,则又在于对自发的生命情感予以节制疏导,若没有这种节制疏导,生活就会变得极其危险。
⑥ 参见伽达默尔《伽达默尔论柏拉图》,光明日报出版社 1992 年版,第 69 页。

有一个广泛流传的故事,说柏拉图年轻时曾是一位颇有才气的诗人,但在成为苏格拉底的弟子后,却烧掉自己的诗稿,从此作为一个哲学家开始了向诗人宣战的生涯。巴雷特将柏拉图追随苏格拉底的人生道路,形象地描述为一出"诗人之死"的长剧。[①] 按照卡西尔的分析,柏拉图贬黜诗人的一个重要原因,在于他们诉诸感官,痴迷表象,听任激情的导引,因而无法为生活提供普适、恒定、完备的善的理念。[②] 这在古希腊时代是一个相当典型的哲学理由。据传,柏拉图年轻时曾钻研过赫拉克利特的门徒克拉底鲁的学说。此说称世间万物生灭流转,无法躲过变易和死亡。年轻的柏拉图为这一看法所困扰,矢志要在永恒中找到一处避难所。于是数学对他产生了极大的吸引力。因为数学在形式上的纯粹和完美,表明人可以在理性的思辨王国中超越时间,开启一扇通往永恒之域的大门。当柏拉图按照这样的思路构造出一幅理念—现实、真理—意见截然对立的二元张力图景的时候,诗歌艺术也就被贬到一个相当次要的地位上去了。依柏拉图之见,诗人像巫师一样具有非理性特征,他们一旦坐上缪斯的三角凳就不再有自己的头脑。在自发灵感和迷狂体验的支配下,诗人只能对变易的表象进行肤浅的摹写,而不能对绝对理念予以深刻的把握。他们所展示的生活画面常常自相矛盾,令人感到如坠迷雾。在这个意义上,诗人毋宁是用语言的美丽色彩来蛊惑世人的欺骗家。"他的作品越好,欺骗性就越大。这种艺术以现象为媒介,在复制事物外形方面具有无穷的能力,因为它的目标只是欺骗。"[③]显然,这样一种诗歌艺术是无法引导人们踏上真理之路的。

但是,柏拉图对诗艺的批评,并不仅仅出于一种单纯的自然哲学式的理性缘由。对他来说,更重要的是苏格拉底所完成的由自然哲学到道德哲学的转变,以及将道德关切与知识探求相互融合的核心原则。这个原则意味着:一方面,知识论兴趣应当以揭示道德至善为旨归;另一方

---

① 参见巴雷特《非理性的人》,商务印书馆1995年版,第80页。

② 参见卡西尔《国家的神话》,浙江人民出版社1988年版,第70—72页。

③ 伽达默尔:《伽达默尔论柏拉图》,光明日报出版社1992年版,第66页。

面,普遍道德准则又需借助理性沉思来构设和证明。因此,"是非"与"善恶"共有同一条边界。事实上,在柏拉图的心目中,诗艺的问题不仅在于它迷恋感官和表象,从而危及理性与真理的治权;还因为它放纵激情,刺激欲望,破坏灵魂的内在和谐,致使道德教化的约束力大大松弛了。柏拉图这样评论诗人:

> 科里班特巫师们在舞蹈时,心理都受一种迷狂支配;抒情诗人们在做诗时也是如此。他们一旦受到音乐和韵节力量的支配,就感到酒神的狂欢,由于这种灵感的影响,他们正如酒神的女信徒所受酒神凭附,可以从河水中汲取乳蜜,这是她们在神志清醒时所不能做的事……诗人是一种轻飘的长着羽翼的神明的东西,不得到灵感,不失去平常理智而陷入迷狂,就没有能力创造。[1]

卡西尔指出,柏拉图之所以在《理想国》中塞入一大段反对诗艺的议论,是因为他感到,诗歌所具有的感染、迷惑公众的力量,正是使它与教育的真正目的相敌对并破坏正确信念的力量。"他是以一个对艺术的社会价值和教育价值作评判的立法者的身份在说话、在思索的。"[2]依照柏拉图的见解,受表象之美诱惑的诗人,迎合人们低级的感官需求,刺激本应受到节制的情感和欲念,结果就使奔腾翻卷的情欲巨浪,冲破理性和道德的堤坝,极其可怕地导致了人的任性、放纵和堕落。柏拉图说:"在我们应当让这些情感干枯而死时,诗歌却给它们浇水施肥。在我们应当统治它们,以便我们生活得更好更幸福而不是更坏更可悲时,诗歌却让它们确立起了对我们的统治。"[3]于是,柏拉图毫不客气地将诗人逐出理想国,而把统治者和教育者的最高荣誉赋予了哲学王。

就价值取向来说,柏拉图作为哲学家而向诗人宣战,实质上是表达了一种形而上的终极关切。在他看来,现象世界变幻无常,因此,沉醉于

---

① 柏拉图:《柏拉图文艺对话录》,人民文学出版社 1963 年版,第 8 页。
② 卡西尔:《国家的神话》,浙江人民出版社 1988 年版,第 72 页。
③ 柏拉图:《理想国》,商务印书馆 1986 年版,第 406 页。

其中的任何举动,都无法给人生提供一种神圣的道德意义。柏拉图曾通过一个寓言告诫人们,尘世好比洞穴,个体生命犹如受禁的囚徒,因而要追求一种庄严的人生和崇高的德行,只能接受超验的理念之光的照耀,摆脱幻觉,走出黑暗,飞升到至善的光明境界。按照卡西尔的评论,柏拉图由于确认并高扬理性的价值优先地位而促成了古希腊文化及教育体系的一场根本性转变。① 关于这一点,只要考虑一下"柏拉图式恋爱"的说法,就会十分明了。在这个意义上,伽达默尔认为,柏拉图放逐诗人,否定诗歌艺术所迷恋的感性欢悦,给道德教化涂上禁欲主义的色彩,这无异于"对希腊文化基础的攻击,对希腊历史赠予我们的遗产的攻击"②。这种攻击,连同对绝对理念的肯定证明一道,为希伯来信仰精神在西方社会扎根,提供了重要的思想土壤。

　　随着历史的演进,当柏拉图主义同基督教神学合流以后,本体与现象的二元分裂在双重意义上被加强了。在一极,柏拉图的理念世界变成了来世的彼岸世界。超绝的神圣之父被看作赋予宇宙和人生以价值意义的终极因。它"至高、至美、至能、无所不能,至仁、至义、至隐、无往而不在,至美、至坚、至定、但又无从执持,不变而变化一切,无新无故而更新一切"③。这是一套与柏拉图理念论大不相同的新型思想范式。因为对基督徒来说,上帝的至高神圣并不是"我理解"的知识论问题,而是一个"我相信"的启示和信仰问题。这种启示和信仰是无条件的。它杜绝单纯的理智主义所可能引发的对道德标准的任何怀疑,而把听从上帝召唤看作不应有丝毫动摇的绝对命令。④ 因此,信仰基督既不靠理性分析,也不靠经验归纳,莫若讲,它本质上是对超乎理性、高于经验而又统摄理性、驾驭经验的神圣权威的优先接受。德尔图良那句"因为荒谬所以才

---

① 参见卡西尔《语言与神话》,生活·读书·新知三联书店1988年版,第179页。

② 伽达默尔:《伽达默尔论柏拉图》,光明日报出版社1992年版,第51页。

③ 奥古斯丁:《忏悔录》,商务印书馆1989年版,第5页。

④ 按照古希腊哲学传统,理性与感觉相对,是确定性的知识和真理赖以成立的根据。但是,理性探索又会激发怀疑精神,从而导向相对主义。在希腊化时期,柏拉图学园就成了怀疑主义的讲坛。

相信"的名言,正是对这一信仰原则的极端表达。

在另一极,现象世界转变成了污浊的此岸世界。按照基督教教义,外部尘世和肉体生命都孕有邪恶的孽种。人类先祖正是在它的诱惑下把持不住,才违背上帝意志,犯下了原罪。所谓原罪,就是人对神性本原的离弃。虽然深究起来,基督教突出原罪并不是把堕落确定为人类的终极存在状态,而是给人类灌输一种负罪感,从而激发其祈求新生的向善意向,但是尽管如此,原罪终归十分确定地表明,人类得自亚当夏娃的自然生命本身是没有什么价值意义可言的。这意味着,人类的获救之路只能是一条舍弃自己、走出自己,即从自然生命的无意义状态超拔出来、重返上帝怀抱的赎罪之路。"只有上帝的目的才可以给予我们的人生以内在的统一、幸福和满足。这种人生内在的统一、幸福和满足可以使我们的工作获得永恒的价值而不是短暂的价值,从而可以使我们的人生日臻完善,达到充实。只有在终极的目的中,人才能为自己的心灵找到一个宁静的安顿处。"①

现在的问题是,这样一种渴望救赎的"虔诚"还能使古希腊艺术精神所展示的那种沉醉于感性快乐的"热诚"得到延续和保留吗?中世纪的景象表明,两者相互冲突,不能兼得。随着历史的变迁,基督教信仰的虔诚最终发展出一种压抑感性欲望之正当性的生活形态,并且通过修道院而制度化了。它不仅强调神圣与邪恶的界限,主张严格的约束和控制,还把道德督导转换成了强制性的社会—政治法权。这种专制制度既使基督教神学作为正统意识形态不可避免地陷入危机,也在某种意义上决定了后来文化变革的激进形式。近代文艺复兴和思想启蒙,在反对中世纪教会强权的时候,又以希腊艺术精神为样板膨胀出"帝王般的自我",以理性怀疑精神为武器摧毁了宗教信仰的整个意义解释系统。这样,个性解放和亵渎神圣就成了同一问题的两个相互缠绕的方面。贝尔诊断说,一当权威的中心从"神圣"移向"亵渎",就会衍生出两个发展方向:

---

① 里德:《基督的人生观》,生活·读书·新知三联书店1989年版,第7页。

"要么导致一种追求新奇与享乐(最终是放荡)的生活,要么导致黑格尔所谓的'自我无限扩张精神',也就是使人获得神一般无所不能而又绝对的知识。人往往同时追求这两种前景"①。可是,这两种前景并不是处处鲜花盛开——甚至在鲜花刚刚盛开的时候,就有人在它背后看到了万丈深渊。

二、主体自觉的悖谬

在西方,随着现代与传统的关系进入人们的学术视野,一种二元分析框架很快就被建构起来,并以这样那样的方式发生着持续性的影响。"机械联结"对"有机整合"、"个体优先"对"群体本位"、"工商精神"对"神学—形而上学精神"等等用以表征现代与传统差异的二元划分,就是这种影响的典型体现。弗洛姆曾作过一个比较。他指出,相对于现代文明,中世纪虽然缺乏个性自由,但那时候人并不感到孤独。宗法纽带既对人构成限制,也给人提供了维系情感、确定身份、实现个人归属的心理母体与社会母体。"一个人与他在社会中充当的角色是一致的。他是一个农民,一个工匠,一个武士,而不是碰巧才有了这样或那样职业的个人。社会的秩序被视为如同一种自然秩序,由于人在这一秩序中的地位是确定的,所以他就有了安全感和相属感。"②随着现代性的成长,束缚和禁锢个人的锁链被挣脱,但也正因如此,个人在品尝独立和自由的成功美酒的时候,也变得疏离和孤独了。"实际情况似乎是,新的自由给他带来了两件事情:力量和孤独同时与日俱增,并由此滋生了忧虑。"③

忧虑从何而来?那些新时代的独立个性不是在自由竞争和自由流动中获得了充分发挥自我潜能的广阔空间吗?难道人就不能舒心地追求世俗的感性幸福?凭什么要无辜的生命背负沉重的十字架?这是文

---

① 贝尔:《资本主义文化矛盾》,生活·读书·新知三联书店1989年版,第209页。
② 弗洛姆:《逃避自由》,工人出版社1987年版,第62页。
③ 弗洛姆:《逃避自由》,工人出版社1987年版,第69页。

艺复兴时期主流人文思想家的设问。答案当然是不言而喻的。

但是问题在于,或许因为压抑得太久,所以,一旦超验神圣对此岸生活的管辖权被逐步勾销,凡人的世俗感性幸福追求就会变得加倍疯狂。至少在近代西方社会转型时期,自私、贪婪、感官放纵同主体能量的积极迸发一道随传统凝聚力的耗散蜂拥而出,并不纯然是夸张和虚构。

马基雅弗利曾为这道风景给出过一种积极辩护。他强调,我们之所以要突破道德和宗教的限制,是因为"教会和它的代表们给我们树立了最坏的榜样"。① 但是,这个辩护所造成的困惑事实上比它解决的疑难要多得多。因为从应当如何的价值诉求来看,道德败坏乃是理想重建的理由,而不该推演为效法最坏榜样的充足依据。因此,当马基雅弗利把道德看作笼络和操纵民众的约言而仅仅谈论它作为工具手段的实用价值的时候,那些视道德若性命的理想主义者却无法保持随波逐流的冷漠与超然。他们睁开了一双人的眼睛,但在真真切切地看到人自身的卑鄙、虚伪和残酷之后,这双睁开的眼睛立即被刺得流出了鲜血。莎士比亚借哈姆莱特之口说:

> 在这一种抑郁的心境之下,仿佛负载万物的大地,这一座美好的框架,只是一个不毛的荒岬;这个覆盖众生的苍穹,这一顶壮丽的帐幕,这个金黄的火球点缀着的庄严的屋宇,只是一大堆污浊的瘴气的集合。人是一件多么了不得的杰作! ……宇宙的精华! 万物的灵长! 可是在我看来,这个泥土塑成的生命算得了什么? 人类不能使我发生兴趣。②

在这段著名的文字中,莎士比亚表露了他作为一个人文主义者的矛盾心态。一方面,"宇宙的精华,万物的灵长",是对人的崇高赞美;但另一方面,这泥土塑成的生命"不能使我发生兴趣",又可说是对人的无以复加的厌恶。而这种赞美和厌恶所昭示的问题,正是人觉醒了以后的问

---

① 参见布克哈特《意大利文艺复兴时期的文化》,商务印书馆 1986 年版,第 423 页。
② 莎士比亚:《哈姆莱特》,载《莎士比亚全集》第 9 卷,人民文学出版社 1991 年版,第 49 页。

题。帕斯卡指出，按照基督教信仰，上帝绝对肯定地给出了宇宙和人生意义的终极解答，可是人一经觉悟，则谛听这种解答就成为一件稀罕事了。结果就产生了文化言路的断裂："真正的本性既经丧失，一切都变成了它的本性；正如真正的美好既经丧失，一切就都变成了它的真正的美好。"①但是问题在于，假如抛开对信仰权威的优先接受，把凡人的情欲看作人的真正本性，再把放纵情欲的自由快乐看作人的真正美好，那么，这种美好将势必在个性解放的名义下扫荡传统禁忌，彻底解除给人以心理压抑的负罪感和羞耻感。而当社会丧失了羞耻感的时候，什么事情都是可能发生的——"习俗和法规不再受人尊重，平等导致怂恿，卑鄙和妒忌取代仁爱……"②

　　由此不难理解，在文艺复兴时期，人摆脱蒙昧主义控制的主体觉醒，为什么矛盾地然而又是合乎逻辑地演化成了另一水平上或另一景观下的困惑与迷惘。从某种意义来说，这种困惑与迷惘乃是一种新的精神病灶。它的可怕之处，并不仅仅在于使个性解放浪潮所带给人们的乐观信心受到沉重打击，更要命的是，因遭受打击而产生的心灵伤痛，随传统价值体系的崩溃而在文化转型的动荡岁月得不到抚慰，从而恶化成了难以疗救的悲观绝望情绪。按照传统宗教伦理，追求自然欲望的直接表现和无度满足，会使人背弃神性光明而沉沦堕落，因此它在事实上的存在，决不意味着它在价值上的正当。但是，世俗化潮流却将过去被认为是阴暗的东西暴露在新文化的正当性阳光之下，因此，自然欲望的公开宣泄及其经常表现出来的贪婪、卑鄙、冷漠和残酷，不仅变成无修饰的生活现实，而且仿佛获得了正大光明的充足理由。如此巨大的反差，怎能不使人感到惶然无措！哈姆莱特说，世界犹如一个"荒芜不治的花园"。在这个花园里，魔鬼头戴王冠，天才颠沛流浪，淳朴被讥为愚昧，"超乎寻常的亲族"像是"漠不相干的路人"，就连最圣洁的爱情也不过是沉醉于欲火

---

① 帕斯卡：《思想录》，商务印书馆 1985 年版，第 186 页。
② 参见贝尔《资本主义文化矛盾》，生活·读书·新知三联书店 1989 年版，第 215 页。

的轻狂游戏。① 这时代已价值错乱得没有是非善恶的区分可言了。所以，泰门宣布："我讨厌这个虚伪的世界和这个世界上所有的一切。"②

这是一种浸入骨髓的失落感和虚无感。如果把这种失落感和虚无感看作人的发现的必然伴随物，那就有必要进一步追问：全盘颠覆传统是不是文化变革的无条件的合理形式呢？帕斯卡认为，传统信仰体系的症结在于："上帝是以慈祥处置一切事物的，它以理智把宗教置于精神之中，又以神恩把宗教置于内心之中。然而，想要以强力和威胁来把它置于精神和内心之中，那就不是把宗教而是把恐怖置于其中了。"③首先是中世纪教会把宗教变成了以强力和威胁为特征的恐怖，所以才有了人文主义者对宗教的反叛。④ 这种反叛当然是合理的。但问题是，压抑性的中世纪教义教规，历史地看，又是给人生提供意义解说的超验信仰系统的实际承担者。因此，当对这个承担者实施革命的时候，若把价值理想同教会腐肉一并剔除，则肯定是一种越界举动。但在社会大变革时期，这种越界举动不仅在所难免，而且常常表现得声势浩大。那些将抗拒宗教强迫推到反信仰地步的思想勇士和新潮个性，十分乐观地相信，世俗化的自主人格有充分的能力负起原本由上帝承担的责任，并把人类带向自由幸福的光明境界。可是，帕斯卡对此深表怀疑。他质问道：

> 现在，我听说有一个人摆脱了自己的羁绊，他不相信有一个上帝在监视他的行动，他自以为自己是自己行为的惟一主宰，并且他认为只对自己本人负责；那末这对我们有什么好处呢？……难道这是一件说来可乐的事吗？恰好相反，它难道不是一桩说来可哀的事

---

① 参见莎士比亚《哈姆莱特》，载《莎士比亚全集》第 9 卷，人民文学出版社 1991 年版，第 12—15 页。
② 莎士比亚：《雅典的泰门》，载《莎士比亚全集》第 8 卷，人民文学出版社 1991 年版，第 187 页。
③ 帕斯卡：《思想录》，商务印书馆 1985 年版，第 87 页。
④ 在文艺复兴时期，教会的专制与腐败是人们借以反抗宗教的最直接和最广泛的理由。"教会的戒条，民事的法律，哪一条不是冷酷无情的，那么谁能责怪战争的残酷呢？"（莎士比亚：《雅典的泰门》，载《莎士比亚全集》第 8 卷，人民文学出版社 1991 年版，第 177 页）

吗？不是世界上最可哀的事了吗？①

　　哀莫大于心死。在发现人的渺小、可鄙与兽性之后，哈姆莱特甚至斥责女人要生出一群罪人来，他的心碎了。这绝望仿佛表明，人的觉醒是一场错误。可是，人既觉醒，成为根本，则神本就不再成立；而神本不再成立，则向上帝祈祷便不能给自主独立又病入膏肓的人提供缓解焦虑的信心和依托，因为那里有一个忏悔的力量所达不到的盲区。"试一试忏悔的力量吧……可是对一个不能忏悔的人，它又有什么用呢？啊，不幸的处境！啊，像死亡一样黑暗的心胸！啊，越是挣扎，越是不能脱身的胶住了的灵魂！"②在这样两难的处境里被扯来扯去，再坚强的神经也会被崩断，更何况那些想救活价值理想的人本主义者对世态的冷漠炎凉是那样的敏感，那样的不能容忍！

　　因此，莎士比亚以精神分裂的戏剧化方式安排了哈姆莱特等人的人生结局。似可认为，这个结局既是艺术的典型，又是生活的真实写照。从一定意义上讲，发疯是对价值关怀的一种否定性表达。它不同于被罩住双眼的浑浑噩噩，不同于在世俗污泥浊水中沉沦的恣肆狂纵，更不同于掩饰丑陋与肮脏的道貌岸然和阴险狡猾。毋宁说，它既是对生存的荒诞状态的自觉意识，又是对人世的无涯苦难的挺身抗争。但是另一方面，精神分裂终究不能说是一种健康的心态。以这样的心态去抗争，很容易把抗争变成复仇。极其可怕的是，否定性的复仇行动不仅会指向邪恶的卑鄙小人，而且会无度推演，指向一般意义的人类，最终扭曲为近乎虐待狂式的毁灭一切的残酷。泰门公开声言，他憎恨形状像人一样的东西，愿毁灭之火把整个人类吞噬："神圣的化育万物的太阳啊！把地上的瘴雾吸起，让天空弥漫着毒气吧！"③"万物之母啊……枯萎了你的肥沃多产的子宫，让它不要再生出负心的人类来！愿你怀孕着虎龙狼熊，以及

① 帕斯卡：《思想录》，商务印书馆 1985 年版，第 95 页。
② 莎士比亚：《哈姆莱特》，载《莎士比亚全集》第 9 卷，人民文学出版社 1991 年版，第 85 页。
③ 莎士比亚：《雅典的泰门》，载《莎士比亚全集》第 8 卷，人民文学出版社 1991 年版，第 175 页。

一切宇宙负载之中所未见的妖禽怪兽!"①李尔在暴风雨中的呐喊,不仅是在向人类发泄着满腔愤怒,而且把毁灭之火引向自身,变成了撕心裂肺的自我戕害:

> 吹吧,风啊! 胀破了你的脸颊,猛烈地吹吧! 你,瀑布一样的倾盆大雨,尽管倒泻下来,浸没了我们的尖塔,淹沉了屋顶上的风标吧! 你,思想一样迅速的硫磺的电火,劈碎橡树的巨雷的先驱,烧焦了我的白发和头颅吧! 你,震撼一切的霹雳啊,把这些生殖繁密的、饱满的地球击平了吧! 打碎造物的模型,不要让一颗忘恩负义的人类的种子遗留在世上!②

如此丧失理智的疯狂,倘说从反面印证了道德重建的必要和急迫的话,那么,它同样也警告后人,即使一种高昂的理想热忱,若过分偏执也会走火入魔。问题的关键在于,发疯虽触及了矛盾却没有化解矛盾。它又容不下人间的善恶错乱,可是自己也被黑暗所笼罩,从而以极端否定的形式走向了价值虚无。帕斯卡认为,摆脱这一精神困境,必须做一场赌博。这场赌博是一大胆而惊险的跳跃。它需要勇气和毅力,也需要谦逊和虔诚,而且一定得赢回一个肯定性的东西。根本说来,这就是在新的水平上重建信仰。

三、信仰对科学

如果把神学—形而上学精神看作传统文化的内核,那么,这个内核在现代社会被挤到边缘或者被逐步遗忘,不但是因为它受到了世俗化潮流的猛烈冲击,还因为它遭遇了实证科学这个"争夺在场"的强有力对手。以哥白尼太阳中心说的创立标志,近代自然科学的发展一步步颠覆

---

① 莎士比亚:《雅典的泰门》,载《莎士比亚全集》第8卷,人民文学出版社1991年版,第181—182页。
② 莎士比亚:《李尔王》,载《莎士比亚全集》第9卷,人民文学出版社1991年版,第208页。

传统的神学宇宙观,并依靠实证的观察和严谨的分析,在解释和预测自然运动方面显示了巨大的能量。所以笛卡儿满怀信心地要构建一种具有绝对普适性的统一的"几何式"理论。① 在近代,这口号不仅得到自然科学家的广泛认可,而且也为追求理性化秩序的启蒙纲领奠定了基础。从某种意义来说,"几何学乃是现代精神的原型"②。

问题是,通过"自然的数学化"而建构起来的宇宙图式能够使人的性灵得到安顿吗? 乐观的理性主义者认为,以哥白尼日心说为代表的新宇宙学,打破传统神学—形而上学所设立的天国领域的虚构界限,使人穿越太空,经天纬地,获得了自由翻飞的无限空间。但是,蒙田给这种乐观情绪泼了一盆凉水。他质疑说:茫茫宇宙向人无限开放了以后会怎样呢? 这开放真的就等于解放吗? 蒙田拈出在文艺复兴时代经常被人们援引的普罗泰戈拉的那句话,然后加以嘲笑:"真是,普罗泰戈拉给我们编了个难以置信的故事,把人当作万物的标尺,却从来不曾量量自己。"③不量不知道,一量吓一跳。蒙田用那种令乐观主义者感到欢欣鼓舞的新宇宙学,粉碎了人类理性的狂妄自大:

> 现在让我们单独来看看人的本身吧,看看这个没有任何外来的援助,只有属于自己的武器,缺乏神的美德和认识——神的美德和认识是人类荣誉和力量的来源,是人类性命的基础——的人吧。看看在这美丽的装束下,人的风度到底如何? 叫他开口说说他根据什么认为自己比其他生物优越得多? 是谁使他认为天宇神奇的变幻,在他头顶上傲然运行的日月星辰的永恒的光芒,一望无边的大海的可怕的浪涛,这一切都是为他而设,为他千百年生生不息呢? 这个不仅不能掌握自己,而且遭受万物的摆弄的可怜而渺小的生物自称是宇宙的主人和至尊,难道能想象出比这更可笑的事情吗? 其实,

---

① 参见笛卡儿《方法论》,载北京大学哲学系编《十六—十八世纪西欧各国哲学》,商务印书馆1963年版,第105—109页。
② Zygmunt Bauman, *Modernity and Ambivalence*, Cambridge:Polity Press,1991,p. 15.
③ 转引自博克《蒙田》,工人出版社1986年版,第35页。

人连宇宙的分毫也不能认识,更谈不上指挥和控制宇宙了。①

因此,人脱离上帝的监护,冲决羁约理性的围墙而驾雾腾云,不见得是可喜可贺的盛典,毋宁说,它同时也是一次放逐。当人在无限的时空中颠沛流离的时候,他难道不显得渺小吗? 他难道不有些可怜吗?

顺着蒙田开启的思路,帕斯卡正告那些新宇宙体系的乐观而盲目的崇拜者:近代科学世界已不再是光辉的圣宇,而是冷漠荒凉的黑洞。双手合十,仰望太空,再也看不见高悬的神性明灯,再也听不到天使的欢乐歌唱,只有一片对人的最深沉的情感要求缄默不语的无声空虚。"这无限空间的永恒沉默使我恐惧。"②帕斯卡道出了对近代科学宇宙观的最富否定性的反应。那是一种无家可归的孤独和焦虑。"我们是驾驶在辽阔无垠的区域里,永远在不定地漂流着,从一头被推到另一头……我们燃烧着想要寻求一块坚固的基地与一个持久的最后据点的愿望,以期在这上面能建立起一座能上升到无穷的高塔;但是我们的整个基础破裂了,大地裂为深渊。"③

只要把这个荒芜的宇宙景象同哥白尼、伽利略那数学化了的条理井然的乾坤作一对照,就不难体会,帕斯卡是如何背离了由科学发展推波助澜的理性主义洪流。④ 所以,有人称帕斯卡是"中世纪人类学的殿军"。⑤ 但是问题在于,帕斯卡像笛卡儿一样,也是一位杰出的数学家。他不仅能高超地运用数理分析方法,而且在相当程度上接受了理性主义的一般原则。在帕斯卡看来,人作为生物存在不过是一根芦苇,脆弱得一口气就能将其吹断;但人是一根能思想的芦苇,凭借思想他可以囊括

---

① 蒙台涅(蒙田):《散文集》,载北京大学西语系编《从文艺复兴到十九世纪资产阶级文学家艺术家有关人道主义人性论言论选辑》,商务印书馆1971年版,第44页。
② 帕斯卡:《思想录》,商务印书馆1985年版,第101页。
③ 帕斯卡:《思想录》,商务印书馆1985年版,第33页。
④ 舍斯托夫评论说:"在其同时代的人当中,帕斯卡是个'落伍者':他并没有向前进,和所有的人们一道奔向'美好的'未来——而是向后倒退,堕入以往的深渊。"(舍斯托夫:《在约伯的天平上》,生活·读书·新知三联书店1989年版,第285页)
⑤ 参见卡西尔《人论》,上海译文出版社1985年版,第15页。

整个宇宙。因此,思想成就了人的伟大。倘若否认人的这种伟大,靠强权将信仰置入人的内心,则信仰就会丧失其可爱和可敬的品质,而蜕变为令人恐惧和敌视的蒙昧主义。从这个角度来看,帕斯卡对问题的思考实质上立基于一个不可置换的现代性平台。

但是即便如此,也仍旧有理由发问:坚持科学对蒙昧的价值优先性是否可以直接推论出科学对信仰的价值优先性? 实证的经验观察和精确的数理分析能不能提供拒斥上帝的充足理由? 仅凭思想来支撑人的主体尊严是不是有点自负? 强劲的科学力量是不是也有它达不到的盲区?

带着诸如此类的问题,帕斯卡对“几何学精神”和“敏感性精神”作出了原则的区分。在他看来,几何学精神具有原理的明晰性和演绎的必然性等优点,但惟其如此,它只适用于那些可以精确分析的外在对象,而不能用来处理人的心灵。因为在人身上我们找不到科学逻辑所要求的那种齐一性、单纯性、可还原性和可计算性,而只能发现一种与生俱来且根深蒂固的微妙性、丰富性、多样性和模糊性。这意味着,数学不可能成为一种真正的人的学说的可靠工具。把人归结为一组几何学命题是荒谬的。那种按几何学方式建立道德学的尝试,压根就是一个注定要失败的臆想。①

这样,帕斯卡便严格遵循笛卡儿主义的逻辑,把近代科学精神锻造成了反对近代科学精神的有力武器。按照他的新思维,关于理性能力之伟大的证明,反过来看,恰恰就是理性能力之卑下的证据。“思想由于它的本性是何等地伟大啊! 思想又由于它的缺点是何等地卑贱啊!”②伟大,在于它开启了无限的时空,在于它以清晰严谨的逻辑把握了宇宙运行的恒常律则;卑贱,则在于它把人变成无限时空中渺小的尤物,在于它那探究外在对象的逻辑格式无法在人痛苦的时候安慰人在道德方面的

---

① 帕斯卡对那些以《万物原理》《哲学原理》命名的著作进行了嘲弄,认为其作者有一种不知天高地厚的虚夸。(参见帕斯卡《思想录》,商务印书馆 1985 年版,第 31—32 页)
② 帕斯卡:《思想录》,商务印书馆 1985 年版,第 164 页。

愚昧无知。因而，人是一个处境尴尬的荒诞存在："既是一切事物的审判官，又是地上的蠢材；既是真理的贮藏所，又是不确定与错误的渊薮；是宇宙的光荣兼垃圾。"①意识到这一点，帕斯卡一如莎士比亚笔下的哈姆莱特和李尔，产生了巨大的精神困惑。但与哈姆莱特和李尔不同，帕斯卡并没有因此陷入毁灭一切的价值虚无。他心里始终装着一个走出幽晦、奔向光明的坚定信念。而这个信念的核心要义，就是收敛愚妄，保持沉默，去倾听一个更高和更真的声音：

> 高傲的人们啊，就请你们认识你们自己对自己是怎样矛盾的一种悖论吧！无能的理智啊，让自己谦卑吧；愚蠢的天性啊，让自己沉默吧；要懂得人是无限地超出于自己的，从你的主人那儿去理解你自己所茫然无知的你那真实情况吧。谛听上帝吧！②

借用舍斯托夫的说法，谛听上帝需要的不是"走"，而是"飞"。所谓"飞"，也就是挣脱情欲的羁绊，冲破思想的禁锢，以义无反顾的坚定姿态重新返回人因愚妄自大而离弃的神性本原。③ 这就是帕斯卡所开辟的神学现代性之路。后来的夏多布里昂、施莱尔马赫以及荷尔德林等等，都是沿着这条道路前行的。因此，如果说现代性的生成过程始终伴随着一个宗教方位的勘定问题，那么，帕斯卡对这个问题的解答便是一座里程碑。我们可以从两个角度来检测这座里程碑的现代性特质。一方面，从否定的意义来看，它使帕斯卡获得了中古神学家体会不到而且可能将其指控为病态的孤独、忧郁、焦虑等情绪体验。当帕斯卡向只期求凡人幸福的享乐主义者提出正告："这里根本就不会有什么真正而牢靠的心满意足，我们的全部欢乐都不过是虚幻，我们的苦难是无穷无尽的，而且还有那无时无刻不在威胁着我们的死亡"④；

---

① 帕斯卡：《思想录》，商务印书馆 1985 年版，第 196 页。
② 帕斯卡：《思想录》，商务印书馆 1985 年版，第 196 页。
③ 参见舍斯托夫《在约伯的天平上》，生活·读书·新知三联书店 1989 年版，第 324 页。
④ 帕斯卡：《思想录》，商务印书馆 1985 年版，第 91—92 页。

尤其当帕斯卡在哥白尼革命所开放的无限空间中痛苦地感受到虚无："我看到整个宇宙的可怖的空间包围了我,我发现自己被附着在那个广漠无垠的领域的一角,而我又不知道我何以被安置在这个地点而不是在另一点"①——他对人的存在境遇的判断,他所发展出的寂静得令人恐惧的宇宙意象,以及那种被抛到这个世界,不知何来,不知何往,脆弱不定而孤独焦虑的感觉,根本就是一个走出中世纪以后的现代人的心态。倘着眼于此,巴雷特把帕斯卡说成是存在主义的思想先驱,似乎也不无缘由。② 另一方面,从肯定的意义上说,帕斯卡作为一个富有现代精神气质的思想家,又对科学逻辑的合理性与正当性给予了充分的认可。这种认可不仅在于承认,科学探究展示了人"析万物之理"的主体能力的伟大,更重要的是意味着,科学理性在自身的知识框架内,其逻辑的力量是不可抗拒的。就此而言,中世纪神学家和经院哲学家用三段论逻辑证明上帝存在的理由,远没有近代科学所提供的证明上帝不存在的理由来得有力,更何况科学家手里还拿着一架能看清天体真面目的望远镜呢! 由此可以理解,帕斯卡为什么把谛听上帝看作一个惊险的跳跃。他的勇气、他的虔诚、他的深思熟虑的严谨全都体现在这样一句警世格言之中:"赌上帝存在吧。"③

深入追究下去,我们可以从这里引申出两个问题。第一个问题是:为什么要就上帝的存在打赌? 关于这个问题,悲观主义者,像哈姆莱特和李尔,都作了消极的回答。他们眼里容不得沙子,因此对人生价值产生怀疑。但他们被怀疑牵着走,始终没有摆脱绝望的阴影。与他们相比,帕斯卡既是后退,又是前进:后退到最原初的神秘,却也因而显现了穿透黑暗的神性的亮光。换句话说,人在矛盾两极来回撕扯的尴尬的生存境遇不是放弃信仰的理由,而恰恰是重建信仰的理由。"所有这些对

---

① 帕斯卡:《思想录》,商务印书馆1985年版,第93页。
② 巴雷特因此强调:"再没有把帕斯卡同奥古斯丁混为一谈,说他们是杰出的宗教心理学家更糊涂的了。"(巴雷特:《非理性的人》,商务印书馆1995年版,第110页)
③ 帕斯卡:《思想录》,商务印书馆1985年版,第110页。

立,看来仿佛使我远离对宗教的认识的,却是最足以把我引向真正宗教的东西。"①在帕斯卡看来,怀疑诚然需要勇气,但怀疑到根本否认光明的地步,就是不敢承认怀疑之局限的懦弱。

既然赌上帝的存在成为非做不可的选择,那么,接下来的第二个问题就是:这场打赌最终能赢吗? 倘以实体化的上帝的存在打赌,肯定要输给以实证科学为根据怀疑上帝存在的理性主义者。但帕斯卡说,他吁求的不是学者和逻辑学家的上帝,而是亚伯拉罕、以撒和约伯的上帝。于是局面便整个倒转了过来。一方面,指责宗教信仰缺乏严格的理性证明,变成了对宗教信仰的最高褒奖。因为假如基督徒给出这种证明,他们就是不守约言了:惟其由于缺乏证明,他们才不缺乏意义。另一方面,赞扬科学理性的清晰严谨,又不啻是对科学理性的致命诘难,因为逻辑的必然性压根就无法解决知识论范围以外的价值信仰问题。"感受到上帝的乃是人心,而非理智。而这就是信仰:上帝是人心可感受的,而非理智可感受的。"②因此,可以追问,而且必须追问:当科学根据自己的合理要求,在正当地排除那些把上帝实体化的虚妄观念的时候,是否也有权利和根据把原本不属于它权限范围的价值信仰一并加以排除呢? 反过来说,凭什么就能断定,出自信仰的情感激荡没有冷漠的理性推论来得可靠呢? 一旦面对这些问题,近代理性主义浪潮的弄潮儿便会在帕斯卡那里发现一个强大的敌手。

---

① 帕斯卡:《思想录》,商务印书馆 1985 年版,第 183 页。
② 帕斯卡:《思想录》,商务印书馆 1985 年版,第 130 页。对帕斯卡来说,信仰和启示不是一种抽象教条,而是一桩实际经验。1654 年 11 月 23 日,帕斯卡驾车出游,马车在塞纳河堤突然滑出车道,两匹马均摔死在河中,而帕斯卡本人却奇迹般地幸免于难。这次意外事故的突如其来和不可理喻,在帕斯卡眼里成了一道启示的闪光:他由此体验到人随时跌入深渊的存在的偶然性和非确定性,同时也体验到了奇迹所显示出来的神恩的超然力量。这桩事件的影响可以帮助我们理解,帕斯卡何以既强调打赌,又对信徒和一般赌徒作了严格区分。因为一般的赌徒总是以确定性赌不确定性,而信徒则正好相反,他是以不确定赌一种最确定、最坚实的东西。(参见帕斯卡《思想录》,商务印书馆 1985 年版,第 111—113 页)

四、历史必然与道德义愤

从历史和逻辑两方面来看,现代性的生成过程都呈现出一种内在的矛盾紧张。在某种意义上,我们可以把这种矛盾紧张理解为一场激烈的对话。对话的一方是启蒙纲领。它诉求一种条理井然的新秩序,并在科学进步的鼓舞和推动下,稳健地转换成了社会的主流话语。这种话语乐观地宣示,凭借理性的力量,人不仅可以实现对外部自然的精确认知和有效控制,而且还能改进社会,最终达到一种完满的理想境界。但文化变迁的辩证法在于,恰恰是启蒙纲领的过分乐观和自负,合乎必然地刺激了一个敌对的"他者"。近代史上的一些人文主义者和浪漫思想家即属此类。他们站在启蒙纲领的对立面,强烈指控理性主义和工商文明的种种弊端,其夸张的声调,透露出一种愤怒和悲观情绪。颇有意味的是,也正是这个敌对"他者"的激愤指控,反过来促使启蒙纲领不断地调整自己的"保护带",修正和改进着自己的对话策略。两个方面相反相成,耦合出一种现代性的张力结构。①

在18世纪的启蒙运动中,伏尔泰是理性乐观主义路线的最机敏的代言人。他在新的时代背景下直面帕斯卡的质疑,并把回应这位"卓绝的愤世者"提到了"为人类辩护"的思想高度。帕斯卡曾讲,人是一个矛盾的多面体,注定要在一种尴尬境遇中被来回撕扯,像无头苍蝇一样荒诞地生存。但伏尔泰辩称,所谓矛盾性和多面性,与其说表明了人的窘困和无助,不如说意味着人永远历险于新的可能。正是通过在自己身上起作用的各种力量的外显与伸发,人才不断地丰富和成就自己。没有理由为此感到悲哀。"人是善与恶、快乐和痛苦的混合物。他赋有情感来行动,赋有理智来支配自己的动作。倘使人是尽善尽美的话,人就是上帝,而那些您称为'矛盾'的假冲突,无非是人的组合中的必要成分,人的

---

① 鲍曼形象地说:"在现代存在和现代文化之间存在着一种'爱—恨'关系。"(参见 Zygmunt Bauman, *Modernity and Ambivalence*, Cambridge:Polity Press,1991,p. 9)

组合是应该这样的。"①

但这样一个善恶混合的矛盾主体能否承载起推动文明进步的历史重负？假如一定得由它承载，又将产生怎样的后果？当然不可能一切皆好。伏尔泰说，面对历史中随处可见的苦难，闭上眼睛无疑是愚蠢的自欺欺人。我们既不可能避免恶，也不可能根除恶，然而可以为之辩解的是，恶乃人性中固有的因素，且可以使历史显得丰富多彩。"历史有如悲剧，要没有情欲、罪恶、灾难在其中兴风作浪，就会显得毫无生气，令人厌倦。"②在其哲学故事《让世界就这样下去：巴布克见闻》中，伏尔泰以一种含蓄的乐观主义表达了那个令哈姆莱特发疯、令帕斯卡焦虑的历史悖论。巴布克受天使伊苏里艾尔之命，到他国家的首都去考察人们的行为举止和风俗习惯，然后要他提议是毁灭还是宽恕这个城市。他看到了这个城市的严重的道德弊端，但同时也看到了它那辉煌的文明成就。于是他让本城最高明的金银首饰匠制作了一尊用最珍贵的材料和最下等的材料混合而成的精美的雕像，并带着这尊雕像去见伊苏里艾尔。他向这位天使请教："你会由于这尊雕像不全是用黄金和钻石制成的而毁灭它吗？"伊苏里艾尔明白了。他决定听任这座城市就这样继续下去，因为虽然并非一切都十全十美，但一切总还是可以宽恕的。伏尔泰由此得出结论："在一首讽刺诗里，人们尽可以指责人类的丑恶面；但是，只须还保有些理智的人，就不得不承认在所有动物中，人最完美，最幸福，也活得最久。因此，我们不必诧异，与其因为不幸和生命短促而自怜，不如应该为了我们的幸福，为了我们的长寿而惊喜，而庆贺。"③

就伏尔泰对人性矛盾和道德罪恶的清醒意识来说，他实际上默默接受了帕斯卡立论的基本前提。他之所以没有从这个前提引申出如临深渊的痛苦和焦虑，并由这种痛苦和焦虑引发回归宗教信仰的惊险的跳跃，是因为他坚持可以局部修正却不可根本动摇的理性主义和乐观主义

---

① 伏尔泰：《哲学通信》，上海人民出版社 1961 年版，第 119 页。此处的"您"，指帕斯卡。
② 伏尔泰：《伏尔泰小说选》，人民文学出版社 1980 年版，第 202 页。
③ 伏尔泰：《哲学通信》，上海人民出版社 1961 年版，第 133—143 页。

立场。理性主义立场使他无法认同帕斯卡那个孤注一掷的赌博。原因很简单:所谓赌博,对己是心智不健全的迷狂,对人则是"播种荆棘"的"威吓"。乐观主义立场使他避免了厌恶人类的心理窘境,而始终对人类怀有宽容的胸怀和坚定的信心。根本说来,这种信心就是对由理性支撑和担保的历史进步的信心。在伏尔泰看来,我们虽不能期求现实的完满,却可以把目光投向未来的希望。"人类最可贵的宝库乃是这个'希望',它缓和了我们的悲哀,它在我们目前的欢乐中描绘了将来的欢乐。"[1]这种思想逻辑或可称作历史理性主义逻辑。

当伏尔泰用历史理性主义向帕斯卡挑战的时候,他表现出了能言善辩的机智幽默以及启蒙思想家那种积极入世的进取精神。但是,不论这种精神在实践中获得了多么巨大的力量,从理论上说,帕斯卡的问题依然存在。因为理性既不能免除道德罪恶,它就不能充分疗治人因意识到这种罪恶而产生的心灵伤痛。而假如把对罪恶的解释权从上帝手中剥夺过来,转交给历史,又会导致一个新的难题:倘说恶的存在是不可避免的历史必然,而且作为某种调味品可以克服历史的枯燥与贫乏,那这是不是意味着,根据历史理性的法则,历史的混乱、世界的灾难本身都有意义? 伏尔泰似乎不愿接受这一结局。他的意思是,文明进步总要付出代价,应该对这种代价做好心理准备。同罪恶作斗争是必须的,只是不要把这种斗争的必要性扩展为厌恶人类进而向人类复仇的非理性的消极态度。但问题在于,如果把历史理性提升为评判文明进程的至上的和惟一的标准,将很容易得出现实即合理的结论;而这个结论,既会妨碍对历史进步的代价作彻底的反省,也无法为反抗客观存在的人间苦难提供充分的价值依据。解决这些问题的强烈冲动,使卢梭游离于启蒙运动的主流之外,焊接了一个新的链环——伦理、政治与美学的链环。

可以说,在18世纪,卢梭是第一位严肃地看待帕斯卡对人的批判,并感受到这种批判的全部力量的思想家。他关于科学和艺术的获奖征

---

[1] 伏尔泰:《哲学通信》,上海人民出版社1961年版,第130页。

文以及《论人类不平等的起源和基础》，几乎是重现了帕斯卡在《思想录》中对人的伟大与可悲的描述。同帕斯卡一样，卢梭认为，文明社会用以装点人生的那种耀眼的光辉，只是一层浮华的外表，在这层外表下，隐藏着哗众取宠的虚荣和利己主义的物质欲望。前者使人丧失自我，只能从他人的意见去判断自己生存的意义；后者使人泯灭道德良知，沉醉于卑劣的功利谋划而不能自拔：

> 首先是满足必不可少的需要；其次是追求更多的东西；继之而来的就是追求逸乐、无边的财富、臣民和奴隶，为了这一切，社会的人片刻也不肯松懈。更奇怪的是，越不是自然的、迫切的需要，欲望反而越强烈。而且更坏的是满足这些欲望的那种权势。因此，在长期兴盛之后，在吞没了大量的财宝和毁灭了无数的人之后，我的英雄终于要扼杀一切，直到他成为世界上惟一的主人。这就是人类道德的缩影，即使不是人生的缩影，至少是一切文明人内心里隐秘企图的缩影。①

很明显，按照卢梭的这一评判，伏尔泰对文明进程所抱持的乐观信心显得过于轻率。当伏尔泰讥讽卢梭："读了你的书，真的令人渴慕用四只脚走路"，卢梭发出了这样的质问：如果你观察到使我们憔悴的精神痛苦，使我们疯狂而疲惫的无度贪欲；如果你想一想人为了利益怎样在表面上相互帮助，而骨子里又如何相互欺骗、相互嫉恨、相互残害；如果你考虑一下世间那"好像狼一样，尝过一次人肉以后，便厌弃一切别的食物，而只想吃人"的统治、奴役、暴力和掠夺，你将如何评估文明进步所付出的代价？伏尔泰回答说：无论代价多大，我们都不好苛求完美，而只能"让世界就这样继续下去"。这种回答相当有力，因为它理智地看到了支配历史进程的客观法则。但也正因如此，它遗留了一个价值空场。问题的关键在于，抬举历史理性的铁的权威，不管自觉或不自觉，从价值论角

---

① 卢梭：《论人类不平等的起源和基础》，商务印书馆1962年版，第161页。

度看,都是对鲜血和眼泪的某种程度的无动于衷和冷漠无情。难道罪恶、混乱和灾难的不可避免,就成了顺从无常的历史命运、取消对阴暗现实的批判谴责的正当理由? 历史理性像一块石头,是不是意味着人也必须变成一块石头? 假如人变成石头,麻木不仁地"让世界就这样继续下去",我们将如何索求自由、平等、正义和幸福? 以这种方式追问的卢梭,通过对启蒙理性的反叛而打中了启蒙理性不愿正视的道德真空。

一如帕斯卡,强烈感觉到近代世俗化进程所造成的人们精神生活的神性匮乏和价值饥渴,并试图给予补救,是卢梭全部理论探讨的主题。但值得注意的是,卢梭把这一主题纳入了一个新的解释框架。根据帕斯卡的宗教—形而上学,人的罪孽源于人的原始堕落,因此是人的自然生命的固有特征。与此不同,卢梭虽承认人的堕落这一事实,却不承认原罪教义的正当可靠。在他看来,"自然人"的原初冲动天真善良,纵令表现为"自爱",也决不是什么"自私自利的爱"。由"自爱"到"自私自利的爱"的蜕变是文明进步的副产品,因此,必须对"自然人"和"人所造成的人"作小心而严格的区分。"出自造物主之手的东西,都是好的,而一到了人的手里,就全变坏了。"①这是卢梭整个立论的基础。

这个基础的意义在于,它找到了一个新的罪恶承担者。这个承担者不是个人,而是社会。是社会扭曲人的自然天性,在人身上培养起倾向于无度膨胀的贪婪欲望,并提供了满足这些欲望的花样翻新的手段。于是,卢梭对文明生活给出了一个否定性的评价:

> 我们的种种智慧都是奴隶的偏见,我们的一切习惯都在奴役、折磨和遏制我们。文明人在奴隶状态中生,在奴隶状态中活,在奴隶状态中死:他一生下来就被人捆在襁褓里;他一死就被人钉在棺材里;只要他还保持着人的样子,他就要受到我们的制度的束缚。②

从形式上看,帕斯卡对人类境况的判断也大略相当:

① 卢梭:《爱弥尔》上卷,商务印书馆 1983 年版,第 5 页。
② 卢梭:《爱弥尔》上卷,商务印书馆 1983 年版,第 15 页。

让我们想象有一大群人披枷带锁，都被判了死刑，他们之中天天有一些人在其余人的眼前被处决，那些活下来的人就从他们同伴的境况里看到自身的境况，他们充满悲痛而又毫无希望地面面相觑，都在等待着轮到自己。这就是人类境况的缩影。[1]

但是，语境不同，所传达的意义也就不同。在帕斯卡，人类生存状态的荒诞由人的原始堕落所致。由于堕落，人不能单凭自己的力量来解决人生的完满，所以必须回归信仰。而这种信仰，一方面要求人们意识到自己的罪孽，产生深深的负疚感；另一方面也要求人们意识到自己的渺小，在上帝面前保持渴慕救赎、祈求新生的谦卑与虔诚。但在卢梭那里，问题的提出和解决都被引到了一个新的方向。就对人类生存境遇的批判反省来说，由于社会被判定为罪恶的渊薮，因此意识到罪恶，将不仅导致人的内在紧张，而且会使这种内在紧张演化为人与社会的外在紧张。在这种紧张中，具有自主人格的独立个性，时刻体验到社会对他的压迫、抑制和伤害。他由此产生强烈的屈辱感，并为捍卫自尊而向社会、向习俗、向传统发动愤怒攻击。与此相联系，就对未来理想的设计谋划来说，由于原罪教义的有效性被否定，生存之价值意义的赎回，便不能指望上帝的恩典，而只能依靠自己的奋斗争取。这样，政治就取代神学，承担起了救赎的功能。但是这种政治并非形而下层面的务实的利益协调和规范安排，莫若讲，伦理关怀才是它首要的关怀，形而上的价值追求才是它统帅一切的根本追求。这种追求所呼唤的，不是自惭和谦卑，而是激情和热血；不是循规蹈矩的科层官僚，而是惊世骇俗的革命斗士——他搏击风浪，卓尔不凡，富有挑战精神，充满人格魅力。从气质上说，这是帕斯卡未曾见识过，而且见识了也会感到恐惧的新潮而激进的道德英雄和文化英雄。对这类英雄，我们必须在启蒙运动奠立的更高的历史基点上去理解，然而又只能从否定的意义上去理解。

---

[1] 帕斯卡：《思想录》，商务印书馆 1985 年版，第 100 页。

第十章　浪漫诉求及其效应

　　自文艺复兴开始，近代西方社会就有一股反世俗化、反理性化的思想潜流在涌动。这股潜流随着卢梭向启蒙时代主流思想家的公开挑战而爆发开来。在某种意义上，卢梭与百科全书派的思想冲突，至为典型地体现了现代性的内在矛盾。如果说，百科全书派表达的现代性原则是废除宗教话语的治权，建构关于世界的科学解释，坚定地驻足世俗场景，力图按照理性化模式来组织政治生活、经济生活以及日常社会生活，那么，卢梭则倡导一种崇尚自发情感和个性表现的浪漫哲学，进而以抗拒世俗生活之理性化和类型化的叛逆姿态，开拓了一条审美的现代性路线。[①] 乍看上去，这条路线似乎是回归远古，但实质上却是决裂传统。根据卡利奈斯库的评论，"古代—现代"的张力关系最终演化为一种具有广泛意义的"类型学的对立"，乃是 18 世纪启蒙运动所促成的一个价值取向的重大转变。由于分享了启蒙运动的一般前提，浪漫主义在本质上是一种关于"当代生活的意识"，或者更直接地说，是一种"现代性意识"。[②] 它以英雄取代上帝，并且通过对生命价值的人义论辩护，呼唤出了一股

---

① 参见泰勒《自我的根源：现代认同的形成》，译林出版社 2001 年版，第 558 页。

② 参见 Matei Calinescu, *Five Faces of Modernity*, Durham: Duke University Press, 1987, pp. 35 – 38。

惊世骇俗的感性的颠覆力量。在西方现代文明进程中,这股力量不仅鼓舞着一种张扬个性的生存方式,而且给一场激进政治革命打上了深刻的烙印。

一、"自然"的价值优先性

卢梭同启蒙时代最具代表性的思想家之间存在一道深深的鸿沟。狄德罗把这道鸿沟形象地描述为天堂与地狱的巨大分裂,并且说,只要想到卢梭,就好比有个该死的家伙纠缠在自己身边,工作都要受到干扰。卢梭也不相让。他声称,自己奉人格的自由独立为根本,义无反顾,绝不靠牺牲原则来谄媚和敷衍任何人。谁要敢怀疑他的真诚,就该送上绞架。双方的争吵在整个欧洲发出回响,以至于彼此间的积怨达到了令人难以置信的程度。

这种对立状态,从卢梭方面来检讨,部分地导源于他那狂傲的性格,但就本质而言,则在于他提出了一套与启蒙理性针锋相对的激进的浪漫哲学。[1] 卡西尔在论及卢梭与同时代启蒙思想家的区别时指出,以狄德罗为首的百科全书派,虽然也有强烈的社会批判意识,可是不管他们受当时的专制政治之害有多深,其对卑劣现实的抨击从未达到怀疑社会生活本身的价值的程度。相反,沉稳事功的乐观精神始终使他们满怀希望,坚信通过理智的改进可以促成一种健全的社会组织的出现。"百科全书派中没有谁怀疑人只能生活在友谊和社交中,只有在这样的条件下才能实现其命运。然而,卢梭的真正独创性在于,他竟然攻击这个前提,并对先前的一切改革计划所默认的方法论的前提条件提出了质问。"[2]这是一种基于完美理想诉求的相当激进的质问。如果说,伏尔泰、狄德罗等启蒙思想家的基本价值取向,在于通过社会生活的理性化逐步为个性自由求得可靠的制度保证,那么,对这种制度保证心怀疑虑的卢梭,则因

---

[1] 参见泰勒《自我的根源:现代认同的形成》,译林出版社 2001 年版,第 547 页。
[2] 卡西尔:《启蒙哲学》,山东人民出版社 1988 年版,第 260 页。

为感觉到理性化会演变成压抑自主人格的标准模式而潜在地反抗着文明本身,反抗着所有社会规范对个人生活的组织和再组织。[1] 所以,与启蒙运动的理性之路相左,卢梭试图从远离现代文明的太古时代寻觅真正的人性亮光:"我们对风尚加以思考时,就不能不高兴地追怀太古时代纯朴的景象。那是一幅全然出于自然之手的美丽景色,我们不断地向它回顾,并且离开了它我们就不能不感到遗憾。"[2]

　　按照卢梭的看法,太古时代人类顺乎自然天性的单纯质朴,体现了一种最原本的德行价值。那是人类天真无邪的童年期,也是人类幸福安宁的黄金岁月。但问题是,倘说这一黄金岁月已令人遗憾地消失,我们还能找到揣度它的参照样板吗? 16 世纪以降,欧洲的探险家和旅行家提供了大量关于土著居民生活习性的纪事材料,这给哲学家以重要启迪。出于对文明弊病的深切厌恶,蒙田曾重新解释"野蛮"一词。在他看来,"野蛮"意味着朴直和率真,它未受陈规陋习的熏染,因而最接近原初的"自然状态"。于是,未开化的原始部族便在与文明生活相对的意义上被他提升成了完美的人格典范:

> 它没有买卖,不懂文字,没有数学,没有长官或政治家这类名称,用不着奴隶,没有贫富现象,没有契约,没有继承,没有分割,除坐食以外无所事事,只有对父母的一般偏爱,不穿衣服,不从事农业,没有金属,不用酒类或五谷。就是表示虚伪、奸诈、蒙骗、贪婪、忌妒、诽谤、饶恕等等的字眼也是从来没有听到过的。[3]

　　在近代西方思想史上,这是一段勾画"自然人"形象的经典文字。卢

---

[1] 卢梭对文明社会指控说:"我们的风尚里流行着一种邪恶而虚伪的一致性,每个人的精神仿佛都是在同一个模子里铸出来的,礼节不断地在强迫着我们,风气又不断地在命令着我们;我们不断地遵循着这些习俗,而永远不能遵循自己的天性。"(卢梭:《论科学与艺术》,商务印书馆 1963 年版,第 9—10 页)

[2] 卢梭:《论科学与艺术》,商务印书馆 1963 年版,第 27 页。

[3] 蒙台涅(蒙田):《蒙台涅论文集》,载周辅成编《从文艺复兴到十九世纪资产阶级哲学家政治思想家有关人道主义人性论言论选辑》,商务印书馆 1966 年版,第 140 页。

梭后来对"自然人"的描述,由于格外突出其外部特征方面的"一无所有"——没有工商业,没有科学知识,没有文化教育,没有法律规章,甚至没有语言和住所——让人很容易分辨得出,它与蒙田的原始初民之间存在着极大的家族相似性。但这种家族相似性还只是外表。其精髓,正如蒙田所引塞涅卡诗句,在于它"刚从神手里捏出来",有一种未加修饰的童贞。从这个角度着眼,卢梭强调,"自然人"的外在的贫乏,实质上恰好反过来衬托了它的内在的充实。它天真淳朴,赤裸坦荡,不像被私欲腐蚀的文明人,既贪婪得令人心惊肉跳,又卑贱得让人嗤之以鼻。它天性善良,仁慈宽厚,虽"自爱"却不似文明人崇尚"自私自利的爱",彼此像狼一般争斗搏杀。它人格独立,悠游自足,不像文明人沉沦于世俗浊水,只能从他人的意见来判断自己生存的意义。它生命健全,自由奔放,没有被文明法则肢解驯服,从而在粗野中显示了一种庄严与崇高。这就是"自然人"相对于文明人来说的不容置疑的价值优先性。

现在要问:这种价值优先性得以成立的根据是什么?是历史发生的真实或经验存在的可靠吗?莎士比亚在剧作《暴风雨》中,用魔术棒点化出一个人间仙国,可以看作对蒙田的自然之境的绝妙注解。[1] 一方面,莎士比亚将这个仙国设置于神秘莫测的荒岛,仿佛在暗示人们,它纯粹是一个子虚乌有的虚构;但是另一方面,莎士比亚又带着对人类的一线希望,满怀热情地塑造了一个赤纯无瑕的米兰达。她从小远离社会,身上既无历史痕迹,也无现实阅历,天真烂漫,整日生活在小精灵甜美的歌声中——"神奇啊!这里有多少好看的人!人类多么美丽!啊,新奇的世

---

[1] 莎士比亚借贡柴罗之口表达了他的理想追求:"在这共和国中我要实行一切与众不同的设施,我要禁止一切贸易;没有地方官的设立;没有文学;富有、贫穷和雇佣都要废止;契约、承袭、疆界、区域、耕种、葡萄园都没有;金属、谷物、酒、油都没有用处;废除职业,所有的人都不做事;妇女也是这样,但她们天真而纯洁;没有君主绝……大自然中一切的产物都须不用血汗劳力而获得;叛逆、重罪、剑、戟、刀、枪、炮以及一切武器的使用,一律杜绝;但是大自然会自己产生一切丰饶的东西,养育我那些纯朴的人民……我要照着这样的理想统治,是以媲美往古的黄金时代。"(莎士比亚:《暴风雨》,载《莎士比亚全集》第 1 卷,人民文学出版社 1991 年版,第 33 页)这段台词简直就是蒙田言论的翻版。有人说,莎士比亚的戏剧,在某种程度上无非是把蒙田的"人"搬上舞台。此言有理。

界,有这么多出色的人物!"①这欢快而深情的人性礼赞,像春风雨露,沁人心脾。人们没有理由不相信她的至纯至真。她的真,在于她的善,在于她的美。

如此说来,一种理想的人格原型是否具有可考的实证根据便无关紧要了。卢梭干脆挑明,"自然人"乃剥除文明社会加于人的层层外壳后所作的抽象还原,并不是什么历史概念或经验概念。② 它既不存在于时间的某一瞬,也不存在于空间的某一点。用历史学的实证标准来衡量,它毋宁是一个虚构的"非在"。可是这个并不具有历史真实性的"非在",在卢梭心目中却具有更为重要的意义真实性。它根本说来是高悬于文明社会之上并比照和评判文明社会的终极价值标尺。卢梭在回忆《论人类不平等的起源和基础》一书的构思时这样写道:

> 为了自由自在地思索这个重大题目,我到圣日耳曼作了一次为期七、八天的旅行……我钻到树林深处,在那里寻找并且找到了原始时代的景象,我勇敢地描写了原始时代的历史。我扫尽人们所说的谎言,放胆把人的自然本性赤裸裸地揭露出来,把时代的推移和歪曲人的本性的诸事物的进展都原原本本地叙述出来;然后,我拿人为的人和自然的人对比,向他们指出,人的苦难的真正根源就在于人的所谓进化。我的灵魂被这崇高的沉思默想激扬起来了,直升腾至神明的境界。③

很明显,卢梭所说的"自然人",与实际的历史存在物并不相干。它不是对某种实在对象的摹写或复制,而是对一种理想生存方式的浪漫勾画。在这个意义上,"自然人"对文明人的价值优先性,其实是审美标准对世俗标准的价值优先性。进而,以怀古形式表现出来的返璞归真,也就不是回首既往的向前追溯,而是求诸本己的向内探索了。卢梭反复强

---

① 莎士比亚:《暴风雨》,载《莎士比亚全集》第1卷,人民文学出版社1991年版,第79页。
② 参见卢梭《论人类不平等的起源和基础》,商务印书馆1962年版,第64页。
③ 卢梭:《忏悔录》第二部,人民文学出版社1991年版,第483—484页。

调,作为本来意义的人格原型,"自然人"那不带功利杂质的淳朴,不懂权势名望的单纯以及不受外在规范拘束的自由、欢悦与刚健,绝非现实生活的直接给予,因此,要体会和确证它,不能依靠理智的头脑,而只能仰赖赤诚的心,仰赖敏锐的感觉和创造性的诗意想象。这种诗意想象,由于能够打破日常经验的框架,以与现实相疏离的形式建构一个尽善尽美的理想世界,因而被卢梭看成是比理性更可靠的精神向导。正是循着它的指引,卢梭一方面剔除文明发展加诸人的层层外壳,在遥远的过去发现了"类"的"自然",另一方面又剥离社会驯化加诸人的虚饰伪装,在心灵的深处发现了"个体"的"自然"。而这两种"自然",在卢梭看来,原本是息息相通的:

> 德行啊!你就是纯朴的灵魂的崇高科学,难道非要花那么多的苦心与功夫才能认识你吗?你的原则不就铭刻在每个人的心里吗?要认识你的法则,不是只消返求诸己,并在感情宁静的时候谛听自己良知的声音就够了吗?这就是真正的哲学了,让我们学会满足于这种哲学吧![1]

由于卢梭把"自然"比作一种内在的声音,所以有人称他是一位借助于"听觉想象"的"音乐家"。[2] 在他那里,"良知"作为内在的精神向导,是用"自然"的语言对人们说话的。问题在于,文明人接受了太多的外在诱惑,犹如置身嘈杂的市场,已经听不到"自然"的纯正声音了。因此,在卢梭看来,要与"自然"重新沟通,就必须洗刷那些遮蔽性灵的肮脏污垢,从根本上转变人的感受方式和生存方式。也正是因为这个缘故,卢梭不赞同启蒙运动所宣扬的理性崇拜。按照他的看法,这种崇拜无论在逻辑上还是在生活中都与工商文明合流,其实际结果,是将智慧和知识扭曲成了功利谋划的工具与手段。它非但没有净化人们的灵魂,反倒造成了人类德性品质的腐化与堕落。在这个意义上,人启蒙以后的那种精明的理

---

[1] 卢梭:《论科学与艺术》,商务印书馆 1963 年版,第 37 页。
[2] 参见泰勒《自我的根源:现代认同的形成》,译林出版社 2001 年版,第 550 页。

性计算,"只在良心被窒息的地方滋长"①。

于是,卢梭就游离于启蒙运动的主流之外,提出了一套具有叛逆色彩的浪漫哲学。倘说崇尚自然是这套哲学的基本原则,那么对自然的价值优先性的进一步解读,便是情感对理智的价值优先性。这种价值优先性可以为两种似乎相反的东西提供支持。一是英雄主义的狂放。在这个意义下,听任自然意味着激发青春朝气,意味着释放生命能量,意味着一个蔑视清规戒律的天才,凭直觉洞察真理,用真情体会良知,随自发本能坦荡直率无拘无束地表现自己的个性。二是感伤主义的内省。在这个意义下,按自然生活意味着隐匿独处,意味着追寻情感之链去品味和体验自己的本心,意味着一个形单影只的孤独者漫步遐想,沉湎于自己也许是安宁恬静悠然自得的也许是忧郁苦闷寂寞无聊的感觉世界。②

需要指出,英雄热情和孤独伤感虽然看似两种相反的气质,但实际上,正是这两种气质从不同的侧面注解着情感对理智的价值优先性,并在现代文明进程中合成了一股反世俗、反功利、反理性和反组织规范的巨大力量。按照泰勒的评论,这股力量的载体是情绪化的自我。它的精神旨趣,在于力排庸众成见,仅凭内在于我的本性冲动去发现良知,成就德行,从而宣布"自己拥有全部道德的资格"。③ 卢梭以其无与伦比的雄辩为这样一种表现主义情感伦理学奠定了基础。耐人寻味的是,由于秉持反理性的浪漫立场,卢梭在法国启蒙运动时期属于另类;但因为同样的缘故,后来的德国"狂飙突进"却将他抬举成了思想先驱。在新一代浪漫主义传人看来,"卢梭是崭新自然福音的先知者,是重新发现了情感和欲望的原始力量的思想家。这位思想家把他们从所有的桎梏中,从习俗和'理性'的限制中解放了出来"④。但西方社会文化的历史变迁很快就

① 泰勒:《自我的根源:现代认同的形成》,译林出版社 2001 年版,第 551 页。
② 卢梭在《新爱洛伊丝》中营造过这样一个世界。它因为给跋涉于荒漠的人们展示了一块情感绿洲,而在近代西方产生了相当广泛的影响。
③ 参见泰勒《自我的根源:现代认同的形成》,译林出版社 2001 年版,第 558 页。
④ 卡西尔:《卢梭、康德、歌德》,生活·读书·新知三联书店 2002 年版,第 15 页。

表明,这种解放不仅在抗拒理性规范方面,而且在颠覆传统礼制方面,都是狂肆不羁、惊世骇俗的。

二、启蒙的再反思

如何勘定卢梭的思想方位? 这是理解现代性及其矛盾的一个关键所在。按照罗素的评论,卢梭"是浪漫主义运动之父,是从人的情感来推断人类范围以外的事实这派思想体系的创始者"[①]。由此观察,我们会发现卢梭与同时代的启蒙思想家之间的高度紧张。但是另一方面,正如撇开哥白尼、伽利略、笛卡儿就不能理解帕斯卡一样,若撇开伏尔泰、狄德罗、达朗贝尔和霍尔巴赫,我们也不能理解卢梭。因为严格说来,卢梭触及的问题乃是启蒙以后的问题;而这个问题的提出与解答,实质上是以启蒙运动将个人从传统构架中彻底弹射出来为出发点的。[②] 恩格斯曾对启蒙运动所实现的划时代转变作过精辟的分析。他说:

> 在法国,为行将到来的革命启发过人们头脑的那些伟大人物,本身都是非常革命的。他们不承认任何外在的权威,不管这些权威是什么样的。宗教、自然观、社会、国家制度,一切都受到了最无情的批判,一切都必须在理性的法庭面前为自己的存在作辩护或者放弃自己存在的权利。思维着的悟性成了衡量一切的唯一尺度……以往的一切社会形式和国家形式、一切传统观念,都被当作不合理的东西扔到垃圾堆里去了。[③]

作为一场全面更改生活世界的文化大变革,启蒙运动具有两个极其醒目的特征。一个特征是反传统的决绝。它不仅在价值取向方面与基

---

① 罗素:《西方哲学史》下卷,商务印书馆 1984 年版,第 225 页。
② 图尔纳指出,卢梭推崇自然情感的浪漫哲学是对现代性的批评,但这种批评旨在超越启蒙哲学,因此是一种"后启蒙的批评"。(参见 Alain Touraine, *Critique of Modernity*, Oxford: Blackwell Ltd.,1995, p. 21)
③《马克思恩格斯全集》第 20 卷,人民出版社 1965 年版,第 19—20 页。

督教神学截然对立,而且将这种对立发展为坚定的意志和行动,并在颠覆传统道德规范的过程中表现出了斗士一般的勇猛和果敢。从伏尔泰"打倒丑恶败类"的激愤呐喊,到霍尔巴赫《揭穿了的基督教》、《神圣的瘟疫》之类充满火药味的战斗檄文,18世纪法国启蒙思想家在讨伐传统的道路上一步步向前走,最后以战斗无神论者的姿态表达了对传统神圣性的大胆不恭和公开亵渎。另一个特征是理性的乐观与自傲。在取缔基督教彼岸世界的霸权地位以后,启蒙思想家坚定地相信,人作为独立主体可以凭理性而负起经营此岸幸福生活的全部职责。按照他们的逻辑,人类既往的不幸与苦难皆来自无知。无知引发恐惧,恐惧带来迷信和盲从,而迷信和盲从则使教会得以树立起自己的独断权威,于是人类就堕入了蒙昧与专制的黑暗。[①] 在启蒙思想家看来,理性乃战胜无知、克服恐惧、穿透黑暗的光明向导。它既给人赋予自我立法的权利,更给人平添了自主独立的行动力量。因此,理性能够,而且只有依靠理性才能够使人摆脱外部权威的辖制,自主行使道德判断,过一种免于盲从的、自由而成熟的健康生活。对这种生活满怀信心的伏尔泰向传统卫道士发布通告:"你们曾利用过无知、迷信和愚昧的时代来剥夺我们的遗产,践踏我们,用我们的血汗来自肥。理性到来的日子,你们就发抖吧!"[②]

与文艺复兴相比,启蒙运动是一场远为全面和深刻的社会—文化革命。在某种意义上,它给所有冠以现代性之名的思想论说搭建了一个基础平台。[③] 从这个平台出发,现代性原则一方面得到充分表达;另一方面,由此衍生的问题也愈益明显地暴露出来,以致理性自负和启蒙批判之间的紧张,构成了现代思想冲突的基本形式。卢梭就处在这样一种格局之中。他不赞同启蒙思想家从笛卡儿那里获得的一个乐观信念。按

---

① 这样一种推论的典型表述,是霍尔巴赫作出的。参见北京大学哲学系编译《十八世纪法国哲学》,商务印书馆1965年版,第55、567、552页。

② 伏尔泰:《哲学辞典》上册,商务印书馆1991年版,第2页。

③ 由于公开而大胆地颠覆基督教传统,启蒙运动确立了一个崭新的评判标准。据此,"做一个现代人差不多就等于成为一个'自由思想者'"。(参见 Matei Calinescu, *Five Faces of Modernity*, Durham: Duke University Press, 1987, p. 60)

照这个信念,似乎只要遵循严格的方法和规则来使用理性,就可以避免任何错误。错误的发生不是由理性造成的而是由轻率地使用理性造成的。① 卢梭争辩说,理性既然不能避免自己被轻率地使用,就没有资格充当人生的终极依靠;而假如把它当作人生的终极依靠,则它的轻率使用就不可避免。于是,当启蒙思想家以理性为根据来宣扬人的主体自律的时候,卢梭却看到,这些自负的理性崇拜狂不仅在反教会、反蒙昧、反禁欲的特定意义上,而且在反信仰、反虔敬、反德行的一般意义上公开地渎神,结果,就不可避免地把人们引向了庸俗市侩的新误区:

> 他们以他们那些致命的诡辩武装起来自己以后,就在摇撼着信仰的基础并在毁灭德行了。他们鄙夷地嘲笑着祖国、宗教这类古老的字眼,并且把他们的才智和哲学都用之于毁灭和玷污人间一切神圣的事物。②

卢梭担心理性主义的扩张会"毁灭和玷污人间一切神圣的事物",似乎表明他有一种无法斩断的宗教情结。他在霍尔巴赫等人将启蒙运动引入战斗无神论方向的时候借萨瓦牧师之口发布《信仰自白》,好像更清楚地印证了这一点。但从严格的意义来讲,卢梭并没有做帕斯卡那种"赌上帝存在"的惊险跳跃。原因很简单:作为一个对启蒙运动鼓噪起来的文化氛围有着切肤体验的思想家,他实实在在地感觉到,那股对传统的神圣性放肆攻击的时代潮流,已使原本高高在上的宗教权威无可挽回地陨落了。事实上,卢梭像启蒙思想家一样,也坚定地秉持一种"人义论"立场。照卡西尔的说法,即使可以在卢梭的《信仰自白》中指认出一种能接受的神学,但它也仅仅是"道德神学"③。这种"道德神学"以个人的情感体验为基础,否决"任何对外部权威的依赖与屈从",因此就本质

① 参见伽达默尔《真理与方法》上卷,上海译文出版社 1992 年版,第 358 页。
② 卢梭:《论科学与艺术》,商务印书馆 1963 年版,第 23 页。
③ 卡西尔:《卢梭、康德、歌德》,生活·读书·新知三联书店 2002 年版,第 58 页。

而言乃是一种"自由"的价值关怀。① 正是由于这个原因,传统宗教借以督导和监控世俗生活的彼岸世界在卢梭那里是没有位置的。卢梭只在此岸世界为人生意义作辩护。问题在于,他觉得启蒙哲学的祛魅诉求已造成性灵的扭曲,所以就"向理性主义的氛围注入了强大的情感力量"②。

就表现形式来说,卢梭是一位自然之书奥义的解读者。在他眼里,"自然"意味着未受市侩习气污染的至纯至真,因此,它与人的圣洁的"本心"和"良知"相互发明,这是所谓的"内在之光"。循着这种"内在之光"的指引,卢梭辨析出两条先于理性、高于理性的道德原理。第一条原理是"同情"。这在卢梭看来是人类成员彼此间的心心相印和休戚与共。它不仅使每一生命个体对同类所遭遇的苦难产生本能的共鸣,而且投以由衷的怜悯,因此是一种最普遍、最深沉也最温柔、最善良的道德品质。这种品质,按照卢梭的看法,乃一原始的天然禀赋,绝非启蒙教化的后天产物:"自然既把眼泪赋予人类,/就表示出:/它曾赐予人类一颗最仁慈的心。"③

与"同情"相关联的第二条道德原理,卢梭称为"自爱"。如果说,"同情"体现了关切同类疾苦的善良仁慈,那么,"自爱"则体现了捍卫自我生命的刚健勇武。这种刚健勇武之所以能够配称德行,在卢梭看来,一方面是因为它没有被人为地驯服和阉割,而以桀骜不驯的形式显示出凛然不可侵犯的人格尊严;另一方面则是因为它尚未渗入智慧启蒙后的那种卑鄙计谋,所以纯洁光明,质朴率真,并在怜悯之心的导引下,生成一种不假思索地救助苦难同胞的道德勇气。在这个意义上,善良的人不是擅长理性思考的哲学家,而是一个"喜欢赤身裸体上阵的运动员"。④

---

① 参见卡西尔《卢梭、康德、歌德》,生活·读书·新知三联书店 2002 年版,第 54—55 页。
② 利文斯顿:《现代基督教思想》上卷,四川人民出版社 1992 年版,第 77 页。
③ 卢梭所引犹维纳尔诗句。参见卢梭《论人类不平等的起源和基础》,商务印书馆 1962 年版,第 101 页。
④ 参见卢梭《论科学与艺术》,商务印书馆 1963 年版,第 9 页。为说明人天性善良,卢梭强调:"在使人成为人之前,绝没有必要使人成为哲学家。"(卢梭:《论人类不平等的起源和基础》,商务印书馆 1962 年版,第 67 页)

如此看来,启蒙思想家精心编织的道德体系就大有疑问了。伏尔泰、狄德罗、爱尔维修、霍尔巴赫等人,都在与蒙昧主义、禁欲主义相对立的意义上谈论理性的道德价值。但是,倘若进一步设问:当蒙昧和禁欲的锁链被解除之后,一种完全按理性原则组织起来的社会生活将是什么样子?对这个问题作超前思考的卢梭,发现了启蒙精神的道德盲点。爱尔维修说:"美德无非是那种追求人们的幸福的愿望。"①霍尔巴赫认为,所谓幸福的愿望,就是渴慕"连续的快乐";而理性之为道德生活的必要条件,则无非是给"连续的快乐"提供可靠的谋划方法:"一个有理智的东西,就是为自己提出一个目的,并且采取各种适于达到这个目的的方法的东西。一个有理性的东西,就是能够凭借着经验选择最可靠的方法来达到自己提出的目的的东西。"②但是,倘若理性启蒙的结果,只是用世俗的功利算计来代替传统宗教对彼岸幸福的向往,那么,在卢梭看来,它就不仅是给人解除锁链,而且还以解放的名义对人生价值作了恶劣的误导。卢梭由此断定:"思考的状态是违反自然的一种状态,而沉思的人乃是一种变了质的动物。"③进一步说,一种以"变了质的动物"为生活样板的理性哲学,当然也就是缺乏人情味的冷酷哲学了:

理性使人敛翼自保,远离一切对他有妨碍和使他痛苦的东西。哲学使人与世隔绝。正是由于哲学,人们才在一个受难者面前说:"你要死就死吧,反正我很安全"……人们可以肆无忌惮地在他窗下杀害他的同类,他只把双手掩住耳朵替自己稍微辩解一下,就可以阻止由于天性而激发起来的对被害者的同情。④

可是,当擅长功利算计的文明人事不关己高高挂起的时候,未开化

① 爱尔维修:《论精神》,载北京大学哲学系编译《十八世纪法国哲学》,商务印书馆 1965 年版,第 465 页。
② 霍尔巴赫:《社会体系》,载北京大学哲学系编译《十八世纪法国哲学》,商务印书馆 1965 年版,第 649 页。
③ 卢梭:《论人类不平等的起源和基础》,商务印书馆 1962 年版,第 79 页。
④ 卢梭:《论人类不平等的起源和基础》,商务印书馆 1962 年版,第 102 页。

的"自然人"却没有这惊人的本领。由于不懂理智的谋算,他只听从原始情感的支配,反倒会义无反顾地向陷于苦难的同类奉献出温柔的怜悯、赤诚的友爱和无私的救助。谁更富于正义感? 答案不言而喻。卢梭强调,如果人类的保存仅仅依赖于理性推论,则人类也许久已不复存在。因此,理性精神其实是一种跛脚的精神。启蒙思想家的盲目和短视即在于,他们把这一跛脚的精神渲染得绝对健全,却从没想到理性的残疾使它无法独自承当生命价值的重托。在这个意义上,不是别的,正是把人"理性化"的启蒙成就,凸显了一个把理性"人化"的急迫问题。卢梭认为,要解决这个问题,必须倒转思路,确立淳朴的自然情感——怜悯、慈爱、刚健、率真等等——对理性的督导权和监护权。

假如不接受这种督导权和监护权呢? 那后果将不堪设想。卢梭强调:"如果自然不赋予人们以怜悯心作为理性的支柱,则人们尽管具有一切的道德,也不过是一些怪物而已。"[①]而使人类蜕变为一群怪物,在卢梭看来,正是理性主义的无度扩张所制造的最大威胁。于是他就给盛行于启蒙时代的盲目乐观浇了一盆凉水。按照启蒙精神,理性觉悟确证了个体的自主人格。但卢梭指出,真正的自主人格从根本上说来是一种不带任何人为的矫揉造作和虚饰伪装的自由自在与独立不羁,它在清纯透明的意义上体现了一种自然的野性。可是,智慧的启蒙和理性的思考,使人懂得了利益、权势、名望,学会了算计、谋划、见风使舵。因此,它驯服了自然人的野性也泯灭了自然人的率真,促成了人的文明教养也导致了人的虚伪和庸俗。"野蛮人过着自己的生活,而社会的人则终日惶惶,只知道生活在他人的意见中,也可以说,他们对自己的生存意义的看法,都是从别人的判断得来的"[②]。这与其说是自主独立倒不如说是异化沉沦!

问题还不只是这样。在卢梭看来,理性逻辑的社会化和制度化还陷

---

① 卢梭:《论人类不平等的起源和基础》,商务印书馆 1962 年版,第 101 页。
② 卢梭:《论人类不平等的起源和基础》,商务印书馆 1962 年版,第 148 页。

入了一个更复杂的怪圈。一方面,它反对自发的情绪冲动,倡导审慎的理智思考,试图按统一标准对个人生活进行组织和再组织,从而使人在营业公房里变得死气沉沉;另一方面,它又将理性计算移入道德学,像科学家以引力为核心建构宇宙秩序一样,主张以个人利益为核心建构社会秩序,结果就刺激人的欲望,使人在疯狂的功利追逐中张开了贪婪的血盆大口。"在人与人的交往中,每个人的理性都给自己制定一些规则,而这些规则与公共理性对社会全体所制定的恰恰相反,每个人都在他人的不幸中追求自己的利益"[1]。于是,再没有真挚的友情,再没有坦诚的交流,再没有可靠的信赖了:"怀疑、猜忌、冷酷、戒备、仇恨与背叛永远隐藏在礼仪那种虚伪一致的面幕下边,隐藏在被我们夸耀为我们时代文明的根据的那种文雅的背后。"[2]

为人类的理性觉悟唱赞歌的伏尔泰曾警告那些传统卫道士:理性到来的日子,你们就发抖吧。可是,理性到来的日子,卢梭也惊恐得发起抖来了。根据他的敏锐观察,一种与世俗功利主义相互依托、相互刺激的理性启蒙,非但不能把人类引向理想境地,反倒会扭曲性灵,使人类误入歧途。所以,他要循着自然之光的指引,用淳朴的情感来为卑琐的理性谋划纠偏。但是需要指出,这种纠偏一当驶入审美人生或艺术化人生的快车道,也是会甩掉制动闸的。甚至可以说,越界冲动本身就是卢梭式的浪漫诉求的一个内在成分。

三、我感觉,故我在

如果把颠覆基督教传统视为启蒙运动的自觉追求,那么,主体力量的高涨便集中体现了它最值得骄傲的精神收获。这个收获意味着,彼岸对此岸的生存规定已然失效,人生价值只能在凡俗场景中由人自己来设计和规划。因为这个缘故,"自我意识""个人权利""自由选择"等等就进

---

① 卢梭:《论人类不平等的起源和基础》,商务印书馆1962年版,第160页。
② 卢梭:《论科学与艺术》,商务印书馆1963年版,第10页。

人现代话语,并逐步演变成了某种支配性的思想范式。百科全书派用理性来武装独立的个体,是这一范式的一种取向;而卢梭则通过对情感的深度发掘,在启蒙运动主流之外开拓了这一范式的另一个取向。这两种取向的关系如何? 它们怎样以既冲突又互补的方式合成了现代性的矛盾景观? 用审美和艺术给人生意义提供辩护的浪漫诉求究竟确证和支持着一种什么样的生活品位及生存状态?

　　回答这些问题,可选择的一条捷径是把卢梭本人看作其人生哲学的最典型的实践者,去读一读他那部堪称盖世奇作的《忏悔录》。在这部自传作品中,卢梭开篇就讲:"我现在要做一项既无先例,将来也不会有人仿效的艰巨工作。我要把一个人的真实面目赤裸裸地揭露在世人面前。这个人就是我。"①在这里,卢梭声称要将"我"字大书特书,实际上体现了启蒙运动所营构的那种主体力量的高昂感。只不过,当理性主义者把高昂的主体力量导向对外部自然与社会的改造的时候,卢梭则沿着一条浪漫主义路线将它引入对人的内在情感的自由探索和大胆表现罢了。不妨再引证一下卢梭《忏悔录》中的那段经典文字:

　　　　不管末日审判的号角什么时候吹响,我都敢拿着这本书走到至高无上的审判者面前,果敢地大声说:"请看! 这就是我做过的,这就是我所想过的,我当时就是那样的人……当时我是卑鄙龌龊的,就写我的卑鄙龌龊;当时我是善良忠厚、道德高尚的,就写我的善良忠厚和道德高尚。万能的上帝啊! 我的内心全暴露出来了,和您亲自看到的完全一样。请您把无数众生叫到我跟前来! ……让他们每一个人到您的宝座面前,同样真诚地披露自己的心灵,看看有谁敢于对您说:'我比这个人好!'"②

　　在卢梭的浪漫语境中,坦诚的自我剖白体现的是一种崇尚"自然"的

①　卢梭:《忏悔录》第一部,人民文学出版社1991年版,第3页。
②　卢梭:《忏悔录》第一部,人民文学出版社1991年版,第3—4页。

人生态度。① 事实上,这种人生态度在蒙田那里就被表达过。出于对率真生活的向往,蒙田曾试图摆脱世俗拖累,撰写一部描绘自我的坦白之书。"我要人们在这里看见我的平凡、纯朴和天然的生活,无拘无束亦无造作,因为我所描绘的就是我自己。"②但是卢梭觉得,蒙田由于不敢彻底摆脱"公共礼法"的约束,因而在描绘自己的时候,远没有做到毫无保留。③ 他有选择地暴露一些可爱的缺点,实际上只是将自己的一个侧面展现给了公众。"谁知道挡起来的那一边的脸上会不会有条刀疤或者有只瞎眼,把他的容貌完全改变了呢?"④在卢梭看来,这不是坦荡朴直,而是虚伪,是说谎,是用讲真话的形式来骗人。

卢梭声称自己不以可爱的缺点编造假面具。对他来说,彻底的坦率意味将这类面具打个粉碎,毫不掩饰地暴露出自己内心世界的丑陋与肮脏。假如这样做会招来世人的唾沫,他并不觉得有什么难堪。照他的看法,既然罪孽常常源出于保全名声,那么用名声的自我损毁来抵偿罪孽便合情合理。也只有如此,才能称得上是真正的忏悔。由于做了,或自以为做了这样的忏悔,一种自豪感便从卢梭心底油然而生。"是的,仅我一人,因为到目前为止,我还不知道有任何人敢于做我要做的事。"⑤这种思想取向使卢梭的忏悔始终具有一种挑战意味。他在世人的蔑视中锤炼出一种逆流而上的气度,又因为这种气度而蔑视世人,甚至由此化解了忏悔罪孽时的负疚意识。于是,他不仅敢于像述说自己的忠厚善良一样暴露自己的卑鄙龌龊,而且在暴露自己的卑鄙龌龊的时候十分平静,

---

① 利文斯顿评论说,卢梭所谓的自然,"指的是他自身的自然的自我"。(利文斯顿:《现代基督教思想》上卷,四川人民出版社 1992 年版,第 82 页)
② 《蒙田随笔》,湖南人民出版社 1987 年版,第 1 页。
③ 蒙田本人对此并不隐瞒。他承认自己的内心剖白有一个公共礼法所容许的范围。"我谈论自己的时候不可能做到完整、纯粹、绝对、毫无保留、毫不含糊、直截了当。辨识区别,这是本人逻辑中的主要规则。"(参见《蒙田随笔》,湖南人民出版社 1987 年版,第 242 页)由于坚持这一规则,蒙田在解读和品味自我的时候,是幽静和内敛的;而从根本上打破公共礼法范围的卢梭,在自我剖析和自我表现的时候则是张狂的和富有挑战性的。
④ 卢梭:《忏悔录》第二部,人民文学出版社 1991 年版,第 819 页。
⑤ 卢梭:《忏悔录》第二部,人民文学出版社 1991 年版,第 818 页。

俨然是在述说自己的忠厚善良。在这个意义上,贝尔强调,卢梭《忏悔录》的价值取向是"唯我独尊",它给张扬个性的现代主义文化立了一块划时代的界碑。①

假如作一个比较,可以说,卢梭用《忏悔录》来为他的自传命名,本身就是一个掩人耳目的做法。远在卢梭之前,中古神学家奥古斯丁即曾写过一部《忏悔录》。忏悔一词的原本的宗教伦理蕴涵就是由这位神学家阐明的。在奥古斯丁那里,忏悔本质上是基于罪感的自我反省和自我否定。其要义在于,一个意识到自己罪孽的生命个体从心底发出呼号,祈求上帝的宽恕、指点与救助,使自己从无意义的实存状态中超拔出来。它不是炫耀自我,而是皈依天主。按照奥古斯丁的看法,面对"至高、至能、至仁、至义"的神圣天父,渺小的个体生命本无任何秘密可言。对上帝坚守秘密,非但不能隐藏自己,反而会遮蔽灵魂的眼睛,使自己看不见圣爱的永定之光。为了领受这永定之光的照耀,奥古斯丁将自己和盘托出,毫不隐瞒地坦白了自己所犯下的种种罪孽。谓之悔过自新。

但是,在奥古斯丁的《忏悔录》里,我们找不到后来卢梭在《忏悔录》以及在《新爱洛伊丝》和《爱弥儿》中对自己的隐秘心理感受所作的那种细致入微的刻画描述。这不是一个美学风格问题,而是一个更为根本的精神品格问题。也就是说,奥古斯丁不是因为缺乏某种艺术训练而不会这样做,而是因为他出于一种道德恐惧而不敢这样做。他的信仰立场告诫他,仅当把追溯自己的险恶经历看作向上帝悔罪的时候,忏悔才有意义。因此,忏悔不是别的,只是对自己的破碎处的省悟。这种省悟在奥古斯丁身上唤起一种自惭形秽的负疚感和羞耻感,从而给他的坦率划了一条不得逾越的道德边界。一方面,他不能隐瞒劣迹,为了让神圣之光驱散自己内心的阴霾;但是另一方面,正由于暴露的是丑陋和肮脏,他无法做到从容不迫。那不是喝一口凉开水,更不是品尝珍果佳肴,可以反复咀嚼,细细回味。那是揭脓疮!奥古斯丁因为看到自己的溃烂而恐惧

---

① 参见贝尔《资本主义文化矛盾》,生活·读书·新知三联书店 1989 年版,第 182 页。

战栗。"我灵魂深处,我的思想把我的罪状全部罗列于我心目之前。巨大的风暴起来了,带着倾盆的泪雨。"①于是,忏悔在奥古斯丁那里就成了痛改前非的号啕大哭,成了祈求天父赐予新生命的虔诚祈祷:

> 只有谦虚的虔诚能引导我们回到你身边,使你清除我们的恶习,使你赦免悔过自新者的罪业,使你俯听桎梏者的呻吟,解脱我们自作自受的锁链,只要我们不再以贪得无厌而结果丧失一切、更爱自身过于爱你万善之源的私心,向你竖起假自由的触角。②

奥古斯丁如此痛切的忏悔,用舍勒的话来说,所体现的是一种敛摄心神的谦卑、温良和恭顺。它不是玩味自我、张扬自我,而是走出自我、舍弃自我。然而也正由于走出了自我、舍弃了自我,奥古斯丁又使自己的灵魂长出眼睛,看到被人的愚妄自大遮蔽住的神性的本源世界,并在同这个本源世界的沟通中,自我复得,重新找回了自己生存的价值意义。因此,若作一简单比喻的话,奥古斯丁的忏悔乃是一种仰望和对超乎自身之上的神圣声音的洗耳恭听。"我的天主,我真正的生命,我该做什么? 我将超越我本身名为记忆的这股力量,我将超越它而飞向你:温柔的光明。"③

毫无疑问,卢梭也向往光明。但是对他来说,光明既不是在远处,更不在上方,而就在自身内部,谓之"内心的光明"。卢梭强调,"请教内心的光明,它使我走的歧路不至于像哲学家使我走得那样多"④。但由于把内心的光明奉作至高无上的导师,奥古斯丁的恭顺便被卢梭彻底打翻了。现在,对光明的追求不再表现为仰望,而变成了自上而下的鸟瞰和俯视。

俯视世界,卢梭到处只看到阴暗、丑陋、肮脏以及装腔作势的虚伪、

---

① 奥古斯丁:《忏悔录》,商务印书馆 1989 年版,第 157 页。
② 奥古斯丁:《忏悔录》,商务印书馆 1989 年版,第 47 页。
③ 奥古斯丁:《忏悔录》,商务印书馆 1989 年版,第 201 页。
④ 卢梭:《爱弥儿》下卷,商务印书馆 1984 年版,第 381 页。

无聊和庸俗。当他反问：谁比我好？实际上已作出回答：没有人比我好！这良好的自我感觉，不仅使他不把揭露自己的缺点视为一种苦刑，倒深信这是一个大胆的创举。在他眼里，这实际上是一种向无聊世界的挑战，一种弃绝平庸的超拔，一种遗世独立、卓尔不凡的孤傲。他不需要面子，因为面子就是枷锁；他不需要谦卑，因为谦卑就是向陈规陋习低头。他追求一种绝对的奇特性。倘若暴露自己性格和经历中的诸般唐突乖戾可以显示这种奇特性，则他宁可舍弃别人对自己的好感而刻意暴露。他对此深以为豪："我生来便和我所见到的任何人都不同；甚至于我敢自信全世界也找不到一个生来像我这样的人……大自然塑造了我，然后把模子打碎了。"[①]

贝尔提示说，切不可把卢梭的自我崇拜等同于单纯的自恋，也不应用裸露癖来打发他那近乎处心积虑地制造轰动效应的坦率。问题的要害毋宁在于，卢梭在这里确立了一套影响深远的新的文化原则。按照这一原则，生存意义的阐释，同宗教信仰和传统习俗的连续性巨链无关，而仅仅与自我的个性和自我经验的奇特性有关。此乃卢梭式精神品格的最本质的构成要素。它的座右铭，用西方哲学的典型术语来表达，就是："我感觉，故我在"。[②]

在本质意义上，"我感觉故我在"是一种人义论立场。它否决超验的彼岸世界的统辖权，主张在此岸的感性自在中寻求充足的生存理由。其作为价值中轴而不断凸显的"自我"，根本说来是启蒙运动的战利品。但是，与倡扬"我思故我在"的理性主义者不同，卢梭面对现代文明的滔天巨浪，又感到性灵的极度失落。他觉得人在摆脱教会和神权统治之后，不应再度迷失，沦为只擅长理性谋算和只懂得功利追逐的冷血动物。为展示一种真正属人的生存理想，卢梭给自然情感赋予了至高无上的价值优先地位。"我只有一个向导还忠实可靠，那就是情感之链。"[③]"我存在

① 卢梭：《忏悔录》第一部，人民文学出版社 1991 年版，第 3 页。
② 参见贝尔《资本主义文化矛盾》，生活·读书·新知三联书店 1989 年版，第 182—183 页。
③ 卢梭：《忏悔录》第一部，人民文学出版社 1991 年版，第 348 页。

着,我有感官,我通过我的感官而有所感受,这就是打动我的心弦而使我不能不接受的第一真理。"①按照卢梭的看法,只有追随这一真理,人生才不会随波逐流,而显示出特立独行、昂然自恃的耀眼光辉。因此,跟着感觉走,跟着本能走,就是跟着良心走,跟着光明走:

> 良心呀!良心!你是圣洁的本能,永不消逝的天国的声音。是你安安当当地引导一个虽然是蒙昧无知然而是聪明和自由的人,是你在不差不错地判断善恶,使人形同上帝!是你使人的天性善良和行为合乎道德。没有你,我就只能按照我没有条理的见解和没有准绳的理智可悲地做了一桩错事又做一桩错事。②

大略说来,这就是卢梭在强烈感受到理性化和世俗化潮流的负面效应后所开出的疗救药方。药方的关键是褒激情,贬理智;扬直率,抑反思;重灵性,轻功利。卢梭试图以这种方式对人生意义重新加以解说,以延续和传递那颗形而上的人类精神火种。但是必须指出,由于坚持个人本位,放弃对超验的神圣权威的优先接受,卢梭的思想努力在本质上不仅与本来意义的宗教信仰无关,而且可以说截然相反。贝尔认为,"凡是宗教失败的地方,崇拜就应运而生"③。卢梭的精神取向正是宗教失败后应运而生的崇拜。对他来说,忏悔仅仅是一种形式包装,其实质,则是借此确认坦率的正当性,然后再通过光明正大的坦率来达到对自我情感的狂纵不法的张扬玩味。他越是把自发的生命冲动界说为圣洁的良心,接受良心的指引也就越是演化为对道德禁忌,更进一步,对所有社会规范和文明准则的义无反顾的破坏与叛逆。因此,卢梭所走的道路,本质上乃是一条以艺术代替宗教、以审美代替信仰、以英雄代替上帝的自我表现与自我崇拜之路。

但作为开路先锋,卢梭在这条道路上走得非常艰辛。其所以如此,

---

① 卢梭:《爱弥儿》下卷,商务印书馆 1984 年版,第 383 页。
② 卢梭:《爱弥儿》下卷,商务印书馆 1984 年版,第 417 页。
③ 贝尔:《资本主义文化矛盾》,生活·读书·新知三联书店 1989 年版,第 220 页。

倒不是因为他不渴望温情和友爱,而恰恰是因为他太渴望了,以至于他那艺术化的人生追求在现实生活中注定得不到满足。他把自己描述为一个只身漫步于人间的孤独者,没有兄弟,没有亲人,没有朋友,没有真正的知音——除了自己。这既在他的内心,也在他与社会之间造成了高度的紧张。而当他拒绝与凡夫俗子同流合污,又拒绝听从上帝召唤,仅仅靠自我玩味来化解这种紧张的时候,生活中的失意便激起了他满腔的怒火。即使是忏悔也将这怒火压抑不住。休谟对卢梭作过这样的评价:"他在整个一生中只是有所感觉,在这方面他的敏感性达到了我从未见过的任何先例的高度。然而这种敏感性给予他的,是一种痛苦甚于快乐的感觉。他好像是这样一个人,这个人不仅被剥掉了衣服,而且被剥掉了皮肤,在这种情况下被赶出去和猛烈的狂风暴雨进行搏斗。"①这搏斗使卢梭身心憔悴,几乎成了被害妄想狂:"我头上的房顶有眼睛,我周围的墙壁有耳朵。我被许多心怀恶意、目不转睛的密探和监视人包围着,心神不宁,精神恍惚。"②同奥古斯丁豁然开悟后的那种谦逊、温良、平和相比较,这也许不能说是一种健康的心态。

　　问题的症结,正如舍勒分析的那样,在于卢梭式的文化英雄在蔑视世俗的浅薄的时候,发展出了一种极有深度的骄傲。那是一种唯我独尊且不加收敛的骄傲。骄傲者只围绕自我不停地旋转,最终撕裂自己与社会相联结的一切纽带,成了和世界格格不入的"尘寰逃兵"。③ 但值得注意的是,在宗教衰微后的神意匮乏的世界,在理性主义和功利主义蔓延后确实显得有些刻板和平庸的世界,做"尘寰逃兵"无疑有它的文化魅力,因为它的神奇,因为它的不平凡。为了追求这种神奇和不平凡,卢梭

① 转引自罗素《西方哲学史》下卷,商务印书馆1984年版,第232页。
② 卢梭:《忏悔录》第二部,人民文学出版社1991年版,第350页。
③ 舍勒指出:"骄傲者是这么一种人:他通过连续的'俯视'而自我暗示,似乎他站在塔尖。他本人事实上的每一次下降之时,都盯一眼更深之处,以抵消他的实际下降,而且抵消得过头,从而反以为自己是在上升。他没有发觉,时时映入他眼帘的深渊恰恰在他展眼而望、幻想自己飘飘然于云端之际却在慢慢地把他拖将下去。"(舍勒:《德行的复苏》,载刘小枫主编《二十世纪西方宗教哲学文选》下卷,上海三联书店1991年版,第1399页)

把裸露自己的内心,尤其是内心深处的阴暗面当作一种向庸俗示威的特殊方式,孤傲得不要伪装,也无力伪装。可是,不管他有没有意识到,"不要伪装"一旦流行起来,成为时尚,就会演变为一种新的虚荣。一个典型的例子是,路易十六时期的法国宫廷贵妇,常常打扮成牧羊女,连最尊贵的王后,竟也要刻意装扮成哺育后代的母亲,据说那都是响应卢梭的号召,做清水芙蓉,回归大自然。

事实上,卢梭引发的文化震荡,倒还不在于他身后有一群东施效颦的拙劣模仿者。更厉害的是,卢梭那跟着感觉走的狂放自我表现,在反理性、反功利、反制度化的过程中,彻底扫荡宗教信仰极力强调的那种对不加约束的自发本能与感性趣味的恐惧,以及对超绝的神性本源所加诸人类的道德戒律的虔诚敬畏,从而开辟了一条寻觅新奇、不断探索经验边疆的宽敞大道。沿着这条大道迅跑,很快涌现出一批青出于蓝而胜于蓝的学生。他们跟卢梭学会了蔑视习俗束缚,"最初是服装和礼貌上的、小步舞和五步同韵对句上的习俗束缚,然后是艺术和恋爱上的习俗束缚,最后及于传统道德全部领域"①。他们一再膨胀帝王般的自我,不过已不像卢梭那样体验到痛苦,而是以极其得意的神态去放纵生命冲动,堂而皇之地将自我经验的大胆猎奇当成了创造性的源泉。在这个意义上,浪漫主义掀起的个性表现狂潮,蕴含着一股巨大的感性颠覆力量。这股力量不仅给传统伦理以致命的一击,而且在法国大革命中发挥了推波助澜的关键作用。

四、激进文人与革命风暴

启蒙时代是一个大动荡和大变革的时代。在这个时代,随着教权的没落,一批世俗的文化精英登上历史舞台,并作为"人类的良心"扮演着越来越重要的角色。由此可以理解,为什么启蒙时期会成为"政治思想

---

① 罗素:《西方哲学史》下卷,商务印书馆 1984 年版,第 215 页。

史上最富硕果的时期之一"。① 事实上,在启蒙运动中,政治问题不是以单纯的学理形式,而是作为强烈的现实关切进入文化精英的思想视域的。就此而言,它寓示着知识分子的责任担当方式的一个根本性转折。如果说,传统知识分子总是同现实政治和日常生活小心地保持距离,其对"教化"使命的背负往往表现出某种内省和孤傲的精神风范,那么,启蒙思想家则具有鲜明的行动意向,他们要自觉地充当"社会变革的普罗米修斯式的代理人"②。约翰逊在论及启蒙思想家的角色扮演时这样写道:

> 伴随着不断增长的自信和勇气,人类历史上第一次有人宣称,他们可以诊断社会的弊病,而且能用独立的智慧来加以治疗;甚至于他们凭此不仅能够设想出社会结构的模式,并且认为可以把人类的基本习俗改造得更好。与他们的僧侣前辈不同,他们不再是诸神的仆人和阐释者,而是诸神的取代者。他们的英雄是普罗米修斯,是他盗取了天火,并带到了人间。③

从一种广泛的意义来看,以百科全书派为代表的启蒙思想家都是些普罗米修斯式的人物。他们不仅在书斋里埋头著述,还在沙龙和咖啡馆就政治问题进行公开论辩,并力图以自己的理念来促成某种形式的社会化行动。④ 在他们的精神熏陶下,民众的想象逐步远离现实,而沉湎于一个高度理想化的"虚构社会"。⑤ 这样,启蒙运动就成了一场政治革命的思想先导。但问题是,随着启蒙思想家完成初期的社会与政治动员,其因品格和态度诸方面的限制却最终使他们距革命的风暴中心越来越远

---

① 参见卡西尔《国家的神话》,浙江人民出版社1988年版,第195页。
② 博格斯:《知识分子与现代性的危机》,江苏人民出版社2002年版,第19页。
③ 约翰逊:《知识分子》,江苏人民出版社1999年版,第2页。
④ 哈贝马斯认为,在法国大革命前夕,沙龙和咖啡馆作为一块自由精神的飞地,充当着城市生活的"文学批评中心"和"政治批评中心",因而对现代公共领域的形成起了重要作用。(参见哈贝马斯《公共领域的结构转型》,学林出版社1999年版,第36—47页)
⑤ 参见托克维尔《旧制度与大革命》,商务印书馆1992年版,第181页。

了。事实上，启蒙思想家骨子里是一群相信教育万能的社会改良主义者。就连最偏激的霍尔巴赫也反对用革命方法解决政治问题。在他们看来，理性所要求的变革方案是渐进的而不是嗜杀的。用革命的手段来治疗社会疾病，也许比疾病本身还要糟糕。这是启蒙思想家的一个基本政治立场。①

由于秉持这样一个立场，启蒙思想家对理性的推崇也就很难融入激进革命的行动逻辑。问题的关键在于，不论怎样为正在成长中的现代文明击节叫好，在社会转型时期，底层民众作为历史进步代价的主要承受者，实际上经历和体验了太多的生存痛苦。但这种痛苦无法在理性的启蒙话语中得到深切的精神抚慰。一方面，理性化诉求有一种"祛魅"功能，它不仅消解蒙昧主义，而且也抑制浪漫热情；另一方面，在颠覆传统宗教信仰之后，启蒙思想家只能以自然欲望和功利谋划充当圣餐的代用品，这不但让人嗅出浓烈的市侩气息，甚至在一些理想主义者那里留下了破坏古风美德的不良印象。因此，当底层民众因利益受损而产生恼怒，反过来控诉现代工商文明侵蚀淳朴民风、加剧社会不平等，并带着这种道德抗议卷入政治变革洪流的时候，一种能与他们同甘苦共命运并能引导他们向卑劣现实抗争的道德英雄和文化英雄，就成了最急迫的时代呼唤。

于是，卢梭就被推到了革命舞台的中心。同百科全书派的教育治国方案相比，卢梭的社会—政治哲学具有更为浓郁的平民色彩。②"它是向不能忍受压迫的、愤恨不平的人们而发的。它不只是启发了智慧，而且还把人身上的一切潜力都发动起来。"③尽管卢梭那"众人皆醉我独醒"的叛逆式性格使他在社交圈中品味了太多的人生孤独，但是，他对自然状

---

① 参见卡西尔《启蒙哲学》，山东人民出版社 1988 年版，第 261 页。
② 以教育者面目出现的启蒙思想家，实际上是蔑视民众的。"他们对上帝表现出一种竞争对手的傲慢，对民众则表现出一种暴发户的骄傲。"（托克维尔：《旧制度与大革命》，商务印书馆1992 年版，第 260 页）
③ 勒克赛尔：《让·雅克·卢梭》，载卢梭《论人类不平等的起源和基础》，商务印书馆 1962 年版，第 24 页。

态的浪漫勾画,以及对经济与政治不平等的愤怒谴责,却在社会转型时期回应了民众最深层的生存渴望。事实上,在卢梭那里,像火一般燃烧的生命激情,不仅构成价值关切的中轴,而且展现为一种极具感召力和震撼力的表达方式。这种表达方式同理性的分析和推论大相异趣。卢梭为冲破启蒙话语冷漠的逻辑格调,甚至要从宗教狂热中挖掘救赎热忱的思想资源:

> 宗教的狂信尽管是容易导致血腥和残酷的行为,但不失为一种强烈的热情,它能鼓舞人心,使人把死亡不看在眼里,赋予人以巨大的动力,只要好好地加以引导,就能产生种种崇高的德行;反之,不相信宗教,以及一般的好辩的哲学风气,却在斫丧人的生命,使人的心灵变得十分脆弱,把所有的热情都倾注于低级的个人利益和卑贱的自身,一点一点地败坏整个社会的真正基础。①

在法国大革命的狂风暴雨中,激进领袖罗伯斯庇尔对无神论的敌视,可以说是卢梭思想的全本照搬。按照这师徒二人的看法,启蒙哲学虽将人们从蒙昧主义的禁锢下解放出来,但它在清除长期盘踞灵魂的宗教信仰的时候,却沿着世俗化轨道,把主体的理性觉悟转变为功利计算的商人式精明,反过来又使人的灵魂变得空空荡荡了。在这个意义上,启蒙哲学及其结出的无神论果实,宛如一块石头,既冷漠又坚硬,压根就缺乏理想主义的崇高和英雄主义的热血。② 相比之下,倒是宗教狂热所蕴含的道德激情更容易同革命的行动逻辑对接,只不过,基督徒向往上帝之城,而新时代革命者追求的则是人间天国而已。可以说,这是一种在现世场景中展开的救赎。③

现在要问:这种救赎的要害是什么? 卢梭的回答是:政治。"我发

---

① 卢梭:《爱弥儿》下卷,商务印书馆 1984 年版,第 455 页。
② 按照罗伯斯庇尔的看法,无神论同伤风败俗的不道德行为是分不开的。为此,他在雅各宾俱乐部让人把爱尔维修的胸像砸碎。(参见勒费弗尔《法国革命史》,商务印书馆 1989 年版,第 323 页)
③ 参见卡西尔《启蒙哲学》,山东人民出版社 1988 年版,第 152—153 页。

现，一切都从根本上与政治相联系；不管你怎样做，任何一国的人民都只能是他们政府性质将他们造成的那样。"①根据卢梭的审查，迄今为止，人类政治生活中的种种制度安排与契约设计都存在根本性的缺陷。它们或者把人民当作奴隶来强制和役使，或者在功利浊水中把人民扭曲为冷漠的自私动物。卢梭要同这类卑劣的政治彻底决裂。在他的心目中，一种理想的政治应该是神圣和光明的。它不仅要给人民提供可靠的法律保障，而且要用崇高的德性把人民造就得最聪慧、最开朗、最优秀。其制度设计的奥妙在于："要找出一种结合的形式，使它能以全部共同的力量来捍卫和保障每个结合者的人身和财富，并且由于这一结合而使每一个与全体相联合的个人又只不过是在服从他本人，并且仍然像以往一样地自由。"②在卢梭看来，倘按这样的原则来缔结社会契约，则它所创制的便不是一个普通意义的政府，而是一个作为理想化身的"公共人格"或"道德人格"。卢梭将它的神髓称作"公意"。

在法国大革命中，诉诸"公意"乃是实施革命专政的终审依据，其正当性和神圣性是不容置疑的。何以如此？卢梭的训诲是，公意代表了全体人民的公共意志。按照卢梭的界定，公意与个人意志不同。个人意志受自私欲望摆布，而公意则把全体人民的共同幸福当作首要关怀。公意也与团体意志不同。团体意志有一种狭隘的宗派倾向，而公意则立足全局，无私无偏。公意甚至也与众意不同。众意是个别意志的累加，而公意则放眼远量，诉求根本，"永远以公共利益为依归"。事实上，按照卢梭的逻辑，公意既能洞察和关怀全社会的公共幸福，它也就在归根到底的意义上代表和实现了个人的最高价值。在公意中，个人的孤立性、片面性、狭隘性被扬弃，可是正因为这样，他的能力发展了，他的思想开阔了，他的情感高尚了，他的人格升华了，他的本质复归了。难道还有什么东西能比这更加完美吗？所以，卢梭放胆推定，公意的道德神圣必然要衍

---

① 卢梭：《忏悔录》第二部，人民文学出版社 1991 年版，第 504 页。
② 卢梭：《社会契约论》，商务印书馆 1982 年版，第 23 页。

生出至高无上的政治权力要求：

> 如果国家，或者说城邦，只不外是一道德人格，其生命全在于它
> 的成员的结合，并且如果它最主要的关怀就是要保存它自身；那末
> 它就必须有一种普遍的强制性力量，以便按照最有利于全体的方式
> 来推动并安排各个部分。正如自然赋予了每个人以支配自己各部
> 分肢体的绝对权力一样，社会公约也赋予了政治体以支配它的各个
> 成员的绝对权力。[①]

许多评论家注意到，卢梭对"公意"的极度推崇，不论在内容上还是在形式上，都同他倡导并示范的情感个人主义存在冲突。[②] 因为这个缘故，他对后来西方社会文化变迁的持久影响，便呈现为不同的甚或相反的思想与行动路线。但问题是，在如火如荼的大革命岁月，激进的雅各宾派却把卢梭奉为思想先知，并将他的多元价值诉求不加分别地整合进了同一种革命话语。这种革命话语的关键性作用，就是"在一个市民社会的骚乱不断升级的时期影响和激励政治行动"。[③] 按照雅各宾派的革命化解读，卢梭对质朴的"自然人"的向往（《论科学与艺术》），展示了一种与功利市侩判然有别的理想人格；卢梭对内心世界的大胆剖析（《忏悔录》），表现了一种敢于挑战世俗虚伪的坦荡和率真；卢梭对源于淳朴天性的良知良能的虔信（《爱弥儿》），显示了一种与无神论迥然不同的热切的道德关怀；卢梭对社会不平等的愤怒批判（《论人类不平等的起源和基础》），表达了生活在水深火热之中的底层民众的正义呼声；卢梭对人民主权的称颂和对公共意志的赞美（《社会契约论》），指明了彻底打碎旧世

[①] 卢梭：《社会契约论》，商务印书馆1982年版，第41页。
[②] 在《论科学与艺术》《论人类不平等的起源和基础》等著作中，卢梭对自由、独立、质朴、单纯、刚健、勇武等德行价值的捍卫，潜在地表现了一种反文明、反社会的浪漫意向；但是，按照《社会契约论》的逻辑框架，他却不得不设法证明进入文明状态、缔结社会契约的进步性、合理性与正当性。另外，卢梭在文学创作中所表现出的个性自由偏好，同他在政治哲学中所强调的公意价值优先，也存在冲突。
[③] 参见博格斯《知识分子与现代性的危机》，江苏人民出版社2002年版，第18—20页。

界的革命的根本原则与神圣目标。总之,卢梭所倡导的一切优良品德,如质朴、单纯、真诚、自尊、善良、平等、正义以及英雄主义的热情豪迈与刚健勇武等等,几乎无一不进入了,当然也是不无矛盾地进入了雅各宾派的革命行动纲领。罗伯斯庇尔在阐述政治道德原则的报告中这样讲:

> 我们希望在我们国内:以道义代替自私,以正直代替名声,以原则代替习惯,以责任代替体面,以理智的权力代替时髦的暴政,以轻视恶习代替轻视不幸,以高尚代替无耻,以胸襟宽宏代替虚荣心,以热爱荣誉代替热爱金钱,以好人代替排场,以功绩代替阴谋,以才能代替乖巧,以幸福的魔力代替淫荡无度,以人的伟大代替贵族的渺小,以高尚的、强大的、幸福的人民代替荒淫的、轻率的、不幸的人民。就是说,我们希望用共和国的一切美德和奇迹代替君主国的一切荒谬的东西。①

可见,雅各宾派追求的是一个崇高的道德理想国。在他们的心目中,这个理想国不仅比旧制度更好,而且在本质上是一个没有任何缺陷与瑕疵的尽善尽美的天堂。正因如此,要把它在人间建立起来,就必须下定决心,不怕牺牲,排除万难,去争取胜利。于是,在乌托邦情结的驱使下,一种改天换地的颠覆性冲动就从雅各宾党人的心底油然而生。对他们来说,光明与黑暗不能共存,正义与邪恶不能兼容。因此,旨在彻底打碎旧世界的革命,决不能像请客吃饭、绘画绣花、读书作文那样表现得文质彬彬、温良恭谦。反动派不会自行退出历史舞台。所以罗伯斯庇尔反复强调,在革命的紧要关头,必须用恐怖来加强道德的专政力量。按照他的见解,没有美德的指引,恐怖会带来灾难;但没有恐怖的支持,美德又会变得软弱无力。罗伯斯庇尔由此确信,并且力图使他的战友和广大人民群众确信,"革命政体就是自由对暴政的专制"②。这种革命专制不论表现得多么恐怖,都天经地义、正当合法。反过来,也只有把恐怖这

---

① 罗伯斯庇尔:《革命法制和审判》,商务印书馆 1997 年版,第 170 页。
② 罗伯斯庇尔:《革命法制和审判》,商务印书馆 1997 年版,第 176 页。

把神圣的正义之剑磨得锋利,才能斩除腐败社会机体上的一切毒瘤。这就是雅各宾派行动纲领的要害所在。

根据这个行动纲领,激进的革命党人不仅处决了作为旧制度象征的路易十六国王,而且对一切阻碍革命、敌视革命的所谓反动分子毫不手软地进行了镇压。一些狂热的革命分子辩称,社会这个躯体,越流汗就越健康。但是用完美的道德理想标准来衡量,社会躯体的健康程度永远都不可能充分和完全。所以就要不断革命。既革反动分子的命,也革落后分子的命。米涅曾经指出,在法国大革命中,道德理想不独成为一般意义的专政根据,而且特殊地说,有多少种道德品质,就有多少种恐怖形式。"保王党和贵族的被控,是以自由和平等的名义;吉伦特党的被控,是以共和国的不可分割性的名义;菲利波、德穆兰和温和派的被控,是以救国的名义;肖梅特、克洛斯、戈贝、埃贝尔以及整个无政府主义派和无神论派的被控,是以道德和最高主宰的名义;夏博、巴齐尔、德格兰的被控,是以诚实的名义;丹东的被控,是以道德和安分守己的名义。在狂热派的心目中,这些道德方面的罪行和人们所指控的叛乱活动同样构成这些人的死罪。"[1]面对如此残酷的恐怖行径,即使对法国大革命抱同情态度的思想家,也不能用体谅、平和的心态来回味这段血腥历史。托克维尔批评说,在大革命的恐怖岁月,"人类精神完全失去了常态;不知道有什么东西可以攀附,还有什么地方可以栖息。革命家仿佛属于陌生的人种,他们的勇敢简直发展到了疯狂"[2]。有人斥责法国大革命从建天堂入手而以造地狱告终,虽多少有些偏激,但并非毫无根据。正因如此,为雅各宾派提供革命圣经的卢梭,被西方思想家相当广泛地看作"伪民主"的极权主义政治哲学的发明人,也就不足为怪了。

① 米涅:《法国革命史》,商务印书馆1989年版,第232—233页。
② 托克维尔:《旧制度与大革命》,商务印书馆1992年版,第191页。

第十一章 物化世界的审美超越

　　在现代性的成长过程中,两场革命的影响力是无论怎样高估都不过分的,那就是政治领域的法国大革命和经济领域的英国工业革命。[1] 但是,这两场革命的社会效应不仅具有肯定性的意义,而且以否定性的形式表现了出来。就法国大革命而言,它一方面推翻专制政体,建立起一种以人人平等为基础的新型政治秩序,从而使现代民主观念、权利观念和平等观念更深刻地嵌入人们的内心;可是另一方面,雅各宾派在彻底铲除罪恶的名义下,将建造天堂的热望变异为一场狂暴的革命恐怖,却使一部分人重新怀恋起传统权威,并对温良、虔敬、恭顺、文雅等德性品质深表偏爱。这种偏爱促成了一种重建信仰的努力,其最大思想收获便是所谓的浪漫神学。实际上,这是一条基督教的审美现代性路线。

　　相对于法国大革命,英国工业革命在形式上要平静得多。它把现代科技纳入市场体系,使优胜劣汰的自由竞争、投入产出的精确计算、规范严谨的经营管理和不断扩张的技术创新等等,成为经济生活的常规,以令人惊讶的规模和速度带来了物质财富的累积与增长。但是问题在于,

---

[1] 按照图尔纳的看法,在历史学意义上,法国大革命的爆发和英国工业革命的成功标志着漫长的"现代时期"已告一段落。(参见 Alain Touraine, *Critique of Modernity*, Oxford: Blackwell Ltd.,1955,p. 60)

英国工业革命所哺育的市场体系和技术文明,不仅用货币的品格塑造全社会,而且愈益清晰地显现了一个按数字化模型组织起来的机械世界。情感、灵性、直觉和想象在这个世界中没有地位,它们作为阻碍合理化进程的"魔咒",同传统的神话巫术一起被解除了。倘说卢梭以其浪漫哲人的敏锐嗅觉预感到正在成长中的技术文明潜伏着一种新的压抑形式,那么,英国工业革命则使人们更实在地体会到了这种压抑形式究竟是一副什么样子。因此,如何在世俗化和理性化潮流的冲击下呵护人的情感与灵性,便成为一个鲜明的思想主题。对这个主题的深度经营,使卢梭开拓的审美现代性路线得到了充分延伸。但是,当浪漫思想家顺着这条路线在此世的生活场景中为感性争夺地位的时候,不单是科学理性精神,而且还有传统宗教伦理,都发现了一个特别厉害的对手。

一、虔敬与皈依

法国大革命的发生曾在欧洲思想界引起过充满希望的激动。大多数知识分子乐观地相信,一个他们翘首以盼的自由民主时代正在降临。在为法国大革命激动过的思想家中,我们可以写出华兹华斯、柯尔律治、骚塞、歌德、席勒、赫尔德、施莱格尔、荷尔德林、诺瓦利斯、费希特、谢林等人的名字。连一贯以思辨和晦涩著称的哲学家黑格尔,在论及法国大革命的成就时,也运用了十分少见的生动语言:"这是一个光辉灿烂的黎明。一切有思想的存在,都分享到了这个新纪元的欢欣。一种性质崇高的情绪激动着当时的人心;一种精神的热诚震撼着整个世界,仿佛'神圣的东西'和'世界'的调和现在首次完成了。"[1]

但是,在经过充满希望的序曲之后,欧洲知识分子很快就感到了沮丧和痛苦。法国大革命确实推翻了一个专制王朝,然而它所带来的动荡、恐怖和血腥屠杀,却使那些敏感的性灵觉得无力承受。华兹华斯、柯

---

[1] 黑格尔:《历史哲学》,生活·读书·新知三联书店1956年版,第493页。

尔律治由于不满雅各宾专政而改变了对法国大革命的态度。骚塞完全抛弃过去的信念,成了一个顽固的保守派。歌德、席勒、施莱格尔、荷尔德林、诺瓦利斯等人,也因自由幻想的破灭而对大革命产生了厌恶情绪。斯塔尔夫人评论说,法国大革命原本要推动时代一步步向自由民主迈进,但遗憾的是,雅各宾专政却远离了这个目标。"我们怎能摆脱那如此触目惊心的痛苦对比啊! 仅仅一件罪行就曾在漫长的岁月中回荡不已,而我们却看到了无数的暴行,几乎司空见惯,过目即忘! 而这些令人发指的罪行正是在人类最伟大、最崇高、最值得骄傲的思想——共和主义的荫庇下产生的!"①

正因如此,对法国大革命负面效应的反省,甚至产生了像博纳尔、梅斯特尔一类的颇为极端的"反革命分子"。博纳尔说,法国大革命犹如释放罪恶的撒旦,颠倒了所有应被尊奉的价值准则,因此,要为其纠偏,就必须恢复宗教的至高权威。因为,"宗教是每个社会的结合力量,尤其能使政治社会的结子收紧"②。梅斯特尔则更偏执地强调,为使神权和王权的神圣性得到修复,有必要借鉴雅各宾的"革命"办法,诉诸绞刑架、断头台和刽子手:"一切权威,一切秩序都要依赖刽子手。他是人类社会的恐怖力量,是把社会维系在一起的纽带。如果把这一不可思议的力量去掉,秩序立刻会变为混乱,王座会崩溃,国家会消失"③。

梅斯特尔为刽子手大唱赞歌,很有些呼唤"白色恐怖"的味道。他那"牺牲是一种理想的屠杀","不流出牺牲的血,人类就不能得救"之类的言辞,使人强烈地感受到一股扑面而来的阴冷的杀气。可是问题在于,不论雅各宾专政怎样走过头,也不管为大革命充当思想先导的启蒙运动有多少欠缺,它们所缔造的新制度,以及给人们灌输的种种进步观念,是无法从历

① 斯塔尔夫人:《论文学》,人民文学出版社 1986 年版,第 127 页。
② 转引自勃兰兑斯《十九世纪文学主流》第三分册"法国的反动",人民文学出版社 1988 年版,第 71 页。
③ 转引自勃兰兑斯《十九世纪文学主流》第三分册"法国的反动",人民文学出版社 1988 年版,第 97 页。

史上和人类记忆中抹去的。"如果我们不公开承认我们从那一野蛮的和疯狂的革命受到极大的恩惠,不承认它把在事件发生前二十或三十年大多数人只要一想到就会发抖的思想注入了人们的头脑和心灵中,那么,我们就是极端忘恩负义的人,就是一个伪君子。"①因此,只要有一点历史感,那就应该清楚,新时代条件下的信仰重建,必须坚定地立足于现代性的基础平台。正是在这个意义上,利文斯顿把后启蒙时代的神学复兴之路描述为一种两难选择:"要么调整自身以适应现代科学和哲学的发展,并承担由此迁就世俗化现象的风险;要么抗拒来自文化方面的一切影响,在现代世界中应付生活的挑战时,变成一种基本上反动而无效的东西。"②

用不着深究,梅斯特尔主张用嗜血的刽子手整顿纪律,恢复神权的威严,肯定是一种历史的反动。事实上,神权的长久统治曾给欧洲社会带来严重的腐败、专制和暴虐。因此,启蒙运动对它进行的思想批判以及法国大革命对它施加的政治打击,不仅在历史上是合理的,而且在价值上是正当的。从这个角度来看,问题的正确切入路径应该是:在经历批判和打击,并接受这种批判与打击的某种时代进步意义之后,宗教信仰是否能够以及怎样才能获得复兴呢?过去,享有特权的教士和僧侣因为生活优裕而腐化堕落。可是,随着他们在大革命的狂风暴雨中被强制性剥夺,他们突然发现自己穷得像古代的使徒。许多人为此而懊恼、不平,甚至放弃了信仰,但也有些人经受了磨砺。在他们看来,一个苦难的事业,反而更令人感到亲切,更能增强人的自尊心。所以他们要在苦难中同基督偎依在一起。③

---

① 克劳科编:《新编剑桥世纪近代史》第9卷,中国社会科学出版社1992年版,第120页。
② 利文斯顿:《现代基督教思想》上卷,四川人民出版社1992年版,第3页。
③ 有位信徒这样写道:"我们的救世主创立我们的宗教时没有借助钱财。他维护我们的宗教时也不会借助于它,钱财他是不屑于接受的。当他召唤他的十二使徒时,他召唤他们去干什么呢?去享受荣华富贵吗?不是的。是去干苦活,去用心想,去受苦。如果说我们这些耶稣基督的个人现在发现自己处于使徒的状态,我们应该埋怨吗?不应该。相反应当为那些尘世的东西被剥夺掉而感到高兴,这是很可贵的;让我们感谢主,是他让事物恢复到原来的状态,他的孩子中最虔诚的人从未停止过对这种状态的向往。"(转引自勃兰兑斯《十九世纪文学主流》第三分册"法国的反动",人民文学出版社1988年版,第33页)

如果接受这一立场,那么不是别的,正是启蒙运动和法国大革命在思想上和政治上对已然衰朽的基督教体系双重亵渎,以否定的形式彰显了一条信仰的拯救和再生之路。夏多布里昂多少意识到了这一点。当他说:"我痛哭后便相信了"——他不仅是在向启蒙理性和无神论抗争,而且也是对已显陈旧的传统基督教辩护方法的反躬自省。他从深受浪漫主义者推崇的情感体验和诗意想象那里发现了一种富有活力的精神力量。于是,为感化人们的内心,激发人们的热忱,他便设法使浪漫情怀与基督教信仰相对接。在他的笔下,教堂的钟声是净化灵魂的悦耳吟唱,风和云是传递神圣信息的光明使者;圣餐仪式和感恩祈祷从花朵、青春和美开始,最后是上帝降临,把自身赐予人们作精神食粮;上帝之城高悬于空中,一颗颗耀眼的星星筑起拱门,一颗颗亮丽的太阳连成走廊,与它的光辉灿烂相比,巴比伦的花园不过是人的才智拙劣的仿造。就连基督教最神秘的三位一体奇迹,也被描绘得栩栩如生,宛如一首美妙的乐曲,在人的心中激起震颤,并使他们发出由衷的祝福与欢呼。假如作一个对比,可以说,传统的基督教辩护方法是说教—灌输式的,而夏多布里昂的辩护方法则是体验—感化式的。这或可称作关于上帝存在的美学本体论证明。夏多布里昂要使人们在对永恒之美的体验中皈依上帝:

> 多么诱人的沉思! 多么深邃的梦幻! 基督教让信徒流淌出的一滴泪水里所包含的妙景,就比神话的全部逗人欢喜的传奇中所包含的还多。用哀痛地抱着基督尸体的圣母,用主管盲人和孤儿的某个圣徒,一位作家就能写出比用罗马万神殿的所有神祇更感人的篇章。这就是诗意! 这就是神奇! 如果你想要更高的神奇,那就去深思默想基督的生活和痛苦吧,记住你的上帝是把自己称作人类的儿子的! 我们敢预言:人们为自己竟会看不出只有在基督的名称和表情中才有的美而感到惊讶的时刻一定会到来。[1]

---

[1] 夏多布里昂:《基督教真谛》,载中国社科院外国文学研究所编《欧美作家论现实主义和浪漫主义》(二),中国社会科学出版社 1981 年版,第 77 页。

用浪漫的情感体验来确证信仰,唤起了一种复兴基督教的颇有生气的新努力。[①] 如果说,开辟一条神学现代性路线是这种努力的要害所在,那么,它的一个基本立足点,便是直面理性法庭的质询,接受启蒙运动以来的知识学成就,而放弃关于上帝存在的种种本体论证明方法。[②] 在这个方面,新教神学家施莱尔马赫的领悟要比夏多布里昂透彻得多。按照施莱尔马赫的见解,上帝并非形而上的绝对实体,信仰也不是什么知识论问题。倘运用逻辑手段,即使追溯到万物的终极本原并给它冠以上帝之名,也仍旧可以认为,这样的推理与宗教信仰没有什么本质的关联。问题的要害在于,信仰的虔敬绝不是对一大堆形而上学的残渣碎屑的知识渴求。知识的量并不等于虔敬的质。假如把上帝设定为实体化的"万有之有",将信仰上帝归结为逻各斯中心主义的严谨推导,那么,人皈依神圣时的情感激荡便不仅被淡化,而且,也许令基督教辩护者感到难堪的是,科学理性对作为超验实体的上帝的拒斥就是完全正当的了。

因此,施莱尔马赫强调,宗教就本质来说不是知识。它既不屈从于理性的任何攻击,也无需理性的所谓肯定证明。对虔敬的信仰而言,上帝作为无限者和永恒者并不显示为类似于物理定律,或是用于解释外部

---

① 卡利奈斯库指出,在 18 世纪后期由浪漫派推动的宗教复兴,将对情感、直觉、想象的推崇与对中世纪文明的痴迷结合起来,虽看上去有些复杂和混乱,但它构成了抗拒启蒙世纪理性霸权的现代性批评运动的一部分。可以把这场宗教复兴看作"审美现代性"路线之历史推进的一个重要阶段。(参见 Matei Calinescu, *Five Faces of Modernity*, Durham: Duke University Press, 1987, pp. 60 - 61)

② 这种传统是由中古神学家安瑟伦、阿奎那等人开创的,直到 18、19 世纪仍有思想继承者。威廉·帕雷就是其中的一个。在《自然神学:或从自然现象收集到的关于上帝存在和属性的证据》一书中,帕雷给出了一个经过修正的关于上帝存在的目的论或设计论证明。他推论道,设若我在一片荒漠之地行走时看见一块躺在地上的岩石,我可以把这块岩石的存在归因于某种偶然。但是如果我看见的是一只钟表,情况就完全不同了。钟表有精密的部件,复杂有序的结构,提供着对时间流程的一种极富规则性的度量,因此,若将它的形成归结为风吹雨打之类因素的偶然作用,那是令人难以置信的。我们不能不相信存在一个设计钟表的有理智的头脑。同样道理,行星的运转,四季的更替,生物有机体各部分的奇妙结合和相互适应,表明自然界也是一架机器,而且是一架有目的设计而成的最为复杂和精密的机器。而那设计者,就是万能的造物主。(参见希克《宗教哲学》,生活·读书·新知三联书店 1988 年版,第 55—57 页)

自然运动的最高目的和最高原因,相反地,它只能被看成是与个体生命相关联并赋予个体生命以价值意义的终极依靠。在施莱尔马赫看来,个体生命是有限的和暂时的。这种有限性和暂时性使人无法在自身之中获得一种自足完善。但希望提升自己生命的质而达到完善是人的本性期求。于是,体验到自己的局限并渴慕救赎的生命个体,便在内心深处生成一种对超乎自身之上的无限者与永恒者的绝对依赖的意识。这种意识使他深切感受到,"自我的存在和生命,是一种在上帝中并依靠上帝的存在和生命"①。凭着这种神圣的相遇,个体的生存遂得以超越自己的有限而获得具有本真意义的神性维度。这便是虔诚的皈依。

可见,皈依神圣并不是理性证明的后果。没有一个人是由于寻求教义知识而成为基督徒的。这样的人或许有学识却不见得有信仰。因为信仰,在施莱尔马赫看来本质上是虔敬,是情感的激荡和性灵的震颤。它来自一个人内心深处真切的直觉感受,因此是超越理性,亦即比理性更原初和更根本的东西。就这个意义来说,过去被广泛认作宗教本质的教义信条,其实也不过是对人的内心感受所作的反思;而这种反思,无论多么贴切,终归只能说是宗教感情的间接的影子。

因此,是否持有某种宗教观念,并不是衡量一个人是否具有虔诚信仰的标准。标识一个人的宗教信仰之价值的,与其说是神性在观念中被间接摹写的方式,毋宁说是神性在感受中向他直接呈现的方式。施莱尔马赫甚至认为,即使相信圣书,也并不表明每一个相信者都是真正的基督徒。"只有那些对圣书有一种活生生的直接感悟,因而就其自身而言可以完全不要圣书的人,才拥有宗教。"②

所有这一切的一个必然推论就是:由于宗教信仰在本质上与人的内心感受相关,因此,那些对基督徒的虔敬体验没有实质性帮助的教义教规都是次要的和非根本的东西,即若不是可有可无的话。按照施莱尔马

---

① 转引自利文斯顿《现代基督教思想》上卷,四川人民出版社 1992 年版,第 197 页。
② 转引自利文斯顿《现代基督教思想》上卷,四川人民出版社 1992 年版,第 199 页。

赫的看法,原初意义的虔敬信仰带有个性辉光,它是个人精神的自由冲动。一个人可以把自己受上帝激发的心灵献给别人,用自己的感受去感染别人,但爱心和情感的交流无论如何不能凝固为某种单一的宗教形式。从这个角度来看,历史上存在过的教会,或者由于用抽象信条去激发那本应先于信条的内心感受,而显示出一种"教条式的死板的性质";或者由于在世俗国家权力的辅佐下成为拥有特权的组织,而使纯洁的灵性团契受到不同程度的污染,总的说来都不是真正的理想教会。至于那个经常流行的可怕口号——"不加入我们,便不得拯救",在施莱尔马赫看来,就更与基督教精神背道而驰了。

在某种意义上,施莱尔马赫对神学的改造可以和康德在哲学中完成的"哥白尼式的革命"相媲美。[1] 他把宗教信仰的核心归结为虔敬的情感体验,这意味着,基督教神学既不必再借助于某种外在的权威来加强自己的力量,也不必到理性的法庭面前卑怯地申述自己的正当理由。这样一种重建信仰的努力,十分明显同时又颇为矛盾地打着启蒙运动所标识的现代性烙印。一方面,启蒙运动以来的社会变革,"使争取个人人格完全独立自主的要求比以前强烈得多,其结果就是排斥权威观念,抵制任何权威对个人内心生活的干预"[2]。对于这一点,施莱尔马赫有着清醒的认识。但是另一方面,为启蒙运动所激励,并随实证科学的发展而急剧膨胀的那种理性的自负与狂傲,在施莱尔马赫看来,显然已逾越了其正当边界。他的浪漫神学,实质上就是"针对蔑视宗教的知识界人士而发的"[3]。施莱尔马赫向那些理性自大狂提出追问:

> 对于宗教生活本身,首先是对于那些心灵的虔诚升华的头等重要性,你们为什么不注重呢?在这种升华之中,所有其他已知的行动都被搁置一旁或者几乎被抑制下去了,整个的灵魂都消融在对无

① 参见利文斯顿《现代基督教思想》上卷,四川人民出版社1992年版,第189页。
② 穆尔:《基督教简史》,商务印书馆1981年版,第304页。
③ 沃尔克:《基督教会史》,中国社会科学出版社1991年版,第612页。

限者与永恒者的直接感受之中。在这时刻,你们自称瞧不起的那种倾向就以原始的、可见的形式显现出来了。①

事实上,不独施莱尔马赫,身处社会转型期的德国伟大心灵,如席勒、施莱格尔、诺瓦利斯、荷尔德林等等,都提出过类似的追问。这种追问实际上是有答案的。当启蒙运动沿着解除魔咒的理性化方向不断扩张,最终反过来伤害到人的灵性;当个性解放意味着不再有上帝管辖而如释重负,落得个无忧无虑的自在逍遥;当天赋自由在无节制的功利追逐中变成现实,以至于人们觉得彼此间可以正当地相互利用和相互算计;当民主平等发展得使人人比肩并列,不再有出类拔萃的崇高和杰出,最后演变为普遍化的浅薄平庸……那将是一个什么世界? 这个世界还能为人们提供安顿性灵的家园吗? 对这些问题作超前思考的德国浪漫哲人和浪漫诗人,感到了内心的沉重。他们觉得,人的真正的自由解放,与其说是一个政治革命和经济革命问题,不如说是一个对俗化世界的审美超越和艺术超越问题。而他们所担当的一个神圣天职,就是在诸神逃离的时代,用自己纯真、挚爱和温情的倾诉,向世人发出召唤,给人间引入一线诗意的亮光。

二、寻找精神家园

按照海德格尔的说法,"精神返乡"乃是 19 世纪德国浪漫诗人的一个典型诉求。② 问题在于,这个诉求在什么意义上具有现代性质? 齐美尔认为,从社会形态层面来观察,现代性的生成过程既展现为个体的自主独立,也展现为工商文明的体系建构。在这一格局中,"现代生活的最深刻的问题,源于个体在面对压倒一切的社会力量、外部文化和生活技术时,渴望保持其存在的自主性和个体性"③。这是现代人的基本生存境

① 转引自利文斯顿《现代基督教思想》上卷,四川人民出版社 1992 年版,第 193 页。
② 参见海德格尔《荷尔德林诗的阐释》,商务印书馆 2000 年版,第 31 页。
③ K. H. Wolff(ed.), *The Sociology of Georg Simmel*, New York:Free Press, 1950,p. 409.

况。正因为如此,当个体为免于性灵的耗尽和湮灭,而与强大的社会—技术机制作抗争的时候,便只有采取同现代物质文明相"疏离"的叛逆形式。

诗人海涅曾转述过一个寓言故事。故事说,一个英国发明家在造出一些精妙的机器之后,忽然想到要用人工方法来制造一个人,而且他最终获得了成功。据说他的这个了不起的作品竟完全能像一个人那样举止动作,甚至,在它那皮革制造的胸膛里还具备了和通常英国人的情感相差不远的一种人类情感。它用于表达情感的语音十分清晰,并且就连内部齿轮、摩擦器和螺丝发出的杂音,也富有一种道地的英国腔调。总的来说,这个机器人就像是一个派头十足的英国绅士,它同真正的生命相比,除了灵魂以外别的什么都不缺了。但这个英国发明家却无法给它一个灵魂。而这个可怜的被造物,自从意识到这个欠缺以后,便日日夜夜地要求它的创造者设法给予弥补。这位大发明家终于无法忍受那日益迫切的不断请求,于是便丢下机器人仓皇出逃。但这个机器人却立刻坐上一部特快驿站马车追他到欧洲大陆。它总是跟在他身后,常常突然抓住他,哼哼唧唧地对他说:"给我一个灵魂!"①

灵魂的匮乏作为技术文明的一个负面效应,在 19 世纪的英国是一个可以直接感受到的生活现实。工业革命的迅速发展,使人们开始分享技术进步的好处,但它所建立起来的无灵性的机械世界,特别是这个机械世界对感性生命的强行分割与组织,却又令人感到茫然失措。当眼见着田园变成排污水的工厂,森林变成冒黑烟的烟囱,男男女女变成片面呆板的机器部件,有人发出了这样的悲叹:"在这里,文明创造了自己的奇迹,而文明人则几乎又成为野蛮人。"②这种悲叹出自英国人之口,似乎不难理解,因为英国是工业革命的故乡。但令人困惑的是,工业化进程相对滞缓的德国却培育了一批思想家,他们竟不仅比英国人更早,而且

---

① 参见海涅《海涅选集》,人民文学出版社 1983 年版,第 290 页。
② 勃里格斯:《英国社会史》,中国人民大学出版社 1991 年版,第 243 页。

更敏锐、更深刻地觉察出了技术文明时代的意义危机,这到底是为什么呢?①

荷尔德林讲:"精神的最原始的要求朝向共同性,朝向所有部分的和谐同在。"②在这个意义上,或许正因为德国人较多乡土气,他们才较少技术中介的阻隔,而与大自然保持了难分难解的神秘交感与血肉契合。擅长形而上运思的民族文化传统,又使他们保有超乎常人的直觉能力和思辨能力。于是,他们那充满宗教感和田园诗风的素朴性灵,在觉察出工业化浪潮的蔓延之势后,就不能不随之震颤,并发出一串串跟现代社会不尽和谐的声音:

> 哀哉! 我的同时代人在黑暗中摸索,仿佛生活在阴曹地府一般,索然无味。光为自己的事奔忙,在隆隆的作坊里全都闭目塞听,蛮人般地挥动巨臂……③

浪漫主义者敏锐地感觉到,现代工业文明的成长在双重意义上伤害了人的质朴性灵。一方面,功利欲求的主宰使生活变得乏味,仿佛成了一块撒过盐的土地,艺术精神得不到培育,它萎缩于利益的桎梏下,"消失在嘈杂的市场中"。另一方面,知性思维的盛行、技术规则的推广、专业分工的细化,在提高类的总体力量的同时,又从根本上破坏了个体生命原本具有的丰满与完整。结果,人就成了束缚于无生命的机械组织中的一个断片。席勒评论道:

> 永远束缚于整体中一个孤零零的断片上,人也就把自己变成一个断片了。耳朵里听到的永远是由他推动的机器轮盘的那种单调乏味的嘈杂声,人就无法发展他生存的和谐,他不是把人性印刻到

---

① 在广泛的意义上,抗拒工业化浪潮是与反叛启蒙理性历史地联系在一起的。在这个方面,德国浪漫主义者即便不是开路人,至少也是急先锋。卡西尔说:"反对启蒙哲学的最早先驱是德国浪漫主义者。后者的首要兴趣不在政治方面。他们更多的是生活在'精神'即诗和艺术的世界里。"(卡西尔:《国家的神话》,浙江人民出版社1988年版,第198页)
② 荷尔德林:《荷尔德林文集》,商务印书馆1999年版,第219页。
③ 荷尔德林:《荷尔德林诗选》,北京大学出版社1994年版,第135页。

他的本性中去,而是把自己仅仅变成他的职业和科学知识的一种标志。①

不仅如此,在席勒看来,就连把个体联系到机械整体上去的那个断片的方位也不取决于人的自主选择,而是由一个公式无情而严格地规定出来的。这还有什么灵性和诗意可言!出于对这个物化世界的厌恶,席勒返回过去,在古希腊人那里发现了人之为人的理想楷模。"希腊人的本性把艺术的一切魅力和智慧的全部尊严结合在一起……他们既有丰满的形式,又有丰富的内容;既能从事哲学思考,又能创作艺术;既温柔又充满力量。在他们身上,我们看到了想象的青年性和理性的成年性融合而成的一种完美的人性。"②

现在要问:体现于古希腊人身上的完美的人性是一种历史的真实吗?卡西尔认为,"关心历史"乃是所有浪漫主义者的共同兴趣,而且,这种兴趣多少还具有"为过去而爱过去"的特征。但是即便如此,"过去"在浪漫主义者那里并不单单是作为历史事实,而更其是作为精神理想被设定出来的。③ 保尔曾就古希腊人与现代人的关系打过一个形象的比喻。他说,正如一个孩子的天真纯朴不会对另一个孩子有魅力,而只能使已经失去童年的人着迷一样,只是由于工业文明的酷暑造成了树叶的枯萎,我们这些行走于沙漠之中的现代人,才把古希腊幻化成了自己倾心向往的精神绿洲。④ 或许,就实际的历史层面来说,即使在作为人类童年期的古希腊,那种人与自然的契感交合,以及有限与无限、感性与理性、内容与形式等等的圆满统一,也不过是一种梦境。但是,由于它确系人们深情地沉湎于其中的梦境,所以,当技术文明把幻化生活的面纱越撕越少时,它在理想的价值层面便成了人们感觉上真实失去了的东西。

---

① 席勒:《美育书简》,中国文联出版公司 1984 年版,第 51 页。
② 席勒:《美育书简》,中国文联出版公司 1984 年版,第 48—49 页。
③ 参见卡西尔《国家的神话》,浙江人民出版社 1988 年版,第 199 页。
④ 参见保尔《美学入门》,载中国社科院外国文学研究所编《欧美古典作家论现实主义和浪漫主义》二,中国社会科学出版社 1981 年版,第 350 页。

于是,浪漫主义者就用艺术的形式来悲悼它、讴歌它、重温它、再现它。诺瓦利斯说,既然时代是一个"沉于物"的功利主义时代,那么,在新的生活光临之前,就必须先有一个诗的裁判日。"诗歌是真正绝对的真实。这是我的哲学的核心。愈有诗情,就愈加真实。"①因此,在德国浪漫主义者那里,诗就不是一种特殊门类的艺术创作,而是一种形而上的价值建构方式。"在诗中,人被聚集到他的此在的根基上。"②由此彰显了审美艺术的优先地位。卡西尔评论说,审美体验蕴含着普通感觉所不可企及的无限可能。在艺术作品中,这些可能性变成了现实性:"它们显露出来并且有了明确的形态。展示事物各个方面的这种不可穷尽性就是艺术的最大特权之一和最强魅力之一"。③

从本质上说,浪漫主义者所迷恋的世界,乃是一个诗化的意义世界。这个世界同卑劣的现实世界针锋相对。当浪漫作家以其与大自然的神秘交感,谛听着清泉的吟唱和树木的低语,从奇花异葩的眼睛读出相思的神情,乃至于在古堡废墟、精灵鬼怪、巫术魔法中咀嚼某种神奇意味的时候,他们都是以各自的方式表达着对现代文明的功利旨趣、知识旨趣和技术旨趣的抵御与抗争。勃兰兑斯指出:"诗与生活之间的关系这个大问题,对于它们深刻的不共戴天的矛盾的绝望,对于一种和解的不间断的追求——这就是从狂飙时期到浪漫主义结束时期的全部德国文学集团的秘密背景。"④由于以诗的映照去不断加重相形见绌的生活的危机感,德国浪漫主义者具有相当浓郁的遁世情绪。一个典型的例子是,把诗视作保证心灵健康的伟大艺术的诺瓦利斯,为了抵御庸俗生活常态的压抑而告别发出"冒昧光亮"的白昼,唱起了《夜颂》。他觉得,在黑夜中,周围世界的一切都隐没起来,于是人们便得以"走向内心",沉入令人陶

---

① 诺瓦利斯:《断片》,载中国社科院外国文学研究所编《欧美古典作家论现实主义和浪漫主义》二,中国社会科学出版社 1981 年版,第 393 页。
② 海德格尔:《荷尔德林诗的阐释》,商务印书馆 2000 年版,第 49 页。
③ 卡西尔:《人论》,上海译文出版社 1985 年版,第 184 页。
④ 勃兰兑斯:《十九世纪文学主流》第二分册"德国的浪漫派",人民文学出版社 1988 年版,第 37 页。

醉的幻想状态：

> 黑魆魆的夜呀……你展开了心灵的沉重的翅翼……我感到光亮是多么可怜而幼稚啊！白昼的告别是多么可喜可庆啊……夜在我们身上打开的千百万只眼睛，我们觉得比那灿烂的群星更其神圣。它们比那无数星体中最苍白的一颗看得更远；它们不需要光，就能看透一个热恋的心灵的底层，心灵上面充满了说不出来的逸乐。①

从相信历史进步的乐观主义立场来看，这样一种迷恋黑夜的遁世情绪无疑是消极的。海涅就说，诺瓦利斯的诗艺实际上是一种疾病。对之作出判断，不是批评家的事，而是大夫的事。② 勃兰兑斯也指出，德国浪漫诗人试图用心灵的熔炉来消解外部世界，但当他们沉醉于艺术之梦的时候，不仅被其消解的外部世界依然故我，而且更可怕的是，他们自身或许也会像长眠者一样，过起一种植物式的生活，甚至最后完全化为石头。③

这种看法涉及了问题的一个方面。但是，问题还有另一个方面。最起码，我们不好把德国浪漫主义者聚精会神于艺术之梦看作纯然的自欺。因为自欺，就本质而言，乃是精神为了某种外在的需要而违心地扭曲自己的本然意图。但在这里，情况恰好相反。正是为了不自欺其心，德国浪漫主义者才弃绝庸俗的生活现实，主张在诗的国度里纯化人的情感，信护性灵的圣洁。在他们看来，除非用诗来统摄生活，用审美的世界来设定现实的世界，否则人生就没有一个可靠的意义支点。海德格尔讲得好："这个时代是贫困的时代，因此，这个时代的诗人是极富有的——诗人是如此富有，以至于他往往倦于对曾在者之思想和对到来者之期

---

① 转引自勃兰兑斯《十九世纪文学主流》第二分册"德国的浪漫派"，人民文学出版社 1988 年版，第 189 页。

② 参见《海涅选集》，人民文学出版社 1983 年版，第 114 页。

③ 参见勃兰兑斯《十九世纪文学主流》第二分册"德国的浪漫派"，人民文学出版社 1988 年版，第 201 页。

候,只是沉睡于这表面的空虚中。然而诗人坚持在这黑夜的虚无之中。由于诗人是如此这般独自保持在对他的使命的极度孤立中,他就代表性地因而真正地为他的民族谋求真理。"①从这个角度来看,诗对于德国浪漫主义者,就不单纯是一种向后和向内的退缩,而且也是一种向上和向前的展望,一种慷慨自救的涉身入世方式,一种在天地间自强不息的安身立命之途。

三、诗与现实的紧张

如果说,每个时代都把自己的精神投射到艺术中去,那么,对浪漫主义运动而言,这话也许只能从否定的意义上去理解。因为,面对声势浩荡的现代文明潮流,浪漫诗人非但没有表现出乐观情绪,反而有一种深深的挫折感和失落感。他们对生活方式的世俗化和理性化心存疑虑,甚或满腹忧伤。其艺术风格,在某种程度上就是因强烈感受到生命意义的危机而发出的一种"自卫性反应"。② 这种反应使他们掉过头来,"转向过去和乌托邦,转向潜意识和幻念,转向不可思议和神秘,转向儿童和自然,转向梦境和放肆,一言以蔽之……转向能把他们从失败的感受中解脱出来的种种要求"③。由此可以理解,为什么英国湖畔派诗人和美国超验主义者是那样执著地主张返璞归真,领悟大自然的启示。

在西语中,"自然"一词的含义是相当哲学化的。它不仅指宇宙气象,而且指原初状态和质朴天性。浪漫主义者对自然之境的幻化和迷恋,实质上是确立一个价值坐标。据此,他们反复不断地追问:如何评判文明进步? 我们为现代工商业的成长付出了怎样的代价? 倘若代价是

---

① 海德格尔:《荷尔德林诗的阐释》,商务印书馆 2000 年版,第 53 页。
② 参见巴特勒《浪漫派、叛逆者及反动派:1760—1830 年间的英国文学及其背景》,辽宁教育出版社 1998 年版,第 5 页。
③ 豪塞尔:《艺术史的哲学》,中国社会科学出版社 1992 年版,第 55 页。

人的灵性的丧失，它是否能由物质进步的好处来抵偿？假如不能抵偿，在一个精神贫困的时代，又该怎样找回我们因世俗所累而丢失了的本心？华兹华斯讲，寻觅本心不应求助"书本"，而应师法"自然"：

> 书本！这无尽的搏斗多么枯索，
> 来吧，来林中听红雀歌唱，
> 它的歌唱多么甘美，请相信我，
> 这歌声中有更多智慧的蕴藏。
> ……快走进这光明的世界，
> 让大自然做你的师长。
> 她拥有无数现成的财富，
> 来丰富我们的头脑和心灵——
> 智慧如清风般从健康中吹出，
> 真理也轻快地在欢乐中诞生。①

在这首题为"全局改观"的诗中，华兹华斯深情地发出了回归自然的呼唤。这呼唤使人联想到卢梭和席勒。同卢梭和席勒相比，华兹华斯心目中最贴近自然的生存状态似乎不是那么遥远和纯粹。在可以直观把握的意义上，它不过是处于工业社会边缘的田园生活。但是这个差别并不重要。重要的是，田园生活于华兹华斯，就像"自然状态"之于卢梭和"纯真的希腊"之于席勒一样，具有与现代工业文明相对立的两个突出特征。其一，人与自然之间尚未横插进越来越多的技术中介，两者是浑然不分、合而为一的。其二，由于远离现代文明的喧嚣，个体生命得以保留了一份不饰伪装的淳朴情感。在华兹华斯看来，这便是人之为人所应有的圣洁与纯真。②

---

① 华兹华斯：《全局改观》，载《英国湖畔派三诗人选集》，湖南人民出版社 1986 年版，第 115—116 页。

② 参见华兹华斯《抒情歌谣集·1800 年版序言》，载伍蠡甫、胡径之编《西方文艺理论名著选编》中卷，北京大学出版社 1989 年版，第 42—43 页。

　　因此，在较为直接的生活层面，将崇尚自然解读成确认"乡村"对于"城市"的价值优越性，是顺理成章的。爱默生曾作过一组对比。他说，随着城市人获得越来越多的现代技艺，他同时也就丧失了原初的本质力量。他有车辆但失去了双足；他有精致的钟表但失去了通过太阳准确判断时间的本领。笔记本和图书馆败坏着他的记忆和机智；科学知识腐蚀着他翻译自然之书奥义的能力。他的财富越积越多，却成了一个只消化食物的胃；他的生活越来越舒坦豪华，可是遗忘了本该属于自己的精神的家。在这个意义上，纵令可以谈论所谓社会的进步，"但进步的人却一个也没有"。①

　　所以，把"自然"视作人性公分母的华兹华斯，就主张越过城市，摆脱在喧嚣的现代文明生活中沾染了太多虚伪、庸俗、矫揉造作之气的男男女女，到乡村和茅舍田野去寻觅最贴近自然的人格样板。如果说，这一人格样板的核心实质，在于率真质朴，在于不带任何世俗伪装的清澈单纯，那么，回归自然的更透彻的表达，便是确认"儿童"对于"成人"的价值优越性。华兹华斯曾唱出"儿童本是成人的父亲"②的著名诗句。在他眼里，孩子的幼稚同成人的深思熟虑相比，更贴近自然的神圣殿堂。所以，因无知而无邪，因不懂得老谋深算而有一颗澄明之心的儿童，就应该被奉为人生的伟大向导：

> 你啊，外表的相貌不符
> 　　你灵魂的伟大！
> 你啊，优秀的哲人，依旧保有
> 天赐禀赋，你是盲人中间的眼目
> 虽聋虽哑，却能看懂、悟透
> 不朽的上帝永恒而深奥的圣书——
> 　　伟大啊，有福的先知！

---

① 参见爱默生《自然沉思录》，上海社会科学院出版社 1993 年版，第 25、159—161 页。
② 华兹华斯：《虹》，载《英国湖畔派三诗人选集》，湖南人民出版社 1986 年版，第 46 页。

　　　　我们终生苦苦寻求的

　　　　真理,都有赖于你的启示。①

　　由此不难理解,爱默生为什么把稚气看作"永远活着的弥赛亚"②。在他看来,不为世俗所累的儿童,就像是天国的精灵。在他们身上,成人的那种"支离、暴躁的心胸",那种因精明的功利算计而导致的"对外界的不信任感",都是不存在的。他们的眼神未曾被慑服,他们的心灵健康而完整。因此,圣洁的童心犹如浑然天成的诗,传达着自然的不朽信息,颁布着人性的庄严律法。在这个意义上,用儿童那质朴性灵的纯净溪水,来冲刷伴随着所谓文明教养而淤积在成人心中的肮脏污垢,实质上也就是追思人生的诗意,用诗来纯化人的情感,给无家可归的浪子指出一条返乡之路。

　　这样,儿童对于成人的价值优越性便转换成了"诗人"对于"俗人"的价值优越性。华兹华斯说:"诗人是什么?……诗人以一个人的身份向人们讲话。他是一个人,比一般人具有更敏锐的感受,具有更多的热忱和温情。他更了解人的本性,而且有着更开阔的灵魂。"③爱默生也说,每个人都本该是十足的艺术家。但是,由于被世俗的尘埃蒙蔽了眼目,芸芸众生已无法回复到本然的自我。所以,世界就总是期待着一位以其超人的能力来领悟自然的宝训并将之传授给众人的诗人。"诗人就是立言者,命名者,他代表着美。他是一个盟主,处于中心的位置。"④

　　可是问题在于,按照现代技术文明的工具理性主义取向,盟主的桂冠是要戴到科学家头上的。因此,为诗人树碑的浪漫主义者,就必须伸

---

① 转引自勃兰兑斯《十九世纪文学主流》第四分册"英国的自然主义",人民文学出版社 1988 年版,第 46 页。
② 爱默生:《自然沉思录》,上海社会科学院出版社 1993 年版,第 60 页。
③ 华兹华斯:《抒情歌谣集·1800 年版序言》,载伍蠡甫、胡径之编《西方文艺理论名著选编》中卷,北京大学出版社 1989 年版,第 48—49 页。
④ 爱默生:《自然沉思录》,上海社会科学院出版社 1993 年版,第 169 页。

张审美自律要求,进而确证"艺术"对于"科学"的价值优越性。① 他们的一个基本看法是,科学精神本质上是一种理性的分析精神。由于分析意味着抽象,而抽象总是使实在变得贫乏,所以,当科学不仅在知识论的范围内合理地排除迷信观念,而且逾越其合理限度,将审美感受和诗意想象一并加以扼杀的时候,问题的症结,就毋宁是在更高的水平上用艺术来为科学解蔽了。依浪漫主义者之见,科学所建立的世界,是一个没有生命的死寂的世界。如果说,在这个世界中,魔法的面纱已从造物的脸上揭去,所有可爱的幻想都受缚于冷漠的物质定律,那么,旨在使宇宙"死而复生"的艺术,就恰恰是要给自然"施魔",使它在帐幔下隐藏着的神奇、秘密和辉光向人诗意地显现。② 爱默生把这看作一种全新的感受方式和存在方式。他写道:

> 在这阳光灿烂的夏天,吸入这样的生命的气息是一种多么奢侈、豪华的享受啊! 草在生长,芽在萌发,草地上点缀着花朵所具有的火焰与黄金般的颜色。天空中有无数的飞鸟,空气中飘逸着松脂、草垛发出的清香。带着宜人的幽凉,夜在人心灵上唤起的不再是阴郁的感觉。星星那近乎神性的光辉穿过这透明的夜色倾泻下来。星空下的人看起来像一个年幼的孩子,而他居住的地球看起来像个小小的玩具。清凉的夜像流水一般洗濯着这个世界,又在静静地酝酿一个深红的黎明。③

可见,在浪漫主义者心目中,大自然并不仅仅是一个外在的"非我",它更其是一个活生生的能感应的"你"。而人与自然之间的这种交感契合,是无法借助科学的理性分析来达到的。席勒曾讲,"爱抽象思维的人

---

① 伽达默尔指出,建构审美—艺术本体论的理论背景是,"自然科学认识模式的统治导致了对一切立于这种新方法论之外的认识可能性的非议"。(参见伽达默尔《真理与方法》上卷,上海译文出版社 1992 年版,第 108 页)
② 参见艾布拉姆斯《镜与灯——浪漫主义文论及批评传统》,北京大学出版社 1992 年版,第92—93 页。
③ 爱默生:《自然沉思录》,上海社会科学院出版社 1993 年版,第 95 页。

往往具有一颗冷漠的心"①。由于这颗冷漠的心只会把自然视作可以计算和利用的异己对象,所以,追求"天人合一"的浪漫诗哲,就借助超越功利主义和工具理性主义狭隘视界的审美艺术来构设自己的理想天国。在他们眼里,艺术乃是"人与自然之间的媒介物和协调者"。② 它一方面把生命情感投射到自然中去,使自然罩上一层充满温馨和爱意的属人光环;另一方面又借自然的清新甘露来净化人的灵魂,使人殚精理道,解粘去缚,返还性命的本真。因而就有华兹华斯这样幸福的歌唱:

> 在这恬静的心绪中,
>
> 那高尚的情感引导着我们,
>
> 使我们仿佛暂时停止了呼吸,
>
> 甚至连血液也不再流动,
>
> 我们的肉体已陷入酣睡,
>
> 好像变成了一种纯粹的精神……③

如此说来,返璞归真,实质上也就是确认"精神"对于"物质"的价值优越性。爱默生曾明确地讲:"人借以安身立命的不是物质,而是精神。"④惟精神的高洁才能显示人格的伟大与庄严。但是,在一个物质主义和功利主义之风盛行的时代,崇尚精神的理想主义品质是无法与社会的主旋律合拍的。又因浪漫诗人有着特别细腻而敏锐的情感神经,遂比其他任何人都更不堪忍受社会现实的污浊。于是他们就转身回头,不仅遁入审美乌托邦,而且到田园湖畔避世隐居,在一方不闻城市喧哗和蒸汽机轰鸣的净土,与自然独对,品味着摆脱了世俗纷扰的安宁与自在。⑤

---

① 席勒:《美育书简》,中国文联出版公司1984年版,第53页。

② 参见艾布拉姆斯《镜与灯——浪漫主义文论及批评传统》,北京大学出版社1992年版,第76页。

③ 华兹华斯:《丁登寺赋》,载《英国湖畔派三诗人选集》,湖南人民出版社1986年版,第12页。

④ 爱默生:《自然沉思录》,上海社会科学院出版社1993年版,第59页。

⑤ 避世隐居对于英国湖畔派诗人和美国超验主义者具有某种程度的普遍性。最为典型的是在瓦尔登湖畔做隐士的梭罗。评论家说他"把自己的生活变成了一首诗"。(参见斯皮勒《美国文学的周期》,上海外语教育出版社1990年版,第50页)

从一个方面来说,避世隐居的生活方式反映了潜伏于浪漫主义者心中的某种被社会遗弃的挫折感和失落感。但是另一方面,当浪漫主义者把退隐看作对贫乏时代的叛逆与拒绝的时候,它又显示了一种遗世独立的孤傲。这种孤傲,在华兹华斯那里主要表现为一种内敛的幽雅恬静和怡然自得,而在爱默生那里,则颇为明显地发展成了一种外露的生命意志。这或可说是张扬"自我"对"社会"、"天才"对"庸众"的价值优越性。按照爱默生的看法,置身于繁荣的社会常常会泯灭自我和天才,所以,为了使自我和天才茁壮成长,就必须让人承受物质的贫困和生活的艰辛——

> 把这黄口小儿抛给岩石,
>
> 让母狼的乳汁将他喂养;
>
> 让他与鹰、与狐狸共度冬日,
>
> 让他的双脚与双手变成速度与力量。①

经过这样的磨砺,便诞生出一个自我依靠的刚健生命,一个鹤立于庸人之中的"完人"。这个"完人"不看别人的脸,不留心别人的脚印,不受世俗礼法的束缚,不惧怕流言蜚语的毁谤,只顺从自己的独特本性。爱默生赞美道:"他已抛开了人所共有的动机,已冒险使自己成为一个居于众人之上,享有特权的人物。他心灵高尚,意志坚定,目光敏锐,所以他可能完全彻底地成为他自己的教义、自己的社会、自己的法律。"②不消说,当这样杰出的天才走出他那间隐居的小屋,以昂然自恃的派头突入现实生活的时候,全部文明准则将随之发生震颤。

四、从个性表现到英雄崇拜

这种震颤使我们有必要重新梳理前面提及的两重关系。

---

① 爱默生:《自然沉思录》,上海社会科学院出版社1993年版,第123页。
② 爱默生:《自然沉思录》,上海社会科学院出版社1993年版,第151页。

一重关系存在于浪漫主义和基督教传统之间。如前所说,在经历了启蒙运动和法国大革命的严酷打击之后,基督教传统的复兴者曾利用浪漫主义大加推崇的情感体验进行宗教信仰的重建工作。由此形成了一种具有心理主义倾向的审美神学。历史地和辩证地看,用个人的情感体验来确证宗教信仰,可以使宗教信仰免除在理性法庭面前为自己辩护的必要,在这方面,审美主义的神学路线可以说走得颇为成功。可是问题在于,随着信仰被置于主体情感的基础之上,基督教给定的启示性内涵便容易与纯世俗的诗意化体验同流,而传统宗教戒律的客观有效性及其超个人的羁约力量也就越来越淡化和稀薄了。① 从这个意义来说,新教浪漫主义的深刻之处,同时也是它的危险之处。由于它过分强调虔敬的主体性维度,结果就很可能模糊神圣与世俗的边界,转而为坚持自我中心的个人主义的成长推波助澜。②

另一重关系存在于浪漫主义和现代世俗品格之间。就历史起源而论,对主体情感倍加推崇的浪漫精神乃是文艺复兴以降西方社会个性解放浪潮的产物。它作为个人主义的一种特殊类型,是随着传统约束机制的瓦解而与膜拜金钱、倡导自由竞争的"功利型"个人主义一道成长起来的。而且,这两种类型的个人主义在开拓现代世界的过程中都表现了不断刷新旧有纪录的骚动激情和创造能量。但是,资产阶级企业家在经济领域积极变革,不惜打碎所有的传统成规,却极力防范文化趣味方面激进的个人主义实验。"资产阶级的经济冲动力被导入一种高度拘束性的

① 参见卡岑巴赫《施莱尔马赫》,中国社会科学出版社 1990 年版,第 176 页。
② 参见蒂里希《政治期望》,四川人民出版社 1989 年版,第 56—59 页。考虑到浪漫神学对个人情感的迷恋会破坏启示宗教的根基,现代神学家巴特一再强调上帝的绝对超验性及其与一切非神圣者的无限差异。在他看来,信仰不是诗意化的情绪,而是对超验神圣的信赖和承认。"基督教的信仰是一种决心,在这种决心中,人们须自由地在教会式的语言上,处事的态度上,尤其重要的是在他们的言行相符上和行为上,对信赖上帝及对耶稣真理的认识公开负责。"(巴特:《论基督宗教信仰》,载刘小枫主编《20 世纪西方宗教哲学文选》上卷,上海三联书店 1991 年版,第 486 页)后来,到尼采那里,便出现了一种反宗教的审美主义诉求。它彻底勾销所谓彼岸世界的意义悬设,并在张扬生命意志的旗号下,对一切超自然、超个人的规则和秩序展开了全面攻击。

品格构造,它的精力都用于生产商品,并形成了一种惧怕本能、自发和浪荡倾向的工作态度。"①与此相反,以浪漫艺术家为样板的"表现型"个人主义,却在现代企业的楼房里感受到一种枯燥乏味的正规气氛。他们担心这种气氛的无度扩散会窒息人的生命,因此便以一种同现代功利主义和理性主义巨浪刻意作对的方式,来无拘无束地表现自己的艺术追求,并力图将这种艺术追求转化为一种广泛意义的文化品格和生存样态。

于是,在世俗化和理性化成为主导潮流的现代文明社会,浪漫诗人便显现了一种叛逆者的形象。拜伦讥讽说,资产阶级企业家实际上是一群可怜的守财奴。在他们那里,金钱像辖制一切的铁锚和缆索,将大大小小的乐趣拴在一起;而其斤斤计较的经营风格和勤俭节欲的工作态度,则给"一点点干酪渣渣也能生出几多美梦"的吝啬鬼提供了一个现代版本。② 因此,资产阶级企业家所代表的生存方式,在拜伦看来不仅是平庸的,而且是污浊的。但问题在于,这种平庸而污浊的资产阶级风尚极富渗透力。经它的毒化,似乎所有的现代文明人都变成了只知道金钱和只善于谋算的功利主义市侩。拜伦称,静坐在山岩上,对着滔滔河水沉思,或登上渺无行迹的峰峦,俯瞰泡沫飞溅的瀑布,这是与大自然的倾心交流,不算孤独;但是,如果踏入喧闹、拥挤的人群,满目望去,净是些擅长投机钻营的冷漠的利己分子,没有爱,找不到情谊,那就不难体会真正的孤独究竟是什么滋味了。③

像其他浪漫主义先辈和同道一样,对拜伦来说,孤独感是一种基本生活体验。他那过于自由狂放的性格容不得世俗礼法的约束,更何况现代文明又给这种世俗礼法注入了太多的铜臭气。所以拜伦宣称自己压根就不爱自己身处的世界。他讨厌这个世界的实用格调与虚伪面孔,不愿装出一副笑脸去对庸众的喧嚣随声附和。照他自己的说法,"纷纭的

① 贝尔:《资本主义文化矛盾》,生活·读书·新知三联书店1989年版,第63页。
② 参见拜伦《唐璜》,人民文学出版社1990年版,第747页。
③ 参见拜伦《拜伦诗选》,上海译文出版社1982年版,第137—138页。

世人不把我看作他们一伙；我站在人群中却不属于他们"①。事实上，文学形象恰尔德·哈洛尔德即是拜伦本人的生活写照。这位狂傲不羁的天才个性可以从高山、天空和大海找到知音，但是——

> 在人居住的地方，他却成了不宁
> 而憔悴的怪物，他怠倦，没有言笑，
> 沮丧得像一只割断翅膀的野鹰，
> 只有在漫无涯际的太空才能逍遥；
> 以后他又会一阵发狂，抑制不住感情，
> 有如被关闭的小鸟要急躁地冲击，
> 嘴和胸不断去撞击那铁丝的牢笼，
> 终于全身羽毛都染满血，同样地，
> 他那被阻的灵魂的热情噬咬着他的心胸。②

这就是在浪漫主义作品中反复表达过，并在浪漫主义者的在世生存中一直体验着的自我与社会、天才与庸众的矛盾紧张。需要强调的一点是，拜伦既不像诺瓦利斯，为抵御庸俗生活常态的压抑而遁入幽静的黑夜；也不追随湖畔派诗人，为躲避城市文明的嘈杂而到田园乡村去寻求内心的超脱。他的特殊个性在于融合了提坦和撒旦两种成分。③ 这使他无论在艺术创作上还是在行为举止上都表现得像一头无法驯服的雄狮。拜伦曾讲，假如他能把自己的全部力量熔入一个字眼，那个字眼就是"闪电"。对他那激荡不定的心胸，静寂无异于一座地狱。世俗的流言蜚语严重伤害过他的自尊心，于是霹雳闪电一样的狂放性格便使他反过来以牙还牙，高傲地宣布"独自反抗你们全体"。④ 从某种意义来说，拜伦一如他作品中的主人公，背着该隐的印记，既是魔鬼的同党，又有巨兽般的力

---

① 拜伦：《拜伦诗选》，上海译文出版社 1982 年版，第 148 页。
② 拜伦：《拜伦诗选》，上海译文出版社 1982 年版，第 147 页。
③ 参见罗素《西方哲学史》下卷，商务印书馆 1982 年版，第 296 页。
④ 参见勃兰兑斯《十九世纪文学主流》第四分册"英国的自然主义"，人民文学出版社 1988 年版，第 329 页。

量。他在叛逆、越轨和惊世骇俗方面的影响力比同时代的任何一个浪漫主义者都更胜一筹。① 现在要问:拜伦究竟靠着什么东西的支撑才表现出如此狂纵的英雄气概? 还有,他那颇具恶魔意味的挑衅言行同现代性品格是一种什么关系?

按照一种流行的看法,拜伦的傲慢任性同他的家庭出身有关。他的脉管里流淌着狂暴的血液,而且是门第极高的贵族的狂暴血液。罗素称他是贵族叛逆者的典型代表。② 但是,考虑到拜伦的诗人身份,他的性格和气质与其用生理基因来解释,倒不如用浪漫主义的文化遗传来说明。伽达默尔认为,浪漫主义在文化史上的一个里程碑式的工作,在于将"天才"概念发展成了一个"普遍的价值概念"。③ 这个概念不独意味着艺术创作上灵感与想象的自由迸发,而且意味着生命历程中逆流而上的特立独行。一位评论家指出,如果同循规蹈矩的常人作比较,那么天才就是听凭想象和激情导引的独创性个体。"想象的迅疾运动给天才点燃了热情的烈火,有如马车的轮子因快速转动而燃烧起来。想象的运动越来越快,直至心灵被它充满,并上升为狂喜之情。天才的热情之火就以这种方式,像一阵神来的冲动,使心灵升高,仿佛受到超自然神灵的感召一般……"④

从一种较为狭窄的意义来看,推崇天才的直觉、灵感、想象与激情等等,本是浪漫主义的一种艺术主张。但问题的一个关键方面在于,经由一系列杰出作家和旷世作品的强有力示范,这种主张不仅成为一种创作原则,而且还在文化霸权的争夺中逐步显示了自己的巨大力量。缘此,

---

① 参见巴特勒《浪漫派、叛逆者及反动派:1760—1830 年间的英国文学及其背景》,辽宁教育出版社 1998 年版,第 3 页。
② 罗素辩称:"贵族叛逆者和农民叛乱或无产阶级叛乱的领袖是十分不同类型的人。饿着肚子的人不需要精心雕琢的哲学来刺激不满或给不满找解释,任何这类的东西在他看来只是有闲富人的乐趣。"(罗素:《西方哲学史》下卷,商务印书馆 1982 年版,第 295 页)
③ 参见伽达默尔《真理与方法》上卷,上海译文出版社 1992 年版,第 76 页。
④ 艾布拉姆斯:《镜与灯——浪漫主义文论及批评传统》,北京大学出版社 1992 年版,第 301—302 页。

真正的艺术家观察世界和体验生活的方式,被认为是那些凡夫俗子所根本无法理解的。他可以不受因果链条的束缚,也不遵循既定的社会习规。如果天才与他的公众发生冲突,那一定是公众有错,因为公众代表平庸,而天才则是具有神奇眼光的"超凡入圣"的人。① 不待言,这样一种被浪漫主义普遍化了的天才概念,已不仅谓指艺术个性的独特,其更为重要的实质意义,毋宁是凸显价值位阶的高贵。于是,天才就成为出类拔萃的一族,而且因为这个缘故,他有资格俯瞰众生,蔑视禁忌,表现出帝王一般的唯我独尊。

按照浪漫主义的思想逻辑,天才的高贵是由世俗生活的平庸反衬出来的。换句话说,正因为拜金主义和机械主义的广泛流行已使现代文明的灵魂受到了严重毒化,所以,要为沉沦的现代人指示一条获救的出路,那就必须仰赖超越于庸众之上的天才的智慧点拨。在这个意义上,卡莱尔的英雄崇拜,乃是对浪漫主义的天才概念的自然引申。② 依卡莱尔之见,"我们必须学会更好地崇拜英雄。越来越好地崇拜英雄,意思是把民族的灵魂从衰竭中唤醒,把幸福的生活——上苍保佑的生活,而不是财神爷给的生活——重新还给我们"③。尽管卡莱尔把先知、君王、诗人和文人统统归入他的英雄系列,并一再强调,英雄崇拜得好不好,构成了评估一切时代人类生活得好不好的"精确的测量仪",但是,在宗教先知和封建君王已退出历史舞台的时代条件下,卡莱尔循着浪漫主义开辟的路线,对那些抗拒世俗化和理性化潮流的诗人与文人表现出了特别的偏爱。他说:

> 如果英雄意味着真正的英雄,那么我们可以说文人英雄将被发现履行着一种对我们来说永远光荣、永远崇高的职能,这种职能一

---

① 参见贝尔《资本主义文化矛盾》,生活·读书·新知三联书店 1989 年版,第 180 页。
② 关于卡莱尔与浪漫主义的思想联系,可参见卡西尔《国家的神话》,浙江人民出版社 1988 年版,第 15 章"卡莱尔";艾布拉姆斯《镜与灯——浪漫主义文论及批评传统》,北京大学出版社 1992 年版,第 339—341 页。
③ 卡莱尔:《文明的忧思》,中国档案出版社 1999 年版,第 149 页。

度被认为是最高的。他以他独具的方式表达他的富有灵感的灵魂，以及在任何情况下一个人所能做出的一切。我们说的富有灵感的，是我们叫做"创造性"、"真诚性"、"天才"的英雄品质，我们没有表达它的意思的更好的名称。英雄是一种生活在万物的内在领域，生活在真实、神圣和永恒中的人，而这些东西尽管一直存在，大多数生活在平凡环境中的人却是看不到的。英雄存在于其中；他靠可能的行动或言论到处表明他的态度，到处表明他自身。①

假如把卡西尔的"英雄"概念看作浪漫主义"天才"概念的一种特殊表达，那么，接下来应该梳理的一个问题就是，卡西尔究竟给"英雄"赋予了一些什么样的品质，以至于这种人格类型能够以昂然自恃的派头充当人生的伟大向导呢？根据卡莱尔的评论，最重要的有三个方面。第一个方面可称为"智慧"。照卡莱尔的说法，智者既是先知，也是诗人。"在所有时代，如果很好地理解的话，先知和诗人在意思上有很多血缘关系。从根本上说，他们的确是同样的；特别是在这样一个最重要的方面，即他们都深入到了神圣的宇宙之秘密中。"②凭着一双智慧的眼目，真正的文人英雄成为"世界之光"，他像神圣的火柱一样在黑夜里点燃了一座明亮的灯塔。第二个方面是"真诚"。这是"智慧"的自然展现。因为英雄既是领悟宇宙奥妙和人生真谛的智者，则他就没有必要也决不可能对自己的洞见进行虚饰或扭曲。卡莱尔强调，一个伟人不可须臾没有真诚。真诚的人就是"原本的人"。他的话直接来自万物的内在事实，来自宇宙的心脏。因此，"尽管别人按常规和传闻行事，苟且偷生，而这个人却不能用常规来遮护自己；他惟独和他自己的灵魂、事物的现实站在一起"③。第三个方面是"勇敢"。在卡莱尔看来，"勇敢"是根植于"智慧"和"真诚"的一种意志情态。当一个彻悟宇宙和人生奥秘的智者襟怀坦荡地言说

---

① 卡莱尔：《英雄与英雄崇拜》，上海三联书店 1991 年版，第 255 页。
② 卡莱尔：《英雄和英雄崇拜》，上海三联书店 1991 年版，第 128 页。
③ 卡莱尔：《英雄和英雄崇拜》，上海三联书店 1991 年版，第 88 页。

与行动的时候,还有什么世俗的羁绊可以阻挡他坚定的脚步呢?"一个
自我生存的、有创见的真实的人,肯定是这个世界上最不能去敬慕和相
信别人的真理的人!"①如果他每次行动都不得不在征求别人同意的基础
上投出自己的赞成票,那他就是一个阳奉阴违的仆从。因此,对于真正
的英雄来说,勇敢是一个永久性义务。他凭借刚健无畏的生命意志而自
由地穿越整个世界。

在浪漫主义的思想发展史上,通过高扬灵性与情感来抗拒世俗化和
理性化潮流所造成的人格扭曲,是一个一以贯之的价值诉求。现在,卡
莱尔又以他的英雄和英雄崇拜给这个价值诉求赋予了新的力量。按照
卡莱尔的思想逻辑,如果英雄具有先知般的智慧,并以不饰伪装的真诚
来言说和行动,那么,他由此表现出来的勇敢,便不是没有头脑的鲁莽,
而是旨在救赎个体生命的无所畏惧。卡莱尔强调,在世俗社会的恶劣环
境中,逆流而上的英雄免不了要承受挫折的痛苦,但对他来说,失败不可
怕,关键是要带着眼泪和滴血的心重新崛起,挣扎着向前。卡莱尔把英
雄的壮举看作向"黑暗的怪物"——庸俗、虚伪、奴性等等的宣战。由于
这场战斗十分残酷,因此要想在激烈搏杀中获胜,必须根绝犹豫和怯懦,
而诉诸一种钢铁般的生命意志。归根到底,"力量是一切价值的尺度"②。

倘若采纳卡莱尔的"力量"标准,也许可以说,用忏悔的方式来为自
我辩解的卢梭还不够强壮,但无论如何,拜伦称得上是一个气宇轩昂、刚
健勇武的英雄代表。这位塑造过一系列叛逆形象的天才作家,本身即是
生活中的一个惊世骇俗的异类。拜伦曾因自己的放浪无羁而遭到舆论
的围攻,但面对指控他"不道德"的社会声音,他像一头受伤的雄狮一样
发出了愤怒的咆哮。"你们想不受惩罚地嘲笑我吗?你们想压垮我这个
比你们全体加在一起都更加强大的人吗?"这是反复回响在拜伦耳边的
两句话。所以勃兰兑斯评论说,在拜伦那里,"我们看到了这样一个自

① 卡莱尔:《英雄和英雄崇拜》,上海三联书店1991年版,第208页。
② 卡莱尔:《英雄和英雄崇拜》,上海三联书店1991年版,第236页。

我,他在任何情况下都始终意识到他自身的存在,并且总是复归于他自身;这是一个激动不安的和热情奔放的自我"①。由于坚持以自我为中心,在勃兰兑斯看来,拜伦充满男子汉气概的伦理观点的要义,可归结为"他是他自己的起诉人和审判官"②。他要一直攀登到"不容人类的弱点和委曲求全有任何立足之地"的孤独的高峰之上,以便使自己的灵魂能够自由地呼吸。

作为浪漫主义家族中最积极的代表人物,拜伦崇尚的自由,实际上是一种英雄主义的豪迈与狂放。耐人寻味的是,尽管拜伦因为自己的越轨言行而招致舆论的讨伐,但在文化霸权的激烈争夺中,拜伦终究以他的强悍占了上风。他那狂傲不羁的个性表现,在一个生命萎缩、精神瘫痪的世界,无异于一道耀眼的亮光。可以想象:一位诗人,门第极高,才华横溢,视金钱若粪土,特立独行,风流倜傥,无拘无束地张扬自我,那是多么的有魅力!因此,一些时髦青年,特别是新潮女性对拜伦崇拜得五体投地。她们的理由很简单:拜伦是那么年轻,那么英俊,那么有才华,而且又是那么坏!毫无疑问,这里的"坏"字已经与它的本然意义完全脱节了。

从某种程度来说,将"坏"得出格视为个人崇拜的正当理由,反映了蛰伏于新潮男女内心深处的强烈的越轨冲动。在卢梭、拜伦等文化精英的一再示范和激励下,这种冲动不断高涨,似乎已达到喷涌而出的地步了。③ 可以断言,这样的思想和行动逻辑至为鲜明地体现了浪漫主义的现代品格。尽管许多浪漫哲人和浪漫诗人为抗拒世俗化和理性化潮流

---

① 勃兰兑斯:《十九世纪文学主流》第四分册"英国的自然主义",人民文学出版社 1988 年版,第 339 页。

② 勃兰兑斯:《十九世纪文学主流》第四分册"英国的自然主义",人民文学出版社 1988 年版,第 382 页。

③ 后来的历史演化表明,这种越轨冲动最终指向了一种纵欲的"颓废"生活方式。浪漫主义对人生价值所作的审美辩护包含了某些"颓废"因子,但尚未达到自觉而公开的地步。完成这步跳跃的是尼采和波德莱尔等人。(参见 Matei Calinescu, *Five Faces of Modernity*, Durham:Duke University Press,1987,p. 157)

而常常表现出对原始状态、古希腊、田园乡村以及古堡幽灵等等的偏爱，但是，这种偏爱仅仅是形式而不是实质。问题的关键在于，浪漫主义的全部立论，是以个人从传统纽带的束缚下挣脱出来为基本出发点的。在这个意义上，它不仅反对功利主义和理性主义的价值取向，而且与功利主义和理性主义分享了同样的现代前提。诗人惠特曼曾发出"我赞美我自己，歌唱我自己"①的高声大叫。这种宣示清楚地表明，浪漫主义以及其他用艺术阐释生命意义的种种努力，形式上是对"人"字一再大写，实际上是对"我"字一再大写。如此狂放的个性表现，在传统时代非但得不到认可，而且是要受到严厉讨伐的。讲到底，浪漫主义确认情感对理智、艺术对科学、审美对功利、天才对俗人、英雄对庸众的价值优先性，不管其本然意图怎样，至少就它引发的社会文化效应来说，实际上是为自我的膨胀提供了充分的正当性依据。由于抱持一种弃绝平庸的高傲姿态，浪漫主义培育的人格既自尊又自负，根本就不把诸种非我的外在性约束放在眼里。金钱不能拖累他，理性规范不能限制他，传统的道德礼法更不能压抑他。他不问流言，也不管蜚语，惟一重要的是他的本心、个性和自由狂放的经验探奇。惠特曼在他的诗中这样唱道：

> 无所顾虑的灵魂哟，向前探索，
> 我同你，你同我靠在一起，
> 因为我们的目的地是航海者不敢去过的地方，
> 而我们甘愿冒险，不惜船只和一切，连同我们自己。
>
> 我的勇敢的灵魂哟！
> 更远更远地航行吧！
> 啊，大胆的欢乐，可是安全！难道它们
> 不都是上帝的海面？

---

① 惠特曼：《自己之歌》，载《草叶集》下册，人民文学出版社 1987 年版，第 61 页。

· 啊,航行,航得更远,更远,更远!①

远到什么地方呢? 惠特曼的回答是航海者迄今还未敢涉足的飞地。如果取一种更明快的说法,这块飞地实际上也就是传统道德以及清教伦理极力禁绝人们探索的原始的本能冲动和经验边疆。所以,惠特曼不仅以他的《自己之歌》《向印度航行》来寓示自己的勇气和执著,而且在《我歌唱带电的肉体》《自发的我》等诗作中点明主题,通过对生命和性爱的大胆赞美而表达了自己纵情感官、无所羁绊的狂热与欢乐。② 在这个意义上,惠特曼所倡导的自由,正如贝拉所评论的那样,"是不受任何传统习俗制约的表现自我的自由"③。当越来越多的人沉醉于这种自由的时候,道德风化便被本能冲动所颠覆,千百年来一直发生着惯性影响的传统礼法的约束力也就烟消云散了。

---

① 惠特曼:《向印度航行》,载《草叶集》下册,人民文学出版社 1987 年版,第 783 页。
② 贝拉就此评论说:"惠特曼对肉体生命包括性爱的大胆赞颂,给十九世纪的美国人造成了强烈的冲击。"(贝拉:《心灵的习性》,生活·读书·新知三联书店 1991 年版,第 50—51 页)这个评论是相当贴切的。我们可以引证一段惠特曼关于肉体和性爱的大胆描写:"爱的思想,爱的液汁,爱的香味,爱的顺从,/爱的攀登者,以及向上攀缘的血气,爱的两臂和双手,爱的嘴唇,爱的阳具性的拇指头,爱的乳房,因爱的紧压着的粘贴在一起的肚皮。/贞洁的爱的泥土,只能随爱而降临的生命,/我的爱的躯体,我所有的女人的躯体、男人的躯体、地球的躯体,/从南方吹来的柔和的午前风,/那只嗡嗡着忙来忙去的长着茸毛的野蜂,/它抓住那长得丰满的雌蕊,以淫荡而强有力的/腿部弓身压在她上面,恣意地摆布她,使劲地牢牢支撑着自己,直到满足了为止……"(惠特曼:《自发的我》,载《草叶集》上册,人民文学出版社 1987 年版,第 191—192 页)
③ 贝拉:《心灵的习性》,生活·读书·新知三联书店 1991 年版,第 50 页。

第十二章　价值重估与酒神精神

　　作为现代图景的一个不可或缺的合成要素,浪漫主义在文艺复兴以来的社会文化变迁过程中开辟了两条相反相成的突进路线。一方面,在直观形式上,浪漫主义好像是一股抗拒现代文明的思想逆流。如果再考虑到一些浪漫哲人和浪漫诗人特别偏爱人类太初的质朴,并对田园乡村、古堡幽灵等等投以热切的目光,那就更容易强化一种印象,似乎他们的内心深处蛰伏着一种眷恋传统的怀古情结。但是另一方面,浪漫主义者的价值诉求是以个人从传统纽带的包裹下弹射出来为前提的。就此而论,他们抗拒拜金主义和工具理性主义,以张扬灵性、情感和想象的形式来捍卫大写的"人"的尊严,实质上是沿着审美之维对"我"字一再大写,追求一种无拘无束地表现个性的艺术化人生。随着现代性的成长,浪漫主义开辟的后一条路线日益明朗,到尼采那里,终于变得毫无遮拦了。按照尼采的勘定,艺术化人生的要义是酒神精神。这种精神不仅与功利追逐和理性谋算格格不入,而且要从根本上摧毁宗教信仰和道德伦理基于"善恶"标准来督导与监控人类行为的长久专制。尼采所确立的新的评价标准是充盈的生命和健康的身体。用这样的标准来衡量,连以卢梭和拜伦为旗手的浪漫艺术,在尼采看来都透露出几分"病态"的颓废。① 于是,经尼采的激励和鼓噪,"狄奥尼索斯"就被现代新潮男女奉为样板,享受官能快感的程度成了对人生意义的终极辩护。

一、"上帝死了"

如果把现代性的核心问题看作人的生存标尺的重构,那么,要描述这一文化巨变及其效应,就不得不重点讨论尼采这个关键人物。在西方文化史上,尼采以斩钉截铁的断然语气宣告了上帝的死亡。虽然上帝并不为尼采个人所谋杀,但尼采勘破这一事件的真相,并明白无误地告诉世人,已足以用划时代的转折来形容了。② 德勒兹将其称为一桩"戏剧性"事件。③ 据他考证,"在尼采的作品中有多处关于上帝之死的描写,它们至少有十五处左右,都写得极其美丽"④。其中,最著名的一段文字出自《快乐的知识》。原文如下:

> 你们是否听说有个疯子,他在大白天手提灯笼,跑到市场上,一个劲儿呼喊:"我找上帝! 我找上帝!"那里恰巧聚集着一群不信上帝的人,于是他招来一阵哄笑。
>
> 其中一个人问,上帝失踪了吗? 另一个问,上帝像小孩迷路了吗? 或者他躲起来了? 他害怕我们? 乘船走了? 流亡了? 那拨人就这般又嚷又笑,乱作一团。
>
> 疯子跃入他们之中,瞪着两眼,死死盯着他们看,嚷道:"上帝哪儿去了? 让我告诉你们吧! 是我们把他杀了! 是你们和我杀的! 咱们大伙儿全是凶手! 我们是怎么杀的呢? 我们怎能把海水喝干

---

① 参见尼采《权力意志——重估一切价值的尝试》,商务印书馆 1991 年版,第 219 页。
② "上帝之死"事实上是浪漫主义者长期经营的一个思想主题。(参见 Matei Calinescu, *Five Faces of Modernity*, Durham:Duke University Press,1987,pp. 61 - 62)
③ 参见德勒兹《尼采与哲学》,社会科学文献出版社 2001 年版,第 223 页。
④ 德勒兹:《解读尼采》,百花文艺出版社 2000 年版,第 33 页。

呢？谁给我们海绵，把整个世界擦掉呢？我们把地球从太阳的锁链下解救出来，再怎么办呢？地球运动到哪里去呢？离开所有的太阳吗？我们会一直坠落下去吗？向后、向前、向旁侧、全方位地坠落吗？还存在一个上界和下界吗？我们是否会像穿过无穷的虚幻一样而迷路呢？那个空虚的空间是否会向我们呵气呢？现在是不是变冷了？是不是一直是黑夜，更多的黑夜？在白天是否必须点燃灯笼？我们还没有听到埋葬上帝的掘墓人的吵闹吗？我们难道没有闻到上帝的腐臭吗？上帝也会腐臭啊！上帝死了！永远死了！"[1]

尼采关于上帝之死的寓言，已被人们反复解读过。按照一种代表性看法，这个寓言所表达的，乃是一种重估价值的尝试。海德格尔解释说，"上帝"是用来表示超感性的理念和理想领域的名称。它作为最高价值的化身，千百年来一直向人们允诺着不朽、至善和宇宙秩序。凭借对上帝的虔信，有限的个体生命可以从灵魂拯救中获得精神安慰，从超验神性中见到道德光明，从和谐与博爱中感受性灵的充实。但是现在，所有这一切都已化作云烟。"如果作为超感性的根据和一切现实的目标的上帝死了，如果超感性的观念世界丧失了它的约束力，特别是它的激发力和建构力，那么，就不再有什么东西是人能够遵循和可以当作指南的了。"[2]在这个意义上，"上帝死了"的实质性蕴涵，可理解为"一个超感性的、约束性的世界的不在场"[3]。

问题在于，谁是与上帝争夺在场的敌手？从历史和逻辑两方面来看，科学理性都堪称最具实力的一个。关于这一点，不少思想家作过精到的评论。陀思妥耶夫斯基说："世间的科学集结成一股巨大的力量，特别是在最近的一个世纪里，把圣经留给我们的一切天国的事物分析得清清楚楚，经过这个世界的学者残酷的分析，以前一切神圣的东西全都一

---

[1] 尼采：《快乐的知识》，中央编译出版社 2001 年版，第 126—127 页。
[2] 海德格尔：《林中路》，上海译文出版社 1997 年版，第 224 页。
[3] 海德格尔：《林中路》，上海译文出版社 1997 年版，第 223 页。

扫而光了。"①如果再考虑到望远镜一类的技术发明,特别是科技发展在认识和驾驭自然方面所显示的巨大威力,谁还能真切地相信一个虚构的彼岸世界呢? 就此而言,现代性生成过程的一个历史后果,是上帝权威的失落和理性权威的突兀而起。

但是,在尼采看来,这并非问题的全部。对他来说更重要的是,上帝之死不仅在历史变迁的意义上在所难免,而且在价值重估的意义上理所应当。按照德勒兹的评论,上帝的观念在尼采眼里表达了"生命的贬抑",或者说是"对反动生命的颂扬"。② 因此,上帝成为最高价值本身就是一种僭越。尼采反复强调,真正有资格充当最高价值的乃是生命。"当我们谈论价值,我们是在生命的鼓舞之下、在生命的光学之下谈论的:生命本身迫使我们建立价值;当我们建立价值,生命本身通过我们评价。"③这意味着,一切健康的道德都应以生命为中轴。可是信仰上帝的基督教道德,却虚构了一个彼岸的圣界,并赋予它支配此岸世界的至高无上的管辖权,从而引发了对生命本能和自然欲望的公开的甚至是肆无忌惮的谴责与讨伐。所以尼采断言,"上帝"概念是作为生命价值的对立面发明出来的。"上帝的疆域在哪里开始,生命便在哪里结束。"④也正是因为这个缘故,关切生命价值的尼采在申明自己的反基督教立场的时候,常常流露出一种挑战性的戏谑口吻。"现在,反基督教已不再是我们的动因,而是我们的兴趣了。"⑤

在启蒙运动之后,理性化浪潮的翻卷曾孕育出一种无神论的理论形态。因此,怀疑和摒弃上帝,严格说来不是尼采的独特创造。但是,尼采把反基督教视为终生使命,并发明出一套诋毁上帝的全新方法,却堪称前无古人。根据尼采的谱系学分析,基督教道德是一个软弱的教士阶层

---

① 陀思妥耶夫斯基:《卡拉玛佐夫兄弟》,人民文学出版社 1981 年版,第 250 页。
② 参见德勒兹《尼采与哲学》,社会科学文献出版社 2001 年版,第 224 页。
③ 尼采:《偶像的黄昏》,湖南人民出版社 1987 年版,第 36 页。
④ 尼采:《偶像的黄昏》,湖南人民出版社 1987 年版,第 35 页。
⑤ 尼采:《快乐的知识》,中央编译出版社 2001 年版,第 132 页。

在反抗其贵族主人而遭遇挫折后的怨恨的产物。本来,孔武有力、斗志昂扬、喜好冒险的贵族—骑士价值支配着人类生活,但两千年前,"犹太人开始了道德上的奴隶起义",而他们借以对抗其贵族主人的有效武器,就是他们的"无能"和"阴毒"。① 尼采由此认定,基督教道德本质上是一种"奴隶道德"。照他的说法,平庸、柔弱、驯服的"虫人",构成了这种道德所推崇的人格样板。"他的心灵是斜的,他的精神喜欢隐蔽的角落、秘密的路径和后门;任何隐晦的事物都能引起他的兴趣,成为他的世界、他的保障、他的安慰,他长于沉默、记忆、等待,擅长暂时地卑躬屈膝、低声下气。"② 令尼采感到无比恼怒的是,在刚健的强人和卑微的侏儒的道德战争中,竟然是起义的奴隶长时间占了上风。结果,怜悯、仁慈、谦卑、恭顺等弱者的品行,就被颂扬为"善",而与之相对的高贵者、强健者的狮子般的勇武特质,则作为"恶"遭到了无情的贬斥。这实在是一种价值的颠倒。

依尼采之见,这种价值的颠倒根本说来与上帝的诡计有关。因为按照基督教道德,人和上帝的关系无非是一种欠债还债的关系。作为债务者,人在上帝面前不仅要像绵羊一样恭顺,而且必须用自己的身体、自由乃至生命永无了结地偿付。相形之下,上帝作为债权人则通过蔑视、蹂躏和操控生命而体验那高级的感受和无上的权威。从这个角度来讲,"原罪""忏悔""救赎"之类的宗教言辞,以及"负疚""良心""义务"之类的道德概念,自萌发和传播的那一天起,就是"用血来浇灌的"。③ 尼采强调,生命在本质上是一种高昂、充盈、活跃、自我升腾的积极力量,但是上帝却禁绝人的欲望,平息本能冲动的狂潮,将血肉变成僵尸,让扩张转换为收缩,最终使生命蜕化成了苍白、呆滞的阴魂。可以说,"基督教信仰从一开始就是牺牲"④。它牺牲健康的体魄,牺牲进取的意志,牺牲肯定

---

① 参见尼采《论道德的谱系》,商务印书馆 1992 年版,第 18—19 页。
② 尼采:《论道德的谱系》,商务印书馆 1992 年版,第 23 页。
③ 参见尼采《论道德的谱系》,商务印书馆 1992 年版,第 45 页。
④ 尼采:《超善恶》,中央编译出版社 2000 年版,第 56 页。

的创造行动,因此就本质而言也是一种"奴仆化的自戕"。反过来,要激活生命,使生命朝气蓬勃、笑声朗朗,则上帝之死就是势在必然的了。

问题还不仅如此。随着上帝的伪善面目被揭穿,尼采发现,那个似乎是上帝对手的理性权威,实质上也是而且一直就是扼杀生命的反动帮凶。尼采把苏格拉底视为罪魁祸首。"从苏格拉底开始,概念、判断和推理的逻辑程序就被尊崇为在其他能力之上的最高级的活动和最堪赞叹的天赋。"[①]在苏格拉底之后,求知欲一步步泛滥于整个有教养阶层,科学被看作一切大智大能的最好榜样,到了近代,一张普遍的知识之网终于笼罩了全球。尼采将这种求知浪潮称为理性的乐观主义。其精神内核是:相信万物的本性皆可穷究,认为理性的知识拥有包医百病的力量,而深入事物的根本,辨别真知灼见与假象错误,则是人类最高的甚至是惟一的使命。但这个使命是正当的吗? 带着这样的强烈疑问,尼采向编织知识之网的欲求发出了公开挑战。

费尔曼讲,尼采超越浪漫主义的地方在于,他不是从单纯的艺术角度而是从更为原本的生命角度来透视科学的。[②] 在尼采看来,科学具有冰冷、枯燥的特质,缺乏爱,不懂得渴望的深情。它借以把握事物的手段是分析和推理,而这种逻辑手段,根本就不可能达到存在的深渊。但问题是,那些理性的乐观主义者相信,逻各斯不仅能认识存在,还能修正存在,结果就引发了对感官的恐惧和打压。[③] 尼采讥讽说,一个膜拜理性的哲学家总是蜗居在他的冰冷的概念世界中,生怕自己被感官引诱,跑到危险的南方岛屿上去,在那里,他信守的理念王国的贞洁会在刺目的阳光下消融。但事实上,理念同感官相比是更具危险性的诱惑。它有冷静而惨白的外表,又靠鲜血来滋养。于是,其恶性发育,便将哲学家的眼睛、耳朵、舌头乃至心脏统统吞噬,致使这些古往今来的圣贤成了无心无

---

① 尼采:《悲剧的诞生》,生活·读书·新知三联书店 1986 年版,第 65 页。
② 参见费尔曼《生命哲学》,华夏出版社 2000 年版,第 47 页。
③ 参见尼采《悲剧的诞生》,生活·读书·新知三联书店 1986 年版,第 63 页。

肝之人。尼采由此断言,理性的哲学探究实乃"吸血鬼的吸血行为"①。而作为理性主义始祖的苏格拉底和柏拉图,被尼采看作"衰败""颓废"的典型,也就是一件自然而然的事情了。②

　　按照尼采的看法,理性是窜改感官证据的根源。感官指明变易、流动、生成,但苏格拉底、柏拉图所奠立的哲学传统,却将这些现象视为虚幻不实的东西,并在追求终极本原的名义下,营构了一个超验的理念世界。顺着这个路数,几千年来凡经哲学家处理的一切都变成了概念木乃伊,没有一件活着逃离他们的手掌。更荒唐的是,他们还颠倒黑白,把真实的现象世界贬为"假",反将虚假的理念世界抬举成了完美无缺的"真"。正是在这里,尼采发现,理性的知识秩序和宗教的道德秩序之间,实际上存在着一种深层的关联。这种关联的基本要点,可归结为依次递进的两个步骤。首先是将世界划分为现象和本体、此岸和彼岸、感性和理性、凡俗和神圣之类的两个截然对立的领域;然后再确定不可移易的价值位阶,给后一领域赋予规设、监控、掌管和支配前一领域的绝对权力。这种逻辑便是所谓的"形而上学"。在此意义上,海德格尔认为,尼采宣布"上帝死了",也就等于宣布"形而上学终结了"。

　　根据海德格尔的解释,"形而上学"这个名称,"是就存在者整体被区分为感性世界和超感性世界并且感性世界总是为超感性世界所包含和规定而言来考虑的"③。在这一逻辑架构中,超验的理想世界或彼岸世界代表着神圣的价值目标,它"从高处规定了尘世生活,因而在某种程度上是从外部规定了尘世生活"④。尼采所要着力拆除的,就是这样一种形而上学架构及其各种类型的衍生物。事实上,在尼采动手之前,形而上学所营造的"真正的世界"已经历史地发生内部腐烂了。按照尼采本人的

① 尼采:《快乐的知识》,中央编译出版社 2001 年版,第 298 页。
② 参见尼采《偶像的黄昏》,湖南人民出版社 1987 年版,第 14 页。
③ 海德格尔:《林中路》,上海译文出版社 1997 年版,第 227 页。
④ 海德格尔:《林中路》,上海译文出版社 1997 年版,第 226 页。

描绘,起初,在柏拉图那里,"真正的世界"是智者、圣贤可以达到的,他就生活于其中;接着,在基督教那里,"真正的世界"是当下不可达到的,但允诺给虔信者、有德者,即悔过的罪人;后来,在康德那里,"真正的世界"既不可达到,也不被允诺,它作为一个安慰、义务和命令,虽仍旧是太阳,却被怀疑论的迷雾所遮蔽;晚近,在实证主义者那里,"真正的世界"存在与否也变得不可知,因而它既不给人提供安慰,赋予义务,更不可能发布什么命令。最终,尼采亲自出场,干脆废除了这个"真正的世界"。[1] 海德格尔将这个结局称为超感性领域的"本质性崩塌"[2]。

尼采全力促成这个结局的缘由十分明晰,因为,超感性领域对感性领域的管辖和宰制毫无正当性可言。在尼采看来,"理念""共相""永恒""真理""上帝""天国""神性""美德"等等都是不真实的臆想。那些沉醉于这类臆想并将其奉为最高价值标尺的人,在内心深处实际上潜藏着一种仇恨生命的阴毒。他们憎恶人世,厌倦激情,害怕感性,所以才"发明出一个彼岸以便诽谤此岸"。[3] 这种勾当的丑陋本质,照尼采的说法,乃是用"彼岸的""更好的"生活向生命复仇。[4] 而勾销一切形而上的虚假设定,彻底摧毁其思想霸权和道德霸权,确认生命的自我价值,坚定地立足大地,倾听健康肉体的声音,便构成了尼采价值重估的实质要义。

二、超于善恶之外

勘定上帝之死,并揭示其发生机理和正当缘由,固然十分紧要,但从文化变迁的广泛意义来看,同样紧要,甚或更为紧要的是如何评估这一事件的深远后果。尼采说,从前,人们的生活围着上帝旋转。上帝代表着最高价值,尽善尽美,就像太阳一样给人们提供了道德光明。可是现

---

[1] 参见尼采《偶像的黄昏》,湖南人民出版社1987年版,第29—30页。
[2] 海德格尔:《林中路》,上海译文出版社1997年版,第227页。
[3] 参见尼采《悲剧的诞生》,生活·读书·新知三联书店1986年版,第276页。
[4] 参见尼采《偶像的黄昏》,湖南人民出版社1987年版,第28页。

在,上帝既死,这轮提供道德光明的太阳便告陨落,而奠立在此一信仰基础上的全部价值观念,也就随之坍塌了。于是,一种彻底的虚无主义就裸露出来,毫无遮蔽地凸现在人生舞台的中心。

按照尼采的界定,虚无主义乃是"最高价值"的废黜。[①] 如果说,在传统时代,以上帝为典型化身的最高价值总是悬设一个神圣的光明境界,并以此来激励和督促人们过一种超越此世的"更好"的生活,那么,最高价值的废黜就意味着一个约束性的理想世界或彼岸世界的不在场。因此,在上帝死了之后,美好、理想和崇高等等已再无尊崇的必要。奢谈这些字眼,只能算作病态的天真,要不就是阴毒的伪善。必须认清的一点是,对人来说最真实的乃是他的自然生命,此外再无其他,也不需要其他。人的自然生命尽管短促和残缺,却是不可置换的东西。因此,在一个没有崇高和神圣的虚无地域里生存,便成了人自身所必须承负的命运。问题在于,这样一种生存状态会给人带来什么感觉?陀思妥耶夫斯基在其小说中描绘过一种人格类型,他的感觉是心满意足:

> 我没有理想,也不想要理想,我从来也没有感到需要理想。没有理想照样能在世上逍遥自在地生活……我看到我生活在一个空虚的社会里。但是眼下生活在那里倒也舒适,于是我就随俗浮沉,而且表示我坚决维护它,然而时机一到,我会首先抛弃它。你们那些新思想我全都知道,尽管我从来不曾为它所动,它们也没有什么使人动心之处。从来也没有什么事使我感到于心有愧。只要我过

---

① 参见尼采《权力意志——重估一切价值的尝试》,商务印书馆1991年版,第280页。在尼采那里,虚无主义有两种相反的表现形式。按照他的看法,上帝成为最高价值乃是一场骗局,因为只有生命才具备充当最高价值的真正资格。由于上帝以及一切形而上学的价值设定都会阉割生命,导致本能的废退,所以尼采称其为"消极的虚无主义"。反过来,宣布上帝死亡,废黜上帝所表征的最高价值,使感性生命从传统的道德专制中获得解脱,便是"积极的虚无主义"。在这里,我们讨论"上帝死了"的后果,是就尼采所称的"积极的虚无主义"而言的。

得舒服,我什么都同意……①

为什么在一个虚无的世界里人会感到舒适?因为这里没有理想的重负,也没有道德警察的监控与处罚。事实上,倘把上帝看作最高价值的化身,则宣布上帝死亡,就等于说千百年来指导和引领人类生活的那些崇高和神圣的东西统统消解了。谓之"一切皆虚妄"。既如此,是非就不必分,善恶也不要明,人只有相信世界的荒诞。再进一步,正由于区分神圣和邪恶的道德边界已经销蚀,那就没有必要承受羞耻感、负罪感的心理压抑和精神折磨。于是,无所谓神圣的"一切皆虚妄"支持着狂纵不法的"一切皆允许"。陀思妥耶夫斯基笔下的老卡拉马佐夫生活放浪,纵欲无度,他的自我辩护理由很简单:假如上帝存在,我自然不对;但假如没有上帝,我严肃地生活又有什么意义呢?②儿子伊凡评论说:"我们的父亲是只猪猡,但是他的想法是正确的。"在伊凡看来,如果没有道德,人就与猪猡无异;可是没有上帝的确导致了没有道德,所以人的确就是猪猡。伊凡由此推出著名结论:"既然没有灵魂不死,就没有道德,一切都可以做。"③这便是虚无主义的自由观。

毫无疑问,这种自由观原则上是不认可什么禁忌的。尼采讲,传统的宗教和道德都秉持一个一般公式:"做这个这个,不做这个这个——你就将幸福。"④因此,从善和弃恶作为一体之两面,构成了所有宗教和道德的绝对命令。依照这一命令,情色、淫欲、癫狂、放荡等等发自肉体的本能冲动,皆属邪恶,万不可以张扬和玩味。但是,倘用虚无主义的价值标尺来衡量,则这一命令实际上不过是流传既久的谬误。⑤ 西方文化史上的一个划时代转变在于,随着上帝的死亡和道德边界的销蚀,"什么都可以做"已成为解放的寓言,因而突破种种传统禁忌也就没什么了不起了。

---

① 陀思妥耶夫斯基:《被欺凌与被侮辱的》,人民文学出版社 1980 年版,第 350 页。

② 参见陀思妥耶夫斯基《卡拉马佐夫兄弟》,人民文学出版社 1981 年版,第 192 页。

③ 陀思妥耶夫斯基:《卡拉马佐夫兄弟》,人民文学出版社 1981 年版,第 93 页。

④ 尼采:《偶像的黄昏》,湖南人民出版社 1987 年版,第 40 页。

⑤ 参见尼采《偶像的黄昏》,湖南人民出版社 1987 年版,第 39—49 页。

犹有甚者,在探索和表现肉体欲望的时候,胆子越大,程度越深,反倒可
以说越富有创造性。结果,虚无主义的沃土就合乎必然地孕育了媚人的
"恶之花"。典型的例子是波德莱尔。这位天才诗人不仅将腐尸、骷髅、
毒汁、蛆虫、吸血鬼等等纳入他的创作主题,而且靠着对这类主题的深度
发掘而赢得了"诗人楷模"的盛誉。他在《告读者》中这样写道:

> 读者们啊,谬误、罪孽、吝啬、愚昧,
> 占据人的精神,折磨人的肉体,
> 就好像乞丐喂养他们的虱子,
> 我们喂养着我们可爱的痛悔。

> 我们的罪顽固,我们的悔怯懦;
> 我们为坦白要求巨大的酬劳,
> 我们高兴地走上泥泞的大道,
> 以为不值钱的泪能洗掉污浊。

> 在恶的枕边上,三倍伟大的撒旦,
> 久久抚慰我们受蛊惑的精神,
> 我们的意志是块纯净的黄金,
> 却被这位大化学家化作轻烟。

> 是魔鬼牵着使我们活动的线!
> 腐败恶臭,我们觉得魅力十足;
> 每天我们都向地狱迈进一步,
> 穿过恶浊的黑夜却并无反感。

> 像一个贫穷的荡子,亲吻吮吸
> 一个老妓的备受摧残的乳房,

> 我们把路上偷来的快乐隐藏，
> 紧紧抓住，像在挤一枚老橙子。
>
> 像万千蠕虫密匝匝挤到一起，
> 一群魔鬼在我们的脑子里狂饮，
> 我们张口呼吸，胸膛里的死神，
> 就像看不见的河，呻吟着奔出。①

波德莱尔公开宣称，他要放胆描写污秽不堪的罪孽动物园。在这里，聚集着豺、豹、母狗、猴子、蝎子、秃鹫和毒蛇，而这七种动物，按照传统说法，乃是骄傲、嫉妒、恼怒、懒惰、贪财、贪食、贪色等七宗罪孽的象征。从某种意义来讲，波德莱尔正是通过对罪孽的卓越艺术发掘而使"恶之花"呈现了至为艳丽的色彩。② 在他的笔下，魔鬼化为美女，引诱人们远离上帝的目光，只对"春药""鲜血"感兴趣（《毁灭》）；"绿色的淫鬼和粉色的妖精"用小瓶向文艺女神"洒下爱情和恐怖"（《病缪斯》）；放荡和死亡是"两个可爱的姑娘"，给人以"可怕的快乐以及骇人的温情"（《两个好姐妹》）；吸血鬼盛装而至，像一把钢刀，扎进人的"呻吟的心里"（《吸血鬼》）；而最令人瞠目结舌的，莫过于那具夏日的腐尸："小路拐弯处一具丑恶的腐尸/在碎石的床上横卧/仿佛淫荡的女人/把两腿高抬，热乎乎地冒着毒气/她懒洋洋地，恬不知耻地敞开/那臭气熏天的肚子。"③

用不着深究，如此狂肆的艺术描写，从内容到形式都是与传统标准格格不入的。所以，那些文化保守人士指控波德莱尔亵渎宗教、伤风败俗，不论其政治动机怎样，至少就一种道德评判立场而言，自有其颇为充

---

① 波德莱尔：《恶之花》，漓江出版社 1992 年版，第 3—4 页。
② 在西方文化史上，波德莱尔是最早提出"现代性"概念并对现代性问题进行反思的评论家。就他本人的艺术创作来说，现代性乃是一场探索邪恶禁域的"精神冒险"。（参见 Matei Calinescu, *Five Faces of Modernity*, Durham: Duke University Press, 1987, p. 54）
③ 波德莱尔：《恶之花》，漓江出版社 1992 年版，第 51 页。

足的理由。① 事实上,波德莱尔本人对他的渎神行为亦相当自觉。在《恶
之花》中,上帝常常被描写成阴险的暴君。由于这个暴君不仅对生命的
正当诉求施压,而且还以仁慈的伪善面目出现,所以,波德莱尔就宣布,
他宁愿做撒旦的同党。在他看来,把撒旦骂作魔鬼是一桩千年冤案,毋
宁说,这位被打入地狱的天神实乃反抗强暴争取自由的伟大先驱。于
是,波德莱尔就发出由衷的赞美:

> 撒旦啊,我赞美你,光荣归于你!
> 你在地狱的深处,虽败志不移,
> 你暗中想着你为王的天外!
> 让我的灵魂有朝一日憩息在
> 智慧树下和你的身旁,那时候
> 枝叶如新庙般荫蔽你的额头!②

如果说,驯服魔鬼构成基督教道德的一个基本主张,那么,在新文化
的弄潮儿那里,以艺术的形式赞美撒旦便是对抗传统价值的一个惯用手
法。这个手法由弥尔顿首创,后经一代又一代浪漫主义者发展,到拜伦
手中,已经运用得十分娴熟了。③ 在他们看来,上帝象征着压抑,因此,若
要消除千百年来人所背负的种种道德归罪,则拒斥彼岸世界,返还自然
生命的本真,就应被视为一种正当抉择。正是因为这个缘故,他们非但
不为自己的叛逆行动感到歉疚,反而认为是一个了不起的壮举。

---

① 《恶之花》出版后,一些传统卫道士对波德莱尔提起诉讼,罪名是亵渎宗教和伤风败俗。尽管
辩护人援引卢梭、巴尔扎克、缪塞、乔治·桑等作家为例,以说明肯定恶的存在并不等于赞同
罪恶,但这种辩护没有使检察长完全信服。审判的结果,波德莱尔亵渎宗教的罪名未能成
立,可他却因伤风败俗的罪名而被勒令从《恶之花》中删除 6 首诗,并被处以 300 法郎罚款。
直到 1949 年,法国最高法院刑事法庭才接受法国文化人协会的上诉,取消对波德莱尔的指
控,并称《恶之花》中"不包含任何下流甚至粗俗的词句,在表现形式上也没有超出艺术家可
以享有的自由"。给波德莱尔平反,既说明政治上的进步,也说明了道德方面的巨大转折,十
分耐人寻味。
② 波德莱尔:《恶之花》,漓江出版社 1992 年版,第 178 页。
③ 关于这个问题,艾布拉姆斯作过精彩的分析。参见艾布拉姆斯《镜与灯——浪漫主义文论及
批评传统》,北京大学出版社 1992 年版,第 394—404 页。

可是问题在于,不论采取肯定性方式还是否定性方式,以追求伟大和崇高为己任,终究是一个沉重的精神负担。对自由生灵来说,无拘无束的个性表现需要轻松,而要做到这一点,就必须给精神彻底卸载。由此推论,摧毁囿于"善恶"来判断人类行为的道德架构,乃是解放自然生命的终极目标,因为,最充分的自由,只有在一无所负即意识不到善恶的情况下才是可能的。在这个意义上,尼采关于"上帝死了"的断言及其掀起的虚无主义狂潮,从思想和行动两个方面给近代以来一步步成长的"表现型个人主义"立下了一块标志着凯旋的里程碑。

尼采讲,"从前侮辱上帝是最大的亵渎;现在上帝死了,因而上帝之亵渎者也死了"①。在上帝的道德法权被取缔之后,人只有自己给自己立法。这时候,即使出于某种思维惯性,仍旧沿用道德之类的字眼,由此作出的善恶判断也只有模棱两可的相对意义。尼采强调,历史地看,万物流动,评价亦随之发生变易,"谁还固持着'善'和'恶'呢?"②另一方面,平行地看,"道德的地球是圆的! 它也有对立体!"③在你为"善",在他也许是"恶",彼此都以对方为荒谬,其实双方皆有生存的权利。弱者视为毒药的,对于强者可能是补品。因此,没有什么绝对命令,也没有什么终审判决,一切都随风飘浮。一位作家把这种道德相对主义通俗地表述为:"全看你在什么地点,全看你在什么时间,全看你感觉到什么,全看你感觉如何。"④

可以断定,这样一种道德相对主义距道德无政府主义仅有一步之遥,而且这一步是很容易跨越的。相对主义的立场是,道德判断在本质上只能被理解为个人的价值偏好,切不可用所谓普适、绝对、永恒的道德规范来抹杀我思、我欲、我愿的个体性差异。但问题在于,一当个体性差

---

① 尼采:《查拉斯图拉如是说》,文化艺术出版社 1987 年版,第 7 页。
② 尼采:《查拉斯图拉如是说》,文化艺术出版社 1987 年版,第 241 页。
③ 尼采:《快乐的知识》,中央编译出版社 2001 年版,第 197 页。
④ 参见宾克莱《理想的冲突——西方社会中变化着的价值观念》,商务印书馆 1986 年版,第 9—10 页。

异被视为轴心原则,那么道德判断也就随之成为不可通约的了。结果便是无所谓善恶、无所谓是非,无所谓对错。尼采十分清楚地挑明了这一点。按照他的看法,道德的终极根源乃是生物需要和强力意志。由于需要不同,意志强弱有别,所以才发生不同的行为以及对行为的迥然相异的评价。尼采主张如实看待这些现象,不要冠以道德的虚名。"人们知道我对哲学家的要求,即站在善恶的彼岸——超越道德判断的幻相。这一要求源自一种见解,我首次把这见解归纳成一个公式:根本不存在道德事实。"①既然不存在道德事实,凭什么用普遍、绝对、永恒的善恶标准来规制和监控多元化的个体行为呢?

在尼采看来,迄今为止所有以超验神圣为依归,并用绝对命令的武断架势对个体行为指指戳戳的道德体系,实质上都是杜撰、谎言和欺骗。但尼采很清楚,虚伪的东西一当窃得最高法权,是会杀人不见血的。所以尼采就决意彻底颠覆它。为了展示一种毫不妥协的战斗姿态,尼采甚至干脆宣布自己是一个"非道德论者"②。他的极端逻辑是:"道德乃是对生命意志的背叛","只要我们信仰道德,我们就是在谴责生命"③。反过来,要为生命伸张权利,就必须用铁锤砸烂一切旧信仰。当长期主宰人类生活的宗教戒律和道德规范分崩离析的时候,尼采看到了一场空前的大解放。"我们这些哲学家和'自由的天才'一听到'老上帝已死'的消息,就顿觉周身被新的朝霞照亮。我们的心就倾泻着感激、惊诧、预知和期待的洪流。"④现在,那些令人敬畏的宗教戒律和道德命令已经露出虚妄的面目,并被逐出人的生活世界,因此什么都可以做了。于是,彻底的虚无主义给人以彻底解脱的狂喜。随着旧的障碍被拆除,地平线仿佛重新开始,探险者可以自由地出航。而新的探险领域,就是传统宗教道德斥为邪恶的领域,即生命本能和肉体

---

① 尼采:《偶像的黄昏》,湖南人民出版社 1987 年版,第 50 页。
② 尼采:《权力意志——重估一切价值的尝试》,商务印书馆 1991 年版,第 100 页。
③ 尼采:《权力意志——重估一切价值的尝试》,商务印书馆 1991 年版,第 295 页。
④ 尼采:《快乐的知识》,中央编译出版社 2001 年版,第 248 页。

欲望的无尽边疆。① 在虚无主义价值观的指引和激励下,一代又一代的新潮男女在这个领域纵横驰骋。魔鬼、邪恶、堕落之类的字眼已完全被他们抛到脑后,对他们来说,最真切、最值得追求的,只是快感和兴奋的密度与强度。

三、狄奥尼索斯情结

在现代生存方式的营造过程中,以个体生命为依归,追求感官的快乐与兴奋,是一个主导性的价值取向。按照戈尔凯郭尔的看法,这个取向的要义可归结为"审美的人生",其生活策略是迎合官能需要,主张及时行乐。但任何官能快乐都是一种片刻的感觉,因此,要抓住它,必须像农夫轮番耕作土地一样,不断地变换刺激方式;而当快乐的感觉变得味同嚼蜡的时候,烦恼也就开始了。于是,为化解烦恼,寻求心理轻松,那些主张及时行乐的人,就往往抛开道德准绳,采取一种对一切都无所谓的不负责态度。在这个意义上,戈尔凯郭尔认为,"审美的人生"只能带来一种无根的漂浮性生存;而要体味和理解生命的真谛,就必须由"审美的人生"跨越到"道德的人生"和"宗教的人生"。②

问题只是,在一个感性欲望不断高涨的时代,"审美的人生"对个体生命具有极大的诱惑力,而选择道德的或宗教的生活道路则过于沉重,因此也就很自然地被甩在一边了。随着现代品格的日形完备,引领思想和生活潮流的是这样一些设问:沉重的十字架凭什么要终有一死的个体生命来背负?人为什么不能自由自在、无拘无束地生活?肉体生命何罪之有?幸福之旅的通行证为什么必须得到宗教和道德法庭的钦准?感

---

① 在这个意义上,鲍曼说,现代性就是一场"没有上帝指导的行动"。(参见 Zygmunt Bauman, *Postmodernity and Its Discontents*, Cambridge:Polity Press,1997,p. 170)

② 参见宾克莱《理想的冲突——西方社会中变化着的价值观念》,商务印书馆 1986 年版,第 176 页。在戈尔凯郭尔看来,选择善恶范畴,据此严肃地决定和行动,并不意味着生活中所有欢乐的丧失,而只是对那些原先在审美阶段显得特别重要的外部因素多少表示冷淡罢了。准确地讲,道德生活和宗教生活只是要求把生活中的审美方面摆在一个恰当的位置。

性快乐怎么就不能算是值得追求和体验的美好时刻？诸如此类的设问由于尼采及其追随者的论辩而愈益理直气壮，终于成了最具蛊惑力和号召力的生活强音。

在宣告上帝死了之后，尼采立誓要忠实于大地。"兄弟们，我祷求着：忠实于大地罢，不要信任那些侈谈超大地的希望的人！无论有意地或无意地，他们是施毒者。"①依尼采之见，长期主宰人类生活的种种道德，差不多都舍弃大地，以这样那样的方式立下了一块引导人们奔赴天堂的路标。循此前行，所谓灵魂的净化、情操的高尚、德行的成就等等成为无法推卸的人生负载，而生命和肉体则因此饱受摧残，变得面黄肌瘦甚或鲜血淋淋了。在这个意义上，忠于大地的誓言实质上表达了价值重估的决心。其基本取向，据尼采本人的解释，就是要顺应生命之自然，"倾听健康肉体的呼声"②。尼采认为，这个呼声远比那些道德说教来得诚实和纯洁。因此，与戈尔凯郭尔所确定的价值序列截然相反，可以说，尼采基于对感性生命的肯定，而给"审美的人生"赋予了不可移易的价值优先地位。

现在要问：这种审美的人生是否存在某种可以揣度的样板？如果有的话，应该到哪里去寻找？按照尼采的看法，生命本是一股快乐的源泉，却被道德的侮辱弄脏了。历史上的主流伦理都对感性欲望施行压抑，而基督教更把最高的恐怖强加给肉体，致使人类有了某种祖传的罪过。因此，要为生命立言，就必须返归人类太初的质朴，从远古精神那里寻求启示。尼采于是把目光投向了古希腊。在他看来，古希腊神话所呈现的世界，是一个没有罪恶感的世界。在那个世界中，人们生活得快乐而健康，无忧无虑地享受着节庆、宴饮、艺术、竞技以及攻战。"谁要是心怀另一种宗教走向奥林匹斯山，竟想在它那里寻找道德的高尚，精神的圣洁，无肉体的空灵，悲天悯人的目光，他就必定怅然失望，立刻掉首而去。这里

---

① 尼采：《查拉斯图拉如是说》，文化艺术出版社 1987 年版，第 1 页。
② 尼采：《查拉斯图拉如是说》，文化艺术出版社 1987 年版，第 30 页。

没有任何东西使人想起苦行、修身和义务；这里只有一种丰满的乃至凯旋的生存向我们说话。"①尼采将古希腊神话所高扬的这种审美的人生态度，看作历史上种种伦理评价和宗教评价的对立面，并名之为"酒神精神"。

根据尼采的诗化阐释，酒神，即狄奥尼索斯，乃是一种原始的迷狂体验，每每因麻醉饮料的刺激或春天的到来而被唤醒。在它的驱动下，人们沉醉于狂饮、酗歌和舞蹈，尽情地发泄自己的生命本能，就像是着了魔，飘然欲仙，化入一种忘我的境界。在这种境界中，阻隔人们的藩篱被打破，束缚人们的禁忌被焚毁，于是生命就变成了一场狂歌欢舞的盛宴，一种破坏规则和界限的野性放纵。尼采宣称酒神狄奥尼索斯是一位真正的哲学家，并对酒神歌舞者萨提儿推崇备至：

> 希腊人在萨提儿身上看到的，是知识尚未制作、文化之门尚未开启的自然……它是人的本真形象，人的最高最强冲动的表达，是因为靠近神灵而兴高采烈的醉心者，是与神灵共患难的挚友，是宣告自然至深胸怀中的智慧的先知，是自然界中性的万能力量的象征。②

就尼采的本来议题而论，酒神精神原用于说明古希腊的悲剧艺术。但是，艺术之于尼采乃是一种形而上的生命冲动，因此，对他来说酒神精神也就蕴含着某种关于人生意义的智慧解答。这是一种诗性的审美解答。"只有作为一种审美现象，人生和世界才显得是有充足理由的。"③问题的关键在于，审美人生的具体意涵在尼采那里究竟是什么？它怎样被后世的思想家解读？进而，在复杂的文化传播机制的作用下，狄奥尼索斯情结如何嵌入现代生活的品格结构，以致成了支撑个体的在世生存的阿基米德之点？尼采断言，狄奥尼索斯是苏格拉底的对头，也是"十字架

---

① 尼采：《悲剧的诞生》，生活·读书·新知三联书店 1986 年版，第 10 页。
② 尼采：《悲剧的诞生》，生活·读书·新知三联书店 1986 年版，第 29 页。
③ 尼采：《悲剧的诞生》，生活·读书·新知三联书店 1986 年版，第 105 页。

上的耶稣的对头"①。这意味着,酒神精神及其效应只有在同敌对的他者联系起来的时候,才能得到恰当的把握。依照这样的思路,可以说,越界与放纵、欢笑与狂喜、充盈与生成、身体与肉欲,便是理解狄奥尼索斯情结的几组关键词。②

——越界与放纵

按照尼采的看法,酒神精神的要义在于肯定人生,祝福人生,连同它的悲剧性。而要直面人生的短促和坎坷,不逃避、不颓丧,就应该学会在一切之上站立、行走、奔跑、攀升和跳跃。所以,在《查拉斯图拉如是说》中,尼采用"神圣的舞蹈"来象征酒神精神所推崇的人生态度。③ 以轻捷、飞腾的舞姿越过大地上的沼泽,战胜人生的悲剧,便是酒神精神。④ 在这个意义上,超越性构成了酒神精神的典型品格。与此相反,用"善"和"恶"的标尺来框定人的行为,在人生旅途密布清规戒律的荆棘,给个体生命套上沉重的十字架,则是种种伦理评价和宗教评价的基本特征。尼采称之为"重力的精灵"⑤。因此,作为耶稣的对头,狄奥尼索斯的行动取向,即在于超乎善恶之外,用自由的舞蹈踏碎一切陈规,如痴如醉地豪饮人生的美酒。谓之癫狂。

福柯称,癫狂是一种撩人的诱惑。"它体现了不可能之事、不可思议之事、非人之事,以及一切大地表面上的某种非自然的、令人不安的荒诞存在的东西。"⑥问题在于,文明社会所建构的道德秩序和理性秩序,长期行使着高高在上的文化霸权,而癫狂则作为不守规矩的另类受到打压,最后竟被囚禁到精神病院里去了。从这个角度来说,一部文明史就是一

---

① 尼采:《权力意志——重估一切价值的尝试》,商务印书馆 1991 年版,第 107 页。
② 事实上,这种解读方式已经暗含了尼采与"后现代主义"的密切关联。在当今的西方知识界,将尼采视为"后现代主义的思想奠基人",是一个颇为流行的看法。(参见 Alain Touraine, *Critique of Modernity*, Oxford:Blackwell Ltd.,1995,p. 114)
③ 参见尼采《查拉斯图拉如是说》,文化艺术出版社 1987 年版,第 128 页。
④ 如果在短促而坎坷的人生道路上行走得步履蹒跚,则说明内心沉重,即使显得坚强,在尼采看来也不合酒神精神。
⑤ 尼采:《查拉斯图拉如是说》,文化艺术出版社 1987 年版,第 230 页。
⑥ 福柯:《疯癫与文明》,生活·读书·新知三联书店 1999 年版,第 17 页。

部人的压抑史。福柯追随尼采,决意焚毁道德和理性的父亲形象,让沉默的癫狂恢复发言的权利。在他的笔下,梦想家、疯子、小偷、流浪汉、罪犯、倒错、反常等越轨者及其行为的隐秘历史被揭示出来,而医院、精神病诊所、监狱、工厂、兵营、官僚机器乃至家庭,则纷纷露出了狰狞的面目。耐人寻味的是,道德警察和理性法庭对越轨行为的规训与禁闭是在"善"的名义下堂而皇之地进行的。因此,倡扬酒神精神的尼采便被巴塔耶看成是一位"关于邪恶的哲学家"①。按照巴塔耶的逻辑,既然邪恶是压制的对象,而压制又出于善的目的来实施,那么,以邪恶抗争善的独裁,让炽烈的欲望尽情燃烧,便是获得自由的一个先决条件。极而言之,"选择邪恶就等于选择自由——自由就是摆脱一切束缚"②。巴塔耶一生对兴奋、幻想、疯癫、陶醉和销魂等等从根源处诱发人们放任自然本性的纵欲时刻高唱赞歌,可以说给狄奥尼索斯情结作了一个精彩的艺术化和生活化注解。因此,倘把酒神精神同其敌对的他者勾连起来,则它就表现为对规范的越界、对禁忌的轻蔑、对道德的拒斥、对理性的抗争、对上帝的亵渎,以及对极端体验的迷恋。它本性放肆,不甘驯服,要求欲望的无阻碍的自由流动。

——欢笑与狂喜

尼采讲,生命出于自然,因而天性拒绝超验的伦理评价。照他的说法,大自然不断创造又毁灭着个体生命,好似一场在永远洋溢的快乐中自娱的审美游戏。既如此,人除了秉承大自然这位"原始艺术家"的气概,以审美的态度对待生命的喜和悲,此外别无出路。若一个人感情充溢,兴致勃勃地品味生活的甘霖,对快乐发笑,对痛苦也发笑,便具备了酒神精神。在这个意义上,酒神精神意味着欢笑的"圣化"。③ 可是,旧伦

---

① 巴塔耶:《论尼采·序》,载汪民安、陈永国编《尼采的幽灵——西方后现代语境中的尼采》,社会科学文献出版社 2001 年版,第 7 页。
② 巴塔耶:《论尼采·序》,载汪民安、陈永国编《尼采的幽灵——西方后现代语境中的尼采》,社会科学文献出版社 2001 年版,第 16 页。
③ 参见尼采《查拉斯图拉如是说》,文化艺术出版社 1987 年版,第 355 页。

理,特别是基督教伦理,却把欢笑当作罪恶来整肃,其改善人类的方法一
如驯兽,实乃"阉割"和"摧残"。经过它们的驯养,人就发生变异,蜕化成
衰弱、残废、阴郁、愁苦的"半人"和"劣人"了。①

　　问题是,当人的生命本能无法向外自由发泄的时候,那就必然要反
过来转向内部。尼采指控说,由于道德暴君的严酷打压,人在伦理规范
的禁闭中无路可逃,结果就不耐烦地吓唬自己、撕咬自己、蹂躏自己、虐
待自己。这便是负疚感的起源。② 按照尼采的看法,负疚是一种折磨,一
种疾病。而福柯则在精神病院里发现了这种疾病。事实上,通过对监
狱、工厂、兵营以及家庭生活的考察,福柯意识到,在伦理秩序和理性秩
序的规训下,社会的各个角落都布满了这样一种自我折磨的囚徒。于
是,为寻找生命的亮光,福柯像尼采一样开始了他的古希腊之旅。他在
那里发现了一种超越善恶,不是在压抑和强制下侥幸挣扎,而是自我锤
炼、自我塑造的"生活的艺术、行为的艺术和'享用快感'的艺术"③。巴塔
耶指出,基督教废弃这种艺术,强制推行一种没有欢笑和快乐的严肃生
活,无异于制造以义杀人、以理杀人的流血事端。反过来说,要使人生充
满欢笑和快乐,甚至使悲剧也化为由自主行动构成的目标环境中的一个
放松与消遣的时刻,那就必须摆脱上帝,超越宗教道德伦理所设定的善
恶边界。④ 福柯进一步强调,倘若这种越界冲动以性放纵的形式表现出
来,那它就不仅是可能的,而且是必然的。这也就是他把萨德18世纪的
暴力色情作品拿出来反复咀嚼的原因。依福柯之见,萨德所描绘的"欲
望的野蛮发泄",显露了被日神阿波罗的耀眼光辉长期遮蔽的酒神精神
的暗影。他对此心驰神往,并身体力行,试图通过"非自然"的性行为来
测量自己所能够达到的经验极地。照他的说法,色欲越界能够"把罪行

---

① 参见尼采《偶像的黄昏》,湖南人民出版社1987年版,第32、51页。
② 参见尼采《论道德的谱系》,商务印书馆1992年版,第二章。
③ 福柯:《性经验史》,上海人民出版社2000年版,第322页。
④ 参见巴塔耶《论尼采·序》,载汪民安、陈永国编《尼采的幽灵——西方后现代语境中的尼
　采》,社会科学文献出版社2001年版,第11页。

变成喜悦、把痛苦变成快乐、把折磨变成销魂",乃至不可思议地"把死的愿望变成压倒一切且不可言状的爱的情感",从而体验到一种"神秘的狂喜"。① 福柯因为追求狂喜的越界冒险而结束了自己的生命,但也正是由于这个缘故,他可以被看作酒神精神的现代人格化身——笑对快乐、笑对痛苦、笑对人生、笑对死亡。

——充盈与生成

尼采反复申明,一个人能面对悲剧和死亡放声大笑,肯定得具备健全的生命和刚强的意志。因此,做一个强者就成为酒神精神的必然诉求。在尼采看来,酒神式的陶醉,根本就是一种高度的"力感",一种展示自身的"充盈和完美"的强力冲动。② 在酣醉状态下,人的潜能似乎获得了总爆发。他变得视野开阔,"可以鸟瞰无限的远方";也变得格外睿智,能够领会和预知转瞬即逝的细微事象。③ 旺盛的生命和敏锐的直觉给了他"坚强的骨头和轻捷的足"。于是,他勇敢豪迈,激情四射,以自由欢快的奋发意志去博取最卓越的东西——"最优良的食物,最澄清的苍天,最刚强的思想,最美丽的女人"④。不待言,这样一种血性的生命和爽朗大笑的人生态度,是同基督教伦理所推崇的人格理想迥乎不类的。

以基督教伦理为代表的旧道德,似乎对生命的短促和有限心怀怜悯,所以就悬设一个超验的理想境界作为人的生存基础和终极依靠。但尼采辩称,任何形式的天堂、来世和永恒理念,实质上都要拿个体生命作献祭,因而是毫无正当性可言的。按照他的看法,生灭流变是生命的本相,亦是宇宙的本相。整个世界犹如奔腾泛滥的大海,诸力交错,流转易形,在不知疲倦的吐故纳新过程中永恒地肯定着自己。尼采师宗赫拉克利特,认为审美人生的精髓,即在于将个体生命融入大自然的洪流,尽情地舞蹈和歌唱。"生成和流逝,建设和破坏,对之不可作任何道德评定,

---

① 转引自米勒《傅柯的生死爱欲》,台北:时报文化出版公司1995年版,第139页。
② 参见尼采《权力意志——重估一切价值的尝试》,商务印书馆1991年版,第467页。
③ 参见尼采《权力意志——重估一切价值的尝试》,商务印书馆1991年版,第510页。
④ 尼采:《查拉斯图拉如是说》,文化艺术出版社1987年版,第342页。

它们永远同样无罪,在这个世界上仅仅属于艺术家和孩子的游戏。如同孩子和艺术家在游戏一样,永恒的活火在游戏着、建设着和破坏着,毫无罪恶感——万古岁月以这种方式游戏自娱。"①

　　根据传统的形而上学,杂多和流变是一种幻象,只有整一和永恒才代表了最高的真实。但福柯说,尼采一生都在同这种所谓的"深度"模式作抗争。在他那里,"有一种对理想的深度、意识的深度的批判"②。按照德勒兹的看法,尼采之所以进行这种批判,是因为他敏锐地觉察到,真理的治权和道德的治权内存着一种深层的联结。因此,拆除传统的形而上学架构,把世界理解为一场由多元力量交错冲撞所驱动的生成和变易的活剧,根本说来是为了弃绝宗教伦理的善恶条规,给个体行为卸去罪恶感和负疚感的沉重负担。在这个意义上,说"生成无罪",也就是为个体生命一无所负地无阻碍流动辩护。这种辩护的实质要义,被萨特解读成了"存在先于本质"。它申明,人不是某种神圣意图的作品,当然也不能拿什么超绝的道德尺规来衡量、审查和责难人的存在。人偶然来到这个世界,首先存在着,尔后才在自由选择中不断塑造着自我。因此,那种想与永恒理念联姻、为某种神圣目的而活的论调,是万不可接受的。从某种角度来讲,把相对、暂时的东西当作最实在和最真切的东西来品味,构成了现代审美人生的一个本质诉求。"现代性就是过渡、暂时、偶然。"③人在偶然在世的短暂生命历程中,不必沉思默想,为真理所累;更不好克制肉欲,为道德所苦。对他来说,用身体来感受切肤的快乐已经足够,况且,随着善恶边界的销蚀,一个没有父亲形象的世界又为他不断寻觅新奇、体验狂喜的生成和流动彰显了无尽的可能。

---

① 尼采:《理性边缘的哲学》,商务印书馆(香港)1993年版,第70页。
② 福柯:《尼采、弗洛伊德、马克思》,载汪民安、陈永国编《尼采的幽灵——西方后现代语境中的尼采》,社会科学文献出版社2001年版,第11页。
③ 波德莱尔:《现代生活的画家》,载《波德莱尔美学论文选》,人民文学出版社1987年版,第475页。

——身体与肉欲

尼采的酒神精神是一曲生命颂歌。但它不是抽象地赞美生命,而是将对生命的颂扬指向了一个特定的维度,即身体的维度。强健、有力、充盈、高涨、升腾、勃发等生命特征,皆可看作身体的特征,它们是无分彼此,相互发明的。事实上,尼采之所以推崇艺术,尤其是古希腊悲剧艺术,一个重要的原因,也正在于他从中看到了生命与身体的本真形态和尊贵位置。依照他的说法,艺术一方面是旺盛的肉体活力向形象世界和意愿世界的涌流喷射;另一方面又借拔高了的形象和意愿来刺激原始本能,"增强了生命感,成了兴奋感的兴奋剂"①。因此,艺术有"滋补强身之效",可以增添力量,激发快乐,使那种原欲升腾的遥远的酒神记忆黯然回到现实。在这个意义上,尼采断言,艺术毋宁是生理学,它同逻辑学、知识学、伦理学、道德学、神学—形而上学等等,是针锋相对、格格不入的。

可以说,尼采肯定狄奥尼索斯,归根到底就是要重设身体的优先地位。按照尼采的看法,旧哲学执著于灵与肉的划分,并给灵魂以驾驭、监控、操纵和驯服肉体的治权,实在是一桩千古冤案。他要向灵魂长期占据的中心位置发起冲锋。根据他的侦讯,人原本受旺盛的本能驱使,只是因为本能发泄受阻,被迫锁入内心,才长出了后来叫作"灵魂"的玩意儿。由此看来,灵魂充其量只是附在身体上的一个词语。"我整个地是肉体,而不是其他什么。"②"肉体乃是比陈旧的'灵魂'更令人惊异的思想",所以,"要以肉体为准绳"。③

像尼采一样,福柯也要用身体准绳来测度和诠释世界。所不同的是,在尼采那里,身体是主动、积极地对世界评估;而福柯的身体则是被动、驯服地对世界铭写。但福柯将道德秩序和理性秩序烙在身体上面的

---

① 尼采:《权力意志——重估一切价值的尝试》,商务印书馆1991年版,第254页。
② 尼采:《查拉斯图拉如是说》,文化艺术出版社1987年版,第31页。
③ 参见尼采《权力意志——重估一切价值的尝试》,商务印书馆1991年版,第152页。

痕迹描摹出来,实际上是以一种批判的方式在申诉身体所遭受的残酷伤害。① 可以说,身体的无辜、身体的权利,而且讲到底,不是遍体鳞伤的身体,而是充盈活跃的身体,才构成了福柯的思想支点和生存支点。所以他特别心仪古希腊人那种"享用快感的艺术"。为了体味这种艺术的真谛,他甘愿拿生命打赌。"浮士德契约的诱惑已由性的安排注入我们体内。现在的浮士德契约是这样的:用全部生命换取性爱,换取爱的真理和统治权。为性爱而死,死得其所。"②这或许可以说是性爱至上论的极端表达了。

事实上,在文化传播的社会化过程中,形而上的生命哲学被理解为一种形而下的性爱生活观,是一件自然而然的事情。历史地看,弗洛伊德主义构成了这一转化过程的一个重要中介环节。如果提出尼采式的设问:比灵魂更具优先性的肉体是何所指?弗洛伊德式的回答很明确:是"本我",是"里比多",是与生俱来的原始性欲和本能冲动。③ 顺此推论,"以肉体为准绳",无非是要揭开"超我"压在"本我"这口沸腾大锅上的盖子,让原欲冲动摆脱"是""非",荡平"善""恶",在快乐原则的支配下狂肆不羁地自由发泄。这就是酒神精神的民主化解读。尼采说:上帝死了;新潮男女的理解是:上帝的位置已被性关系所取代。这样,酒神精神就在身体的维度上聚焦,成了性解放的启示录。新潮男女喜欢循着它的指引,和着摇滚的节奏自由发动快感冲锋。对他们来讲,快感的享用未见得是"艺术",但其"技术"手段显然更加高超。尼采的"酒神"似乎也被他们超越,因为普通饮料已不够刺激,只有大麻和可卡因才能带来亢奋体验,并且还得不断加大剂量。于是,现代狄奥尼索斯情结就成为一种服从身体原则的自性冲动,一种融性、毒品、幻想和快感于一体的生存

---

① 参见福柯《规训与惩罚》,生活·读书·新知三联书店1999年版,第27页。
② 转引自米勒《傅柯的生死爱欲》,台北:时报文化出版公司1995年版,第44页。
③ 图尔纳指出,尼采和弗洛德联合缔造了一种"新人类学"。据此,"人"不过是欲望个体,其"超我"的面目仅仅是遮掩性本能的窗户纸,一捅就破。这种新人类学构成反基督教传统的极端形式,因而具有"现代性"意涵;但它也抗拒理性化规范的约束,所以又有着某种反现代特征。(参见 Alain Touraine, *Critique of Modernity*, Oxford:Blackwell Ltd.,1995,p. 96)

景观。

　　显然,在这种景观下,传统意义上的道德和信仰巨链已被斩断,而以身体为基轴,不断加大享受官能快乐的强度和密度,则成了对人生价值的终极辩护。但贝尔批评说,本能冲动在酒神状态中只能暂时地麻醉自我。"醉狂终究要过去,接着便是凄冷的清晨,它随着清晨无情地降临大地。这种在劫难逃的焦虑必然导致人人处于末世的感觉。"①按照贝尔的看法,要解决审美人生所带来的诸多困惑,就必须严肃地回归信仰。于是,确认善恶边界,恢复羞耻感,重设人的生存根基,在贝尔那里便成为一种正当的诉求。这不由得令人想起戈尔凯戈尔对审美人生的批评,以及对道德人生和宗教人生的推崇。问题只是,这类文化疗救药方在劲吹快感旋风的时代,似乎是空谷足音。

四、天才的民主化

　　从现代文明的历史演进来看,传统价值的失落首先是由世俗化和理性化潮流的冲击所造成的。但是,货币经济的合理谋利原则及其主导下的制度安排和生活品质,显得过于市侩、枯燥、机械和平庸,所以,差不多从它发育的那一天起,就有一种标榜自我、推崇情感、张扬个性的审美主义诉求同时登台,两者既相互补充,又彼此冲撞,实质性地构成了现代景观的矛盾格局。②

　　在这一格局中,审美主义诉求的代言人是一个特殊的文化精英族群。他们无法容忍市场导向的污浊和机械标准的羁束,于是就以反功利、反理性、反制度规范的形式来追求和彰显一种特立独行的艺术化人生。就此而论,他们的气质是贵族性的。早期的浪漫诗人和浪漫哲人表现得像一群与社会格格不入的漂泊者;而晚近的先锋派甚至刻意用"非

---

① 贝尔:《资本主义文化矛盾》,生活·读书·新知三联书店1989年版,第97页。
② 贝尔把现代主义看作崇尚审美人生的典型范例。"现代主义试图以美学对生活的证明来代替宗教或道德。"(贝尔:《资本主义文化矛盾》,生活·读书·新知三联书店1989年版,第98页)

人化"的形式使他们的艺术风格同大众拉开距离。① 他们的一个代表性看法是,在一个庸俗、卑污的社会里,只有通过审美的超越才能给个体生命赋予一种属人的价值意义,因而,审美世界乃是现实世界的真正样板。这便是所谓的艺术自律或艺术自治原则。

从文化社会学的角度来考察,艺术自律或艺术自治原则的直接指向,是在充斥着物质主义和机械主义的世界中分割出一块审美的专属空间。在这里,那些超凡的艺术天才可以不受种种世俗礼法的限制,放纵激情、驰骋想象、大胆探索、自由作为。而且也正因如此,他们才保有一双睿智的眼目,能够穿透现实的暗影,给夜露销残一般的生命带来诗意的亮光。耐人寻味的是,这些原本为主流社会所不容的叛逆者,经过不懈的奋争,终于在生存品质方面赢得了颇受大众景仰的高贵的价值位阶。其角色扮演,犹如新时代的先知。可是问题在于,当这些先知用审美和艺术替代宗教和道德而接过生命价值的核准权的时候,他们从一开始就确定了一个朝着松弛和放纵一端移动的方向。对他们来说,昂然独立的"自我"是最坚实的立足点,而且这个立足点的处身位置完全是此岸的。② 这意味着,为感性生命作辩护的审美精神,在本质上不但无关"利害",还无关"是非",甚至于无关"善恶"。因此,反功利、反理性就与反宗教禁忌、反道德规范相互贯通,成了同一问题的两个不可分割的方面。尼采宣布上帝已死,人可以超于善恶之外,便是这样一种审美诉求的画龙点睛之笔。透过尼采对酒神精神的高扬,人们愈益坚定地相信,千百年来由超验的彼岸世界和神圣的道德理想所加诸个体生命的那些生存条规已被判定无效,而一种在身体维度上享受官能快乐的游戏式人生心

---

① 鲍曼这样解析了前卫艺术的悖论:当它为大众认可的时候,对它来说实质上是一种否定。所以,出于对大众认可的恐惧,它就狂热地追求一种极端晦涩的艺术形式。但在市场逻辑和都市机理的作用下,它最终还是民主化和大众化了。(参见 Zygmunt Bauman, *Postmodernity and Its Discontents*, Cambridge:Polity Press,1997, p. 98)
② 尼采对此作了亢奋的表达。他立誓忠于大地,并发出呼喊:"成为新人,独一无二的人,无可比拟的人,自颁律法的人,自我创造的人。"(参见尼采《快乐的知识》,中央编译出版社 2001年版,第 235 页)

态,则成了审美和艺术在今天赐予个体生命的最甜蜜的果实。现在要问:这个果实能不能以及怎样被大众所品尝呢?

尼采瞧不起大众,因为与大众为伍,犹如置身市场,只听得见小市民的喧嚣。所以,他宁愿逃到自己的孤寂里去。[①] 但也许令尼采感到不悦的是,随着现代化进程的加速,那些在市场中喧嚣的小市民,不仅越来越强烈地流露出寻求感性快乐的渴望,而且有意无意地向艺术天才独享的解读和践行酒神精神的贵族式特权发起了挑战。他们也要做"自己的艺术家兼英雄"。[②] 其所以如此,一个重要的原因在于,现代大众受过自由民主精神的洗礼,平权观念已经渗入了他们的灵魂和血脉。在他们的心目中,每一个人不仅有同等的权利去自由表达自己的思想和言论,而且有同等的权利去顺应自己的性格,表露自己的趣味,发展自己的爱好,选择自己的生活方式。如果说,私人空间的放大构成了现代自由社会的基本特征,那么,当独立的个体打着天赋权利的旗号去探索新的经验边疆,比如玩味和开发自己的身体的时候,谁能对他武断地指手画脚并施以强制性干预呢?

游戏式的人生心态能否普遍化,关键在于有无实现条件。在现代城市社会到来之前,这个条件原则上是不具备的。那时候,即使撇开传统道德的督导和规训不说,生活圈的封闭与狭小,也对个体的自主选择形成了致命的挤压。齐美尔指出,前现代社会的小城镇生活,"限制了个体的外部行动和联系,也为个体的自我独立和分化竖起了屏障"[③]。但是,随着城市化车轮的飞速旋转,这道屏障被碾碎了。现在,国家不仅在外观形态的建筑学意义上,而且在生活格调的社会学意义上,都已经变为城市。似可认为,城市作为时尚先锋主导着生活方式的翻新,乃是现代性社会结构所展示的一个划时代转变。

直观地看,城市社会是一个大众社会。在城市中,人群聚集,人头攒

---

① 参见尼采《查拉斯图拉如是说》,文化艺术出版社 1987 年版,第 57 页。
② 参见贝尔《资本主义文化矛盾》,生活·读书·新知三联书店 1989 年版,第 181 页。
③ K. H. Wolff(ed.), *The Sociology of Georg Simmel*, New York:Free Press,1950,p. 417.

动,从商店、酒吧、体育馆到美术馆、博物馆、音乐厅,无论普通场所还是市级场所,到处都游荡着大众的身影。如果说,小范围交往的前现代生活,因为使个人直面亲朋和邻居的目光而维系了一种压抑性的社会监控模式,那么,这种模式在城市社会已失去了植根的土壤。货币经济和都市机理将个体从传统的亲情和熟人关系中抽离出来,使之进入了一种游移、流动、漂浮的生存状态。因此,城市人骨子里是一群"陌生人"。这意味着,那些不可逆转地超越其固定身份的城市个体,在作出自己的行为选择的时候,已用不着面对团契道德法庭发出忠诚的誓言了。但是反过来讲,正因为生存状态的漂浮不定,城市人在情感生活方面又格外需要宣泄和补偿;而在休戚与共的忠诚和友谊已失去存在条件的情况下,宣泄和补偿的具体方式就往往表现为及时行乐。① 物质财富的丰裕、闲暇时间的增加以及技术手段的完善等等,给这种及时行乐打上了"消费民主"的深刻烙印:

> 消费者把自己看作处于娱乐之前的人,看作一种享受和满足的事业。他认为自己处于幸福、爱情、赞颂/被赞颂、诱惑/被诱惑、参与、欣快及活力之前。其原则便是通过联络、关系的增加,通过对符号、物品的着重使用,通过对一切潜在的享受进行系统开发来实现存在之最大化。②

在这种背景下,那些主张用审美和艺术来核准生命价值的新时代先知的教诲,究竟以什么样的方式被城市大众予以生活化地解读和接受,就是一件不言而喻的事情了。到 20 世纪中叶,在娱乐道德取代清教伦理的过程中,"解放""新"和"性"成了三个最流行的时髦语汇。"解放"意味着砸碎宗教和道德枷锁;砸碎宗教和道德枷锁的目的是为了在经验边疆自由地"寻觅新奇";而寻觅新奇的极乐境界则体现为"性冒险"和"性

---

① 参见鲍曼《流动的现代性》,上海三联书店 2002 年版,第 195 页。
② 波德里亚:《消费社会》,南京大学出版社 2000 年版,第 72 页。

放纵"。① 按照贝尔的分析,所有这一切,似乎都同城市前卫男女对尼采、柏格森、弗洛伊德以及其他艺术精英的天才作品的揣摩与领悟有关。② 当然,经过广告和传媒编码的"符号与影像",对唤醒和激发人们的性本能来得更直观、更生动一些。特别是电影。巴克斯特分析道:

> 没有一门艺术像电影这样放肆地向它的观众提供性满足,要求它的表演者这样准确地实现大众公有的幻想,或者具备这样多的手段达到目的。在引发观众的感情和感官方面,电影比其他艺术拥有天然的优势,可以用舞台难以企及的方式迎合隐秘的幻想,同时,它这种易于影响大量观众的长处产生了一条神秘和感情的双向通道,使电影制作者们能充分了解这些幻想并发展迎合它们的方法。人们在影院售票处摆脱心中的压抑就像甩掉一件雨衣一样。③

由于电影是最接近生活的艺术形式,既形象又生动,且观众数目不可计量,所以,它作为寓教于乐的大学校,在导引人们的价值观和行为取向方面所起的作用,是怎样高估也不过分的。也正因如此,信护公序良俗的"道德军团"很快集结起来,义愤填膺地谴责电影这个颓废派魔鬼"败坏视力,亵渎心灵,降低千百万青年的道德水准"④。其斗争成果甚至还一度变成了法案。但是,就像禁酒法案的命运一样,电影审查制度也因为同个人自由原则相抵触而被判无效了。⑤ 类似的情况后来还发生

---

① 这场"性革命"造成了曾被认为是神圣和稳定的"家庭之巢"的逐步瓦解,其文化表征是:"爱欲的浪漫外衣被脱掉,从而赤裸裸地暴露出了性本相"。(Zygmunt Bauman, *Postmodernity and Its Discontents*, Cambridge:Polity Press,1997,p. 146)

② 参见贝尔《资本主义文化矛盾》,生活·读书·新知三联书店1989年版,第109—110页。

③ 巴克斯特:《银幕上的性》,载阿特金斯编《西方电影中的性问题》,中国电影出版社1999年版,第11页。

④ 莱尼格:《美国电影审查史》,载阿特金斯编《西方电影中的性问题》,中国电影出版社1999年版,第36页。

⑤ 具有行业协会意味的"分级制",看上去似乎是电影界的自律举措,其实它自打出台就是一个旨在冲破禁区的计谋,何况"分级"的栅栏又会像纸一般被观众撕得粉碎。(参见莱尼格《美国电影审查史》,载阿特金斯编《西方电影中的性问题》,中国电影出版社1999年版,第57—66页)

过。此次争论的焦点是摇滚。一些宗教人士和文化保守人士斥责摇滚破坏年轻人神经的稳定性，教唆他们为所欲为，实乃魔鬼的同党。但这种斥责像无奈的慨叹，根本无法阻止摇滚明星列侬"别相信上帝，要相信自己"的高喊大叫，以及身后数不清的歌迷的狂热追逐。摇滚的辩护者还拉出尼采做靠山，说摇滚体现了"浪涛般汹涌而来的酒神狂欢节奏"①。这种辩护很值得考量。

在尼采那里，音乐同酒神精神的确存在着本质的联结。他甚至把音乐看作最富哲学深度的艺术："可曾有人发现，音乐解放精神，为思想添上双翼？一个人愈是音乐家，就愈是哲学家？——抽象概念的灰色苍穹如同被闪电划破；电光明亮足以使万物纤毫毕露；伟大的问题伸手可触；宛如凌绝顶而世界一览无遗。"②尼采没有听过摇滚。他推崇的音乐家是瓦格纳。但尼采曾讲，性欲、酣醉、暴力是艺术的三要素。③ 倘用这样的标准来评估，则摇滚被看作酒神精神的现代样板，可以说是当之无愧的。在摇滚中，尼采所谓"健康肉体的声音"似乎从根部迸裂出来，它不仅融性、毒品和暴力于一体，而且打破阻隔人们的藩篱，煽动了一场以越界和快感冲锋为特征的集体狂欢："它所造成的都是声响和疯狂的心绪，是喧嚣和狂乱的气氛。它不是别的，而是由节拍、重击、轰鸣和敲打构成的那种惊人场面。词句、歌曲都不复存在了，留下的只有混乱与美妙的无政府状态"④。按照马丁的看法，摇滚重"感觉与经验"，而不是"思考和计划"。它作为青年人最纯粹的快乐游戏，"与工具性、功能性和契约性社会相对立，特别反对成年人的工作世界"⑤。需要补充的是，在马尔库塞等思想导师的点拨下，反叛的青年在 20 世纪 60 年代发动了一场声势浩大的政治革命和文化革命，其场面与方式一如摇滚。

---

① 格拉西克：《把摇滚浪漫化》，载王逢振编《摇滚与文化》，天津社会科学院出版社 2000 年版，第 112 页。
② 尼采：《悲剧的诞生》，生活·读书·新知三联书店 1986 年版，第 284 页。
③ 参见尼采《权力意志——重估一切价值的尝试》，商务印书馆 1991 年版，第 253 页。
④ 马丁：《当代社会与文化艺术》，四川人民出版社 2000 年版，第 194 页。
⑤ 马丁：《当代社会与文化艺术》，四川人民出版社 2000 年版，第 186 页。

第十三章 本能冲动的公开造反

本能冲动造反逻格斯是现代文化的一个典型特质。倘要对这个特质作透彻把握，法兰克福学派的社会批判理论似乎格外值得关注。其原因主要有两个方面。一方面，法兰克福学派将浪漫传统与弗洛伊德主义相融合，按照现代艺术精神构造出一个审美乌托邦，以此对感性生命的价值优先权给予了充分的正当性论证。另一方面，在乌托邦情结的驱使下，法兰克福学派对现代技术文明和社会秩序的压抑性质展开激烈批判，并进而提出了一种所谓文化革命的总体战略。特别需要强调的是，这种战略不仅表现为一种理论构想，而且极大地鼓舞和激励了欲望个体旨在颠覆既定文明规范的公开的造反行动。在这个过程中，感性的解放和肉身的放纵不分彼此地熔为一炉了。

一、感性的审美生成

20世纪60年代，欧美诸国爆发了一场声势浩大的青年造反运动。表面看来，这场运动似乎是一群"孩子们发动的十字军远征"①。它的直

---

① 贝尔：《资本主义文化矛盾》，生活·读书·新知三联书店1989年版，第37页。

接目标是要打破"幻想"与"现实"的界限,使奔腾翻卷的生命本能在解放的旗号下自由宣泄。但问题是,由于这场运动不仅嘲弄资产阶级的"假正经",而且主张摧毁资本主义的整个"异化结构",因此,把它当作"反思"现代性的一个重大事件来考察,应该说是有充足理由的。事实上,这场运动也并不纯然是孩子们的青春期造反。它有自己的精神领袖——法兰克福学派的激进思想代表马尔库塞就是其中之一。1979年马尔库塞逝世后,一位当年的造反派成员满怀深情地回忆说:"在60年代,马尔库塞证明我们有理……他为我们说不清的各式各样的幻想和爆炸性的主张提供了哲学和历史的证明。"①

这种证明意味着什么? 马丁认为,"零点结构对于反文化运动的初衷来说是一只圣杯"②。倘把"零点结构"看作清规和禁忌的废除,则这种坚定的造反立场,在形式上显然契合于马尔库塞所倡导的大批判和大拒绝。可是问题在于,凭什么进行大批判和大拒绝? 资本主义的当代发展不是带来物质财富的庞大积累吗? 丰裕产品的消费不是让人们感受到实在的愉悦和满足吗? 科技进步不是给人们提供了前所未有的便利吗? 至少从现象上看,那些被幸福意识湮没了的庸众,已难以想象另一种生活了。他们或如霍克海默所说,"丧失了构造一个不同于他生存的那个世界的另一个世界的能力"③;或如马尔库塞所说,最多只能想象"同一种生活方式的不同类型或畸形"④。

缘此,要给一种超越现实的价值理想找到赖以成立的可信理由,就必须确立一个更高的思想基准。这个基准不能根据既定的经验事实来营构,因为,它要揭示的恰恰是被现存制度所遮蔽的健全生活的可能性。⑤ 而要使这种遮蔽的可能性得以彰显,从方法上说,似乎只有一条道

---

① Douglas Keller, *Herbert Marcuse and the Crisis of Marxism*, London: MacMillan, 1984, p. 376.
② 马丁:《当代社会与文化艺术》,四川人民出版社2000年版,第58页。
③ 霍克海默:《社会批判理论》,重庆出版社1989年版,第263页。
④ 马尔库塞:《单向度的人》,上海译文出版社1989年版,第55页。
⑤ 参见马尔库塞《单向度的人》,上海译文出版社1989年版,第3页。

好走,那就是循着浪漫主义开辟的审美现代性路线,将自律的艺术置于压倒一切的价值优先地位。关于这一点,对现代文明进程作过精辟分析的韦伯早就察觉到了。按照韦伯的看法,随着世俗化和理性化潮流的不断高涨,"艺术越来越演变成为一个有意识地把握独立价值的世界,它以自身的权利而存在。不管怎样解释,艺术确实承担了一种世俗的救赎功能。它把人们从日常生活的平庸刻板中拯救出来,特别是从理论和实践的理性主义所不断增长的压力下拯救出来"[1]。

在西方文化史上,用自律的审美艺术对抗功利主义和理性主义逻辑,通过诗意想象超越庸俗生活常态,给人的情感和灵性提供温馨呵护,乃是浪漫主义留下的一份珍贵思想遗产。在 20 世纪,继承这份遗产,并深入发掘其革命性潜能的典型尝试,当推法兰克福学派的社会批判理论。按照法兰克福学派的代表性看法,早期浪漫哲人和浪漫诗人对人类"自然状态""黄金岁月""儿童时期"等等的深情眷恋,使"回忆"成为昭示理想王国的艺术化路径。阿多尔诺说:"在艺术中,那看来不存在之物的实现的热望,呈现为回忆的形式。"[2]马尔库塞强调,"回忆"本质上是一种"综合",它借助审美的意向投射,打破外在的时空界限,把在历史和现实中遭到肢解的人性的片断残迹汇总起来,从而以超越因果必然性的自律形式昭示了一个与异化世界遥遥相对的价值之域。[3] 霍克海默指出,如果把这个价值之域看作一种审美的创造,那么,西方文化史上的优秀作品便透露出朗照性灵的诗意亮光:

> 艺术作品——从现实的内容当中抽离出来的人类精神的客观产品——隐藏着一些原则,由这些原则看,孕育艺术的世界则表现为不相容的和不真实的。不管莎士比亚作品表现出来的狂怒和忧

---

① H. Gerth & C. Wright Mills(eds.), *From Marx Weber: Essays in Sociology*, New York: Oxford University, 1946, p. 342.

② T. W. Adorno, *Aesthetic Theory*, London: Routledge & Kegan Paul, 1984, p. 192.

③ 参见马尔库塞《历史唯物主义的基础》,载复旦大学哲学系编《西方学者论〈1844 年经济学—哲学手稿〉》,复旦大学出版社 1983 年版,第 155 页。

郁,还是歌德诗歌中所展示出来的与世无争的人道主义,甚至普罗斯特虔诚地沉湎于尘世生活的转瞬即逝的特征,这些都唤醒着对自由的回忆。这种回忆使得当下流行的标准成为偏见和粗俗的东西。因为艺术是自律的,所以它保留着由宗教中升华出来的乌托邦。①

用高度理想化的审美乌托邦去比照阴暗的异化现实,是社会批判理论的一般策略。阿多尔诺说:"纯粹的和精心构筑的艺术,是对人的被贬低的生活境况的无言批判。"②但是严格讲来,这种批判策略并不新鲜。在审美现代性路线的开拓过程中,早期的浪漫哲人和浪漫诗人就已经这样做了。况且,对艺术的纯粹性和完美性的过分痴迷,还可能导致自恋和拒绝交流,并不适合于充当造反行动的革命纲领。③ 可是,在火热的60年代,那些激进的造反青年既不想遁入内心世界而封闭自我,也不想钻进象牙塔去为艺术而艺术。他们诉求的是升腾勃发的感性力量。因此,如果社会批判理论能够与革命造反行动相对接,那么问题的关键就在于,它必须在新的时代条件下为这种感性力量提供辩护和激励。

马尔库塞注意到,弗洛伊德的精神分析理论在这方面蕴含着至为重要的思想资源。在他看来,浪漫主义旨在为感性正名的审美诉求,是可以沿着弗洛伊德的心理学道路进行深度发掘的。因为,就像浪漫主义者通过对"自然状态"的追忆而认可了人的不受社会法则约束的欢乐与自由一样,当弗洛伊德在"超我"背后揭示出一个"本我"的时候,他也在本体论意义上触及了个体生命的存在方式的原始基础。④ 按照弗洛伊德的说法,本初的自由原型遵从"快乐原则",它为本能驱动,直接追求着生命欲望不受压抑的完全满足。但是,一则因为生存资料的匮乏,二则为了

---

① 霍克海默:《社会批判理论》,重庆出版社 1989 年版,第 260 页。
② T. W. Adorno, *Aesthetic Theory*, London:Routledge & Kegan Paul,1984,p. 321.
③ 这是阿多尔诺的基本立场。阿多尔诺强调,鉴于形而下的操作都会不同程度地玷污价值理想,因此,真正不妥协的批判家只可把这个理想视作"扔进大海的瓶子",它等待着未来的收信人,哪怕这个收信人永远都身份不明。(参见马丁·杰《阿多尔诺》,湖南人民出版社 1988 年版,第 58 页)
④ 参见马尔库塞《爱欲与文明》,上海译文出版社 1987 年版,第 50 页。

维护种族的正常繁衍,个体的无拘束的天然快乐不得不在文明进程中接受限制。虽说由于这种限制,人类发展了理性功能,学会了道德判断,进而通过原欲的升华而推动了整个族类的进步,但这种进步却是以生命本能的压抑为前提和代价的。在此意义上,人类的历史就是个体的压抑史,我们身处的文明不过是压抑性的文明。

按照马尔库塞的看法,弗洛伊德主义既然以存在于人的心理结构中的原欲冲动反衬出文明法则同生命欢乐的对立性质,实际上也就委婉地表达了对自由形象的憧憬。那应该是一种"无压抑文明"。特别重要的是,尽管弗洛伊德认识到人类生存斗争的艰难以及对本能冲动施加控制的必要,但他的精神分析学却又告诉我们,生命个体追求无限制快乐的原始欲望并没有被文明法则根绝,而只是以隐蔽的形式降入了"潜意识"领域。在这个领域,"本我"的真面目常常以"幻想"的形式突破"超我"的监控而顽强地表现出来,从而使感性快乐的正当权利得以恢复。正是在这个意义上,马尔库塞强调,"幻想"作为一种基本的、独立的心理过程,具有超越现实压抑法则的真理价值。它所保留的最古老的精神结构,暗含了一种走向"无压抑文明"的深切渴望。[①]

问题在于,这样一种"无压抑文明"应该怎样进一步勾画?为寻求答复,马尔库塞将弗洛伊德的"本我""无意识""幻想""儿童游戏""白日梦"等等,同早期浪漫主义者所推崇的"自然人"、"纯真的希腊"、告别尘嚣的"回忆"以及展现生命自由的"审美冲动"作了大胆的类比和嫁接。其对60年代的先锋青年极富感召力的结论性意见是:本来意义的真正的人格原型可用古希腊神话中的"爱神"来命名,而它的可揣度的样板,则是俄耳浦斯和那喀索斯。在马尔库塞看来,与象征苦役和悲壮的普罗米修斯不同,俄耳浦斯和那喀索斯不受压抑之苦,热情奔放,充满活力,悠然自得地享受生活之美。因此,它们是感性、快乐、和平与自由的化身。它们的声音是歌唱而不是命令;它们的姿态是奉献和领受;它们的行为是创

---

① 参见马尔库塞《爱欲与文明》,上海译文出版社1987年版,第103页。

造和平与废除劳作；它们摆脱时间，使人与神、人与自然契合为一。① 一句话，根据马尔库塞的诗意描绘，俄耳浦斯和那喀索斯象征着"一种释放爱欲的非压抑的和平美妙的状态"②。

几可断定，这是可以想见的最完美的生存状态。在 20 世纪 60 年代，它对新潮男女的感召力和吸引力，是无法用语言来形容的。但马尔库塞告诉人们，这一状态已经随着现代文明的发展而历史地消失了。所以，应该追问，而且必须追问：它能在未来复活吗？如果说任何复活都不是简单地回到过去，那么，它又以什么方式、通过什么途径复活呢？席勒格外推崇"审美游戏"，因为它可以调和感性与理性的冲突，在美的创造中把人引向自由。弗洛伊德十分注意"幻想"，因为它顽强地表现着人的不受压抑的生命欢乐。马尔库塞引申道，"幻想"一方面联系着潜意识的最深层次——原始记忆；另一方面又联系着意识的最高产品——审美艺术。因此，爱欲、幻想、审美、游戏冲动、非压抑升华等等，是密不可分地结合在一起的。马尔库塞将弗洛伊德主义和浪漫主义融会贯通，最后在以幻想为特征的审美活动和艺术活动中发现了救赎的希望。

按照马尔库塞的看法，审美艺术之所以能担此重任，主要有三个原因。首先，由于同幻想有着内在关联，艺术能够打破日常经验的框架，从而以疏离的形式建构一个审美的感觉世界。这个世界既是被压抑形象的回归，又是未来理想社会的前显现。其次，正因为艺术构造了一种更高的"真实"，它是解放的要求和革命的号召。"在艺术的自律王国中，存在着这样一个命令：事物必须改变。"③最后，审美活动具有洗刷人的经验结构和本能结构的巨大潜力，它以消遣代替苦役，以表演代替劳作，以生命的无忧无虑的自由表现代替理性和道德的外在强制，最终必将指向一个新人的生成，一个走向未来的感性主体的自由生成。马尔库塞说，艺

---

① 参见马尔库塞《爱欲与文明》，上海译文出版社 1987 年版，第 117 页。

② Douglas Keller, *Herbert Marcuse and the Crisis of Marxism*, London：MacMillan, 1984, p. 175.

③ 马尔库塞：《审美之维》，生活·读书·新知三联书店 1989 年版，第 216 页。

术诚然不能直接变革世界,但它"能够致力于变革男人和女人的意识和冲动,而这些男人和女人是能够变革世界的"①。在审美王国的比照下,在按属人方式本真地展示自己的"新感性"的冲击下,资本主义这个异化的社会结构难道还是不可动摇的吗?

二、大批判与大拒绝

在西方文化史上,由卢梭奠基,尔后经一代又一代浪漫主义者发展的审美现代性路线,乃是遭遇世俗化和理性化潮流强势挤压的一种否定性反应。因此,对现代文明的主导规范予以"批判"和"拒绝",构成了这条路线的基本取向。长期以来,这一取向在西方社会的制度化运作中只是作为附属角色发挥限制性功能。它充其量不过是一群反主流的浪漫文人的激愤呐喊。但是,随着这种呐喊在后工业时代的大众都市社会赢得越来越多的信奉者和支持者,20世纪中叶崛起于欧美诸国的"新激进主义"已不再容忍边缘性的处身位置了。它决意按照自己的理想模式彻底地改变生活,进而建造一个"全新的世界"。② 现在的问题是:以马尔库塞为代表的法兰克福学派,究竟给"新激进主义"的"武器批判"锻造了什么样的"批判武器"? 他们作为思想导师以何种方式为知识青年不妥协的叛逆姿态进行了哲学证明与合法辩护? 更明确地讲,这些社会批判理论家到底对当代资本主义社会提起什么指控,以致给激进造反派出具了不得不诉诸行动的革命理由?③ 概括说来,最根本的理由就是将发达工业文明斥为"极权奴役的新形式"。

马尔库塞指出,发达工业社会看上去是一个经济繁荣的丰裕社会。

① 马尔库塞:《审美之维》,生活·读书·新知三联书店1989年版,第229页。
② 参见 D. Bouchier, *Idealism and Revolution*, New York:St. Martin's Press,1978,pp. 1-4。
③ 在60年代,被造反青年奉为行动指南的思想理论五花八门,并非统一的整体。但在其中,法兰克福学派,特别是其激进代表马尔库塞的批判理论,扮演了一个引人注目的角色。布切尔认为,马尔库塞《单向度的人》对激进学运所产生的影响,是没有其他著作可以与之相提并论的。(参见 D. Bouchier, *Idealism and Revolution*, New York:St. Martin's Press,1978,p. 48)

技术进步、生产发展和财富增长,使资本主义在人类历史上第一次达到了这样一个阶段,在这个阶段,消除基本生活资料的匮乏,已不是非分的奢望,而成为可期盼的目标,甚至在很大程度上变成了一种生活现实。倘说基本的匮乏总是联系着"基本的压抑",则资本主义的当代发展便为消除这种压抑创造了客观条件。但问题是,发达工业社会不仅没有营造无压抑文明,反倒给大众默默地强加了一种"虚假的需要"。这是一种为了特定的社会利益而扭曲个人之真实的自主抉择的操纵性需要。它表现为体贴入微的优质服务、五花八门的广告宣传、追赶时髦的心理期待等等。因此,满足这些需要会令人感到愉悦。可是,就当公众愉悦地高消费的时候,他们也于不知不觉中接受商业社会的价值定向,并把这种定向变成了本能的生活态度与习惯。就此而论,当代资本主义社会的控制方式,是一种比"基本压抑"更进一步的"额外压抑",一种比暴力恐吓更为有效的消费操纵和日常心理操纵。马尔库塞断言:"资本主义进步的法则寓于这样一个公式:技术进步＝社会财富的增长(社会总产值的增长)＝奴役的加强。"[①]

在这个意义上,当代资本主义社会乃是一个丰裕的"病态社会"。但法兰克福学派强调,这里所谓"病态",不好简单地理解为制度运作的功能紊乱及其导致的经济危机与社会危机。相反,就经济的繁荣和生活的富足来说,资本主义制度的功能输出看起来十分正常。其"病态"的实质毋宁在于,正是这种十分正常的功能输出,以一种让人感觉舒适和安逸的快乐方式,使权威操纵渗入日常生活,从而彻底扭曲了人的真正本性。具体表现在三个方面:

一是个性特征的消解。法兰克福学派认为,现代资本主义对物质进步奇迹的近乎宽宏无度的承诺,是建立在工业文明的技术基础之上的。

[①] 马尔库塞:《工业社会和新左派》,商务印书馆1982年版,第82页。在60年代的激进运动中,马尔库塞的这一断言产生了广泛的社会一心理效应。它不仅给青年学生出具革命的正当理由,而且在很大程度上影响了他们造反行动的路径选择。(参见迪克斯坦《伊甸园之门——六十年代美国文化》,上海外语教育出版社1985年版,第69—75页)

但问题在于，工艺技术的标准化逻辑不仅驱动经济体系的高效运行，而且导致了个体生存的类型化。结果，行业之间、城乡之间、儿童与成人之间、男性与女性之间以及广泛意义的你我之间的差别都被扯平，变得十分相像了。人们不仅在生产过程中沦为机器部件，而且在日常生活中也仿佛成了无个性的标准印章。"人们在一起工作，成千上万的人涌进工厂和办公室——他们乘小汽车、地铁、公共汽车和火车来上班，他们按照专家制定的工作节奏和工作方法在一起有条不紊地工作；每个人作为社会整体的组成部分而发挥作用。晚上，他们又返回家中：他们阅读同样的报纸，听同样的广播，欣赏同样的电影，不管是社会的最高层还是社会的最低层，不管是聪明人还是傻瓜，不管是受过教育的还是没有受过教育的，全都一样。生产、消费、娱乐全都步调一致。"①显然，在这样一个高度一体化的社会中，已谈不上真正意义的个性选择了。

二是自主需求的变态。依据法兰克福学派确立的价值标准，人在本质上是一种有灵性的生命个体，因此，一个合乎人道的理想社会，应当为个性的自由全面发展开拓出最大空间。但是，现代资本主义在双重意义上背离了这一目标。一方面，它以令人着迷的丰裕产品为诱饵，按照商业品味片面刺激人的感性需求，从而在人的内心深处培植了一种沉醉于物质享乐的世俗幸福意识。于是，"小轿车、高清晰传真装置、错层式家庭住宅以及厨房设备变成了人们生活的灵魂"②。天堂被想象成一个充满新奇玩意儿并且可以自由购物的百货商场，"欲望的无限制满足导致人的精神麻木"。另一方面，现代资本主义社会不仅使人沉溺于物质享乐，而且使消费欲望完全脱离了人的真正需要。人在消费活动中不再有自主判断和创造性体验，而只是去吃"流行"，穿"牌子"，喝"商标"，玩"时髦"。从这个意义来说，"消费本质上是人为刺激起来的幻想的满足，是一种与我们的真实自我相异化的虚幻的活动"③。人在商业广告和流行

① 弗洛姆：《健全的社会》，中国文联出版公司1988年版，第108页。
② 马尔库塞：《单向度的人》，上海译文出版社1989年版，第10页。
③ 弗洛姆：《健全的社会》，中国文联出版公司1988年版，第167页。

时尚的驱使下消费球赛、音乐、影视、旅游和约会,就像他用异化的方式消费他买来的商品一样。"他的趣味受到控制,他想看和想听的是社会允许他看和听的东西。"①一句话,人在现代社会中所表现出的选择自由只不过是形式外观,实质上,它已经被定向操纵,从而与人的真正本性相异化了。

三是内心世界的萎缩。按照法兰克福学派的看法,现代资本主义社会强加给人们的"虚假需要",不仅表现于消费领域,而且借助传媒扩散到日常生活的细微层面,最终内化成了人的近乎本能的心理定势。在发达工业社会中,报纸、书刊、广播、影视等等犹如无形的操纵力量,塑造和支配着人的态度与习惯。因此,我们不是自由人,而是被教成自由人。通过大众传播媒介,我们认识了大大小小的新星,又听信他们天花乱坠的允诺,巴不得让这些新星来做自己的主子;我们依靠集谎言之大成的广告来确认自己的喜好;通过收看使人智力退化的电视来塑造我们的"自由意志";还有流行时尚为我们展示标准的生活格调,在它的裹挟下,我们情不自禁地尝试着弄潮儿的乐趣,如此等等。总之,现代社会将自由整合进一个压抑性的总体框架,结果便是,生命的贬值和幸福的感觉并行不悖,物质财富的膨胀和内心世界的萎缩携手共进。谓之"舒舒服服、平平稳稳、合理而又民主的不自由"②。

法兰克福学派注意到,当代资本主义社会的异化结构,是借助科学技术的力量而确立起来的。霍克海默和阿多尔诺从主张征服和控制自然的启蒙诉求中辨析出一种独裁者的强权逻辑,并以从弹弓时代到百万吨级炸弹时代的惊世断言,彻底翻转了人们对启蒙进步所抱持的乐观信仰。③ 马尔库塞指出,在发达工业社会的特定条件下,科学技术之所以产生巨大的统治效能,不仅因为它提供了枪炮、原子弹等高级杀人武器,也不只是因为它在对人的监控和管制方面提供了愈益现代化的攻击手段,

① 弗洛姆:《健全的社会》,中国文联出版公司1988年版,第137页。
② 马尔库塞:《单向度的人》,上海译文出版社1989年版,第3页。
③ 参见霍克海默、阿多尔诺《启蒙辩证法》,重庆出版社1990年版,第7、113页。

更重要的是,由于不断提高生产力,它通过生活需求的日益增进的满足,淡化和瓦解了人的否定与批判意识。当人们在科技进步所提供的丰裕产品中找到自己的生活寄托的时候,他们也就不知不觉甚或自愿自觉地被现有社会秩序同化了。这种同化是如此有效,以至于发达工业社会的政府,也只有首先成功地利用现代科学技术来促进生产发展和经济增长,才能维持并巩固自己。于是,作为驱动社会进步的最重要的杠杆,科学技术把整个社会动员起来,产生了一种似乎超越和凌驾于任何特定个人和集团之上的普遍利益。在这种背景下,政治统治转化为"非恐怖的经济技术协作",变成了对扩大舒适生活、提高生产效率的客观的物质力量或技术装置的屈从。就此而言,"技术合理性是保护而不是取消统治的合法性,理性的工具主义视界展现出一个合理的极权主义社会"①。

在法兰克福学派看来,这个社会骨子里具有反人道的奴役、侵略和攻击性质。但是,与以往的极权统治相比较,发达工业文明的极权统治又具有全新的特点。它不再表现为直接的暴力强迫、粗野的人身占有和赤裸裸的政治独裁,而是以富足的生活化解外在的社会紧张,用舒适的心理抚慰取代恐怖的专制高压,从而使政治控制获得了为民众所自愿认同的合法性外衣。鉴于此,法兰克福学派认为,当代资本主义的生产和消费就社会政治功能而言是高度意识形态化的。它通过巧妙的心理操纵而将物质匮乏的消除转变成了产生新的高层次奴役的控制力量。由于这种控制力量在左右人们的生活抉择的时候,常常给人以舒适愉快的幸福感觉,所以,它进行的思想灌输便不再是宣传,而变成了一种生活方式。这种生活方式使人无力也不愿超越现存制度的既定范围。道理很明显:"如果每个人都满足于通过由管理所提供的商品和服务设施而获得的幸福的话,他们为什么还要为不同商品和服务设施的不同生产而坚持不同的制度呢? 如果每个人预先受到制约,以致令人满意的商品也包

---

① 马尔库塞:《单向度的人》,上海译文出版社 1989 年版,第 142 页。

括思想、感情和愿望的话,他们为什么还要坚持独立地思考、体验和想象呢?"①这样,一种单向度的思想和行为模式就在发达工业文明中孕育出来了。

法兰克福学派的最后结论是:当代资本主义由于成功征服对立面而达到了社会的高度一体化。"人们所渴望的东西同准许得到的东西之间的张力似乎已大大减弱,现实原则似乎不再要求各种本能需要进行彻底又痛苦的改造。个人必须使自己适应一个似乎不要求他克制其内在需要的世界——即一个本质上没有敌意的世界。"②但是,在法兰克福学派看来,这个"没有敌意的世界"实际上于虚假的幸福外观背后隐蔽着一种更透彻的极权奴役。这是一种以内部的心理操纵取代外部的专制高压的新的奴役方式。由此不难体会现代奴役和传统奴役的区别。传统奴役明白地告诉我们谁是我们的主人。他是人格化的实在。我们从心理上仇恨反抗这种奴役。现代奴役则不同。它是通过巧妙操纵而实现的新型奴役。奴役者成了非人格化的匿名权威,被奴役者找不到明确的反抗目标。但是,由于现代奴役是极权控制的最终完成,因此从另一个角度看,找不到具体的反抗目标恰好意味着到处都是反抗目标。在这个意义上,与现代奴役相对应的现代革命,必然是一场和传统革命性质不同的总体性文化革命。

三、文化革命的战略谋划

在法兰克福学派中,马尔库塞是一个最激进的理论代表。他对当代资本主义异化现实的批判最激愤,对文化革命战略的鼓吹也最狂热。按照他的看法,由于发达工业社会的控制是一种以心理操纵为特征的新型极权控制,因此,旨在打破这一控制的革命也就不能简单地重复以往社会革命的老路。事实证明,面对资本主义的现代奴役形式,各种单纯的

① 马尔库塞:《单向度的人》,上海译文出版社1989年版,第46页。
② 马尔库塞:《单向度的人》,上海译文出版社1989年版,第68页。

经济与政治改革已告失效,只有无条件地诉诸总体性革命才能超越现状。

按照马尔库塞的看法,革命的行动需要内驱力。根本说来,这种内驱力源于人的主体性,即源于人的变革现实的渴望和激情。① 但是,当代资本主义的发展,似乎使传统的革命力量受到遏制,因此,陈旧的阶级分析方法已不敷实用了。"如果工人和他的老板享受同样的电视节目并漫游同样的游乐胜地,如果打字员打扮得同她雇主的女儿一样漂亮,如果黑人也拥有凯迪拉克牌高级轿车,如果他们阅读同样的报纸,这种相似并不表明阶级的消失,但却表明现存制度下的各种人在多大程度上分享着用以维持这种制度的需要和满足。"② 从这个角度来观察,马尔库塞认为,在工人身上非但看不出革命的要求,甚至是"反革命的意识"占了上风。因此,即使他们掌管了国家机器,也不能"实现向社会主义——另一种质的社会的过渡"③。

现在要问:"另一种质的社会"究竟意味着什么? 是物质财富的增加抑或国家权力的更迭吗? 在马尔库塞看来,这些变化充其量只是涉及皮毛。从根本上讲,一个全新社会的营造,只能依赖并最终落脚于一场内在的意识革命、感觉革命、本能革命,要言之,一场彻底重塑人的心理结构的文化大革命。"个人感觉的解放应该构成普遍解放的序幕,甚至是基础;自由社会建立在新的本能需要之上。"④

可是,怎样才能实现这一文化秩序的彻底翻转? 马尔库塞称,由于发达工业社会的统治形式是一种纯粹的肯定形式,因此对它的反叛也就只能表现为一种纯粹的否定形式。这是一种毫不妥协的"大拒绝"。假如有人将"大拒绝"作极端引申,说鉴于资本主义实质上的极权操控和表面上的道貌岸然,甚至用荒诞、粗野、放荡、自我损毁的方式对它嬉笑怒

---

① 参见马尔库塞《审美之维》,生活·读书·新知三联书店 1989 年版,第 208 页。
② 马尔库塞:《单向度的人》,上海译文出版社 1989 年版,第 9 页。
③ 马尔库塞:《工业社会和新左派》,商务印书馆 1982 年版,第 111 页。
④ 马尔库塞:《工业社会和新左派》,商务印书馆 1982 年版,第 138 页。

骂也不失为一种抗争,那么,在马尔库塞看来,这种抗争至少就其否定资本主义异化现实的叛逆姿态而言是值得首肯的。问题的关键在于,随着发达资本主义的社会控制逐步渗透到日常生活领域以及个体的心理和本能层面,发展合理而独立的感觉就具有重大的政治意义。据此来评估,对所谓"丰裕社会"的野性反抗就不仅仅是放浪形骸的生命冲动,它毋宁是"用一种新的方式去看、去听、去感受事物",因而实际上是在要求与被异化社会定向的经验和感觉实行公开决裂。① 正是根据这样的认识,马尔库塞介入政治,义不容辞地承担起了为激进学生运动辩护的"导师"责任。

但是有必要指出,60 年代的青年学生并不是因为读了马尔库塞的书才变成"嬉皮士""颓废派"和"激进派"的。② 在某种意义上,以追求"零点结构"为特征的社会反常行为的大量出现,乃是现代性的矛盾张力在后工业时代的必然衍生物。如果说,科层制管理的细密、技术化程度的提高和消费性生产的发展等等,在后工业时代表现得越来越充分,并昭示出现代性演进的某些新征兆,那么,随着物质财富的丰裕从根本上消除贫困、信用卡和分期付款使寅吃卯粮成为生活风尚、工作伦理被消费道德观逐步取代,以制度化、标准化、技术化和效益最大化等等为特征的现代性游戏规则,就越来越让人觉得是一种额外的压抑性负担了。③ 这种感受在新生代那里显得特别强烈。颇有意味的是,后工业经济的发展一方面壮大知识青年的力量,将他们推到社会舞台的显赫位置;另一方面,当一批批青年人跨入大学校门的时候,他们又摆脱父辈的监护而获得了广阔的自由空间。事实上,这也是一个叛逆和造反的空间。

在这个空间中追求生活风格自主权的新生代,径直采取了一种越轨

① 参见马尔库塞《审美之维》,生活·读书·新知三联书店 1989 年版,第 118 页。
② 参见迪克斯坦《伊甸园之门——六十年代美国文化》,上海外语教育出版社 1985 年版,第 69 页。
③ 参见西格尔《多难的旅程》,商务印书馆 1990 年版,第 117—118 页。

的身体性行动。他们赤足、长发、裸身、吸毒、群居、滥交、奇装异服、粗言秽语,将古典式资产者所信奉的生活观、价值观和道德观打了个粉碎。其明星人物大概首推"垮掉派"诗人金斯堡。1955 年秋,金斯堡在旧金山第六画室朗诵他的长诗《嚎叫》。他那狂肆不羁的举止和撕心裂肺的声音给到场的听众以极大的震惊。朗诵会掀起一股反叛旋风,很快在青年族群中蔓延开来。这被誉为战后文化转型的传奇性事件。[①] 在金斯堡眼里,《嚎叫》是自由的原始呐喊。他要用这种疯狂的方式对底部腐烂的压抑性社会发起挑衅:

> 我看到这一代青年精英毁于疯狂,
>
> 他们饥饿,歇斯底里,赤裸着身子,
>
> 在黎明时拖着沉重的身躯,
>
> 穿过黑人街巷,寻找疯狂的吸毒机会。
>
> 一群嬉皮士嗜毒者渴望在夜间体验到
>
> 那古老的经验:和星际相通。
>
> ……
>
> 他们蓄长须,穿短裤,和善的大眼睛,
>
> 皮肤黝黑而富性感,散发着无法看懂的传单,
>
> 他们用香烟蒂焚烧苍白的手臂,
>
> 对资本主义喷吐有麻醉品的烟雾表示抗议。[②]

不待言,这样的抗议带有明显的纵欲主义成分。但克鲁瓦辩称:"为什么我要攻击我在生命里所热爱的东西呢? 这就是'疲塌派'。活下去到死的一天吗? 不,是爱生活爱到我们死的一天。"[③]这种放纵之"爱",用传统标准来衡量是对神圣的亵渎,但"垮掉的一代"争辩说,他们亵渎的

①参见 J. J. Farrell, *The Spirit of the Sixties*:*Making Postwar Radicalism*, New York:Routledge,1997,p. 53。
②金斯堡:《嚎叫》,载《外国现代派诗选》第三册,上海文艺出版社 1984 年版,第 529—532 页。
③转引自曼彻斯特《光荣与梦想》,商务印书馆 1980 年版,第 1023 页。

是假充神圣的道貌岸然。而正是通过对这种道貌岸然的焚毁,他们摆脱压抑,"在不对躯体肢解的前提下,捕捉体内的光芒",重新塑造了人们的感觉和知觉:"如果知觉之门被洗刷一新,世间万物将在人的面前呈现原形——无穷无尽,/因为人作茧自缚,以至于观看万物都要透过他那洞穴的细小隙缝"①。

如此说来,亵渎神圣其实是一种解放。由于它"改进感官享受",因此也就打开了一道通往真正的神圣——生命神圣的宽敞大门。那里将展现一个精彩的世界,每一刻都是永恒,每个人都是天使。为了成为快活天使,"垮掉的一代""朋克""嬉皮士"等等抖掉道德装束,拒绝一切"无意义的工作",在性放纵、摇滚乐和吸毒的迷狂体验中,寻求真正解放了的感觉;在海滨、森林和郊区过起原始的群居生活,以实现摆脱现代文明压抑的充分自由,重建不受传统习俗污染和丰裕社会操纵的人与人之间的真实关系。这便是所谓的"反文化"。

"反文化"在60年代的西方社会广泛流行,看起来是一道极不和谐的景观。那些对童年时代的大萧条记忆犹新的父母们,怎么也不能理解,国家现在富裕得足以根除一切流浪汉,而他们的子女竟然自愿加入流浪者的行列。他们寄出的子女的照片和悲伤的寻人启事登上了警察局的公告牌。但是这些照片没有多大用处,因为照片都是那些年轻人还规规矩矩的时候拍的,与他们现在的新形象判若两人。从这个角度来观察,把"反文化"视为"青年人"与"成年人"之间的代际冲突,似乎有充足的理由。②

不过,代际冲突只是一种表面现象。更重要的是,"反文化"从根本上弃绝西方社会的传统伦理和文明规范,其营构另类空间的行动努力,实际上蕴含着某种吁求自由与民主的激进政治潜能。③ 新左派代言人古

---

① 迪克斯坦:《伊甸园之门——六十年代美国文化》,上海外语教育出版社1985年版,第19—20页。

② 参见 T. Roszak, *The Making of a Counter Culture*, New York: Doubleday & Company, 1969, pp. 1 - 2。

③ 参见 T. Roszak, *The Making of a Counter Culture*, New York: Doubleday & Company, 1969, p. 56。

德曼指出,发达工业社会"通过数据计算和尽可能消除不安全因素"而建立了一个完备的控制系统。这个系统只看重技术、组织和物质福利,而不关心生活的内在价值。因此,丰裕社会事实上是一个不给青年一代留有成长余地的异化社会。反过来说,当青年人对这个社会表示叛逆的时候,他们的"荒诞"举止便不是单纯的逃避,而是"以实际行动对一个有组织的体制进行批判"。①

米尔斯由此发现了一个有别于老左派的新的革命主体。他在被誉为美国新左派运动思想宣言的《给新左派的信》中说:"究竟是什么人现在日益感到厌倦呢? ……现在思想和行动都很激进的究竟是谁呢? 走遍整个世界,无论集团之内、集团之外还是集团之间,答案都是一样:是青年知识分子。"人们常常指责这些激进青年太过空想。但米尔斯强调,惟其是空想,所以才蕴含着超越现实的激情与力量:"我们的空想主义难道不正是我们的力量的一个主要源泉吗? 照我看来,'空想'这个词现在指的是超越个人直接接触的环境——即男人和女人能够直接了解并有理由希望直接加以改变的环境——的任何批评或建议。"基于这样一种见解,米尔斯对"右派"和"左派"给出了一个经典说明:

> 右的含义之一就是……讴歌社会现状,认为社会仍处于兴旺发达的状态。左则刚好相反,包含对体制的批评和揭露,包含从体制方面分析社会的理论,其中某些方面集中表现为政治要求和政治纲领。这些批评、要求、理论和纲领受到了西方文明中世俗的人道主义理想——首先是理性、自由和正义——的影响。'做左派'就是要把文化方面的批评同政治方面的批评挂上钩,把这两种批评都同各种要求和纲领挂上钩。②

在所有新左派理论家中,马尔库塞对"反文化"运动所作的辩护最富

---

① 参见迪克斯坦《伊甸园之门——六十年代美国文化》,上海外语教育出版社 1985 年版,第 77 页。
② 米尔斯:《给新左派的信》,载珀林编《当代无政府主义》,商务印书馆 1984 年版,第76—77 页。

哲学意味。他认为,在发达工业社会,青年学生、持不同政见的知识分子、无业流浪汉、种族歧视的受害者、嬉皮士、垮掉的一代等等,乃是最少分享经济发展和技术进步好处的"边际人"或"局外人"。但正因如此,他们也就能在较大程度上抵御社会一体化潮流的裹挟,而保留了某种冲击现有秩序的批判的和否定的向度。"即使他们的意识不是革命性的,他们的反对也是革命性的。"①如果再考虑到颠覆资本主义异化结构的"大拒绝"内含着一种实质性的文化革命要求,那么,"反文化"运动所表现出来的种种怪诞举止就更应当予以积极肯定了。那些年轻的玩世不恭者采取义无反顾的叛逆姿态,"拒绝使用富裕社会的死气沉沉的语言,拒绝穿戴整齐的服装,拒绝享用富裕社会的精巧物品,拒绝接受为富裕社会服务的教育",若引申开去,岂不就是拒绝一切资本主义提供的形式上舒舒服服实质上扼杀生命的异化绞索吗?马尔库塞的结论是:"在今天,为生命而战,为爱欲而战,也就是为政治而战。"②这句名言成了60年代青年造反运动的纲领性口号。

四、快感冲锋的越界与流俗

在西方文化的历史变迁进程中,20世纪60年代是一段具有划时代意义的革命岁月。1968年的"五月风暴"为这段岁月谱写了最华丽的乐章。经典作家有言:革命是群众的盛大节日。这个说法既准确又传神。也许没有别的字眼比"节日"能够更形象地描绘60年代激进造反运动的总体特征了。其所以如此,不仅由于这场运动的规模和持续时间足以用"盛大"来形容,更重要的是,年轻人在这场运动中唱主角,并且给一种政治革命的形式配上了摇滚乐的音符与节奏。③可以说,60年代的学生造

---

① 马尔库塞:《单向度的人》,上海译文出版社1989年版,第230页。
② 马尔库塞:《爱欲与文明》,上海译文出版社1987年版,第11页。
③ 奈仁指出,在"五月风暴"中,"'年轻人'这个词头一回有了一个生物意义之外并且具有正面社会意涵的意义,因为他们现在是开创新社会的前锋,而非承先守旧的一批人"。(参见夸特罗其、奈仁《法国1968:终结的开始》,生活·读书·新知三联书店2001年版,第205页)

反,就是摇滚与政治的混合;而其行动指向,则是为"爱欲"而战,追求无压抑的生命自由。

要把握60年代学生造反运动的特质,一个便捷的路径,是对"新左派"的政治主张进行个案考察。在这方面,美国"学生争取民主社会组织"(Students for a Democratic Society)所发表的《休伦港宣言》堪称范本。这一被誉为60年代学生运动的纲领性文件开篇就讲:"我们这一代人,在至少称得上是舒适的环境中长大,现在生活在大学里,满怀忧戚地注视着我们所继承的世界。"为什么生活条件优越的年轻人会有这样的愤懑情绪? 是因为种族歧视、越南战争、军备竞赛抑或核武器的威胁? 这些都是理由,但还不充分。更关键的是,人本应有珍贵的生命、健康的爱欲、自由的个性以及和谐的人际关系,可是,所有这一切都在发达工业社会的新型操控方式中被扭曲或伤害了。因此,《休伦港宣言》郑重声明:"我们反对把人降到物的水平的人格贬损。"①

在60年代的激进学生运动中,"反对把人降到物的水平的人格贬损",乃是一个得到普遍认同的革命论据。它表明,生活于发达工业社会的"新左派",已经背弃了"老左派"所固守的基本信条。他们与其说是为物质平等而向不合理的经济制度宣战,不如说是为精神解放而向压抑性的现代文明制度宣战。从这个角度来看,《休伦港宣言》关于"参与民主"的目标设定,就不是一个简单的外在权力更迭或制度安排问题。② 实际上,"参与民主"的要义在于"个人分享";而"个人分享"的根本诉求,则是超越机械化、一体化、非人格化的社会牢狱,在一种非压抑的状态中实现个性与人性的真正复归。社会批判理论家马尔库塞在点拨造反青年的时候,提出了一种文化革命的总体战略。不论这种战略是否被激进组织

---

① 参见 Kirkpatrick Sale, *SDS*, New York:Random House,1973,pp. 51 - 53。

② 《休伦港宣言》被誉为60年代学生运动的纲领性文件。但是有必要指出,该《宣言》不仅抨击发达工业社会的弊端,而且也延续美国社会的个人主义价值观,并坚定地拒斥社会主义话语。"它通过完全忽略苏联、马克思主义和共产主义的问题而与旧有的左派决裂了。"(阿伦奥维治:《新左派何时是新的》,载王逢振等编译《六十年代》,天津社会科学院出版社2000年版,第70页)

公开采纳,它都堪称 60 年代学生造反运动的最准确的定位。这种定位意味着,"新左派"的具体政治目标只是"形","反文化"的自由生活实验才是"神"。而一旦"形""神"合一,青年一代的激进造反就演化成了"大拒绝"的叛逆与越轨。

由此可以理解,60 年代营造"另类空间"的努力,为什么会表现出崇尚"贫穷"的价值偏好。因为,按照"大拒绝"的逻辑,发达工业社会的富裕,就像马尔库塞指明的那样,通过消费操纵而给人们施加了一种"虚假需要"和扭曲个人自主抉择的"额外压抑"。为了挣脱这种"虚假需要"和"额外压抑"的束缚,叛逆的年轻人就甘愿清贫。在他们看来,财产是身外之物,抛弃财产负担构成通向自由的必要条件,因而针对财产的所谓犯罪也根本算不上犯罪。如是,私有财产神圣不可侵犯的现代性原则就被颠覆了。

在 60 年代,"公社"或可说是营造"另类空间"的经典试验。由于这种试验的"群居"生活方式竟敢挑战一夫一妻制的最起码的文明规则,所以受到了主流社会的强烈讨伐。这种讨伐当然有充分的理由。但问题是,在摧毁传统的共同体之后,现代性只能用契约来维系个体私利之间的外在联结;而这种外在联结,或隐或显地排斥友爱、忠诚与信任,根本就谈不上道德承当的休戚与共。至少在那些公社成员的心目中,其群居的一个重要目的,是为了重建纯洁而和谐的人际关系。因此,互相关心、互相爱护、互相帮助、同甘苦共命运,就成为"公社"的立家之本。由于这个缘故,"公社"对于叛逆的嬉皮士和激进学生来说,犹如躲避冷漠的功利社会的世外桃源。在这个意义上,契约伦理所维系的现代人际交往模式就在"公社"试验中被弃绝了。

与"公社"相类似的价值诉求是"遁世"。在"另类空间"的营造中,"遁世"有两种表现方式。其一是皈依东方神秘主义。禅宗佛教关于生活即苦、万事皆空之类的教义,曾被叛逆青年当作指点迷津的新启蒙;而冥思向禅、物我两忘,也就成了他们超越都市喧嚣、获得精神解放的一条自由之路。其二是吸毒的幻觉体验。大麻、可卡因、海洛因是嬉皮士们的生命依靠。吸食毒品所带来的快感和迷醉,使他们仿佛找到了摆脱烦恼忧愁、谋求无压抑的纯粹快乐的神奇药方。① 毫无疑问,在各类遁世者那里,所谓理性、秩序、组织、法律、良俗等现代性文明规范,就像碍手碍脚的累赘,被一刀斩了个干干净净。

颇有意味的是,60 年代的瘾君子还仿照《独立宣言》的语气,发表了一份反禁毒的严肃声明——我们相信这些真理是不言而喻的:人人生而平等,造物主赋予了我们某些不可让渡的权利,其中包括身体的自由、快乐的追求以及意识的扩展。② 于是,启蒙话语关于"自由"的现代性原则,就在"另类空间"中被解构了。类似的解构方式还有对"性爱"的合法性辩护。按照"反文化"的逻辑,"性爱"是自由、幸福、快乐在身体维度的释放,实乃天赋人权,不可侵犯,更不容剥夺。嬉皮士甚至宣称:"因为我存在,所以我性交。"③而当他们觉得道德禁忌和文明规范对本能冲动构成压抑的时候,性解放对他们来说也就成了自由的神圣召唤。所以不难理解,在"五月风暴"中,激进学生为什么会喊出"要做爱,不要作战""我越恋爱就越造反,越造反就越恋爱""解放被压抑的性本能"之类的奇特口号。这类口号被喊得惊天动地,堪称 60 年代激进文化革命的一绝。

对"反文化"运动来说,最具象征意义的当属"摇滚"。在叛逆的青年一代眼里,摇滚集各种"另类"价值于一炉。它是发自肉体的电光,是本能冲动的自然宣泄,是旺盛生命的升腾勃发。狄奥尼索斯式的酒神精神构成摇滚的本质,而资产者的阿波罗式精神则是摇滚的造反对象。摇滚拒绝理性和秩序,崇尚感性与迷乱。酣畅淋漓的放纵是摇滚所展示的自由,而以肉体为准绳的快感冲锋则是摇滚所追求的生命欢乐。摇滚反对

---

① 参见柏忠言编著《西方社会病:吸毒、自杀和离婚》,生活·读书·新知三联书店 1983 年版,第 30—37 页。

② 参见 Martin A. Lee and Bruce Shlain, *Acid Dream:the CIA,LSD and the Sixties Rebellion*,New York:Grove Press,1985,p. 149。

③ 克利夫德:《从嬉皮到雅皮:昔日性革命者自述》,陕西师范大学出版社 1999 年版,第 4 页。

道德禁忌,无拘束地放纵"本我",因而与性、毒品和神秘体验天然沟通。摇滚是个性的张扬,也是集体的狂欢。在摇滚中,阻隔人们的藩篱被打破,人受原始欲望的驱使,热血沸腾,心魂荡漾,仿佛神灵附体,化入一种忘我的境界。在某种意义上,"摇滚乐是 60 年代的集团宗教——不仅是音乐和语言,而且也是舞蹈、性和毒品的枢纽,所有这一切集合而成一个单独的自我表现和精神旅行的仪式"①。

　　这种仪式使 60 年代的文化革命充满着节日气氛。法国"五月风暴"中有造反者纵情欢呼:"已经快活了十天啦!"②在这些人的眼里,警棍乱舞、石块齐飞的革命场景,虽然惨烈,却也火爆刺激。它使无意义的异化状况让位给了痛快淋漓的狂欢节。美国学生运动中还曾出现过这样的场面:面对武装警察,造反青年手拉手,互相拥抱,热烈亲吻,以此对专制机器的权威表示蔑视与亵渎。这也许是对马尔库塞"为爱欲而战,就是为政治而战"的经典语录所作的最鲜活的行为注脚。因此,从感觉革命、本能革命的文化特征来考察,60 年代的激进学生造反,毋宁说就是一场"摇滚政治"或"政治摇滚"。

　　但是,在经历一段激情岁月之后,文化大革命的帷幕急速滑落了。考察和分析学生造反失败的原因,是一项颇为复杂的工作,在此暂不深究。不过直观地看,节日狂欢只能带来暂时的松弛,而不能成为生活的常态。这一点也许从一开始就决定了学生造反的命运。问题在于,如果采纳夸特罗其和奈仁的说法,把 1968 年看作"终结的开始",那它究竟给随后的时代留下了一些什么? 高等教育的自由改革、环境保护、新公民运动、女权运动等等,都有 60 年代文化革命精神的影子。在这个意义上,学生造反运动对现代性弊病的激进检省,多少已被现代制度吸收,并结出了积极的果实。但是,那种快感冲锋的越轨冲动呢? 是不是也被制度化了? 如果是的话,它是以什么方式被整合进现代或后现代制度框架

的呢？

随着激进革命浪潮的渐趋平静，造反青年的"精神之父"马尔库塞回到形而上的"审美之维"，并以人类精神火种传递者的超然与老到，对这场运动进行了总结与反思。他指出：青春期的造反只能取得短暂的效果，它常常是幼稚的和笨拙的。问题的要害在于，生命本能的纵情宣泄，虽是对压抑性社会的否定，却又只不过是"肯定的颠倒"，而不是"肯定的质的对立面"。在这里，解放仅只意味着拿统治集团来取乐，而这种取乐，若缺乏深度锤炼，便很可能演变为在统治集团内部的自得其乐。必须认清，在历史的现阶段，"伤风败俗或精神错乱已不再能震撼一个用'伤风败俗'使生意兴隆的社会，一个把'精神错乱'融进了自己的政治和经济之中的社会"①。看不到这一点，单纯的否定就只能在现有秩序的框架内跳来蹦去，并且很快被现有秩序所化解和驯服。

结果正是这样。在革命高潮消退之后，激进的造反仅仅留下了一个叛逆的外形。更重要的是，这个外形不仅被商业逻辑支配的现代社会接受下来，而且得到了进一步的修饰和放大，以致在某种意义上说，原本要反抗消费社会控制的"反文化"，到头来恰恰给"用伤风败俗使生意兴隆的社会"提供刺激，从而变成了文化工业的一个新要素。这个要素的示范效应，可以用一条广告语来概括，即："疯狂是遗传症——由晚生传染给长辈。"②在这种文化传导机制的作用下，人们对肉欲边疆的开垦与拓殖，花样越来越多，手法越来越高明，最后竟演变成了一种以轻松自在为格调的常规化的时尚游戏。"做你自己的事""觉得好，就干""爱自己""尽情行乐"等等，构成了这场时尚游戏的基本规则。③ 这便是所谓的后现代新潮。针对这一问题，詹明信评论说：

后现代文化……在性欲描写上的夸张渲染，在心理刻画上的肮

①马尔库塞：《工业社会和新左派》，商务印书馆1982年版，第120页。
②马丁：《当代社会与文化艺术》，四川人民出版社2000年版，第227页。
③参见柏忠言编著《西方社会病：吸毒、自杀和离婚》，生活·读书·新知三联书店1983年版，第584—585页。

脏鄙俗,以至于在发泄对社会、对政治的不满时所持的那种明目张胆、单刀直入的态度——凡斯种种,超越了现代主义在巅峰时期所展示的最极端、最反叛、最惊世骇俗的文化特征。总之,后现代主义的种种姿态,我们今天的大众不但易于接受,而且乐于把玩,其中的原因,在于后现代的文化整体早已被既存的社会体制所吸纳,跟当前西方世界的正统文化融成一体了。①

马丁认为,对所谓"零点结构"的追求,并不是 60 年代"反文化"运动的原创。在它之前,浪漫主义及其现代后裔早就作过类似的尝试。"反文化"运动的特殊贡献是,它把以前在先锋文艺中得到颂扬的越界冲动推到极限,并在广度和深度两个方面予以社会化和大众化了。② 詹明信指出,随着精英与大众、高雅与通俗、艺术与生活等等之间的沟壑被填平,后现代就呈现了一种所谓"美感上的民本主义"。这种"美感上的民本主义"在影视、广告、商业品味和都市场景等诸多技术因素与社会因素的综合作用下形成一个强大的"张力磁场",一步步导致了终极关切、深度模式、历史意识、天才创造等等的消退,以及非中心化、零散性、即时性、仿像复制、消费喜好和无深度的平面感的广泛流行。在这样一种文化氛围中,我们强烈感受到一种思想的匮乏、情感的轻浮、生活的琐碎和飘忽不定的时尚趣味,一句话,"踏入晚期资本主义,社会已经演变成为一个由多方力量所构成的放任的领域"③。

但是有必要强调,浪漫主义开辟的审美现代性路线,自打一开始就是作为传统伦理的对立面而登上历史舞台的。随着约束性的禁忌、戒律被当作纯粹的桎梏来打碎,感官冲动一步步消解精神情愫,而使一种放纵的肉欲成分喷涌而出,可以说是一件合乎必然的事情。就此而论,从浪漫主义、现代主义到后现代主义的嬗变,不过是天才民主化的逻辑发

① 詹明信:《晚期资本主义的文化逻辑》,生活·读书·新知三联书店 1997 年版,第 429 页。
② 参见马丁《当代社会与文化艺术》,四川人民出版社 2000 年版,第 291 页。
③ 詹明信:《晚期资本主义的文化逻辑》,生活·读书·新知三联书店 1997 年版,第 452 页。

生效用,或者更明确地讲,情欲自由不只是艺术作品中的场景,而是进一步演化为日常生活中的细节罢了。① 由此,肉身获得至高无上的价值优先权,性解放则成了这种价值优先权的日常践行方式。马丁评论说:"打破性禁忌的实践活动,经常会折断禁忌破坏者端坐其上的那根树枝。假如一个禁忌常遭破坏的话,那它也就称不上是禁忌,而是成为一种世俗的时尚了。"②此乃后现代文化的标志性格调。

这种格调由于摈弃生命感觉的"沉重",因此显得十分惬意和轻松。对它来说,任何想与永恒理念联姻的企图都是自寻烦恼,纯然我属的肉身即足以担当生活的幸福。这便是扎根于我们躯体的"具体化的精神"。它既因挣脱彼岸理想的规约,也因得到现世技术—经济进步的强力支持,而在都市文明的大众生活中占据了支配地位。③ 但是,倘若超越性价值资源被切断,单纯的感性冲动和肉体欲望能否带来真正的幸福人生,是大可怀疑的。在某种意义上,艾滋病的蔓延程度标志着"身"与"义"在后现代社会的紧张程度。因此,极端的悲观结论也许有些耸人听闻,但必要的悲观意识却不无启示价值。我们可以从这个角度来理解下面这段警世名言:

> 在 20 世纪,并非是我们生产技术的失败,而是其巨大的成功创造了这个社会。在此社会中,越来越难以过上人的生活。从我们对此作出的反应中,人们可以看到许多与三世纪类似的情况。我们没有灵知学,却有存在主义和上帝已死的神学家;没有拿破仑主义者,却有"人本主义";没有无人问津的隐士,却有海洛因瘾君子和垮掉的一代;没有对贞操的崇拜敬仰,却有供人自学的性生活手册和施

---

① 先锋派的"惊世骇俗"转变为大众化的"流行时尚",是后现代文化的一大特征。(参见 Matei Calinescu, *Five Faces of Modernity*, Durham:Duke University Press,1987,pp. 120‐121)
② 马丁:《当代社会与文化艺术》,四川人民出版社 2000 年版,第 296 页。
③ 鲍曼指出,由于弃绝理想的重负而沉醉于没有终局的时尚游戏,在后现代,所有的人都仿佛成了"游民"。他们不再寻觅永久归属的精神家园,或者说,"只有在漂泊中才真正觉得是在家中"。(参见 Zygmunt Bauman, *Postmodernity and Its Discontents*, Cambridge:Polity Press,1997,pp. 77‐78)

虐狂的淫秽读物。今昔无别,似乎不可能找到或把握住离合之间的平衡。两者均导向恶果。内向者,意想完善自己,可当邻居呼救之时,他却充耳不闻;外向者,意在改变世界,但却欺诈勒索邻居(当然是为了自身利益),直到对方呼救之时才肯罢手。我们所有人都非善辈。①

---

① 马丁:《当代社会与文化艺术》,四川人民出版社 2000 年版,第 302—303 页。

结语　后现代主义与大众文化

"世俗趣味的高涨""工具理性的蔓延"和"个性表现的放纵"，是西方社会文化变迁在颠覆传统价值以后的三个典型的现代走向。我们在前面的讨论中多次提到了后现代的问题。按照正常的逻辑次序，接下来似乎应该进一步澄清：现代与后现代的关系如何？就像现代是对传统的颠覆一样，后现代是不是对现代秩序的颠覆？

这类问题颇为紧要，但就此作细致的考察已经超出了本书的讨论范围。为了获得一个明快的印象，在此，我们不妨把复杂的学理问题撇开，而从某种可以触摸的生活质感，比如"酷""另类"等等，来径直把握所谓的后现代风格。这种风格简单说来就是：它不喜欢历史，不遥望未来，不信奉道德说教，不愿意沉思默想，也不把既定的社会权威和规则放在眼里。因为这些东西太沉重。对那些"另类"人物来说，生活应该是轻松的、自在的、快乐的，而且这种快乐只存在于此时此刻，还要在感官进而在身体的维度上聚焦，去努力追求幸福感受的密度和强度。这样一种后现代风格的广泛流行，即所谓"大众文化的胜利"。

问题在于，如果把"胜利"理解为"主导"或"支配"，那么，到底靠着一些什么样的条件，大众文化竟成了后现代情境下起主导作用、占支配地位的"普照之光"呢？

第一个条件可概括为"闲暇时间的增多"。迄今为止,谋求生存果腹的斗争一直是人类生活的主题,人类的绝大多数成员将自己的绝大多数精力用在了生产维持整个族类生存和繁衍的必需品上面。因为这个缘故,知识教育、艺术创作、文艺欣赏等等,就成为少数人的特权,文化的"普照之光"于是被打上了贵族或精英的烙印。但是,20世纪西方国家的发展状况表明,历史的演进正经历一场重要转折。促成这个转折的决定性杠杆是科学技术。科学技术的飞速进步,不仅带来物质财富的涌流,使人类有望从几千年生活资料的匮乏之苦中得到彻底解放,而且通过缩减必要劳动时间而展示了一个把人类大部分成员从直接物质生产过程中解脱出来的美好远景。马克思曾说,时间就是人类发展的空间。随着闲暇时间的增多,人类发展的空间也就被放大。再加上财富的积累和生活质量的提高能够给闲暇时间的非生产性利用提供必要的物质支持,因此,文化的创造和娱乐就慢慢地脱去其贵族烙印,而在越来越大的规模和越来越深的程度上变成了一件大众化的事情。就此而言,闲暇时间的增多是孕育大众文化的最一般条件。

第二个条件是"都市社会的到来"。从社会基础方面来考察,大众文化乃是发生在城市中的现代现象,它与传统时代的通俗文化和民间文化有着根本性的差异。这种差异不仅表现在,城市里攒动的人群在数量特征方面显得是一个大众社会,而且还在于,城市里的大众识字率高,流动速度快,与现代传媒频繁接触,并且打破按身份归属来区分不同活动区域和活动方式的传统游戏规则,从而给城市生活涂上了一层"超级民主"的浓重色彩。另外,十分重要的一点是,金钱经济和都市机理把个人从传统的亲情关系中抽离出来,使之进入一种游移的、漂浮不定的生存状态,其情感生活需要某种程度的宣泄和补偿;而在休戚与共的忠诚和友谊缺乏生存土壤的情况下,宣泄和补偿的具体方式就往往表现为陌生人之间的外在化聚集,以及在趣味爱好和行为取向上的相互模仿、彼此传染等等。因此,时尚流行就成为城市生活的一大景观。再加上其他因素的配合与整形,这种景观便为大众文化确定了基本格调。

第三个条件是"商业品味的主宰"。无孔不入本是商业的固有本性，而 20 世纪西方社会出现的一个大的商业机遇是：随着闲暇时间的增多、生活水准的提高，那些漂浮于都市的大众既强烈需要也有充分能力进行宣泄和补偿情感生活的文化消费。这是一个巨大的市场。于是商业逻辑与大众文化迅即合流。体育商业化、图书商业化、电影商业化、电视商业化、娱乐商业化……总之，凡是能够通过文化消费来赚钱的行当和领域统统商业化了。在这个过程中，大众口味成为商业运营的首要考虑，而那些不能迎合大众口味的精英偏好则被甩在了一边。正因如此，法兰克福学派将大众文化贬斥为文化工业。

第四个条件是"标准化逻辑的操控"。文化既成为工业，则为了满足盈利需要，其生产过程便要遵从现代市场逻辑，追求所谓的规模效益。于是，个性化的文艺创作就转变成了公式化、标准化、大批量的仿像与制作。这是一方面。另一方面，在商业品味的主宰下，大众文化的消费也为匿名的标准化逻辑所操纵，即便有所谓主体"偏好"，亦往往表现为追随时尚的流行风潮，结果，个人的趣味和选择就蜕化成了一系列普遍倾向的关节点。所以，法兰克福学派又把文化工业生产和消费过程中的个人反应，称为"假个人主义"或"伪个人主义"。

第五个条件是"个性放纵的生活化呈现"。如果用"伪个人主义"来表征文化工业生产和消费过程中的个人反应，那么，一个颇有意味的问题是：这种"伪个人主义"同审美现代性路线所推崇的"表现型个人主义"存在着什么样的关系？到底是背离还是完成？前面指出，浪漫主义开辟的审美现代性路线，自打登上历史舞台就经营一个为感性正名的思想主题。尽管这个主题的深度发掘内含着一种张扬个性的价值取向，然而在早期的浪漫主义者和晚近的先锋派艺术家那里，这一取向通常意味着对异化现实的批判与抗争，而这种批判与抗争，不论表现得激愤还是焦虑，我们都能从中感受到一种弃绝平庸的超越品格，一种传递人类精神火种的救世情怀。但是，在大众文化情境下，这样一种超越品格和救世情怀所展现的深度模式、历史意识、真理追求、终极关切以及同日常生活之间的审美距离,统统被勾销了。如此一来,原本在先锋文艺中得到颂扬的越界冲动,就与影视、广告、商业品味、都市场景等技术因素和社会因素相融合,并且以前所未有的形式与规模获得了直接的生活化呈现。结果便是非中心化、平面感、即时性、消费喜好、流行时尚、娱乐道德观等等所谓的超级文化民主。从这个角度来看,后现代主义与大众文化,归根到底乃是以世俗趣味、工具理性、个性表现为典型取向的现代性品格在新的时代平台之上的合乎逻辑的衍生物。

主要参考文献

一　中文部分

1. [德]马克思恩格斯. 马克思恩格斯全集. 1—50卷. 人民出版社,1965—1985

2. [德]马克斯·韦伯. 新教伦理与资本主义精神. 于晓,陈维钢等译. 北京:生活·读书·新知三联书店,1987

3. [德]马克斯·韦伯. 经济与社会. 林荣远译. 北京:商务印书馆,1997

4. [德]马克斯·韦伯. 论经济与社会中的法律. 张乃根译. 北京:中国大百科全书出版社,1998

5. [德]维尔纳·桑巴特. 奢侈与资本主义. 王燕平,侯小河译. 上海:上海人民出版社,2000

6. [德]W. 桑巴特. 现代资本主义. 季子译. 上海:商务印书馆,1936

7. [德]马克斯·舍勒. 资本主义的未来. 罗悌伦等译. 北京:生活·读书·新知三联书店,1997

8. [德]马克斯·舍勒. 价值的颠覆. 罗悌伦,林克,曹卫东译. 北京:生活·读书·新知三联书店,1997

9. [德]斐迪南·滕尼斯. 共同体与社会. 林荣远译. 北京:商务印书馆,1999

10. [美]约瑟夫·熊彼特. 资本主义、社会主义和民主主义. 绛枫译. 北京:商务

印书馆,1979

11. [美]丹尼尔·贝尔.资本主义文化矛盾.赵一凡,蒲隆,任晓晋译.北京:生活·读书·新知三联书店,1989

12. [美]丹尼尔·贝尔.后工业社会的来临.高铭等译.北京:商务印书馆,1986

13. [美]丹尼尔·贝尔.意识形态的终结.张国清译.南京:江苏人民出版社,2001

14. [美]罗伯特·N.贝拉.心灵的习性.翟宏彪,周穗明,翁寒松译.北京:生活·读书·新知三联书店,1991

15. [法]布罗代尔.15至18世纪的物质文明、经济和资本主义.顾良,施康强译.北京:生活·读书·新知三联书店,1992

16. [法]布罗代尔.资本主义的动力.杨起译.北京:生活·读书·新知三联书店,1997

17. [法]米歇尔·博德.资本主义史.吴艾美等译.北京:东方出版社,1986

18. [德]诺贝特·埃利亚斯.文明的进程.王佩莉译.北京:生活·读书·新知三联书店,1998

19. [德]利奇德.古希腊风化史.杜之,常鸣译.沈阳:辽宁教育出版社,2000

20. [德]奥托·基弗.古罗马风化史.姜瑞璋译.沈阳:辽宁教育出版社,2000

21. [德]爱德华·傅克斯.欧洲风化史:文艺复兴时代.侯焕闳译.沈阳:辽宁教育出版社,2000

22. [德]爱德华·傅克斯.欧洲风化史:风流世纪.侯焕闳译.沈阳:辽宁教育出版社,2000

23. [德]爱德华·傅克斯.欧洲风化史:资产阶级时代.侯焕闳译.沈阳:辽宁教育出版社,2000

24. [美]哈罗德·J.伯尔曼.法律与革命——西方法律传统的形成.贺卫方等译.北京:中国大百科全书出版社,1993

25. [美]泰格,利维.法律与资本主义的兴起.纪琨译.上海:学林出版社,1996

26. [美]伊曼纽尔·沃勒斯坦.现代世界体系.尤来寅,吕丹,孙立田译.北京:高等教育出版社,1998

27. [法]米歇尔·福柯.规训与惩罚.刘北成,杨远婴译.北京:生活·读书·新知三联书店,1999

28. ［法］米歇尔·福柯. 疯癫与文明. 刘北成,杨远婴译. 北京:生活·读书·新知三联书店,1999

29. ［英］保罗·约翰逊. 知识分子. 杨正润,孟冰纯等译. 南京:江苏人民出版社,1999

30. ［美］卡尔·博格斯. 知识分子与现代性的危机. 李俊,蔡海榕译. 南京:江苏人民出版社,2002

31. ［英］安东尼·吉登斯. 现代性与自我认同. 赵旭东,方文译. 北京:生活·读书·新知三联书店,1998

32. ［加］查尔斯·泰勒. 自我的根源——现代认同的形成. 韩震等译. 南京:译林出版社,2001

33. ［英］齐格蒙特·鲍曼. 流动的现代性. 欧阳景根译. 上海:上海三联书店,2002

34. ［美］安德鲁·芬伯格. 可选择的现代性. 陆俊,严耕等译. 北京:中国社会科学出版社,2003

35. ［美］斯蒂文·贝斯特,道格拉斯·凯尔纳. 后现代理论. 张志斌译. 北京:中央编译出版社,1999

36. ［美］E.希尔斯. 论传统. 傅铿,吕乐译. 上海:上海人民出版社,1991

37. ［美］A.麦金泰尔. 德性之后. 龚群,戴扬毅等译. 北京:中国社会科学出版社,1995

38. ［美］A.麦金泰尔. 谁之正义? 何种合理性? 万俊人等译. 北京:当代中国出版社,1996

39. ［英］梅因. 古代法. 沈景一译. 北京:商务印书馆,1995

40. ［比］皮朗. 中世纪欧洲经济社会史. 上海译文出版社,2001

41. ［荷］约翰·赫伊津哈. 中世纪的衰落. 刘军等译. 杭州:中国美术学院出版社,1997

42. ［法］雅克·勒戈夫. 中世纪的知识分子. 张弘译. 北京:商务印书馆,1999

43. ［瑞］雅各布·布克哈特. 意大利文艺复兴时期的文化. 何新译. 北京:商务印书馆,1986

44. ［英］丹尼斯·哈伊. 意大利文艺复兴的历史背景. 李玉成译. 北京:生活·读书·新知三联书店,1992

45. [英]阿伦·布洛克.西方人文主义传统.董乐山译.北京:生活·读书·新知三联书店,1997

46. [英]霍布斯.利维坦.黎思复,黎廷弼译.北京:商务印书馆,1996

47. [英]洛克.政府论.瞿菊农,叶启芳译.北京:商务印书馆,1986

48. [法]孟德斯鸠.论法的精神.张雁深译.北京:商务印书馆,1987

49. [美]汉密尔顿,杰伊,麦迪逊.联邦党人文集.程逢如译.北京:商务印书馆,1989

50. [英]亚当·斯密.国民财富的性质和原因的研究.郭大力,王亚南译.北京:商务印书馆,1997

51. [英]亚当·斯密.道德情操论.蒋自强等译.北京:商务印书馆,1997

52. [英]边沁.道德与立法原理导论.时殷弘译.北京:商务印书馆,2000

53. [德]康德.道德形而上学原理.苗力田译.上海:上海人民出版社,1986

54. [德]康德.历史理性批判文集.何兆武译.北京:商务印书馆,1991

55. [英]密尔.论自由.程崇华译.北京:商务印书馆,1982

56. [法]邦雅曼·贡斯当.古代人的自由与现代人的自由.阎克文,刘满译.北京:商务印书馆,1999

57. [法]托克维尔.论美国的民主.董果良译.北京:商务印书馆,1991

58. [英]哈耶克.自由秩序原理.邓正来译.北京:生活·读书·新知三联书店,1997

59. [英]哈耶克.通向奴役的道路.滕维藻,朱宗风译.北京:商务印书馆,1962

60. [英]哈耶克.不幸的观念.刘戟锋,张来举译.北京:东方出版社,1991

61. [英]哈耶克.法律、立法与自由.第一卷.邓正来等译.北京:中国大百科全书出版社,2000

62. [英]伯林.反潮流:观念史论文集.冯克利译.南京:译林出版社,2002

63. [英]K.R.波普.开放社会及其敌人.郑一明等译.北京:中国社会科学出版社,1999

64. [美]理查德·霍夫斯塔特.改革时代:美国的新崛起.俞敏洪,包凡一译.石家庄:河北人民出版社,1989

65. [美]H.S.康马杰.美国精神.杨静予等译.北京:光明日报出版社,1988

66. [美]杜威.新旧个人主义.蓝克林,裴雯译.上海:上海社会科学院出版

社,1997

　　67. [英]霍布豪斯. 自由主义. 朱曾汶译. 北京:商务印书馆,1996

　　68. [美]富兰克林·德·罗斯福. 罗斯福选集. 关在汉编译. 北京:商务印书馆,1982

　　69. [美]约翰·罗尔斯. 正义论. 何怀宏等译. 北京:中国社会科学出版社,1988

　　70. [美]罗伯特·诺齐克. 无政府、国家与乌托邦. 何怀宏等译. 北京:中国社会科学出版社,1991

　　71. [美]弗里德曼. 资本主义与自由. 张瑞玉译. 北京:商务印书馆,1986

　　72. [美]吉尔德. 财富与贫困. 储玉坤等译. 上海:上海译文出版社,1985

　　73. [美]艾伦·布鲁姆. 走向封闭的美国精神. 缪青,宋丽娜等译. 北京:中国社会科学出版社,1994

　　74. [美]迈克尔·沃尔泽. 正义诸领域. 褚松燕译. 南京:译林出版社,2002

　　75. [美]迈克尔·J.桑德尔. 自由主义与正义的局限. 万俊人等译. 南京:译林出版社,2001

　　76. [美]乔·萨托利. 民主新论. 冯克利,阎克文译. 北京:东方出版社,1993

　　77. [美]达尔. 民主理论的前言. 顾昕,朱丹译. 北京:生活·读书·新知三联书店,1991

　　78. [美]罗纳德·德沃金. 自由的法. 刘丽君译. 上海:上海人民出版社,2001

　　79. [美]昂格尔. 现代社会中的法律. 吴玉章,周汉华译. 北京:中国政法大学出版社,1994

　　80. [美]麦克尼尔. 新社会契约论. 雷喜宁,潘勤译. 北京:中国政法大学出版社,1994

　　81. [美]凯斯·R.孙斯坦. 自由市场与社会正义. 金朝武,胡爱平,乔聪启译. 北京:中国政法大学出版社,2002

　　82. [美]霍伊. 自由主义政治哲学. 刘锋译. 北京:生活·读书·新知三联书店,1992

　　83. [英]安东尼·德·雅赛. 重申自由主义. 陈茅,徐力源,刘春瑞等译. 北京:中国社会科学出版社,1997

　　84. [英]斯蒂芬·F.梅森. 自然科学史. 周煦良等译. 上海:上海译文出版社,1980

85. ［美］科恩. 科学革命史. 杨爱华等译. 北京：军事科学出版社,1992

86. ［英］J. D. 贝尔纳. 科学的社会功能. 陈体芳译. 北京：商务印书馆,1982

87. ［美］巴伯. 科学与宗教. 阮炜等译. 成都：四川人民出版社,1993

88. ［荷］R. 霍伊卡. 宗教与现代科学的兴起. 钱福庭等译. 成都：四川人民出版社,1991

89. ［英］怀特海. 科学与近代世界. 何钦译. 北京：商务印书馆,1989

90. ［德］胡塞尔. 欧洲科学危机和超验现象学. 张庆熊译. 上海：上海译文出版社,1988

91. ［英］亚·沃尔夫. 十六、十七世纪科学、技术和哲学史. 周昌忠,苗以顺,毛荣运译. 北京：商务印书馆,1991

92. ［美］R. K. 默顿. 十七世纪英国的科学、技术与社会. 范岱年等译. 成都：四川人民出版社,1986

93. ［美］M. 克莱因. 古今数学思想. 张理京,张锦炎译. 上海：上海科学技术出版社,1979

94. ［美］约翰·洛西. 科学哲学历史导论. 邱仁宗等译. 武汉：华中工学院出版社,1982

95. ［英］伊·拉卡托斯. 科学研究纲领方法论. 兰征译. 上海：上海译文出版社,1986

96. ［美］保罗·法伊尔阿本德. 自由社会中的科学. 兰征译. 上海：上海译文出版社,1990

97. ［美］库恩. 必要的张力. 纪树生等译. 福州：福建人民出版社,1987

98. ［美］库恩. 科学革命的结构. 金吾伦,胡新和译. 北京：北京大学出版社,2003

99. ［美］库恩. 哥白尼革命. 吴国盛,张东林,李立译. 北京：北京大学出版社,2003

100. ［美］爱德文·阿瑟·伯特. 近代物理科学的形而上学基础. 徐向东译. 北京：北京大学出版社,2003

101. ［波兰］哥白尼. 天体运行论. 李启斌译. 北京：科学出版社,1973

102. ［英］牛顿. 牛顿自然哲学著作选. 王福山译. 上海：上海译文出版社,2001

103. ［法］皮埃尔·西蒙·拉普拉斯. 宇宙体系论. 李珩译. 上海：上海译文出版社,2001

104. ［英］弗·培根. 新大西岛. 何新译. 北京:商务印书馆,1979

105. ［英］弗·培根. 新工具. 许宝騤译. 北京:商务印书馆,1986

106. ［法］拉·梅特里. 人是机器. 顾寿观译. 北京:商务印书馆,1981

107. ［法］奥古斯特·孔德. 论实证精神. 黄建华译. 北京:商务印书馆,1993

108. ［法］孔多塞. 人类精神进步史表纲要. 何兆武,何冰译. 北京:生活·读书·新知三联书店,1998

109. ［美］埃伦·G. 杜布斯. 文艺复兴时期的人与自然. 陆建华,刘源译. 杭州:浙江人民出版社,1988

110. ［美］芒福德. 机械的神话. 钮先锺译. 台北:黎明文化事业公司,1976

111. ［法］贝尔纳·斯蒂格勒. 技术与时间. 裴程译. 南京:译林出版社,2000

112. ［法］保尔·芒图. 十八世纪产业革命. 杨人楩译. 北京:商务印书馆,1983

113. ［美］小乔治. 管理思想史. 孙耀君译. 北京:商务印书馆,1985

114. ［美］F. W. 泰罗. 科学管理原理. 胡隆昶译. 北京:中国社会科学出版社,1984

115. ［美］丹尼尔·A. 雷恩. 管理思想的演变. 孙耀君等译. 北京:中国社会科学出版社,1986

116. ［美］小艾尔弗雷德·D. 钱德勒. 看得见的手——美国企业的管理革命. 重武译. 北京:商务印书馆,1997

117. ［加］伊恩·哈金. 驯服偶然. 刘钢译. 北京:中央编译出版社,2000

118. ［加］马歇尔·麦克卢汉. 人的延伸——媒介通论. 何道宽译. 成都:四川人民出版社,1992

119. ［美］马克·波斯特. 第二媒介时代. 范静哗译. 南京:南京大学出版社,2000

120. ［英］尼古拉斯·阿伯克龙比. 电视与社会. 张永喜,鲍贵,陈光明译. 南京大学出版社,2001

121. ［美］保罗·莱文森. 思想无羁. 何道宽译. 南京:南京大学出版社,2003

122. ［日］广松涉. 事的世界观的前哨. 赵仲明,李斌译. 南京:南京大学出版社,2003

123. ［英］迈克·克朗. 文化地理学. 杨淑华,宋慧敏译. 南京:南京大学出版社,2003

124. ［美］华勒斯坦. 开放社会科学. 刘锋译. 北京:生活·读书·新知三联书

店,1997

125. [奥]奥托·纽拉特. 社会科学基础. 杨富斌译. 北京:华夏出版社,2000

126. [德]马克斯·舍勒. 知识社会学问题. 艾彦译. 北京:华夏出版社,2000

127. [德]卡尔·曼海姆. 意识形态与乌托邦. 李书崇译. 北京:商务印书馆,2000

128. [德]伽达默尔. 真理与方法. 洪汉鼎译. 上海:上海译文出版社,1992

129. [法]丹纳. 艺术哲学. 傅雷译. 北京:人民文学出版社,1963

130. [美]阿诺德·豪塞尔. 艺术史的哲学. 陈超南,刘天华译. 北京:中国社会科学出版社,1992

131. [英]玛里琳·巴特勒. 浪漫派、叛逆者及反动派:1760—1830 年间的英国文学及其背景. 黄梅,陆建德译. 沈阳:辽宁教育出版社,1998

132. [美]艾布拉姆斯. 镜与灯——浪漫主义文论及批评传统. 郦稚牛等译. 北京:北京大学出版社,1992

133. [德]恩斯特·卡西尔. 国家的神话. 张国忠译. 杭州:浙江人民出版社,1988

134. [德]E.卡西勒. 启蒙哲学. 杨光仲,郑楚宣译. 济南:山东人民出版社,1988

135. [德]恩斯特·卡西尔. 卢梭、康德、歌德. 刘东译. 北京:生活·读书·新知三联书店,2002

136. [德]恩斯特·卡西尔. 人论. 甘阳译. 上海:上海译文出版社,1986

137. [美]威廉·巴雷特. 非理性的人. 杨照明,艾平译. 北京:商务印书馆,1995

138. [美]特伦斯·欧文. 古典思想. 覃方明译. 沈阳:辽宁教育出版社,1998

139. [古希腊]柏拉图. 柏拉图文艺对话录. 朱光潜译. 北京:人民文学出版社,1963

140. [古罗马]奥古斯丁. 忏悔录. 周士良译. 北京:商务印书馆,1989

141. [英]莎士比亚. 莎士比亚全集. 第 1—11 卷. 人民文学出版社,1991

142. [法]蒙田. 蒙田随笔. 宗岱,黄建华译. 湖南人民出版社,1987

143. [法]帕斯卡尔. 思想录. 何兆武译. 北京:商务印书馆,1985

144. [法]卢梭. 论科学与艺术. 何兆武译. 北京:商务印书馆,1963

145. [法]卢梭. 论人类不平等的起源和基础. 李常山译. 北京:商务印书馆,1962

146. [法]卢梭. 社会契约论. 何兆武译. 北京:商务印书馆,1982

147. [法]卢梭. 爱弥尔. 李平沤译. 北京:商务印书馆,1983

148. [法]卢梭. 忏悔录. 范希衡译. 北京:人民文学出版社,1991

149. [英]华兹华斯. 英国湖畔派三诗人选集. 顾子欣译. 长沙:湖南人民出版社,1986

150. [英]拜伦. 唐璜. 查良铮译. 北京:人民文学出版社,1990

151. [英]拜伦. 拜伦诗选. 查良铮译. 上海:上海译文出版社,1982

152. [德]席勒. 美育书简. 徐恒醇译. 北京:中国文联出版公司,1984

153. [德]荷尔德林. 荷尔德林诗选. 顾正祥译注. 北京:北京大学出版社,1994

154. [德]荷尔德林. 荷尔德林文集. 戴晖译. 北京:商务印书馆,1999

155. [美]R. W. 爱默生. 自然沉思录. 博凡译. 上海:上海社会科学院出版社,1995

156. [英]卡莱尔. 英雄和英雄崇拜. 张峰,吕霞译. 上海:生活·读书·新知三联书店,1991

157. [美]惠特曼. 草叶集. 楚图南,李野光译. 北京:人民文学出版社,1987

158. [苏]陀思妥耶夫斯基. 卡拉玛佐夫兄弟. 耿济之译. 北京:人民文学出版社,1981

159. [苏]陀思妥耶夫斯基. 被欺凌与被侮辱的. 南江译. 北京:人民文学出版社,1980

160. [德]尼采. 权力意志——重估一切价值的尝试. 张念东,凌素心译. 北京:商务印书馆,1991

161. [德]尼采. 悲剧的诞生. 周国平译. 北京:生活·读书·新知三联书店,1987

162. [德]尼采. 偶像的黄昏. 周国平译. 长沙:湖南人民出版社,1987

163. [德]尼采. 快乐的知识. 黄明嘉译. 北京:中央编译出版社,2001

164. [德]尼采. 论道德的谱系. 周红译. 北京:商务印书馆,1992

165. [德]尼采. 超善恶. 张念东,凌素心译. 北京:中央编译出版社,2000

166. [德]尼采. 查拉斯图拉如是说. 尹溟译. 北京:文化艺术出版社,1987

167. [法]夏尔·波德莱尔. 波德莱尔美学论文选. 郭宏安译. 北京:人民文学出版社,1987

168. [法]夏尔·波德莱尔. 恶之花. 郭宏安译. 桂林:漓江出版社,1992

169. [法]吉尔·德勒兹. 尼采与哲学. 周颖,刘玉宇译. 北京:社会科学文献出版社,2001

170. [法]吉尔·都鲁兹. 解读尼采. 张唤民译. 天津:百花文艺出版社,2000

171. ［德］海德格尔. 林中路. 孙周兴译. 上海：上海译文出版社, 1997

172. ［德］海德格尔. 荷尔德林诗的阐释. 孙周兴译. 北京：商务印书馆, 2000

173. ［德］卡尔·雅斯贝尔斯. 智慧之路. 柯锦华, 范进译. 北京：中国国际广播出版社, 1988

174. ［德］霍克海默, 阿多尔诺. 启蒙辩证法. 洪佩郁, 蔺月峰译. 重庆：重庆出版社, 1990

175. ［德］霍克海默. 社会批判理论. 李小兵译. 重庆：重庆出版社, 1989

176. ［美］赫伯特·马尔库塞. 爱欲与文明. 黄勇, 薛民译. 上海：上海译文出版社, 1987

177. ［美］赫伯特·马尔库塞. 单向度的人. 刘继译. 上海：上海译文出版社, 1989

178. ［美］赫伯特·马尔库塞. 审美之维. 李小兵译. 北京：生活·读书·新知三联书店, 1989

179. ［美］赫伯特·马尔库塞. 工业社会和新左派. 任立编译. 北京：商务印书馆, 1982

180. ［德］本雅明. 经验与贫乏. 王炳钧, 杨劲译. 天津：百花文艺出版社, 1999

181. ［德］弗洛姆. 逃避自由. 陈学明译. 北京：工人出版社, 1987

182. ［德］埃利希·弗洛姆. 健全的社会. 欧阳谦译. 北京：中国文联出版公司, 1988

183. ［德］哈贝马斯. 交往与社会进化. 张博树译. 重庆：重庆出版社, 1989

184. ［德］哈贝马斯. 公共领域的结构转型. 曹卫东等译. 上海：学林出版社, 1999

185. ［德］哈贝马斯. 作为"意识形态"的技术与科学. 李黎, 郭官义译. 上海：学林出版社, 1999

186. ［奥］弗洛伊德. 精神分析引论. 高觉敷译. 北京：商务印书馆, 1984

187. ［意］安琪楼·夸特罗其, ［英］汤姆·奈仁. 法国 1968：终结的开始. 赵刚译. 北京：生活·读书·新知三联书店, 2001

188. ［美］詹姆士·克利夫德. 从嬉皮到雅皮：昔日性革命亲历者自述. 李二仕, 梅峰译. 西安：陕西师范大学出版社, 1999

189. ［美］萨利·贝恩斯. 1963 年的格林尼治村：先锋派表演和欢乐的身体. 华明等译. 桂林：广西师范大学出版社, 2001

190. ［美］理查德·沃林. 文化批评的观念——法兰克福学派、存在主义和后结

构主义. 张国清译. 北京:商务印书馆,2000

191. [英]伯尼斯·马丁. 当代社会与文化艺术. 李中泽译. 成都:四川人民出版社,2000

192. [美]詹明信. 晚期资本主义的文化逻辑. 张旭东编. 北京:生活·读书·新知三联书店,1997

193. [英]迈克·费瑟斯通. 消费文化与后现代主义. 刘精明译. 南京:译林出版社,2000

194. [法]波德里亚. 消费社会. 刘成富,全志钢译. 南京:南京大学出版社,2000

195. [英]约翰·斯道雷. 文化理论与通俗文化导论. 杨竹山,郭发勇,周辉译. 南京:南京大学出版社,2001

196. [英]吉姆·麦克盖根. 文化民粹主义. 桂万先译. 南京:南京大学出版社,2001

197. [美]詹姆斯·C.利文斯顿. 现代基督教思想. 何光沪译. 成都:四川人民出版社,1992

198. [英]詹姆士·里德. 基督的人生观. 蒋庆译. 北京:生活·读书·新知三联书店,1989

199. [英]约翰·希克. 宗教哲学. 何光沪译. 北京:生活·读书·新知三联书店,1988

200. [美]穆尔. 基督教简史. 福建师范大学外语系编译室译. 北京:商务印书馆,1981

201. [美]威利斯顿·沃尔克. 基督教会史. 孙善玲等译. 北京:中国社会科学出版社,1991

202. [英]罗素. 西方哲学史. 何兆武,李约瑟译. 北京:商务印书馆,1982

203. [丹]勃兰兑斯. 十九世纪文学主流. 第1—5册. 张道明等译. 北京:人民文学出版社,1988

204. [美]乔治·霍兰·萨拜因. 政治学说史. 盛葵阳,崔妙因,刘山等译. 北京:商务印书馆,1986

205. [美]宾克莱. 理想的冲突:西方社会中变化着的价值观念. 马元德译. 北京:商务印书馆,1986

206. [美]威廉·曼彻斯特. 光荣与梦想. 朱协译. 北京:商务印书馆,1980

207.〔美〕R. E. 斯皮勒. 美国文学的周期. 王长荣译. 上海：上海外语教育出版社,1990

208.〔美〕R. H. 勒皮尔斯. 激进的理想与美国之梦. 卢允中译. 上海：上海译文出版社,1992

209.〔美〕迪克斯坦. 伊甸园之门——六十年代美国文化. 方晓光译. 上海：上海外语教育出版社,1985

210.〔美〕特里·M. 珀林编. 当代无政府主义. 吴继淦译. 北京：商务印书馆,1984

211.〔美〕托马斯·R. 阿特金斯编. 西方电影中的性问题. 郝一匡,徐建生译. 北京：中国电影出版社,1999

212.〔英〕马·布雷德伯里,〔英〕詹·麦克法兰编. 现代主义. 胡家峦等译. 上海：上海外语教育出版社,1992

213.〔英〕弗兰契娜,哈里森编. 现代艺术和现代主义. 张坚,王晓文译. 上海：上海人民美术出版社,1988

214.〔美〕亨廷顿编. 比较现代化. 上海：上海译文出版社,1993

215.〔美〕塞缪尔·亨廷顿等. 现代化：理论与历史经验的再探讨. 罗荣渠主编. 上海译文出版社,1993

216.〔美〕大卫·雷·格里芬编. 后现代精神. 王成兵译. 北京：中央编译出版社,1998

217. 北京大学哲学系编译. 古希腊罗马哲学. 北京：商务印书馆,1982

218. 北京大学哲学系编译. 十六—十八世纪西欧各国哲学. 北京：商务印书馆,1963

219. 北京大学哲学系编译. 十八世纪法国哲学. 北京：商务印书馆,1965

220. 北京大学西语系资料组编. 从文艺复兴到十九世纪资产阶级文学家艺术家有关人道主义人性论言论选辑. 北京：商务印书馆,1971

221. 周辅成编. 从文艺复兴到十九世纪资产阶级哲学家政治思想家有关人道主义人性论言论选辑. 北京：商务印书馆,1966

222. 周辅成编. 西方伦理学名著选辑. 北京：商务印书馆,1996

223. 袁可嘉编. 外国现代派诗选. 上海：上海文艺出版社,1984

224.〔美〕柏忠言编,张蕙兰助编. 西方社会病：吸毒、自杀和离婚. 北京：生活·

读书·新知三联书店,1983

    225. 刘小枫编. 20 世纪西方宗教哲学文选. 上海:上海三联书店,1991

    226. 刘小枫. 现代性社会理论绪论. 上海:上海三联书店,1998

    227. 黄仁宇. 资本主义与二十一世纪. 北京:生活·读书·新知三联书店,1997

    228. 周宪. 现代性的张力. 北京:首都师范大学出版社,2001

二 外文部分

    1. Henri Lefebvre. *Introduction to Modernity*. London:Verso,1995

    2. Alain Touraine. *Critique of Modernity*. Oxford:Blackwell Ltd.,1995

    3. Zygmunt Bauman. *Modernity and Ambivalence*. Cambridge:Polity Press, 1991

    4. Zygmunt Bauman. *Postmodernity and Its Discontents*. Cambridge:Polity Press,1997

    5. J. F. Lyotard. *The Postmodern Condition:A Report on Knowledge*. Manchester:Manchester University Press,1984

    6. Matei Calinescu. *Five Faces of Modernity*. Durham:Duke University Press,1987

    7. Albrecht Wellmer. *The Persistence of Modernity*. Cambridge:MIT Press, 1991

    8. Anthony Giddens. *The Consequences of Modernity*. California:Stanford University Press,1991

    9. Albert Borgmann. *Crossing the Postmodern Divide*. Chicago:The University of Chicago Press,1992

    10. Krishan Kumar. *From Post-Industrial to Post-Modern Society*. Oxford:Blackwell,1995

    11. David Frisby. *Fragments of Modernity*. Cambridge:The MIT Press,1988

    12. Terry Eagleton. *The Idea of Culture*. Oxford:Blackwell Publishers,2000

    13. Werner Sombart. *The Quintessence of Capitalism*. London:T. Fisher Unwin,Ltd.,1915

14. Perry Miller. *The New England Mind : The Seventeenth Century.* Cambridge: Harvard University Press, 1954

15. William Ebenstein. *Today's Isms.* New Jersey: Prentice-Hall, Inc., 1954

16. John Gray. *Liberalism.* Buckingham: Open University Press, 1986

17. Isaiah Berlin. *Four Essays on Liberty.* London: Oxford University Press, 1969

18. C. B. Macpherson. *The Political Theory of Possessive Individualism : Hobbes to Locke.* Oxford: Oxford University Press, 1962

19. Ronald Dworkin. *Sovereign Virtue : The Theory and Practice of Equality.* Cambridge: Harvard University Press, 2000

20. Michael Oakeshott. *Rationalism in Politics.* London: Methuen, 1962

21. Richard Hofstadter. *Social Darwinism in American Thought.* Boston: Beacon Press, 1992

22. Joseph Raz. *The Morality of Freedom.* Oxford: Clarendon Press, 1986

23. Stuart Hampshire. *Freedom of Mind & Other Essays.* Princeton: Princeton University Press, 1971

24. Max Lerner. *America As a Civilization.* New York: Simon & Schuster, 1974

25. H. H. Gerth, C. Wright Mills (eds.). *From Max Weber : Essays in Sociology.* New York: Oxford University Press, 1946

26. Georg Simmel. *The Philosophy of Money.* London: Routledge & Kegan Paul Ltd., 1990

27. K. H. Wolff (ed.). *The Sociology of Georg Simmel.* New York: Free Press, 1950

28. Max Horkheimer. *Eclipse of Reason.* New York: Oxford University Press, 1947

29. Jürgen Habermas. *Toward a Rational Society.* Boston: Beacon Press, 1971

30. M. Heidegger. *The Question Concerning Technology and Other Essays.* New York: Harp & Row, 1977

31. Jacques Ellul. *The Technological Society.* New York: Alfred A. Knopf,

1976

32. Shoshana Zuboff. *In the Age of the Smart Machine*. New York: Basic Books,1988

33. Erich Fromm. *The Revolution of Hope: Toward a Humanized Technology*. New York: Harper &. Row,1968

34. T. W. Adorno. *Aesthetic Theory*. London: Routledge &. Kegan Paul, 1984

35. D. Bouchier. *Idealism and Revolution*. New York: St. Martin's Press,1978

36. J. J. Farrell. *The Spirit of the Sixties: Making Postwar Radicalism*. New York: Routledge, 1997

37. H. Marcuse. *Studies in Critical Philosophy*. Boston: Beacon Press, 1973

38. Loren Baritz (ed.). *The American Left: Radical Political Thought in the Twentieth Century*. New York: Basic Books, 1971

39. Steven M. Tipton. *Getting Saved From the Sixties: Moral Meaning in Conversion and Cultural Change*. Berkeley and Los Angeles: University of California Press, 1984

40. Keith Melville. *Communes in the Counter Culture: Origins, Theorie, Styles of Life*. New York: William Morrow &. Company

41. Martin A. Lee and Bruce Shlain. *Acid Dream: the CIA, LSD and the Sixties Rebellion*. New York: Grove Press, 1985

42. T. Roszak. *The Making of a Counter Culture*. New York: Doubleday &. Company, 1969

43. Douglas Keller. *Herbert Marcuse and the Crisis of Marxism*. London: MacMillan,1984